山东沿海汉代
墩式封土墓考古报告集

山东省文物考古研究院　编著

文物出版社

图书在版编目（CIP）数据

山东沿海汉代墩式封土墓考古报告集／山东省文物
考古研究院编著．-- 北京：文物出版社，2020.10
　ISBN 978 - 7 - 5010 - 6737 - 4

　Ⅰ.①山…　Ⅱ.①山…　Ⅲ.①汉墓 - 考古发掘 - 发掘
报告 - 山东　Ⅳ.①K878.84

　中国版本图书馆 CIP 数据核字（2020）第 136871 号

山东沿海汉代墩式封土墓考古报告集

编　　著：山东省文物考古研究院

封面设计：秦　彧
责任编辑：秦　彧
责任印制：苏　林

出版发行：文物出版社
社　　址：北京市东直门内北小街 2 号楼
邮　　编：100007
网　　址：http://www.wenwu.com
邮　　箱：web@ wenwu.com
经　　销：新华书店
印　　刷：北京京都六环印刷厂
开　　本：889mm×1194mm　1/16
印　　张：24.5　插页：1
版　　次：2020 年 10 月第 1 版
印　　次：2020 年 10 月第 1 次印刷
书　　号：ISBN 978 - 7 - 5010 - 6737 - 4
定　　价：360.00 元

本书编辑委员会

主　编：郑同修

副主编：何德亮　王子孟

编　委（按姓氏笔画排序）：

于法霖　王子孟　王占琴　王春云　兰玉富

吕　凯　吕宜乐　许　姗　孙　波　张子晓

李日训　苏贤贞　李顺华　李胜利　李祖敏

杨爱国　何德亮　英春天　郑同修　袁中华

高本同　徐仰俊　翁建红　党　浩　崔圣宽

目　录

前　言

郑同修

　　山东地区的汉代考古工作最主要的是发掘了一大批汉代墓葬，积累了丰富的汉代考古资料。自 20 世纪 70 年代以来，仅西汉诸侯王墓葬就有临淄西汉齐王墓、曲阜西汉鲁王墓、巨野西汉昌邑王墓、济南长清区西汉济北王墓、章丘区洛庄西汉吕王墓、昌乐淄川王后墓等，属于东汉时期的诸侯王墓则有临淄齐王墓、济宁任城王墓等。除临淄西汉齐王墓、章丘洛庄汉墓仅发掘了陪葬器物坑、祭祀坑之外，其余墓葬都进行了全面清理。近年来，定陶汉墓的发掘又是山东地区汉代考古的重要发现，种种迹象将墓主身份指向西汉哀帝生母，即丁太后，是我国迄今发掘规模最大、墓葬结构保存最好的"黄肠题凑"墓葬。而中小型墓葬的发掘更是数量巨大。特别是 20 世纪 80 年代以来，随着山东地区国家经济建设的快速发展，几乎所有的大型工程建设项目都涉及汉代墓葬的发掘保护工作。据不完全统计，迄今为止，山东地区的汉代墓葬发掘数量已有两万余座。

　　基于丰富的汉代墓葬资料，我们曾对山东地区汉代墓葬从墓葬形制、出土陶器、墓葬的分区等问题进行过较为深入的研究，但囿于当时大量的考古资料尚未发表，难以取用，致使有些观点还有补充完善的必要。

　　2002 年日照海曲汉代墓地的发掘，让我们认识了一种新的汉墓埋葬方式，即在一座墓葬封土之中往往存在数座、数十座墓葬的情况，通过发掘，搞清了墓葬埋葬方式和封土形成原因。之后，在从青岛到临沂、日照山东东南沿海一线，又不断地发现发掘了一批同类的汉代墓地，无论从墓葬埋葬方式或墓葬结构、出土文物的组合与特点各方面，都有较强的一致性，从而形成山东沿海一线的汉代墓葬与内陆地区具有明显不同的特点，我也在不同场合曾提出过山东沿海文化带的问题。

　　2012 年 11 月，中国社会科学院考古研究所和浙江省文物考古研究所在浙江安吉联合举办了汉代土墩墓国际学术研讨会，针对山东沿海到江浙一带发现此类汉代墓葬，我认为其与商周时期的土墩墓并不完全相同，并提出了"墩式封土墓"的命名。同时也萌发了将山东地区发现的这类汉代墓地发掘资料汇集成册，以便于学术界研究使用的想法。其后青岛市文物保护考古研究所在编辑出版的汉墓报告集中，即使用了"墩式封土墓"的概念。

随后，即着手安排有关报告的整理和编写工作，经过大家的共同努力，山东地区已发掘的同类汉代墓葬资料大部分已经完成报告编写工作，现汇集发表，希望有助于推动汉代考古的深入研究。

壹　胶州市赵家庄汉代墓地

山东省文物考古研究院、青岛市文物保护考古研究所、胶州市博物馆

第一节　概况

（一）地理概况与自然环境

胶州市隶属山东省青岛市，位于青岛市的西部、胶州湾西北岸，境域位于胶潍河盆地南边缘，属于滨海平原地区，地形呈东北、西南斜长分布。东临即墨市、青岛市城阳区，北接平度市，西靠高密市，西南临诸城市，南与黄岛区接壤。胶州市境边界总长度196千米，海岸线全长25.49千米，总面积1200余平方千米。胶州市地理位置优越，交通发达，胶济、胶黄铁路纵横贯通，济青、环胶州湾两条高速公路横穿市区，国道、省道构成了四通八达的交通网络。胶州有渔港码头1处。是山东半岛联结内陆各省的重要交通枢纽。

胶州南部、西南部为丘陵地区，北部为平原地区。地势由西南向东北缓倾。胶州气候温和，四季分明，自然资源丰富。现已探明或开采的矿产有重晶石、萤石、石墨、膨润土、陶土、珍珠岩、石英砂等。东南隅有25千米海岸线，沿海滩涂5.6万亩，另有淡养水面3.8万亩、海养水面4万余亩。水产品有对虾、鲳鱼、黄姑鱼、带鱼、鲤鱼、罗非鱼、光鱼、河蟹、杂色蛤等200余种。境内有大沽河、胶莱河、胶河、墨水河、洋河5条主要河流，主要有山洲水库、青年水库等56座水库，1.5亿立方米地下水资源。境内盛产小麦、玉米、花生、大椒、果品、蔬菜等，胶州大白菜、胶州大椒干、"里岔黑"瘦肉型猪驰名中外。

（二）历史沿革

胶州市历史悠久，自新石器时代始，人类就在此繁衍生息，创造了具有滨海特点的大汶口文化、龙山文化。夏商时期属莱夷之域，至西周始有"莒""计""介"等行政建置的记载。周武王始封少昊后裔兹舆期为莒子，建都于计，春秋时莒国南徙，计地为莒国之邑，春秋末期被齐国吞并；介为西周葛卢氏封国，春秋末期并入齐国。秦始皇二十六年（公元前221年），以介地设置黔陬县，属琅琊郡。西汉时，市境内除黔陬县外，还有计斤县、邾县和被侯国，均属琅琊郡（治所在今诸城）。计斤，治所在计斤城；邾县，治所在今铺集镇黔陬村，新莽时更名为纯德县；被侯

国，治所在今里岔镇牧马城，新莽时国除。东汉建武十三年（37年）撤销计亓县、邦县，其地并入黔陬，又析置葛卢县，均属青州刺史部东莱郡（治所在今龙口西部），建安三年（198年）改属城阳郡（治所在今诸城）。

西晋太康十年（289年），移城阳郡驻黔陬县，元康六年（296年），城阳郡改置高密王国，都黔陬，将治所迁到胶河西岸（今铺集镇西北），史称"西黔陬城"。南北朝时期此地处于边界对峙地带，行政建制随着政权轮换变动较为频繁，但黔陬作为县域建制并未消失。隋开皇十六年（596年）设置胶西县（治所在今高密），大业元年（605年）撤销黔陬县并入胶西县。唐武德六年（623年）撤销胶西县并入高密县，又在高密县东部置板桥镇（治所在今市区广州南路一带），属密州高密县。五代时期，后梁、后唐、后晋、后周朝代轮换，板桥镇隶属关系未变。

北宋元祐二年（1087年）重置胶西县，驻板桥镇，属京东东路密州。金代属山东东路密州。元太祖二十二年（1227年），设置胶州，驻胶西县。明洪武二年（1369年）撤销胶西县，改名为胶州，其境由胶州直接管理，仍辖高密、即墨二县，洪武八年（1375年），改属山东布政使司莱州府。清雍正十二年（1734年），裁撤灵山卫，其地并入胶州，设灵山卫巡检司，光绪三十年（1904年），胶州升为直隶州，辖高密、即墨二县。1913年，撤销胶州，改为胶县，直属山东省。

1958年10月1日，胶县划归青岛市。1987年2月12日，国务院批准撤销胶县，设立胶州市，由青岛市代管。

（三）发掘经过

赵家庄墓地位于山东省胶州市里岔镇赵家庄村东南，西北距西汉祓国故城约4千米（图一；彩版一，1）。整个墓地坐落于岭地上，岭地平均海拔在120米左右，墓葬集中分布在岭地的顶端和西侧坡上。现地表散布有大小不等的封土墓近20座，其中残存封土明显的墓葬14座。封土堆的形状多呈圆角方形或椭圆形，面积150~2000平方米不等。封土堆的分布具有一定的规律性，以不同的岭地为依托，成组分布（图二）。

2005年，规划中的青岛—莱芜高速公路工程东西向穿越赵家庄墓地南部。为做好工程建设中的考古工作，山东省文物考古研究院（原山东省文物考古研究所）会同青岛市文物局、青岛市文物保护考古研究所、胶州市博物馆对线路占压范围内的赵家庄墓群进行了抢救性考古发掘（彩版一，2）。发掘过程中我们采用在封土台基上开挖多条平行探沟的方式，充分利用探沟的平剖面进行分析研究，初步厘清了封土墓的结构、堆筑方式、形成过程、墓穴布局和数量。发掘自2005年5月初开始，于6月底基本结束野外工作，对其中的7座封土堆进行了清理（编号FⅠ~FⅢ，FⅤ~FⅧ）（彩版二，1、2）。共清理古代墓葬74座、岩坑3座、岩沟1条，出土陶、铜、铁、石器等珍贵文物350余件（组）。

通过发掘，我们初步了解了赵家庄墓地封土墓的堆筑方式和形成过程。一种为直接于岭地上构筑一封土台基，然后在台基上修筑墓穴，当该台基上墓穴达到一定数量后，再以台基一侧或周缘为依托，添土堆筑新台基或扩大原先台基的面积，再在其上建筑墓穴，依次类推，不断堆筑新

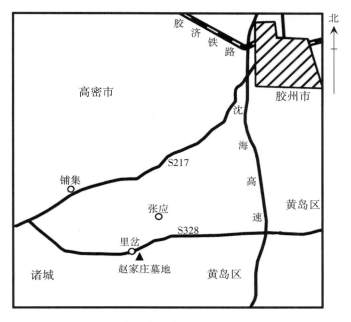

图一　胶州市赵家庄汉墓位置示意图

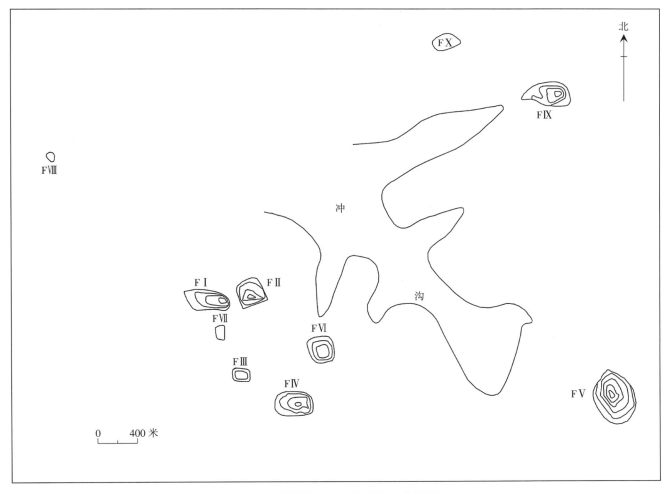

图二　胶州市赵家庄汉墓发掘点位置图

的封土，在新筑的封土上再构筑墓穴，经过几十甚至几百年的时间才形成目前所见到的封土台基；另外一种是于岭地上择地开挖墓穴埋葬死者，在其上一次性构筑较大规模的封土堆，其功用一是封埋该墓，二是为以后去世的具有血缘或伦理关系的亲人搭建一个土筑的大台基，便于在其上顺次挖筑墓穴。此种封土墓以后的发展过程和第一种基本相同，即等台基上的墓穴达到一定数量后，再顺台基一侧或周缘添筑土台，并修建墓穴。

此墓地较为特殊之处在于，每座封土台基均是彼此独立的墓区，部分封土台基如 F I 和 F III 周围存有界沟。单座封土台基中有 1～30 余座不等的竖穴土坑或岩坑墓，墓穴的数量与台基面积大致成正比，即台基的面积越大，其内的墓穴数量就越多。清理的 74 座小型墓中，有 32 座出自 F V。单座台基中墓穴布局规整，排列有序，多成组或成排分布，少量墓葬存在打破关系，具有打破关系的每组墓的墓向基本一致，前者多打破后者的一侧边。

本次发掘的墓葬多为长方形竖穴土坑或岩坑墓。葬具多为单棺或单椁单棺，且均已腐朽成灰，从残存棺痕看，少数墓葬棺木外涂墨漆，内饰红漆。部分墓葬有头箱或边箱，其中头箱和木棺有一体和分体之别。F I 和 F V 封土中还发现少量砖椁墓，墓穴有长方形弧壁和直壁砖椁之分，墓砖在朝向墓室的侧面模制有不同样式的菱形纹、钱币纹等图案。

出土遗物有釉陶器、陶器、铜器、铁器、石器、木器、漆器等。其中釉陶器有壶、罐、瓿，壶有侈口、喇叭口和盘口之分，肩部多饰对称双耳；陶器有壶、盖壶、罐、小罐、瓮等；铜器有钵、盘、镜、镜刷、带钩、环、车马饰件（铜泡、马镳等）、鐏、铺首、器足、印章、铜钱等，部分饰件为鎏金铜器；铁器有环首刀、棺钉等；石器有璧、环、蝉、黛板等；竹木器有梳、笔、束发器等；漆器有奁、盒等。其中漆器、竹木器绝大部分因埋藏土质和反复浸水致朽蚀严重，仅个别尚可辨识器形。另外 F III M6 棺内东端出有一长条形墨黑木料，较为结实，已经炭化，不知为何功用。陶器和釉陶器共 160 余件，釉陶多为高温釉陶[1]，上饰有精美的弦纹、刻划纹、水波纹和凤鸟纹等。铜镜出土近 30 枚，部分镜锈蚀严重，背面纹饰无法辨识，个别墓葬出有半枚铜镜，背面图案可辨识者有昭明镜、日光镜、草叶纹镜、蟠螭纹镜、星云纹镜、七乳四神禽兽镜等。其中陶器、釉陶器和车马饰件多放于器物箱中，余者则以放在棺内居多，铜镜多放于墓主人头部。

据墓葬形制和出土随葬器物组合来看，赵家庄墓地中的墓葬界于两汉时期。已经发掘的同类墓葬还有日照市海曲、黄岛区河头、沂南县宋家哨、沂南县董家岭、黄岛区丁家皂户、黄岛区纪家店子、五莲西楼等墓地。此类汉代封土墓具有一定的地域特点，分布范围涵盖今胶州市南部、黄岛区、日照市和临沂市的东部沿海地区，即广泛意义上的鲁东南地区，大致为秦汉时期琅琊郡所属范围。

---

[1] "高温釉陶"是指产于江浙地区的一种釉陶器。杨哲峰在其博士论文《汉墓结构和随葬釉陶器的类型及其变迁》将其定义为"江东区域类型陶瓷器"。基本特征为烧成温度高、胎质坚硬、着釉处均在器物的朝上部位，直壁或向内收敛的部位则基本无釉或仅见流釉。学术界对此类器物有"原始瓷""原始青瓷""高温釉陶""炽釉器"等不同称谓，体现在不同地区的考古报告及简报中，但其所指均为同一类器物。为便于研究，本文统一使用"高温釉陶器"作为对此类器物的称谓。

赵家庄墓地的发掘，基本弄清了此类墓的结构和埋葬特点，为深入研究该地区汉代丧葬制度和社会形态提供了重要的实物资料。

第二节　墓葬分述

一　F I

F I 位于赵家庄墓地所处丘陵西坡坡地处，东与 F II 毗邻。现封土残存形状呈覆斗形台体，平面为长椭圆形，依山岗走向基本呈东西向，地势也由东向西逐渐低缓。封土台底部东西长径有 40 米，南北短径东端 19、西端 24 米，残存高度 1.20～2.80 米，封土台总面积约 1200 平方米。封土台东、北、南三侧有一环形沟，宽 2.50～3.50 米，东部较浅、西部较深，沟深 0.46～1.00 米，沟壁斜内收、圜底，沟内填深灰褐色黏土，环形沟应为环护封土台以利排水之用（图三）。

为弄清封土的堆筑形式、墓葬与封土的关系以及墓葬的分布情况。我们在 F I 封土表面等距离开设五条探沟，通过对探沟内遗迹堆积的分析，基本弄清了封土的堆积层次、墓葬填土与封土的相对关系。发掘得知，F I 封土的形成是顺着丘陵岗地西坡，由东向西分 3 期人工逐渐堆筑而成，墓葬也因时间早晚关系于各期堆积内营建（图四）。

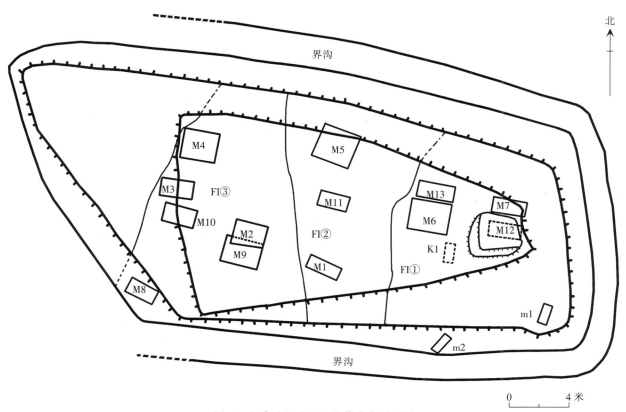

图三　赵家庄汉墓 F I 墓葬分布平面图

（m1、m2 为清代墓，未收入本书）

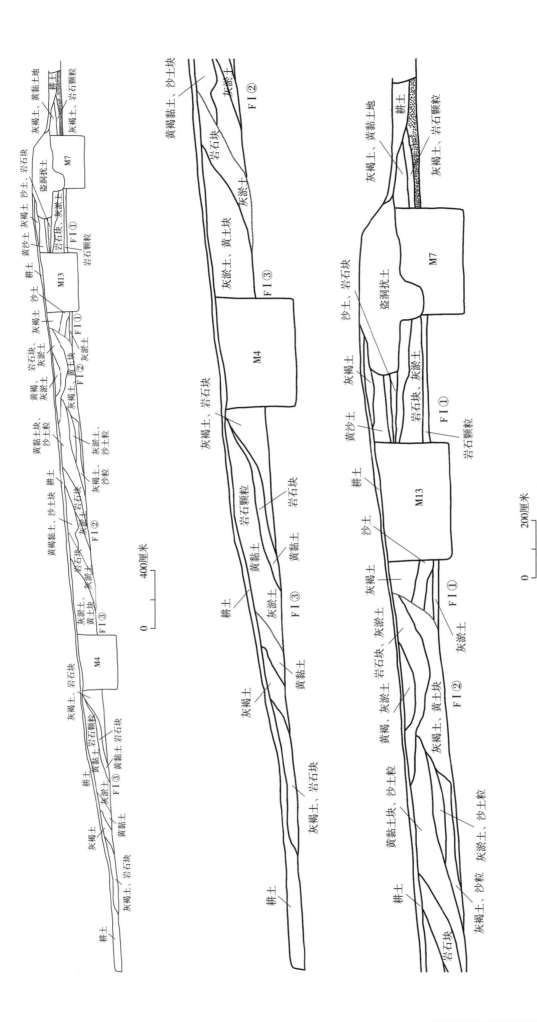

图四　赵家庄汉墓FⅠ封土剖面图

①期堆积，主要由灰褐土、黄黏土、沙土、岩石块平行或坡状叠压堆筑而成，土质、土色难以统一，应该与修筑过程中从不同地点、方向取土有关。打破①期堆积的墓葬有 F I M6、M7、M12、M13，其中整个封土台最高处为 F I M12 封土，其余墓葬封土均被破坏。另外在①期堆积底部发现一长方形坑（K1），内填黄黏土，夹杂有少许灰褐土块、沙土粒等，打破岩层，可能是堆筑 F I 时试探土层深度和岩石硬度所为。

②期堆积，主要由灰褐土、黄黏土、灰淤土、岩石碎块及沙砾组成，是在①期堆积基础上顺地势由东向西叠压堆筑。打破②期封土的墓葬有 F I M1、M5、M11。

③期堆积，主要由灰褐土、黄黏土、岩石碎块及沙砾组成，是在②期堆积基础上顺地势由东向西叠压堆筑。打破③期封土的墓葬有 F I M2、M3、M4、M8、M9、M10。

（一）F I M1

1. 墓葬形制

该墓位于 F I 南部，开口于扰土层下，距离地表 0.15 米，打破②期封土和岩层。墓葬形制为竖穴土坑（岩坑），方向 100°（图五）。墓圹平面呈长方形，直壁，平底，长 3.70、宽 1.40、深 1.20 ~ 1.35 米。填浅黄褐色五花土，土质略硬，夹杂大块黄色生土。

墓底中部有葬具 1 棺，已朽，平面呈长方形，长 2.10、宽 0.90、残高 0.40 米。棺东侧有 1 长方形头箱，仅余朽痕，长 1.10、宽 0.90、残高 0.40 米。棺内人骨架 1 具，腐朽严重，葬式为仰身直肢，头向东，面上。器物箱内置有 2 件陶罐。

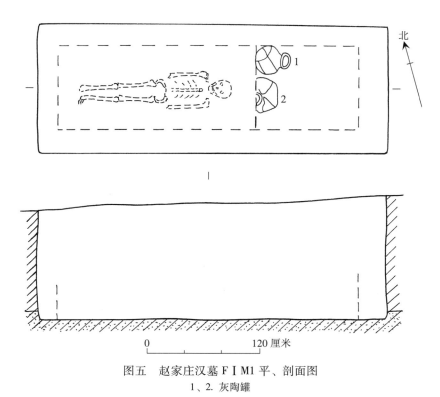

图五　赵家庄汉墓 F I M1 平、剖面图
1、2. 灰陶罐

2. 随葬品

灰陶罐　2件。

标本ＦⅠM1：1，泥质陶。侈口，平沿，方唇，高直颈，溜肩，鼓腹，下腹内收，小平底。腹中1周凹弦纹，下腹近底处及底部饰横向细绳纹。口径18、腹径32.8、底径12、高35.5、壁厚0.6～0.9厘米（图六，1）。

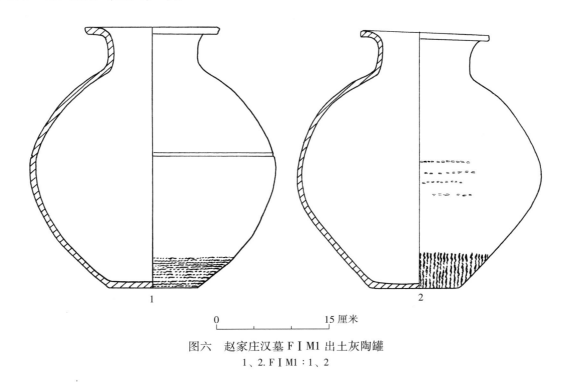

0　　　　　　　　　15厘米

图六　赵家庄汉墓ＦⅠM1出土灰陶罐
1、2.ＦⅠM1：1、2

标本ＦⅠM1：2，泥质陶。侈口，卷沿，方唇，高直颈，溜肩，鼓腹，下腹内收，小平底。腹中部4周断续戳印纹，下腹近底部饰竖向中绳纹。制作不规整。口径17.2、腹径32.4、底径12、高35.2、壁厚0.6～0.8厘米（图六，2）。

（二）ＦⅠM2

1. 墓葬形制

ＦⅠM2位于ＦⅠ西南部，开口于扰土层下，距离地表0.20米，打破③期封土和ＦⅠM9，下部打穿岩层。墓葬形制为竖穴土坑（岩坑），方向为100°（图七）。墓圹平面呈长方形，因墓穴开挖时打破ＦⅠM9，开口处东端稍窄、西端略宽，直壁，平底，长3.60、宽2.20～2.32、深2.40～2.50米。填土上部为灰褐色五花土，下部为黄褐色五花土，土质略硬，包含有石块、沙砾、黄土，填土堆积基本呈水平状，中间稍有塌陷。

墓底中间有葬具1椁1棺，平面均呈长方形，棺位于椁室偏南部位，因腐朽严重，棺椁厚度及残存高度不清。从遗留灰痕看，椁长2.48、宽1.65米，棺长2.15、宽0.90米。棺内人骨架1具，严重腐朽，葬式不明，头向东。棺北侧椁内随葬1件釉陶瓿、5件釉陶壶，棺内西端有1枚铜印章、1 把铁环首刀、1 件石黛板，中部 1 串铜钱，东端头部附近 1 枚铜镜、1 件石研磨器。

2. 随葬品

随葬品出土釉陶壶 5 件、釉陶瓿 1 件、铜印章 1 枚、铜镜 1 枚、铁环首刀 1 件、石黛板 1 件、石研磨器 1 件、铜钱 1 组。

釉陶壶　5 件。高温釉陶。

标本 F Ⅰ M2：1，敞口，圆唇，高直颈，溜肩，鼓腹，矮圈足。口沿 2 道细弦纹，间饰 1 组水波纹，颈下端 1 道凹弦纹，上饰 1 组水波纹，肩部对称贴附叶脉纹桥形双耳，肩及上腹部饰 3 组凸弦纹。口及上腹部施绿釉。口径 13.8、腹径 26、圈足径 13、高 31.8、壁厚 0.6 ~ 1.2 厘米（图八，1）。

标本 F Ⅰ M2：3，敞口，圆唇，束颈较粗，溜肩，鼓腹，下腹内收，矮圈足。肩部对称贴饰双耳，耳上端有菱角形堆饰，下端衔环，耳面刻划叶脉纹。口沿外侧和颈部下端饰弦纹和水波纹，上腹耳下部位饰 3 组凸弦纹。口沿内壁、肩及上腹部施绿釉，颈及下腹部未施釉处呈红褐色，胎质较硬。口径 18.4、腹径 35、底径 13.8、高 42.2、壁厚 0.6 ~ 1 厘米（图八，2）。

标本 F Ⅰ M2：4，敞口呈喇叭状，方唇，短束颈，溜肩，鼓腹近折，下腹斜收，平底微凹。口、颈及肩部饰 3 组水波纹，肩部贴附桥形双耳，耳上端堆饰横 "S" 形纹，耳下端衔环，肩部 4 道弦纹，下腹部饰 3 道平行戳印纹。器表通身施浅绿色釉。口径 10.6、腹径 18.4、底径 9.8、高 23、壁厚 0.6 ~ 0.8 厘米（图八，5）。

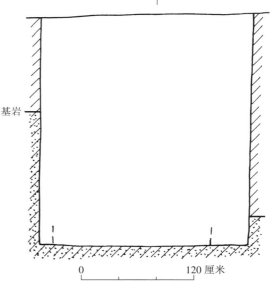

图七　赵家庄汉墓 F Ⅰ M2 平、剖面图
1、3 ~ 6. 釉陶壶　2. 釉陶瓿　7. 铜钱　8. 铜印章
9. 石黛板　10. 铜镜　11. 铁环首刀　12. 石研磨器

标本 F Ⅰ M2：5，敞口，圆唇，短束颈，溜肩，鼓腹，平底微内凹。肩部对称贴附桥形双耳，耳上端堆饰横 "S" 形纹，耳下端衔环。口外侧、颈部饰相间凹弦纹、水波纹，肩及上腹部饰凸弦纹，下腹部饰 3 周平行戳印纹。通身施绿釉。口径 9.6、腹径 17.6、圈足径 10、高 24.2、壁厚 0.6 ~ 0.9 厘米（图八，3）。

标本 F Ⅰ M2：6，浅盘口，圆唇，束颈，溜肩，鼓腹，平底向上内凹。肩部上安对称桥形耳，耳上部贴有菱角形堆纹，下部衔环。盘口外侧及颈部各饰 3 道凹弦纹，其间有 2 组水波纹，肩及

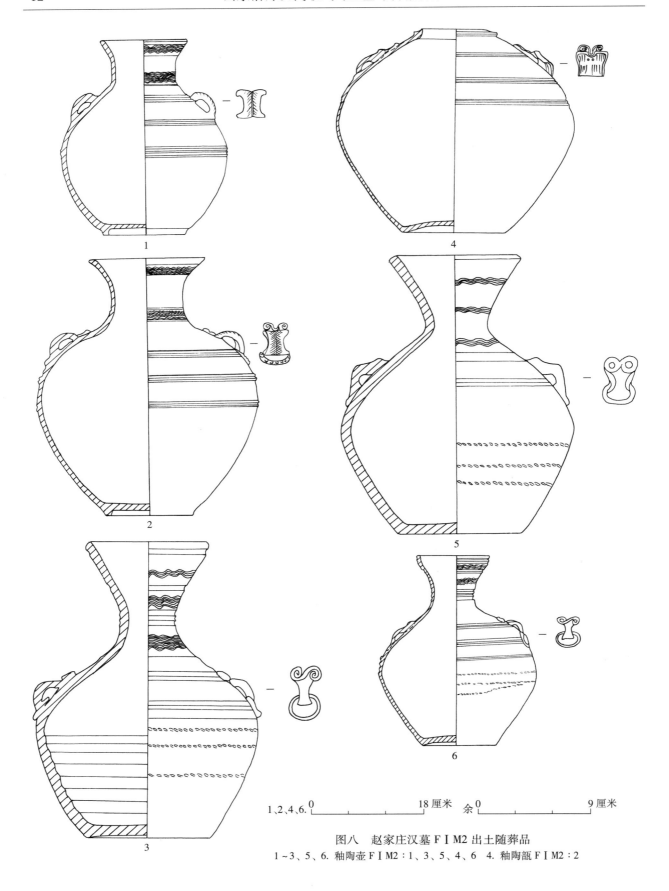

图八　赵家庄汉墓 F Ⅰ M2 出土随葬品

1~3、5、6. 釉陶壶 F Ⅰ M2∶1、3、5、4、6　4. 釉陶瓿 F Ⅰ M2∶2

上腹部饰3组凸弦纹，下腹部饰3周戳印纹。口内外沿及颈部、上腹部施绿釉，局部釉层脱落皮成黄褐色。口径11.8、腹径25、底径12、高31.2、壁厚0.5～0.8厘米（图八，6）。

釉陶瓿　1件。高温釉陶。

标本ＦⅠM2：2，敛口，方唇外斜，溜肩，鼓腹稍扁，平底向上内凹。肩部贴附铺首，其前端紧贴肩部，使整个铺首显得较扁平，耳面饰兽面纹。肩与上腹部饰3组弦纹。肩及上腹部施绿釉，器表余部未施釉处呈红褐色，胎质坚硬。口径10、腹径37.8、底径16、高33.4、壁厚0.5～1.4厘米（图八，4；彩版三，1、2）。

石黛板　1件。

标本ＦⅠM2：9，青灰色砂岩，化妆用具。扁平长方形，正面光洁，背面粗糙，周缘有崩疤，横截面呈长方形。长14.5、宽5、厚0.3厘米（图九，1）。

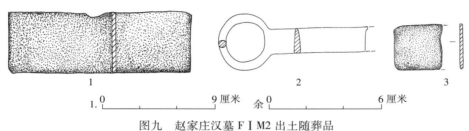

图九　赵家庄汉墓ＦⅠM2 出土随葬品
1. 石黛板ＦⅠM2：9　2. 铁环首刀ＦⅠM2：11　3. 石研磨器ＦⅠM2：12

石研磨器　1件。

标本ＦⅠM2：12，青灰色砂岩。平面近方形，器体扁平，正面光洁，背面粗糙，周缘有崩疤。长2.55、宽2.45、厚0.15厘米（图九，3）。

铜镜　1枚。

标本ＦⅠM2：10，残碎，无法复原。

铜印章　1枚。

标本ＦⅠM2：8，桥形纽，中有穿孔，方座，方形印面。阴刻印文"王□之印"。边长1.7、高1.6厘米。

铜钱　1组13枚。

标本ＦⅠM2：7，腐朽严重，多已残碎，钱文明晰者为"五铢"。

铁环首刀　1件。

标本ＦⅠM2：11，环首近圆形，直背双面刃，外有木鞘，前端残断，且锈蚀较严重。残长7.9、环首外径3.1厘米（图九，2）。

（三）ＦⅠM3

1. 墓葬形制

ＦⅠM3 位于ＦⅠ西部，开口于扰土层下，距离地表0.30米，打破③期封土和岩层。墓葬形制

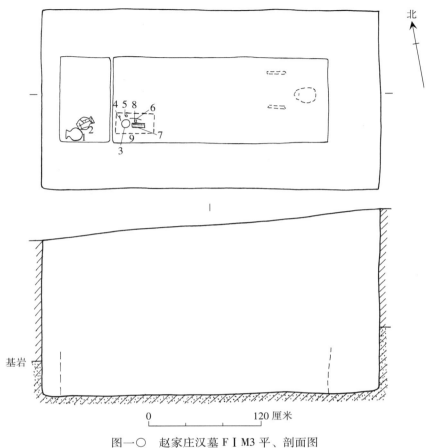

图一〇　赵家庄汉墓ＦⅠM3平、剖面图

1、2. 红陶壶　3. 铜镜　4、6. 铜镜刷　5、8. 铜环　7. 骨梳　9. 漆盒

为竖穴土坑（岩坑），方向为97°（图一〇）。墓圹开口层位东端较高、西端稍低，平面呈长方形，直壁，平底，长3.60、宽1.95、深1.70～1.98米。填灰褐色五花土，内含大量碎石块，土质较硬。

葬具为1棺，已朽，平面呈长方形，长2.30、宽0.93米，高度不详。棺西侧有1长方形器物箱，余朽痕，长0.93、宽0.55米。棺内人骨架1具，腐朽严重，葬式为仰身直肢，头向东，面向不明。脚箱内置2件陶壶。棺内脚端有1长方形漆盒，腐朽，未提取。有1枚铜镜、2把铜镜刷、1把骨梳、2件铜环放置于漆盒内。

2. 随葬品

随葬品出土陶壶2件、铜镜1枚、铜镜刷2件、铜环2件、骨梳1把、漆盒1件。

红陶壶　2件。泥质陶。

标本ＦⅠM3：1，敞口，卷沿，方唇，束颈较长，溜肩，收腹，平底内凹，制作不规整。素面。口径10.8、腹径14.2、底径8.3、高17.8、壁厚0.5～0.8厘米（图一一，1）。

标本ＦⅠM3：2，敞口，卷沿，方唇，束颈较长，溜肩，收腹，平底内凹，制作不规整。素面。口径9.8、腹径14.4、底径8.6、高18.2、壁厚0.6～0.8厘米（图一一，2）。

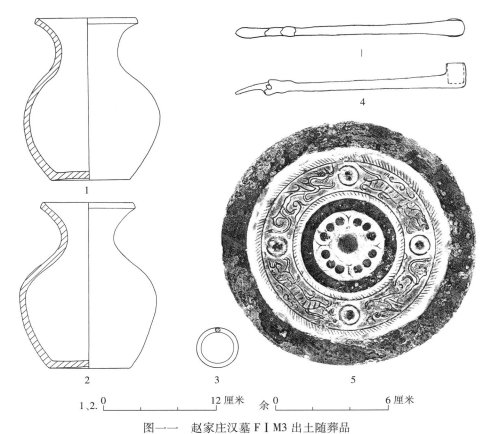

图一一　赵家庄汉墓 F I M3 出土随葬品

1、2. 红陶壶 F I M3∶1、2　3. 铜环 F I M3∶8　4. 铜镜刷 F I M3∶6　5. 铜镜 F I M3∶3

铜镜　1枚。

标本 F I M3∶3，四乳龙虎镜。圆纽，十二连珠圆纽座。座外一周凸圈带。外两周短斜线之间，有四枚带圆座的乳丁纹，其间以龙虎纹饰填充，呈两两相对之势。素平宽缘。直径13.8、纽径1.7、缘厚0.75、缘宽1.5、肉厚0.4厘米（图一一，5）。

铜镜刷　2件。

标本 F I M3∶6，形状似烟斗，圆筒状斗，圆柱形柄，柄端翘起，有穿孔。长12.2厘米（图一一，4）。

标本 F I M3∶4，锈蚀严重，无法复原。

铜环　2件。

标本 F I M3∶8，平面呈圆形，截面近圆形。环径2.2、截面径0.25厘米（图一一，3）。

标本 F I M3∶5，形制、尺寸与标本 F I M3∶8相同。

漆盒　1件。

标本 F I M3∶9，腐朽严重，未能提取。

骨梳　1件。

标本 F I M3∶7，残碎严重，无法复原。

（四）ＦⅠM4

1. 墓葬形制

ＦⅠM4 位于ＦⅠ西北部，开口于扰土层下，距离地表 0.25 米，打破③期封土和岩层。墓葬形制为竖穴土坑（岩坑），方向 100°（图一二）。墓圹平面近方形，直壁，平底，长 3.80、宽 3.30、深 2.58 米。填灰褐色五花土，土质较硬。

葬具为 1 椁 1 棺，椁为"亚"字形木椁，由两侧立板和两端立板组成，已朽成灰，长 2.45、宽 2.00、残高 0.50 米，板灰厚 5～6 厘米。棺位于椁室南部，仅留朽痕，长 1.90、宽 0.90、残高 0.05 米。棺内人骨架 1 具，仅存头骨朽痕和肢骨残段，仰身直肢，头向东。棺外北侧有 1 长方形

图一二　赵家庄汉墓ＦⅠM4 平、剖面图

1～5. 釉陶壶　6. 铜镜刷　7. 漆盒

器物箱，已腐朽，长 1.35、宽 0.50、残高 0.05 米，内置 1 把铜镜刷。棺外东北侧随葬有 5 件釉陶壶，旁有 1 件方形漆盒，因腐朽严重，未提取。

2. 随葬品

随葬品出土釉陶壶 5 件、铜镜刷 1 件、漆盒 1 件。

釉陶壶　5 件。高温釉陶。

标本ＦⅠM4：1，敞口呈喇叭状，圆唇，高束颈，溜肩，鼓腹，平底微内凹。覆碟盖，顶部较平，盖顶有柿蒂纹。颈部下端 2 周凹弦纹，其间为 1 组水波纹，肩部对称贴附叶脉纹桥形双耳，耳上端附泥条卷成羊角状附加堆纹，肩、上腹部饰 2 道平行泥条状弦纹，中腹部饰 2 道戳印纹。盖顶柿蒂纹、口颈内外壁、肩及上腹部施黄色釉，光彩明亮，下腹流成数道釉珠。盖口径 18.6、壶口径 16.5、腹径 28.8、底径 13.6、通高 40、壁厚 0.5～1.2 厘米（图一三，1）。

标本ＦⅠM4：2，口部残，高直颈，溜肩，鼓腹，平底。颈部下端 1 周凹弦纹，下为 1 组水波纹，肩部对称贴附叶脉纹桥形双耳，耳上端附泥条卷成羊角状附加堆纹，肩、上腹部饰 3 道平行泥条状弦纹，下腹部饰 5 道平行戳印纹。颈内外壁、肩及上腹部施黄色釉，光彩明亮。腹径 28、底径 14.8、残高 35.4、壁厚 0.6～0.8 厘米（图一三，2）。

标本ＦⅠM4：3，敞口呈喇叭状，圆唇，高束颈，溜肩，鼓腹，平底。覆碟盖，顶部较平，盖顶有柿蒂纹。颈部靠下有 2 周凹弦纹，肩部对称贴附双桥形耳，耳面饰叶脉纹，耳上端有泥条卷成羊角状附加堆纹，肩部与上腹饰 2 道泥条状弦纹，腹中 1 周戳印纹。盖顶柿蒂纹、口颈部内外壁、肩及上腹部均施黄色釉。盖口径 14.4、壶口径 14.2、腹径 24、底径 11.6、通高 36、壁厚 0.6～1 厘米（图一三，3）。

标本ＦⅠM4：4，敞口呈喇叭状，圆唇，高束颈，溜肩，鼓腹，平底。覆碟盖，盖顶部残，顶有柿蒂纹。颈部靠下 2 周凹弦纹，其间饰 1 组水波纹，肩部对称贴附双桥形耳，耳面饰叶脉纹，耳上端有泥条卷成羊角状附加堆纹，肩部与上腹饰 3 道泥条状弦纹，腹中有 2 周戳印纹。盖顶柿蒂纹、口颈部内外壁、肩及上腹部均施黄色釉。盖口径 18.4、壶口径 16.2、腹径 24.2、底径 12.6、通高 34、壁厚 0.5～1 厘米（图一三，4）。

标本ＦⅠM4：5，敞口呈喇叭状，圆唇，束颈，溜肩，鼓腹，平底。覆碟盖，盖残，顶有柿蒂纹。颈部下端饰 1 组水波纹，肩部对称贴附双桥形耳，耳面饰叶脉纹，耳上端有泥条卷成羊角状附加堆纹，肩部与上腹饰 3 道泥条状弦纹，腹中下部有 3 周平行戳印纹。盖顶柿蒂纹、口颈部内外壁、肩及上腹部均施黄色釉，局部脱落严重。盖口径 16.8、壶口径 16、腹径 23、底径 13.6、通高 32、壁厚 0.5～0.8 厘米（图一三，5；彩版三，3、4）。

铜镜刷　1 件。

标本ＦⅠM4：6，形状似烟斗，圆筒状斗，圆柱形柄，柄端翘起，有穿孔。长 12.6 厘米（图一三，6）。

漆盒　1 件。

标本ＦⅠM4：7，方形，已朽，未提取。

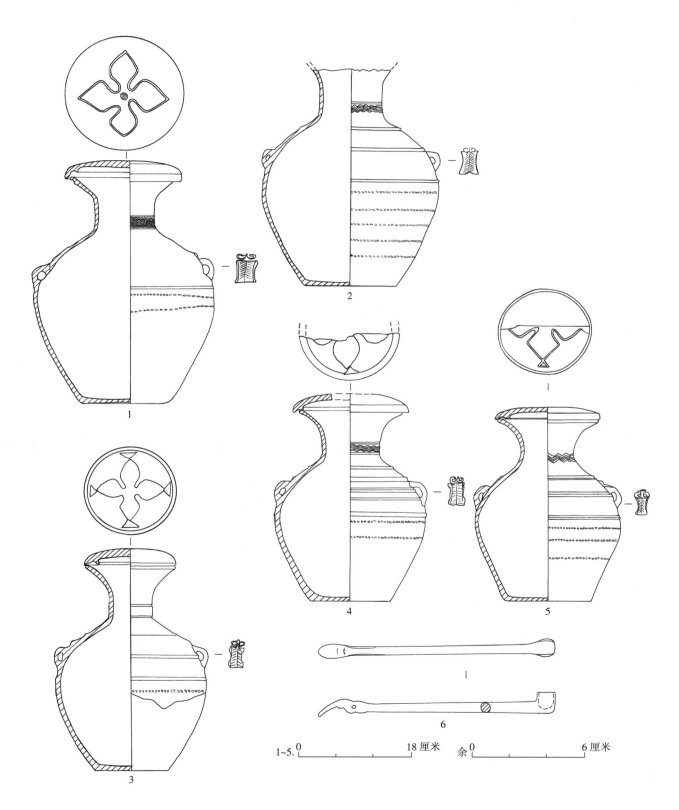

图一三　赵家庄汉墓 F Ⅰ M4 出土随葬品
1~5. 釉陶壶 F Ⅰ M4：1~5　6. 铜镜刷 F Ⅰ M4：6

（五）FⅠM5

1. 墓葬形制

FⅠM5 位于 FⅠ北部，开口于扰土层下，打破②期封土和岩层。墓葬形制为竖穴土坑（岩坑），方向110°（图一四）。墓圹上部被破坏，东西两端高度不一，现存口部平面近方形，直壁，平底，长 4.30、宽 3.90、深 0.92～1.20 米。填灰褐色五花土，局部含大量黄黏土，土质较硬。

葬具为 1 椁 2 棺，椁位于墓室中部偏南，仅局部余有灰痕和红色漆料，推其形状应为长方形，残长 2.75、残宽 1.30、残高 0.20 米。椁内有南北 2 棺，北棺朽无，情况不详，南棺余朽痕，长 2.43、宽 0.72、残高 0.20 米，板灰厚 4.5～5 厘米。两棺内各有人骨架 1 具，均已腐朽，从头骨朽痕和人骨残段看，葬式为仰身直肢，头向东，面向不明。棺外北侧有边箱 2 个，西边箱长 1.60、

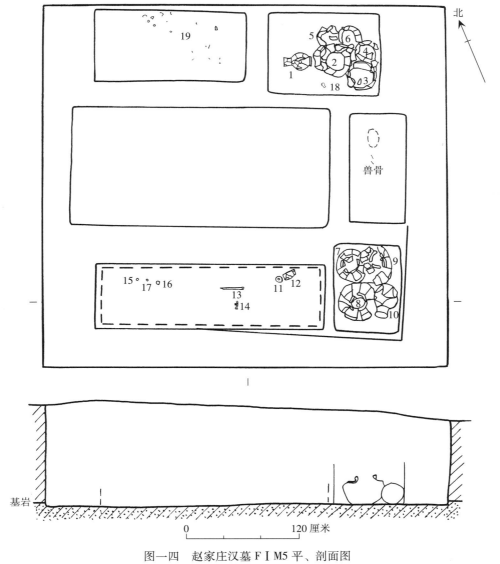

图一四 赵家庄汉墓 FⅠM5 平、剖面图

1～6. 釉陶壶 7～10. 灰陶罐 11. 铜镜 12. 石黛板 13. 铁环首刀 14. 铜带钩 15～17. 铜构件 18. 漆盒铜足 19. 铜车马器

宽 0.75 米，内放 12 件铜制车马饰件；东边箱长 1.19、宽 0.87 米，内放 6 件釉陶壶和 2 件漆盒足。棺外东侧 2 头箱，北头箱长 1.20、宽 0.60 米，内有动物骨骼；南头箱长 1.00、宽 0.68 米，内放 4 件陶罐。南棺内随葬 1 枚铜镜、1 件石黛板、1 把铁环首刀、1 件铜带钩、3 个铜饰件。

2. 随葬品

随葬品出土釉陶壶 6 件、陶罐 4 件、铜镜 1 枚、石黛板 1 件、铁环首刀 1 件、铜带钩 1 件、漆盒足 2 件、车马明器 12 件。

釉陶壶　6 件。高温釉陶。

标本ＦⅠM5∶1，侈口，圆唇，直颈，溜肩，鼓腹，矮圈足。肩部贴附对称叶脉纹竖耳 1 对，口外侧、颈根部饰水波纹、凹弦纹，肩、上腹部饰弦纹，口、颈内壁凹凸相间呈凸棱状。口内侧、肩及上腹部施绿釉，余部未施釉处器表呈红褐色，胎质坚硬。口径 10、腹径 20.6、圈足径 11.6、高 27.4、壁厚 0.4～0.8 厘米（图一五，1；彩版四，1、2）。

标本ＦⅠM5∶2，敞口，圆唇，高束颈，斜弧肩，鼓腹，圈足较高。肩部对称贴附桥形双耳，耳面饰叶脉纹，耳上端附兽面纹泥塑，耳下端衔环。口沿外壁和颈部饰凹弦纹和水波纹；肩与上腹部有 3 道较宽泥条状凸弦纹，其间为 2 组简化鸟纹和兽纹，动物纹上密布锥点纹；腹中有 1 组弦纹，下腹有轮旋密集弦纹。口颈内壁、肩及上腹部施绿釉。口径 13、腹径 29.6、圈足径 14.5、高 36.7、壁厚 0.6～1.0 厘米（图一五，2；彩版四，3～5）。

标本ＦⅠM5∶3，口部残。溜肩，鼓腹，矮圈足。肩部对称贴附叶脉纹桥形双耳，肩及腹部为密集的宽凸弦纹，腹部内壁有凸棱。肩部施浅绿釉。腹径 23.1、圈足径 11.5、残高 20、壁厚 0.5～1 厘米（图一五，3）。

标本ＦⅠM5∶4，敞口，圆唇，高束颈，溜肩，鼓腹，矮圈足。口沿和颈下端各划 2 道弦纹，其间各饰 1 组阴刻水波纹，肩部对称贴附叶脉纹桥形双耳，肩及腹部为密集的宽凸弦纹，口颈部内壁有凸棱。口颈内壁和肩部施浅白色釉。口径 12、腹径 22.2、圈足径 9.6、高 28.4、壁厚 0.6～1 厘米（图一五，4）。

标本ＦⅠM5∶5，敞口，圆唇，束颈较粗，溜肩，鼓腹，矮圈足。口部外侧和颈部饰 4 道平行凹弦纹和 1 道暗纹，其间饰 2 组阴刻水波纹，肩部对称贴附叶脉纹桥形双耳，耳部上端和腹中部各有 1 道凹弦纹，器腹内壁有凸棱。口颈内壁和上腹部施浅绿色釉。口径 13.4、腹径 25.4、圈足径 14、高 30.6、壁厚 0.6～1 厘米（图一五，5）。

标本ＦⅠM5∶6，口部残。束颈，溜肩，鼓腹，矮圈足。肩部对称贴附桥形双耳，耳面 1 道竖行凹槽。腹部饰有密集宽弦纹，器腹内壁有凸棱。颈部和上腹部施绿色釉。腹径 20.4、圈足径 11、残高 21、壁厚 0.6～1 厘米（图一五，6）。

灰陶罐　4 件。泥质陶。

标本ＦⅠM5∶7，侈口，卷沿，圆方唇，唇面内凹呈 1 周凹槽，束颈较长，圆肩，圆腹，小平底。下腹部饰竖向、横向绳纹。口径 19.5、腹径 35.4、底径 11.9、高 36.9、壁厚 0.8～1 厘米（图一五，7）。

图一五　赵家庄汉墓 F Ⅰ M5 出土随葬品

1~6. 釉陶壶 F Ⅰ M5：1~6　7~10. 灰陶罐 F Ⅰ M5：7、10、9、8

标本ＦⅠM5：8，侈口，卷沿，方唇，束颈较长，溜肩，鼓腹，小平底，制作不规整。腹下1周戳印纹，其下饰竖向、横向细绳纹。口径20、腹径35.4、底径10.2、高38.4、壁厚0.7~1厘米（图一五，10）。

标本ＦⅠM5：9，侈口，卷沿，方唇，唇面内凹呈1周凹槽，束颈较长，圆肩，圆腹，小平底。腹下1周戳印纹，其下饰竖向细绳纹。口径18.8、腹径34.2、底径10、高37.6、壁厚0.6~1厘米（图一五，9；彩版三，5）。

标本ＦⅠM5：10，侈口，卷沿，圆唇，束颈较长，溜肩，鼓腹，平底。腹中2周戳印纹，腹下及近底处饰竖向、横向细绳纹。口径17.2、腹径34.4、底径16、高37.2、壁厚0.8~0.9厘米（图一五，8）。

石黛板　1件。

标本ＦⅠM5：12，青灰色砂岩。扁平长方形，正面光洁，背面粗糙，周缘有崩疤，局部缺损，横截面呈长方形。长14.1、宽5.8、厚0.25厘米（图一六，1）。

铜镜　1枚。

标本ＦⅠM5：11，星云纹镜。因腐蚀严重，无法修复。

铜带钩　1件。

标本ＦⅠM5：14，琴面形，背下部一圆形纽，首端残。体残长3.8、腹宽0.9厘米（图一六，3）。

漆盒铜足　2件。形制基本相同，中空，一端为喇叭形，一端为半球形，球形弧顶部有凸出的锸钉。

标本ＦⅠM5：18－1，锸钉呈圆锥形。高3.8厘米（图一六，6）。

标本ＦⅠM5：18－2，锸钉呈长圆柱形。高3.8厘米（图一六，7）。

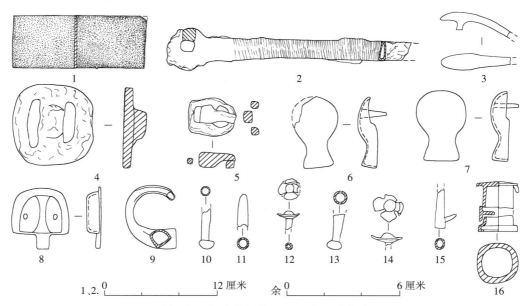

图一六　赵家庄汉墓ＦⅠM5出土随葬品

1. 石黛板ＦⅠM5：12　2. 铁环首刀ＦⅠM5：13　3. 铜带钩ＦⅠM5：14　4、5、8、9. 铜构件ＦⅠM5：16、17、19－1、19－2
6、7. 漆盒铜足ＦⅠM5：18－1、－2　10~15. 铜盖弓帽ＦⅠM5：19－3~－8　16. 铜车軎ＦⅠM5：19－9

铜盖弓帽 6件。

标本ＦⅠM5：19－3，顶端呈蘑菇状突起，残端呈圆筒状，中空。孔径0.5、残高2.2厘米（图一六，10）。

标本ＦⅠM5：19－6，形制同标本ＦⅠM5：19－3。孔径0.7、残高1.9厘米（图一六，13）。

标本ＦⅠM5：19－4，顶端呈尖圆形，残端呈圆筒状，中空。孔径0.6、残高1.8厘米（图一六，11）。

标本ＦⅠM5：19－8，顶端呈圆形，残端呈圆筒状，中空，近顶端处有挂钩。孔径0.5、残高2.1厘米（图一六，15）。

标本ＦⅠM5：19－5，顶端呈四叶花瓣形突起，残端呈圆筒状，中空。孔径0.4、残高1厘米（图一六，12）。

标本ＦⅠM5：19－7，形制同标本ＦⅠM5：19－5。孔径0.4、残高0.7厘米（图一六，14）。

铜车軎 1件。

标本ＦⅠM5：19－9，短圆筒形，中空，内端有键孔，贯孔装辖。长2.7、孔径2.2厘米（图一六，16）。

铜构件 5件。应为车马明器，名称不详。

标本ＦⅠM5：15，锈蚀严重。

标本ＦⅠM5：16，椭圆形，一面有圆柱形突起。长径4.4、短径4.2、厚1.2厘米（图一六，4）。

标本ＦⅠM5：17，长方形，局部中空，一面附有錾形装饰，应为某种扣件。长2.6、宽2.1、厚0.8厘米（图一六，5）。

标本ＦⅠM5：19－1，圆角长方形，中空，下端有一柄。长3、宽2.6、厚1.3、柄长0.7厘米（图一六，8）。

标本ＦⅠM5：19－2，曲状呈"C"形，中空，一端圆环形，一端尖状实心。一端环直径1、孔径0.5、实心端径0.3厘米（图一六，9）。

铁环首刀 1件。

标本ＦⅠM5：13，椭圆形首，环首截面近圆形，直背弧刃，长方形木鞘外缠有细绳，尖残。残长25.8、刀身宽2.1、环首宽4.7厘米（图一六，2）。

（六）ＦⅠM6

1. 墓葬形制

ＦⅠM6位于ＦⅠ东部，ＦⅠM13南侧，开口于扰土层下，打破①期封土和岩层。墓葬形制为竖穴土坑（岩坑），方向100°（图一七）。墓圹平面呈长方形，直壁，平底，长4.30、宽3.30、深2.50～2.60米。填灰褐色五花土，土质较硬。

葬具为1椁1棺，椁位于墓底中间，已朽，盖板塌落墓底，长3.50、宽2.30米，椁长3.10、

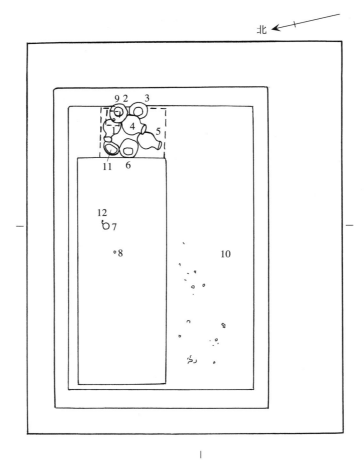

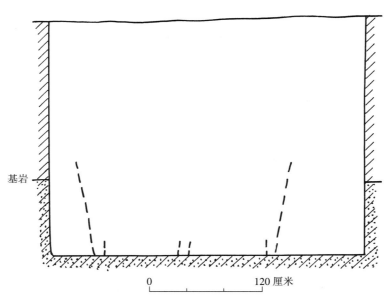

图一七　赵家庄汉墓 F Ⅰ M6 平、剖面图

1～6. 釉陶壶　7. 铜镜　8. 铜钱　9. 铜铺首　10. 漆盒铜叶　11. 漆盒铜足　12. 铜镜刷
13. 车马器铜构件　14. 铜钵

宽 2.00、残高 1.00 米。椁内北部为 1 棺，仅留朽痕，长 2.50、宽 0.95、残高 0.10 米。棺内人骨架 1 具，仅留部分灰痕，仰身直肢，头向东。棺外东侧 1 头箱，长 0.68、宽 0.54 米，内置 6 件釉陶壶、1 件铜钵、1 件漆盒，漆盒朽无、未提取，余 2 件铺首、3 足足。棺外南侧 1 边箱，长 2.40、宽 0.75 米，内放 17 件车马饰件。棺内 1 枚镜、1 件镜刷、1 枚铜钱。

2. 随葬品

随葬品出土釉陶壶 6 件、铜镜 1 枚、铜钱 1 枚、铜铺首 2 件、漆盒铜叶 1 件、漆盒铜足 1 件、铜泡 1 件、铜镜刷 1 件、铜钵 1 件、车马明器 23 件。

釉陶壶 6 件。高温釉陶。

标本ＦⅠM6：1，口微侈，圆唇，粗束颈，圆肩，圆腹，矮圈足。肩部对称安有桥形耳，耳面饰叶脉纹。口沿外壁 1 道凹弦纹，下为 1 组水波纹，颈根部 2 道细弦纹，其间为 1 组水波纹，耳以下腹部饰有多道宽凸弦纹，器物内壁凹凸起伏呈凸棱状。口沿内壁及上腹部施绿釉。口径 11.4、腹径 21、底径 11、高 27、壁厚 0.6~0.8 厘米（图一八，1）。

标本ＦⅠM6：2，侈口，圆唇，长束颈，溜肩，收腹，矮圈足。口沿和颈部下端各划 2 道弦纹，其间各饰 1 组阴刻水波纹，肩部对称贴附叶脉纹桥形双耳，耳部上方 2 道弦纹，腹中下部饰

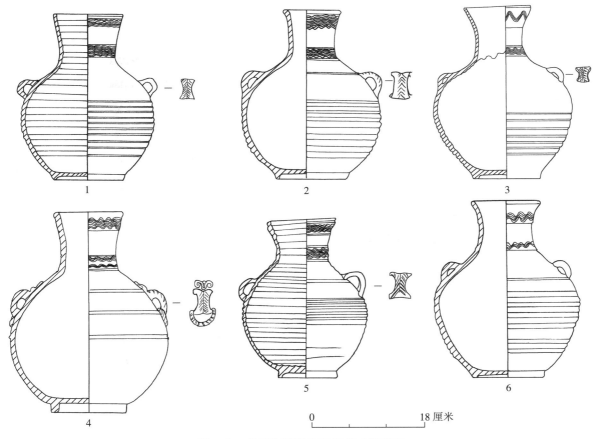

图一八 赵家庄汉墓ＦⅠM6 出土随葬品
1~6. 釉陶壶ＦⅠM6：1~6

密集的宽凸弦纹呈瓦棱形。口沿内及器身上半部施绿釉。口径9.4、腹径22、圈足径11.4、高28、壁厚0.6~0.8厘米（图一八，2）。

标本ＦⅠM6：3，敞口，圆唇，高束颈，溜肩，鼓腹，矮圈足。口部外沿、颈部下端各饰1组阴刻水波纹，肩部对称贴附叶脉纹桥形双耳，下腹部呈瓦棱形，腹内壁有凸棱。口颈部内壁、肩与上腹部施绿釉。口径10.8、腹径22.1、圈足径10.8、高28.8、壁厚0.4~0.8厘米（图一八，3）。

标本ＦⅠM6：4，侈口，圆唇，高束颈，溜肩，球形腹，矮圈足。口部外侧、颈部下端各饰1组阴刻水波纹和2周凹弦纹，肩部对称贴附叶脉纹桥形双耳，耳上端饰泥条卷成羊角状附加堆纹，下端衔环，肩、上腹部饰3道凸起泥条状弦纹。口部内外侧、肩及上腹部施绿釉。口径11、腹径25.4、圈足径12、高32.6、壁厚0.6~0.9厘米（图一八，4）。

标本ＦⅠM6：5，微敞口，圆唇，粗束颈，溜肩，鼓腹，矮圈足，烧制不规整，口部比较倾斜。肩部左右两侧各安桥形双耳，耳面刻划叶脉纹。口部外侧和颈部下端各饰2周凹弦纹，其间饰水波纹，耳以下部位腹部饰数道较宽凹凸相间弦纹，器物内壁凹凸起伏呈凸棱状。口沿内壁、肩与上腹部施绿釉，泛褐色，光泽明亮。口径11、腹径20、底径9.6、高26、壁厚0.5~1.2厘米（图一八，5）。

标本ＦⅠM6：6，微敞口，圆唇，粗束颈，弧肩，圆鼓腹，矮圈足。肩部安对称桥形耳。颈部刻划弦纹和水波纹，腹部饰较宽凹凸相间弦纹，耳面刻划叶脉纹。口沿内外、颈部及上腹部施绿釉，下腹未施釉处呈红褐色，胎质坚硬。口径11、腹径23、底径11.4、高28.6、壁厚0.6~1厘米（图一八，6）。

铜钵　1件。

标本ＦⅠM6：14，残断成碎片，无法修复。

铜镜　1枚。

标本ＦⅠM6：7，圈带铭文镜。锈蚀严重。圆纽，圆纽座。座外一圈内向八连弧纹。两圈短斜线之间装饰铭文，铭文不清，窄素缘。直径6.9、纽径1.1、缘厚0.35、缘宽0.4、肉厚0.2厘米（彩版五，1）。

铜镜刷　1件。

标本ＦⅠM6：12，形状似烟斗，圆筒状斗，柄为圆柱状。长10.3厘米（图一九，5）。

铜铺首　2件。

标本ＦⅠM6：9－1，两耳向内翻卷与头部连为一体，扬眉瞪目，鼻下垂后向后弯曲成钩状，衔一铜环，背后有一插钉，应为漆器上的装饰。通长5.2、环外径2.9、钉长0.4厘米（图一九，1）。

标本ＦⅠM6：9－2，两耳向内翻卷，扬眉瞪目，鼻下垂后向后弯曲成钩状，衔一铜环，背后有一插钉，应为漆器上的装饰。通长5.2、环外径3、钉长0.4厘米（图一九，2）。

漆盒铜叶　1件。

标本ＦⅠM6：10，残，柿蒂形，中间有半圆环纽，下端衔一铜环，背后有锸钉，应为漆盒上的装饰。通长3.7、环外径2、钉长0.4厘米（图一九，3）。

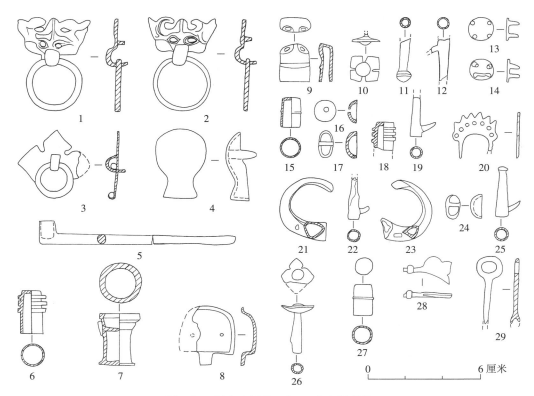

图一九　赵家庄汉墓ＦⅠM6出土随葬品

1、2. 铜铺首ＦⅠM6：9－1、－2　3. 漆盒铜叶ＦⅠM6：10　4. 漆盒铜足ＦⅠM6：11－1　5. 铜镜刷ＦⅠM6：12　6、15、18、27. 铜衡末ＦⅠM6：13－1、－10、－13、－22　7. 铜车輮ＦⅠM6：13－2　8、9、13、14、17、21、23、24. 车马器铜构件ＦⅠM6：13－3、－4、－8、－9、－12、－16、－18、－19　10~12、19、22、25、26. 铜盖弓帽ＦⅠM6：13－5、－6、－7、－14、－17、－20、－21　16. 铜泡ＦⅠM6：13－11　20. 铜车辖ＦⅠM6：13－15　28. 铜镳ＦⅠM6：13－23　29. 铜衔ＦⅠM6：13－24

漆盒铜足　2件。

标本ＦⅠM6：11－1，中空，一端为喇叭形，一端为半球形，球形弧顶部突出一长圆柱形锸钉。高3.8厘米（图一九，4）。

标本ＦⅠM6：11－2，形制、尺寸与标本ＦⅠM6：11－1相同。

铜泡　1件。

标本ＦⅠM6：13－11，伞状，内部泡钉断落。直径1.1、高0.5厘米（图一九，16）。

铜衡末　4件。

标本ＦⅠM6：13－1，短圆筒形，中空，顶端平，外部近顶端处有三道凸棱。高2.4、孔径1.2厘米（图一九，6）。

标本ＦⅠM6：13－10，短圆筒形，中空，顶端平，外部有一道凸棱。高1.6、孔径1.1厘米（图一九，15）。

标本ＦⅠM6：13－13，短圆筒形，中空，顶端平，外部近顶端处有三道凸棱，尾端残。残高1.5、孔径1厘米（图一九，18）。

标本ＦⅠM6：13－22，形制同标本ＦⅠM6：13－10。高1.7、孔径1.1厘米（图一九，27）。

铜车軎　1件。

标本ＦⅠM6：13－2，短圆筒形，中空，顶端平，内端有键孔，贯孔装辖。长2.8、孔径2.2厘米（图一九，7）。

铜盖弓帽　7件。

标本ＦⅠM6：13－5，一端呈四叶花瓣形突起，一端残。残高0.6厘米（图一九，10）。

标本ＦⅠM6：13－6，一端呈蘑菇状突起，一端呈圆筒状、残，中空。孔径0.6、残高2.3厘米（图一九，11）。

标本ＦⅠM6：13－7，两端均残，呈圆筒状，中空，近一端处有挂钩、末端残。孔径0.6、残高2.3厘米（图一九，12）。

标本ＦⅠM6：13－14，一端呈圆筒状，中空，近一端处有挂钩，另一端呈圆锥状、残。孔径0.6、残高2.1厘米（图一九，19）。

标本ＦⅠM6：13－17，一端呈圆筒状，中空，近一端处有挂钩，另一端呈圆锥状、残。孔径0.7、残高2.2厘米（图一九，22）。

标本ＦⅠM6：13－20，一端呈圆筒状，中空，近一端处有挂钩，另一端呈蘑菇纽状。孔径0.7、残高2.7厘米（图一九，25）。

标本ＦⅠM6：13－21，一端呈四叶花瓣形突起，另一端呈圆筒状，中空。孔径0.6、高2.7厘米（图一九，26）。

铜车辕　1件。

标本ＦⅠM6：13－15，曲状呈"U"字形，弧顶雕有山行装饰，中间有成排圆孔。长2.5、宽2.4厘米（图一九，20）。

铜镳　1件。

标本ＦⅠM6：13－23，仅残存一段，作树叶状。残长2.6厘米（图一九，28）。

铜衔　1件。

标本ＦⅠM6：13－24，仅残存一段，一端呈圆环形，一端为小圆环、残存一半。残长3.6、大环外径1.4厘米（图一九，29）。

车马器铜构件　8件。名称不详。

标本ＦⅠM6：13－3，上部近半球形，中空，下部接一扁长方形柄。长3.2、残宽2.2厘米（图一九，8）。

标本ＦⅠM6：13－4，扁长方形，中空，顶端弧平，有两对称小孔，正面有一道突起。长2.1、宽1.5、厚0.7、孔长1.2、孔宽0.4厘米（图一九，9）。

标本ＦⅠM6：13－8，圆形，一面有两道拱形纽，纽残。径长1.3、拱长1厘米（图一九，13）。

标本ＦⅠM6：13－9，形制同标本ＦⅠM6：13－8。径长1.3、拱长1厘米（图一九，14）。

标本ＦⅠM6：13－12，半椭圆球形，中空，内有一横梁。长径1.5、短径0.8厘米（图一九，17）。

标本ＦⅠM6：13－16，曲状呈"C"形，中空，一端圆环形，一端圆柱实心。一端环直径1、孔径0.7、实心端径0.5厘米（图一九，21）。

标本ＦⅠM6：13－18，曲状呈"C"形，中空，一端圆环形、残，一端圆柱实心。一端环直径1、孔径0.6、实心端径0.5厘米（图一九，23）。

标本ＦⅠM6：13－19，半椭圆球形，中空，内部有一横梁。长径1.3、短径0.8厘米（图一九，24）。

铜钱　1枚。

标本ＦⅠM6：8，腐朽严重，钱文未能明晰。

（七）ＦⅠM7

1. 墓葬形制

ＦⅠM7位于ＦⅠ东北部，ＦⅠM12北侧，开口于扰土层下，距离地表0.20米，打破①期封土和岩层。墓葬形制为竖穴土坑（岩坑），方向98°（图二〇）。墓圹平面呈长方形，壁面光滑竖直、底面稍平整，长3.70、宽1.70、深2.80～3.40米。填灰褐色五花土，土质较硬。

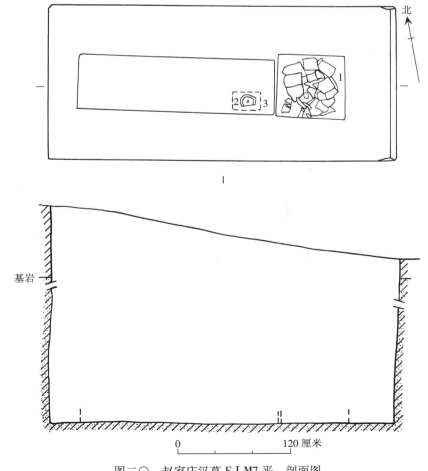

图二〇　赵家庄汉墓ＦⅠM7平、剖面图
1. 灰陶罐　2. 铜镜　3. 漆盒

葬具为 1 棺，已腐朽，平面呈长方形，长 2.10、宽 0.60、残高 0.15 米。棺内人骨架 1 具，腐朽严重，葬式不明，头向东。棺外东侧 1 头箱，长 0.72、宽 0.70、残高 0.15 米，内放 1 件陶罐。棺内东南角有 1 件漆盒，腐朽，未提取，内置 1 枚铜镜。

2. 随葬品

随葬品出土灰陶罐 1 件、铜镜 1 枚、漆盒。

灰陶罐　1 件。

标本ＦⅠM7：1，泥质陶。微敞口，卷沿，圆唇，短束颈，溜肩，鼓腹，下腹弧收，圜底近平。下腹部近底处拍印细绳纹，一直延伸至底部。口径 28、腹径 54.4、底径 16、高 48、壁厚 0.8~1.6 厘米（图二一；彩版五，2）。

铜镜　1 枚。

标本ＦⅠM7：2，日有熹对称连叠草叶镜。圆纽，四叶形纽座，座外凹弧面小方格，再外围凹弧面大方格，四角各为两个对称三角形组成的正方形，每边三字铭文，方格外四枚乳丁

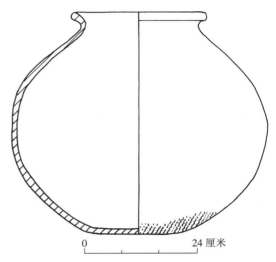

图二一　赵家庄汉墓ＦⅠM7 出土灰陶罐ＦⅠM7：1

两侧饰二叠式草叶纹，四外角各伸出一苞双瓣花枝纹。内向十六连弧纹缘。铭文为"日……长贵富乐毋事"。残缺一半。直径 16.3、纽径 2、缘厚 0.55、缘宽 1.5、肉厚 0.3 厘米。

漆盒　1 件。

标本ＦⅠM7：3，已朽，未提取。

（八）ＦⅠM8

1. 墓葬形制

ＦⅠM8 位于ＦⅠ西南角，上部被扰土层破坏，打破③期封土堆积。墓葬形制为竖穴土坑（岩坑）砖椁，方向 116°（图二二）。墓圹平面呈长方形，直壁，平底，长 3.27、宽 1.72、深 0.45~0.94 米。填灰褐色五花土，土质稍软。

砖椁平面呈长方形，局部坍塌，顶部四壁为一层平砖对缝顺砌而成，其下为墓内填土，无铺底砖，长 2.30、宽 0.75、高 0.40 米。1 木棺位于椁室中间，已腐朽，局部被坍塌椁壁所压，长 2.10、宽 0.59、残高 0.30 米。棺内人骨 1 具，已朽成泥灰，仰身直肢，头向东。棺内中部放有大量铜钱；头骨南侧有 1 枚铜镜，镜下置 1 件铜镜刷；镜上方有 1 件漆盒，朽无，未提取。

2. 随葬品

随葬品出土铜钱 2 组、铜镜 1 枚、铜镜刷 1 件。

铜镜　1 枚。

标本ＦⅠM8：3，七乳禽鸟镜。锈蚀严重，圆纽，圆纽座，座外一周乳丁纹带，再外一圈弦纹

带和两周短斜线带，弦纹带和内圈斜线带之间，饰有纹饰、不清，两周斜线带之间，有七枚乳丁，乳丁之间间杂禽鸟纹、不清。宽缘，缘上有两周弦纹，弦纹之间饰有动物纹饰，不清晰。直径19、纽径2.6、缘厚0.65、缘宽2.4、肉厚0.5厘米（彩版五，3）。

铜镜刷　1件。

标本ＦⅠM8：4，形状似烟斗，圆筒状斗，柄部残。残长4.6厘米（图二三，4）。

铜钱　2组共50枚。

标本ＦⅠM8：1，1组33枚。锈蚀严重，部分残断，钱文均为"五铢"。

标本ＦⅠM8：1-1，"五"字斜画两笔略弯曲，"铢"字的"金"字头呈三角形，"朱"字头方折。直径2.7、穿径1.15、厚0.15厘米（图二三，1）。

标本ＦⅠM8：1-2，"五"字斜画交笔曲肥，"铢"字的"金"字头呈三角形，"朱"字头方折。直径2.6、穿径1、厚0.15厘米（图二三，2）。

标本ＦⅠM8：2，1组17枚。"五铢"钱，锈蚀严重。

标本ＦⅠM8：2-1，"五"字斜画较直，"铢"字的"金"字头呈三角形，"朱"字头圆折。直径2.55、穿径1.1、厚0.15厘米（图二三，3）。

漆盒　1件。

标本ＦⅠM8：5，腐朽严重，未能提取。

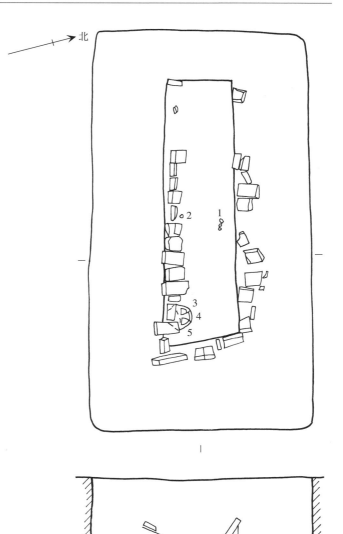

图二二　赵家庄汉墓ＦⅠM8平、剖面图
1、2. 铜钱　3. 铜镜　4. 铜镜刷　5. 漆盒

（九）ＦⅠM9

1. 墓葬形制

ＦⅠM9位于ＦⅠ西南部，开口于扰土层下，距离地表0.25米，北部被ＦⅠM2打破，自身打破③期封土和岩层。墓葬形制为竖穴土坑（岩坑）砖椁，方向为100°（图二四）。墓圹平面呈长方

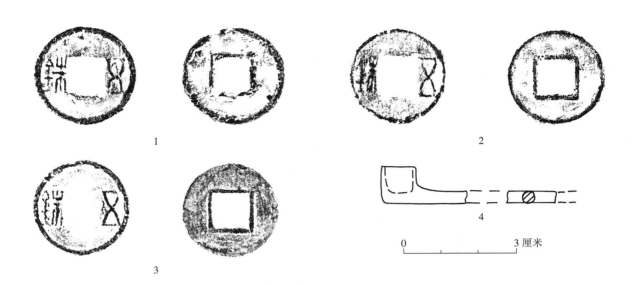

图二三　赵家庄汉墓ＦⅠM8 出土随葬品
1~3. 五铢铜钱ＦⅠM8：1-1、-2、ＦⅠM8：2-1　4. 铜镜刷ＦⅠM8：4

形，土圹壁面光滑，底部平整，长4.20、宽2.90、深2.10 米。填灰褐色五花土，土质较硬，含有大量碎石块和沙砾。

椁室为青砖砌筑，长3.68、宽1.76、高1.00 米，铺底砖比较凌乱，局部呈"两顺一丁"，椁壁下为含碎石填土，顶铺一层青砖，呈平砖对缝顺砌。椁室中间 1 木棺，仅留长方形灰痕，长2.90、宽0.97、残高0.90 米。棺内人骨架1具，严重腐朽，葬式不明，头向东。棺内东端有 1 件方形漆盒，已腐朽，未提取，盒内有 1 枚铜镜、1 件束发器、1 件漆盒骨架、5 件铜泡、2 件铜铺首，盒外 1 件铜泡、4 件铜铺首。棺中间 2 组铜钱。

2. 随葬品

随葬品出土铜镜 1 枚、铜泡 6 件、铜铺首 6 件、束发器 1 件、漆盒 1 件、铜钱 2 组。

铜铺首　6 件。

标本ＦⅠM9：3，断、锈蚀。面部锈蚀严重，看不清鼻部，鼻下垂后向后弯曲成钩状，衔一铜环，背后有一插钉，应为漆器上的装饰。通长6.2、环外径3.8、钉长0.2 厘米（图二五，3）。

标本ＦⅠM9：4，残。兽面严重锈蚀，鼻下垂后向后弯曲成钩状，衔一铜环，背后有一插钉，应为漆器上的装饰。通长6.1、环外径3.5、钉长0.4 厘米（图二五，6）。

标本ＦⅠM9：8，环断、锈蚀。面部锈蚀严重，鼻下垂后向后弯曲成钩状，衔一铜环，背后有一插钉，应为漆器上的装饰。通长6、环外径3、钉长0.3 厘米（图二五，2）。

标本ＦⅠM9：9，环残、锈蚀。两耳外耸，面部锈蚀严重，鼻下垂后向后弯曲成钩状，衔一铜环，背后有一插钉，应为漆器上的装饰。通长5.3、环外径2.6、钉长0.3 厘米（图二五，5）。

标本ＦⅠM9：13，断、锈蚀。两耳外耸，扬眉瞪目，鼻下垂后向后弯曲成钩状，衔一铜环，背后有一插钉，应为漆器上的装饰。通长5.4、环外径2.8、钉长0.4 厘米（图二五，1）。

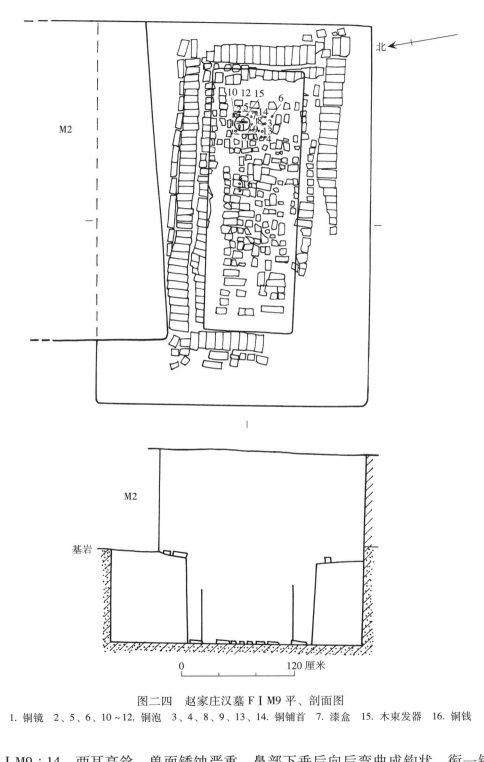

图二四　赵家庄汉墓 F Ⅰ M9 平、剖面图
1. 铜镜　2、5、6、10～12. 铜泡　3、4、8、9、13、14. 铜铺首　7. 漆盒　15. 木束发器　16. 铜钱

标本 F Ⅰ M9：14，两耳高耸，兽面锈蚀严重，鼻部下垂后向后弯曲成钩状，衔一铜环，背后有插钉。应为漆器上的装饰。通长 5.1、环外径 2.7、钉长 0.3 厘米（图二五，4）。

铜镜　1 枚。

标本 F Ⅰ M9：1，七乳禽鸟镜。锈蚀严重，圆纽，圆纽座，座外一周乳丁纹带，再外一圈弦纹

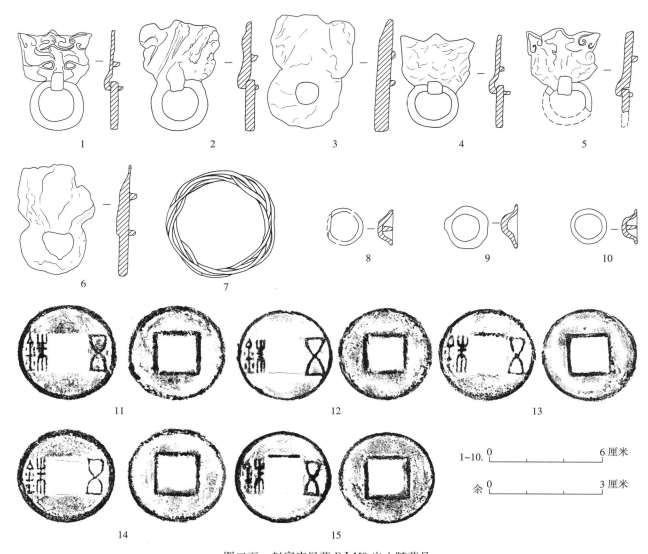

图二五　赵家庄汉墓ＦⅠM9 出土随葬品

1~6. 铜铺首ＦⅠM9：13、8、3、14、9、4　7. 木束发器ＦⅠM9：15　8~10. 铜泡ＦⅠM9：11、6、5

11~15. 铜钱ＦⅠM9：16－1、－3、－5、－2、－4

带和两周短斜线带，弦纹带和内圈斜线带之间，饰有纹饰、不清，两周斜线带之间，有七枚乳丁，乳丁之间间杂禽鸟纹、不清。宽缘，缘上有两周弦纹，弦纹之间饰有纹饰，不清晰。直径18.7、纽径2.4、缘厚0.7、缘宽2.1、肉厚0.5厘米（彩版五，4）。

　　铜泡　6件。

　　标本ＦⅠM9：2，锈蚀严重，无法修复。

　　标本ＦⅠM9：5，伞形，内有长尖钉。直径1.9、高0.8厘米（图二五，10）。

　　标本ＦⅠM9：6，伞形，伞边缘较长，尖钉断落。直径2.4、高0.9厘米（图二五，9）。

　　标本ＦⅠM9：10，锈蚀严重，无法修复。

　　标本ＦⅠM9：11，伞形，顶平，伞内有长尖钉。直径2、高0.8厘米（图二五，8）。

标本 F I M9：12，锈蚀严重，无法修复。

铜钱　1 组 90 枚。锈蚀严重，局部残断。

标本 F I M9：16 - 1，"五"字斜画曲肥，"铢"字的"金"字头呈三角形、四点较长，"朱"字头方折。直径 2.65、穿径 1.15、厚 0.15 厘米（图二五，11）。

标本 F I M9：16 - 2，"五"字斜画弯曲，"铢"字的"金"字呈三角形，"朱"字头方折。直径 2.6、穿径 1.2、厚 0.15 厘米（图二五，14）。

标本 F I M9：16 - 3，"五"字斜画较直，"铢"字的"金"字头呈三角形，"朱"字头方折。直径 2.5、穿径 1.15、厚 0.15 厘米（图二五，12）。

标本 F I M9：16 - 4，"五"字斜画略弯曲，"铢"字的"金"字头呈三角形，"朱"字头方折。穿上有横穿。直径 2.55、穿径 1.15、厚 0.15 厘米（图二五，15）。

标本 F I M9：16 - 5，"五"字斜画较直，"铢"字的"金"字头呈尖三角形，"朱"字头圆折。穿上有横穿。直径 2.5、穿径 1.15、厚 0.15 厘米（图二五，13）。

木束发器　1 件。

标本 F I M9：15，残断。断落留残木条，黑色，由 3 到 4 股软木条互相缠绕而成，平面呈圆形，其间捆束头发。直径 6.0 厘米（图二五，7）。

漆盒　1 件。

标本 F I M9：7，因残损严重，仅余漆盒龙骨，未能提取。

（一〇）F I M10

1. 墓葬形制

F I M10 位于 F I 西部，F I M3 南侧，开口于扰土层下，打破③期封土堆积和岩层。墓葬形制为竖穴土坑（岩坑），方向 104°（图二六）。墓圹平面呈长方形，直壁斜内收，底面平整，长 3.50、宽 2.10、深 1.30 米。填灰褐色五花土，土质较硬，含有大量碎石块和沙砾。

葬具为 1 椁 1 棺，椁位于墓底中间，已朽，长 2.50、宽 1.20、残高 0.05 米。椁内中间为 1 棺，仅留朽痕，长 1.98、宽 0.70、板厚 0.12、残高 0.05 米。棺内人骨架 1 具，仅留部分头骨灰痕，仰身直肢，头向东。无随葬品。

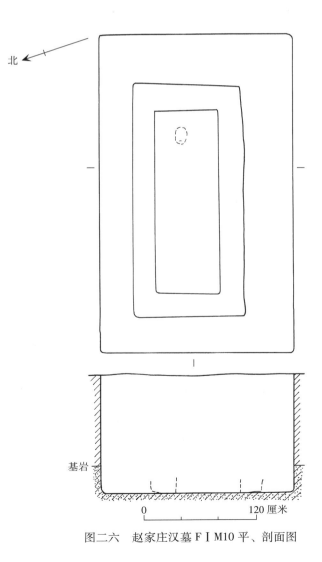

图二六　赵家庄汉墓 F I M10 平、剖面图

2. 随葬品

未发现随葬品。

（一）ＦⅠM11

1. 墓葬形制

ＦⅠM11 位于ＦⅠ中间，ＦⅠM5 南侧，开口于扰土层下，打破②期封土堆积和岩层。墓葬形制为竖穴土坑（岩坑），方向 102°（图二七）。墓圹平面呈长方形，斜壁、平底，口部长 3.30、宽 1.77 米，底部长 3.00、宽 1.53、深 1.60～3.20 米。填浅黄褐色五花土，土质较硬，含有大量碎石块和沙土。

葬具为 1 棺，置于墓室偏西处，已朽，长 2.10、宽 0.70、残高 0.45 米。棺内人骨架 1 具，仅

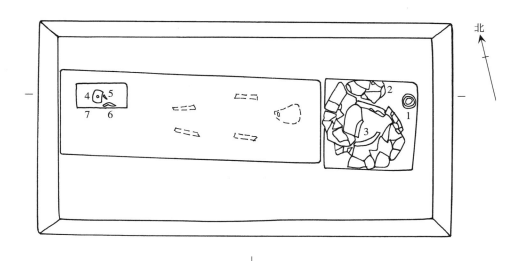

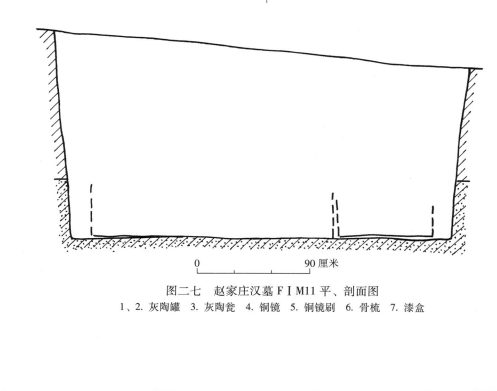

图二七　赵家庄汉墓ＦⅠM11 平、剖面图
1、2. 灰陶罐　3. 灰陶瓮　4. 铜镜　5. 铜镜刷　6. 骨梳　7. 漆盒

留部分灰痕，葬式仰身直肢，头向东。棺外东侧有 1 近方形头箱，朽痕长 0.73、宽 0.70、残高 0.15 米，内置 2 件陶罐、1 件陶瓮。棺内脚端放 1 件长方形漆盒，已腐朽，未提取，内有 1 枚铜镜、1 件铜镜刷、1 件骨梳。

2. 随葬品

随葬品出土灰陶罐 2 件、灰陶瓮 1 件、铜镜 1 枚、铜镜刷 1 件、骨梳 1 件。

灰陶罐　2 件。泥质陶。

标本ＦⅠM11：1，侈口，卷沿，圆唇，溜肩，鼓腹，平底稍内凹。素面。口径 9.0、腹径 12.8、底径 8、高 9.6、壁厚 0.5～0.6 厘米（图二八，1；彩版五，5）。

标本ＦⅠM11：2，侈口，卷沿，圆方唇，唇面稍内凹，短束颈，溜肩，鼓腹，下腹内收，平底内凹。腹中 1 周戳印纹，下腹饰横向绳纹。口径 13.2、腹径 23.2、底径 9、高 21.4、壁厚 0.6～0.8 厘米（图二八，2）。

灰陶瓮　1 件。

标本ＦⅠM11：3，泥质浅灰陶。口部微敛，圆唇，口沿向上弧曲，直颈，圆肩，圆腹，圜底。下腹及底部饰斜向绳纹。口径 26.4、腹径 57.6、高 46.4、壁厚 0.8～2 厘米（图二八，3）。

铜镜　1 枚。

标本ＦⅠM11：4，星云镜。锈蚀严重，残缺。连峰纽，圆纽座，座外一周内向十六连弧纹。两周凸弦纹内四枚圆座的乳丁分为四区，每区内各有七枚弧线相连的乳丁。内向十六连弧纹缘。纽径 1.8、缘厚 0.4、缘宽 0.8、肉厚 0.2 厘米。因锈蚀严重，未能拓片、照相。

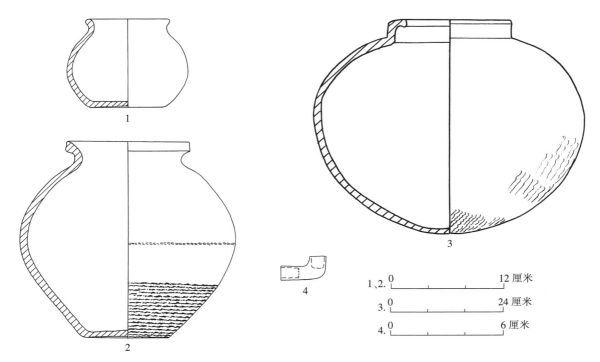

图二八　赵家庄汉墓ＦⅠM11 出土随葬品

1、2. 灰陶罐ＦⅠM11：1、2　3. 灰陶瓮ＦⅠM11：3　4. 铜镜刷ＦⅠM11：5

铜镜刷　1件。

标本ＦⅠM11：5，仅余刷头，形状似烟斗，圆筒状斗，柄为圆柱状，内有銎孔，留有朽木，原应有木柄插入其中。刷头表面鎏金。长2.4厘米（图二八，4）。

骨梳　1件。

标本ＦⅠM11：6，残损严重，无法复原。

漆盒　1件。

标本ＦⅠM11：7，已朽，无法提取。

（一二）ＦⅠM12

1. 墓葬形制

ＦⅠM12位于ＦⅠ东部，ＦⅠM7南侧，开口于扰土层下，打破①期封土堆积和岩层。墓葬形制为竖穴土坑（岩坑），方向97°（图二九）。墓圹平面呈长方形，直壁，平底，长3.60、宽1.60、深2.40～2.80米。填灰褐色五花土，土质较硬。

葬具为1棺，放置于墓室中间，其东部被1椭圆形盗洞破坏，已朽，残长1.00、宽0.90、残高0.05米。棺内人骨架1具，仅留部分灰痕，葬式不清，头向东。无随葬品。

2. 随葬品

未发现随葬品。

（一三）ＦⅠM13

1. 墓葬形制

ＦⅠM13位于ＦⅠ东部，ＦⅠM6北侧，开口于扰土层下，打破①期封土堆积和岩层。墓葬形制为竖穴土坑（岩坑），方向100°（图三〇）。墓圹平面呈长方形，直壁，平底，长4.00、宽1.70、深2.20米。填灰褐色五花土，墓内上部填土经夯打，圆形夯窝直径7、深6～9厘米，土质较硬。

葬具为1棺，斜置于墓室西部，已朽，长2.20、宽0.75、残高0.05米。棺内人骨架1具，仅留部分灰痕，葬式不清，头向东。

棺内东部头端有1枚铜镜、1件石片，棺外东侧随葬有1件灰陶罐、1件灰陶瓮。

2. 随葬品

随葬品出土灰陶罐1件、灰陶瓮1件、石器1件、铜镜1枚。

灰陶罐　1件。

标本ＦⅠM13：1，泥质陶。侈口，卷沿，圆方唇，高直颈，溜肩、鼓腹，下腹斜内收，小平底内凹，制作不规整。腹中2周戳印纹，下腹及底饰竖向、斜向绳纹，肩部上刻"□孺"字样（彩版五，6）。口径16.8、腹径29.2、底径9、高29.8、壁厚0.6～0.8厘米（图三一，1）。

灰陶瓮　1件。

标本ＦⅠM13：2，泥质陶。敛口，圆唇，口沿向上弧曲，直颈，圆肩，圆腹，圜底。肩部靠

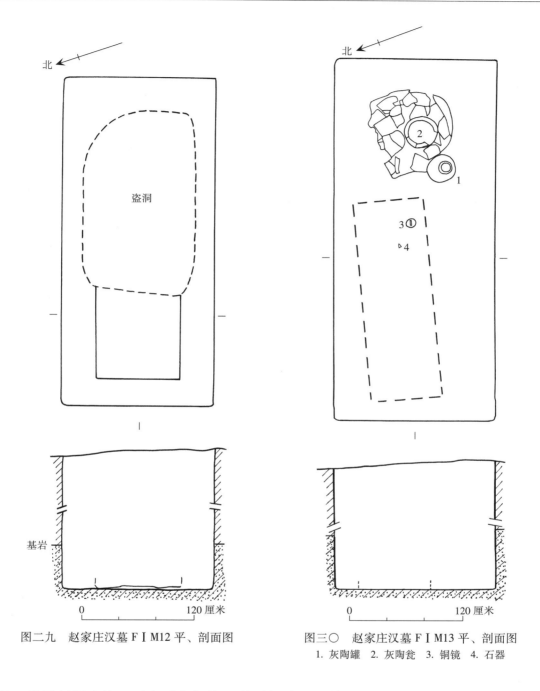

图二九　赵家庄汉墓 F I M12 平、剖面图　　　　图三〇　赵家庄汉墓 F I M13 平、剖面图
1. 灰陶罐　2. 灰陶瓮　3. 铜镜　4. 石器

上位置饰 3 道平行凹弦纹，下腹近底部饰 3 道平行弦纹，其间拍印竖向绳纹，圜底处亦有绳纹。口径 35.2、腹径 63.2、高 51.2、壁厚 0.8～1.8 厘米（图三一，2）。

　　石器　1 件。

　　标本 F I M13：4，白色砂质石，残。平面呈不规则形，上下两面磨制光滑，疑为黛板残块。残长 4、残宽 3.2、厚 0.5 厘米（图三一，3）。

　　铜镜　1 枚。

　　标本 F I M13：3，星云镜。锈蚀严重。连峰纽，圆纽座，座外一周内向十六连弧纹。在外两

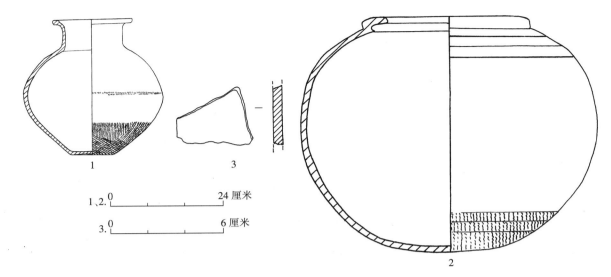

图三一　赵家庄汉墓 FⅠM13 出土随葬品
1. 灰陶罐 FⅠM13：1　2. 灰陶瓮 FⅠM13：2　3. 石器 FⅠM13：4

周凸弦纹之间装饰主纹，四枚连珠纹底座的乳丁分为四区，每区内各有七枚弧线相连的乳丁，内向十六连弧纹缘。直径 10.7、纽径 1.8、缘厚 0.5、缘宽 1、肉厚 0.3 厘米。

二　FⅡ

FⅡ位于赵家庄墓地所处丘陵西坡坡地处，西与FⅠ毗邻。现封土残存形状呈覆斗形台状，平面近似圆角梯形，北边略窄、南边稍宽，地势从南向北逐渐低缓。封土台底部东西长约 28、南北宽约 27 米，封土台总面积约 800 平方米。封土台四周有一环形沟，斜壁，圜底，宽 2.0～3.8 米，西部、北部较深，东部、南部较浅，内填深褐色黏土。

为弄清封土台的堆筑形式，墓葬与封土的关系以及墓葬的分布规律。我们对FⅡ表面等距离布置了六条探沟（图三二），另外对封土台北部断崖加以清理形成剖面，综合以上弄清楚了封土的堆积层次以及墓葬填土与封土的相对关系。FⅡ封土的形成是顺着丘陵地势，由中心向外围分 4 期逐渐堆筑而成（图三三、三四）。

①期，对位于封土台中心部位FⅡM14的营建形成第一期的堆积。FⅡM14封土平面呈东西稍长的椭圆形，东南处地势较高。封土堆积可分四层，一层为黄褐花土、夹杂大量粗砂，其余三层均为浅黄褐粗砂层。

②期，对位于封土台西北部FⅡM10的营建形成第二期的堆积。FⅡM10封土北、西两面被断崖破坏。封土堆积可分两层，一层为暗红褐色花土、夹杂大量岩石碎渣、质地较硬，二层为黄褐粗砂层。

③期，对位于封土台南部FⅡM12的营建形成第三期的堆积。封土堆积可分四层，一层为黄褐花土、夹杂较多粗砂和黄黏土，其余三层多以浅黄褐粗砂层为主、质坚且硬、局部有岩石渣。

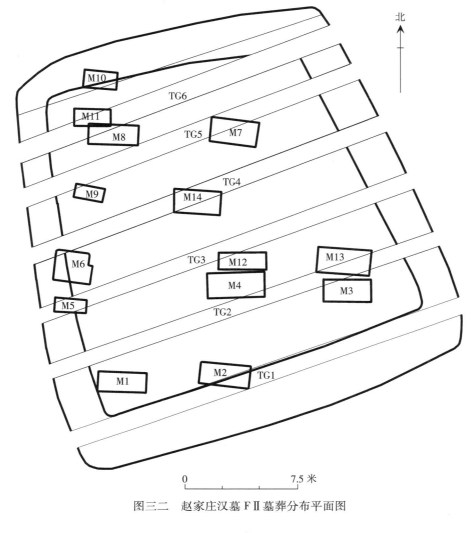

图三二　赵家庄汉墓 F Ⅱ 墓葬分布平面图

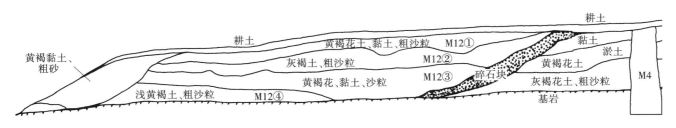

图三三　赵家庄汉墓 F Ⅱ TG2 北壁剖面图

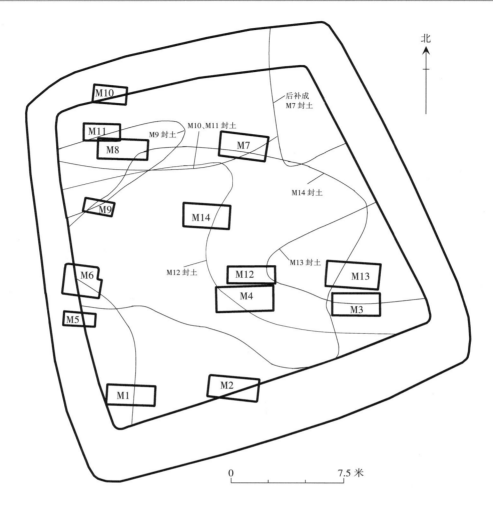

北

0　　　　　　7.5 米

图三四　赵家庄汉墓 FⅡ 墓葬封土示意图

④期，对位于封土西北部 FⅡM9、东南部 FⅡM13 的营建形成第四期的堆积。FⅡM13 封土堆积为灰褐花土、夹杂少许粗砂，质地较硬；FⅡM9 封土堆积可分两层，第一层为红褐黏土，质地较硬，封土东南部斜坡向东而上，有面积约 30 平方米的红褐黏土层，质紧且硬，可能与祭祀现象有关。封土东北部有一块面积约 35 平方米的浅黄褐粗砂层、夹白色淤土，亦可能与 FⅡM7 的封土有关。

（一）FⅡM1

1. 墓葬形制

FⅡM1 位于 FⅡ 西南部，被扰土层破坏，其上部封土已不见，仅余 0.20～0.30 米的扰土层，下部凿岩为穴。墓葬形制为竖穴土坑（岩坑），方向 93°（图三五）。墓圹平面呈长方梯形，直壁，平底，长 3.90、宽 1.70、深 3.52 米。填暗红褐色五花土，土质略松，夹杂大块黄褐土、岩石碎块，少量灰白色膏泥。

墓底中部有葬具 1 棺，已朽，平面呈长方梯形，长 2.10、宽 0.75、残高 0.40 米。棺外东侧有 1 长方形头箱，余朽痕，长 0.85、宽 0.70 米，残存高度不详。棺内人骨架 1 具，腐朽严重，余头

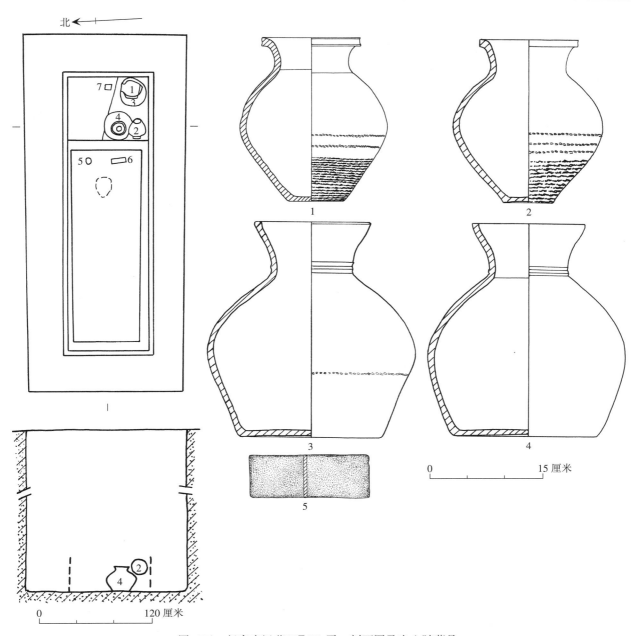

图三五　赵家庄汉墓 FⅡM1 平、剖面图及出土随葬品
1~4. 灰陶罐　5. 铜镜　6. 石黛板　7. 漆盒

骨碎片，葬式不明，头向东。随葬品有 4 件陶罐，置于器物箱内，另在壶旁有漆盒痕迹，未提取。棺内头骨东侧有 1 枚铜镜、1 件石黛板。

2. 随葬品

随葬品出土陶罐 4 件、铜镜 1 枚、石黛板 1 件。

灰陶罐　4 件。泥质陶。

标本 FⅡM1∶1，侈口，卷沿，方唇，唇面 1 周凹槽，束颈，溜肩，鼓腹，下腹斜收，小平底。腹下部 2 周戳印纹，其下饰横向绳纹。口径 13.1、腹径 19.5、底径 7.4、高 22.4、壁厚 0.6~

0.8 厘米（图三五，1）。

标本 FⅡM1：2，侈口，卷沿，方唇，束颈，溜肩，鼓腹，下腹内收，小平底内凹。腹中部饰 3 周戳印纹，腹下部饰横向绳纹。口径 13、腹径 19.6、底径 6.6、高 22.4、壁厚 0.6～0.8 厘米（图三五，2；彩版六，1）。

标本 FⅡM1：3，微敞口略呈盘状，方唇，束颈，溜肩，鼓腹，下腹斜收，平底内凹。颈部有 2 周凹槽，腹下部有 1 周戳印纹。口径 15.4、腹径 27.5、底径 18.8、高 29.5、壁厚 0.6～0.8 厘米（图三五，3）。

标本 FⅡM1：4，敞口呈盘状，方唇，束颈，溜肩，鼓腹，大平底内凹。颈部有 2 周较粗凹弦纹。口径 15.1、腹径 26.2、底径 19.2、高 29.1、壁厚 0.8 厘米（图三五，4）。

石黛板　1 件。

标本 FⅡM1：6，浅灰色砂岩。扁平长方形，正面光洁，背面粗糙，周缘有崩疤，横截面呈长方形。长 15.7、宽 5.9、厚 0.4 厘米（图三五，5）。

铜镜　1 枚。

标本 FⅡM1：5，日光圈带铭带镜。残缺。圆纽，圆纽座。座外一周凸圈带。两圈短斜线之间装饰铭文，窄素缘。铭文为"见日月心□□毋忘"。直径 7、纽径 1.2、缘厚 0.35、缘宽 0.4、肉厚 0.2 厘米（彩版六，2）。

（二）FⅡM2

1. 墓葬形制

FⅡM2 位于 FⅡ南部，开口于扰土层下，下部凿岩为穴。墓葬形制为竖穴土坑（岩坑），以随葬品位置定方向为 95°（图三六）。墓圹平面呈长方形，直壁，平底，长 4.15、宽 1.70、深 3.97 米。填灰褐色五花土，质地较为紧密，局部黏度较强、含有较多水分，夹杂大块黄黏土、岩石碎块。

墓底中部有葬具 1 棺，已朽，平面呈长方形，长 2.00、宽 0.65 米，残存高度不详。棺内人骨架 1 具，因墓底四周填有大量粗砂粒，吸水性较强，造成骨骼腐朽严重，葬式不明，头向不明。棺外东侧有 1 具近方形头箱，余朽痕，长 1.10、宽 1.05 米，残存高度不详。头箱内置 13 件灰陶罐，棺内东端放 1 枚铜镜。

2. 随葬品

随葬品出土灰陶罐 13 件、铜镜 1 枚。

灰陶罐　13 件。泥质陶。

标本 FⅡM2：1，灰陶颜色较浅。侈口，卷沿，圆唇，束颈，溜肩，鼓腹，下腹急内收，小平底。腹下部饰 2 周平行戳印纹，其下拍竖向、斜向绳纹。口径 17.2、腹径 30.4、底径 8.5、高 34.2、壁厚 0.7～0.9 厘米（图三七，1）。

标本 FⅡM2：2，侈口，卷沿，束颈，溜肩，收腹，大平底内凹。素面。口径 11.3、腹径 19.8、底径 13.8、高 21.3、壁厚 0.6～0.8 厘米（图三七，2）。

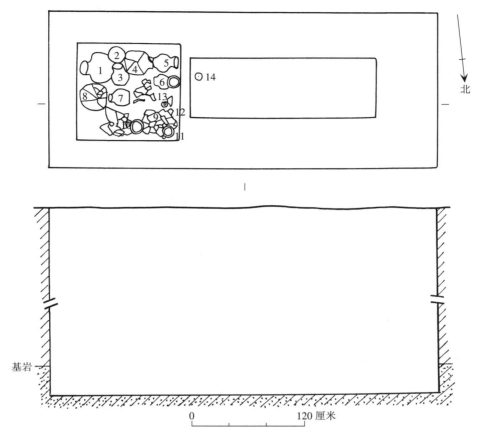

图三六　赵家庄汉墓 FⅡM2 平、剖面图
1~13. 灰陶罐　14. 铜镜

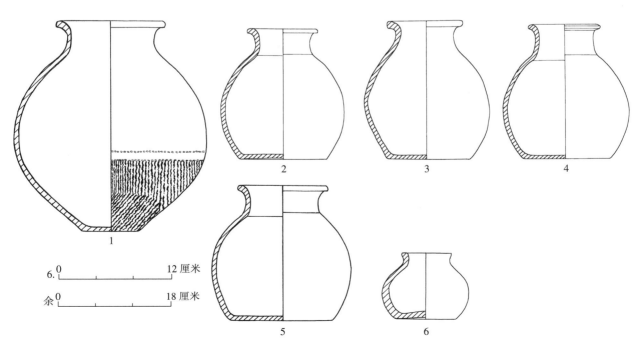

图三七　赵家庄汉墓 FⅡM2 出土随葬品
1~6. 灰陶罐 FⅡM2：1~3、6、5、13

　　标本 F Ⅱ M2：3，灰陶颜色较浅。侈口，卷沿，圆唇，束颈，斜肩，鼓腹，下腹内收，大平底。素面。口径 12、腹径 19.8、底径 13.4、高 22.6、壁厚 0.6 厘米（图三七，3）。

　　标本 F Ⅱ M2：4，残破严重，未能修复。

　　标本 F Ⅱ M2：5，侈口，卷沿，圆唇，束颈，溜肩，鼓腹，大平底。素面。口径 14.4、腹径 22、底径 16.4、高 22.1、壁厚 0.7 ~ 0.9 厘米（图三七，5）。

　　标本 F Ⅱ M2：6，侈口，卷沿，圆唇，束颈较高，溜肩，圆腹，大平底。素面。口径 11.6、腹径 20.4、底径 13.9、高 21.9、壁厚 0.4 ~ 0.7 厘米（图三七，4）。

　　标本 F Ⅱ M2：7，侈口，卷沿，圆唇，直颈略高，斜肩，鼓腹，最大腹径处偏下，平底。素面。口径 12.4、腹径 20.9、底径 15.4、高 22.4、壁厚 0.8 厘米（图三八，1）。

　　标本 F Ⅱ M2：8，侈口，卷沿，方唇，唇面 1 周凹槽，短束颈，溜肩，鼓腹，下腹曲内收，圜底。口径 23.5、腹径 37.4、底径 17.2、高 30.4、壁厚 0.7 ~ 1 厘米（图三八，2）。

　　标本 F Ⅱ M2：9，侈口，卷沿，方唇，束颈，圆肩，圆腹，下腹内收，小平底稍内凹。口径 16.1、腹径 30.5、底径 9、高 33.1、壁厚 0.8 ~ 1 厘米（图三八，3）。

　　标本 F Ⅱ M2：10，残破严重，未能修复。

　　标本 F Ⅱ M2：11，侈口，卷沿，圆唇，束颈，溜肩，收腹，平底。素面。口径 13.4、腹径 19.6、底径 14.6、高 22、壁厚 0.6 厘米（图三八，4）。

　　标本 F Ⅱ M2：12，侈口，卷沿，圆唇，束颈，溜肩，收腹，平底内凹。素面。口径 12.2、腹

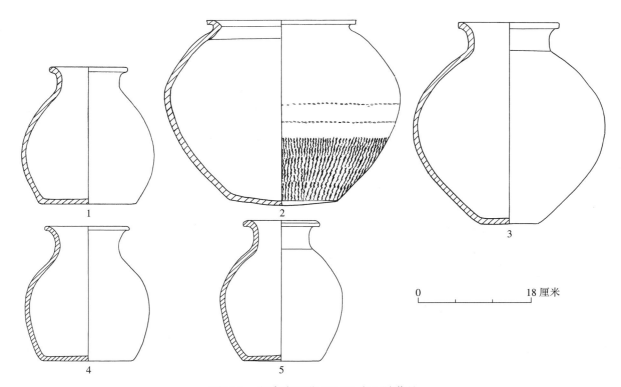

图三八　赵家庄汉墓 F Ⅱ M2 出土随葬品
1 ~ 5. 灰陶罐 F Ⅱ M2：7 ~ 9、11、12

径 19.5、底径 12.4、高 23、壁厚 0.6～0.8 厘米（图三八，5）。

标本 FⅡM2：13，侈口，圆唇，短束颈，溜肩，鼓腹，平底内凹。素面。口径 5.2、腹径 8.1、底径 6.6、高 7.2、壁厚 0.6～0.8 厘米（图三七，6）。

铜镜　1 枚。

标本 FⅡM2：14，锈蚀严重，无法修复。

（三）FⅡM3

1. 墓葬形制

FⅡM3 位于 FⅡ东南部，开口于扰土层下，下部凿岩为穴。墓葬形制为竖穴土坑（岩坑），方向 90°（图三九）。墓圹平面呈长方形，直壁，平底，长 4.25、宽 1.98、深 2.38 米。填暗红褐色五花土，经过夯打，质地较为紧密，夹杂大块黄褐土、岩石渣，墓室底部有薄层膏泥。

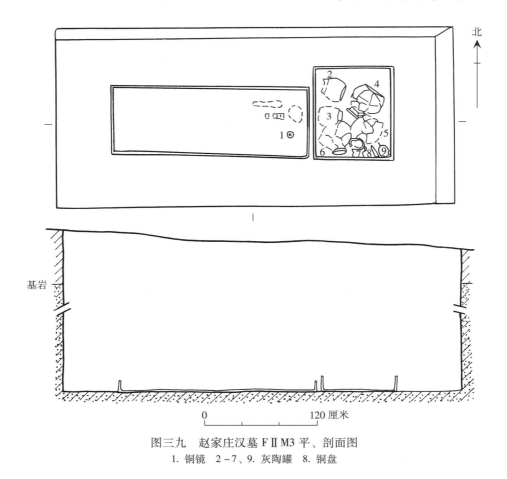

图三九　赵家庄汉墓 FⅡM3 平、剖面图
1. 铜镜　2～7、9. 灰陶罐　8. 铜盘

墓底中部有葬具 1 椁 1 棺，均已腐朽，棺木附近有朱墨漆皮，应为棺外装饰所留，棺椁平面均呈长方形，椁长 3.00、宽 1.05、残高 0.17 米，棺长 2.10、宽 0.80、残高 0.15 米。棺内人骨架 1 具，因墓底存水，造成骨骼腐朽严重，葬式不明，头向东。棺外东侧椁内有 1 具近方形头箱，余朽痕，长 1.10、宽 0.85、残高 0.17 米。头箱内置 7 件灰陶罐，1 件铜盘，其中铜盘腐朽严重、未

提取。棺内东端头骨左侧，放 1 枚铜镜。

2. 随葬品

随葬品出土灰陶罐 7 件、铜盘 1 件、铜镜 1 枚。

灰陶罐　7 件。泥质陶。

标本 FⅡM3：2，残破严重，未能修复。

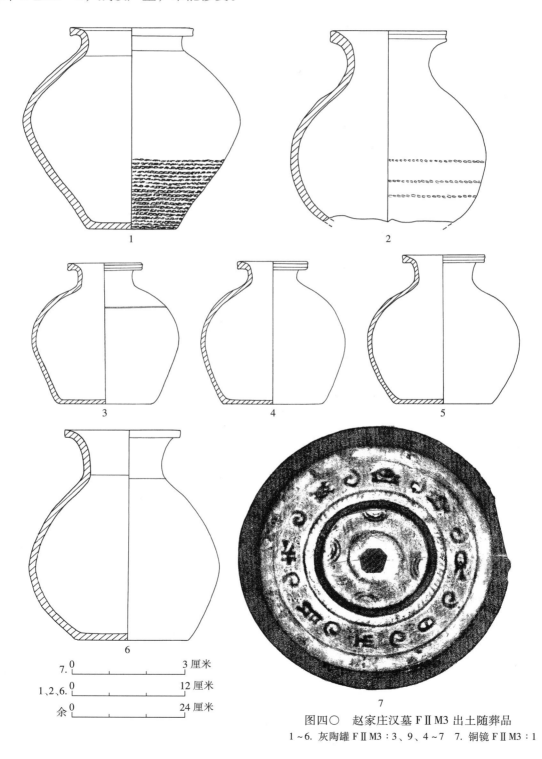

7.　0 ├─────┤ 3 厘米

1、2、6.　0 ├─────┤ 12 厘米

余　0 ├─────┤ 24 厘米

图四〇　赵家庄汉墓 FⅡM3 出土随葬品

1~6. 灰陶罐 FⅡM3：3、9、4~7　7. 铜镜 FⅡM3：1

标本 F Ⅱ M3：3，侈口，卷沿，厚方唇，束颈，溜肩，鼓腹近折，下腹斜曲收，小平底。腹下部饰横向绳纹。口径 13、腹径 23、底径 9.2、高 22.1、壁厚 0.6 ~ 0.8 厘米（图四〇，1）。

标本 F Ⅱ M3：4，侈口，卷沿，圆方唇，唇面内凹呈 1 周凹槽，束颈较长，圆肩，鼓腹，下腹斜曲收，大平底。素面。口径 16、腹径 30.8、底径 20、高 31.2、壁厚 0.8 ~ 1 厘米（图四〇，3）。

标本 F Ⅱ M3：5，侈口，卷沿，圆方唇，唇面内凹呈 1 周凹槽，束颈较短，圆肩，鼓腹，大平底。素面。口径 14.8、腹径 30.8、底径 20.8、高 31.6、壁厚 0.8 ~ 1.2 厘米（图四〇，4）。

标本 F Ⅱ M3：6，侈口，卷沿，圆方唇，唇面内凹呈 1 周凹槽，束颈较长，圆肩，圆腹，大平底。素面。口径 17.4、腹径 32、底径 20.6、高 32.8、壁厚 0.8 厘米（图四〇，5）。

标本 F Ⅱ M3：7，侈口，卷沿，方唇，束颈，斜肩，鼓腹下垂，下腹斜收，平底。素面。口径 12.2、腹径 20.2、底径 12.1、高 22.9、壁厚 0.6 厘米（图四〇，6）。

标本 F Ⅱ M3：9，侈口，卷沿，圆方唇，唇面内曲呈 1 周凹槽，束颈，圆肩，圆腹，底部残。腹下部饰 3 周平行戳印纹。口径 12.4、腹径 20.6、残高 21、壁厚 0.7 ~ 1 厘米（图四〇，2）。

铜盘　1 件。

标本 F Ⅱ M3：8，破损严重，未能提取。

铜镜　1 枚。

标本 F Ⅱ M3：1，日光圈带铭带镜。圆纽，圆纽座。座外一圈凸圈带。外有两周短斜线纹，其间装饰铭文，窄素缘。铭文为"见日之勿夫毋相忘"。直径 7.3、纽径 1.2、缘厚 0.3、缘宽 0.6、肉厚 0.2 厘米（图四〇，7）。

（四）F Ⅱ M4

1. 墓葬形制

F Ⅱ M4 位于 F Ⅱ 南部，开口于扰土层下，墓口打破 F Ⅱ M12，下部凿岩为穴。墓葬形制为竖穴土坑（岩坑），方向 88°，以随葬品位置而定（图四一）。墓圹平面呈长方形，墓口西高东低，直壁，平底，长 4.60、宽 2.10、深 2.70 米。填黄褐色五花土，局部轻微夯打，质地较为紧密，夹杂大块黄黏土、岩石碎块和灰膏泥。

墓底中部有葬具 1 椁 1 棺，椁呈"亚"字形，已腐朽，留存板灰，长 3.60、宽 1.55、残高 0.40 米，板灰厚 4 ~ 7 厘米；棺置于椁内西部，已腐朽，长 2.10、宽 0.75、残高 0.40 米。棺内人骨架 1 具，骨骼腐朽严重，葬式不明，头向不明。随葬品包括 2 件石璧、3 枚铜镜、5 件漆器、5 件灰陶罐，其中漆器均腐朽、未能提取，铜镜、石璧及 2 个漆盒在棺内，其余随葬品皆在棺外东侧椁内。

2. 随葬品

随葬品出土灰陶罐 5 件、石璧 2 件、铜镜 3 枚、漆器 5 件。

灰陶罐　5 件。泥质陶。

标本 F Ⅱ M4：8、F Ⅱ M4：9，残损严重，未修复。

标本 F Ⅱ M4：10，口部残。束颈，溜肩，鼓腹，大平底。素面。腹径 20.7、底径 15.4、残高

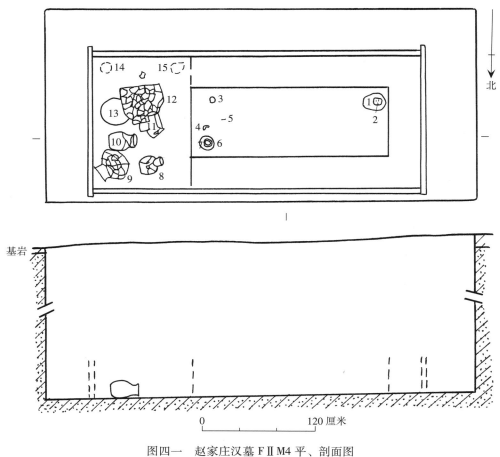

图四一　赵家庄汉墓 FⅡM4 平、剖面图
1、7、13、14、15. 漆器　2、3、6. 铜镜　4、5. 石璧　8～12. 灰陶罐

18.8、壁厚 0.8 厘米（图四二，1）。

标本 FⅡM4：11，侈口，平折沿，沿面内曲，圆方唇，唇面 1 周凹槽，束颈，溜肩，鼓腹，下腹斜收，大平底。下腹部 2 周戳印纹。口径 13.2、腹径 24.2、底径 16.2、高 23.9、壁厚 0.6～0.9 厘米（图四二，2）。

标本 FⅡM4：12，侈口，圆唇，短束颈，溜肩，鼓腹略垂，平底稍内凹。下腹部饰 3 周戳印纹。口径 12、腹径 21.4、底径 17.6、高 19.2、壁厚 0.6～0.8 厘米（图四二，3）。

石璧　2 件。

标本 FⅡM4：4、FⅡM4：5，均残损严重，未能修复。

铜镜　3 枚。

标本 FⅡM4：2，星云镜。残缺。连峰纽，圆纽座，座外一周内向十六连弧纹。两周短斜线之间装饰主纹，四枚连珠纹底座的乳丁分为四区，每区内各有十二枚弧线相连的乳丁，内向十六连弧纹缘。直径 15.5、纽径 2、缘厚 0.65、缘宽 1.5、肉厚 0.2 厘米（彩版六，3）。

标本 FⅡM4：3，日光圈带铭带镜。残缺。圆纽，圆纽座。座外一周凸圈带。两周短斜线之间装饰铭文，窄素缘。铭文为"见日月心□□毋忘"。直径 6.9、纽径 1.2、缘厚 0.35、缘宽 0.3、

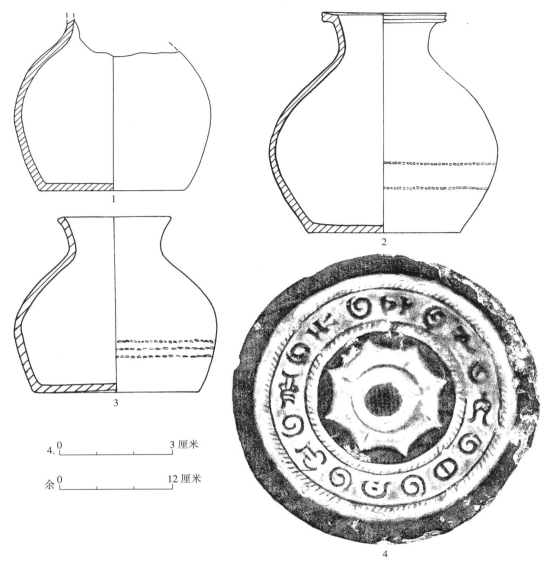

图四二　赵家庄汉墓 F Ⅱ M4 出土随葬品
1 ~ 3. 灰陶罐 F Ⅱ M4：10 ~ 12　4. 铜镜 F Ⅱ M4：6

肉厚 0.1 厘米（彩版六，4）。

标本 F Ⅱ M4：6，日光连弧铭带镜。圆纽，圆纽座。纽座外一圈内向八连弧纹，纽座圆周均匀向外伸出四条短直线条，连弧纹外有两周短斜线纹，其间为铭文带。素缘。铭文为"见日月之勿夫不忘"。直径 8.25、纽径 1.3、缘厚 0.35、缘宽 0.7、肉厚 0.2 厘米（图四二，4）。

漆器　5 件。应均为漆盒。

标本 F Ⅱ M4：1、7、13、14、15，均因腐朽严重，未能提取。

（五）F Ⅱ M5

1. 墓葬形制

F Ⅱ M5 位于 F Ⅱ 西部偏南，F Ⅱ M6 南侧，开口于扰土层下，下部凿岩为穴。墓葬形制为竖穴

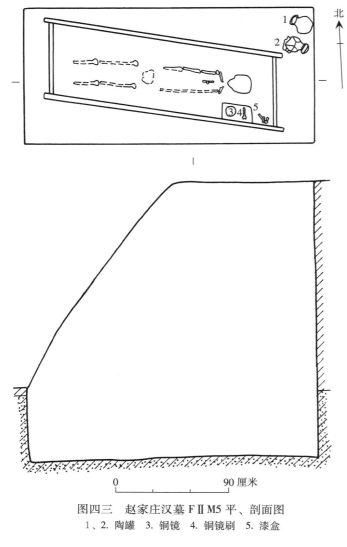

图四三　赵家庄汉墓 FⅡM5 平、剖面图
1、2. 陶罐　3. 铜镜　4. 铜镜刷　5. 漆盒

土坑（岩坑），方向 93°（图四三）。墓圹平面呈长方形，因上部遭破坏，墓口西低东高，直壁，平底，长 2.30、宽 1.10、深 0.62～2.26 米。填灰褐色五花土，质地较为紧密，局部黏度较强、含有较多水分，夹杂大块黄黏土、岩石碎块。

墓底中部斜置葬具 1 椁，平面呈"井"字形，已腐朽，长 1.88、宽 0.66 米，残存高度不详。棺木腐朽严重，情况不明。人骨架 1 具，腐朽，葬式仰身直肢，头向东。头骨附近有 1 件长方形漆盒，因腐朽未提取，内置 1 枚铜镜、1 件镜刷；漆盒北侧有 1 件漆器，因腐朽，形制不明，亦未提取；椁外东北侧放有 2 件陶罐。

2. 随葬品

随葬品出土陶罐 2 件、铜镜 1 枚、铜镜刷 1 件、漆盒 1 件。

陶罐　2 件。

标本 FⅡM5：1，泥质灰陶。敞口，斜方唇，束颈，溜肩，鼓腹，下腹内收，大平底。腹下 2 周戳印纹。口径 12.8、腹径 21.7、底径 14.8、高 23.3、壁厚 0.7～1 厘米（图四四，1）。

标本 FⅡM5：2，泥质红陶。敞口，斜方唇，束颈，溜肩，鼓腹，下腹内收，大平底稍内凹。腹中及腹下部各饰 1 周戳印纹。口径 13.2、腹径 21.2、底径 15.5、高 22.9、壁厚 0.6～0.8 厘米（图四四，2）。

铜镜　1 枚。

标本 FⅡM5：3，腐蚀严重，未能复原。

铜镜刷　1 件。

标本 FⅡM5：4，形状似烟斗，圆筒状斗，柄为圆柱状，向尾端渐收。长 9.6 厘米（图四四，3）。

漆盒　1 件。

标本 FⅡM5：5，腐朽严重，未能提取。

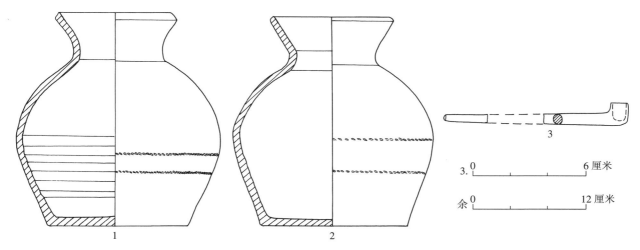

图四四　赵家庄汉墓 FⅡM5 出土随葬品
1、2. 陶罐 FⅡM5：1、2　3. 铜镜刷 FⅡM5：4

（六）FⅡM6

1. 墓葬形制

FⅡM6 位于 FⅡ西南部，FⅡM5 北侧，开口于扰土层下，下部凿岩为穴。墓葬形制为竖穴土坑（岩坑），方向 95°（图四五）。墓圹平面呈长方形，因上部遭破坏，墓口西低东高，直壁，平底，长3.15、宽 2.43、深 1.70～2.49 米。填灰褐色五花土，质地较为紧密，夹杂大块黄黏土、岩石碎块。

墓底中部有葬具 1 棺，已朽，平面呈长方形，长 1.85、宽 0.80 米，残存高度不详。棺内人骨架 1 具，骨骼腐朽严重，余头骨残痕，葬式仰身直肢，头向东。棺外东侧有 1 长方形头箱，余朽痕，长 0.80、宽 0.65 米，残存高度不详。棺外北侧疑似 1 长方形边箱，余朽痕，长 2.30、宽 0.85米，残存高度不详。头箱内置 2 件灰陶罐；棺内西端 3 件铜饰件，中部 1 件铜带钩，东端头骨附近 1 枚铜镜、1 件铜饰件，另棺内存有一小块棺木。

2. 随葬品

随葬品出土灰陶罐 2 件、铜镜 1 枚、铜带钩 1 件、铜车马饰件 2 件、饰件 1 件、木瑟弦枘 1 件。

灰陶罐　2 件。泥质陶。

标本 FⅡM6：1，敞口，圆方唇，束颈，溜肩，鼓腹，下腹内收，平底。素面。口径 12.4、腹径 22.4、底径 14.8、高 25.2、壁厚 0.7～0.8 厘米（图四六，1）。

标本 FⅡM6：2，敞口，方唇，束颈，溜肩，鼓腹，下腹内收，平底稍内凹。素面。口径12.0、腹径 20.6、底径 14.5、高 23.2、壁厚 0.6～0.8 厘米（图四六，2）。

木瑟弦枘　1 件。

标本 FⅡM6：5，铜质，表面鎏金。半球状顶，上有山形纹，圆角方形銎。高 4.5、銎长 1.4厘米（图四六，3）。

铜镜　1 枚。

标本 FⅡM6：7，日光连弧铭带镜。圆纽，圆纽座。座外一圈内向八连弧纹。两圈短斜线之间

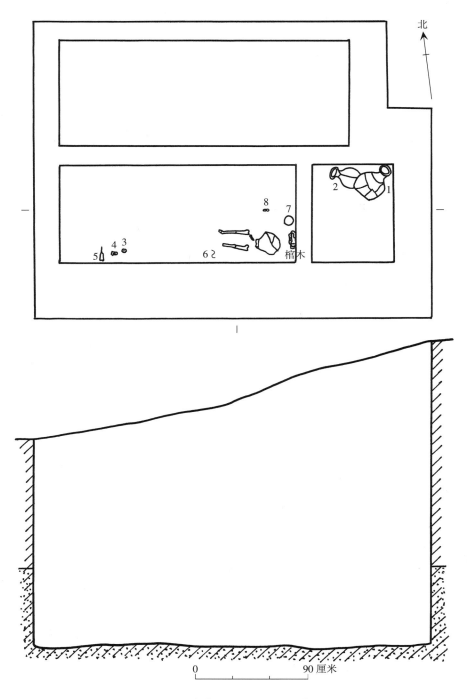

图四五　赵家庄汉墓 F Ⅱ M6 平、剖面图

1、2. 灰陶罐　3、8. 铜车马饰件　4. 铜饰件　5. 木瑟弦柄　6. 铜带钩　7. 铜镜

装饰铭文，窄素缘。铭文为"日月心勿夫毋不相忘"。直径 8、纽径 1.2、缘厚 0.5、缘宽 0.75、肉厚 0.2 厘米（图四六，7；彩版七，1）。

铜带钩　1 件。

标本 FⅡM6：6，长条形，弧曲状身细长，斜直钩，圆形纽位于尾端。长 9 厘米（图四六，5）。

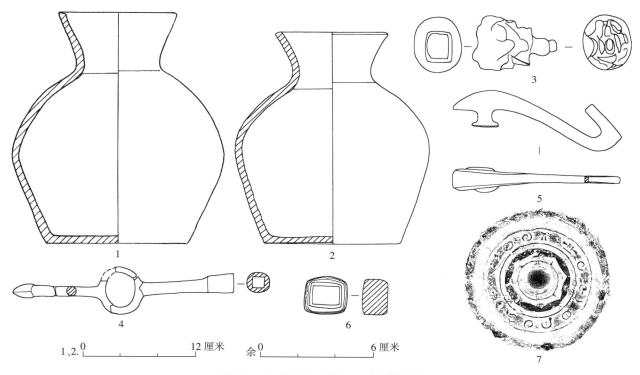

图四六　赵家庄汉墓 FⅡM6 出土随葬品
1、2. 灰陶罐 FⅡM6：1、2　3. 木瑟弦柄 FⅡM6：5　4. 铜车马饰件 FⅡM6：3　5. 铜带钩 FⅡM6：6
6. 铜饰件 FⅡM6：4　7. 铜镜 FⅡM6：7

铜车马饰件　1件。

标本 FⅡM6：3，一端呈圆筒状、方形銎，一端呈蘑菇纽状、实心，中部呈圆环。长11.7、銎长0.6、环径2.6厘米（图四六，4）。

标本 FⅡM6：8，腐朽严重，未能提取。

铜饰件　1件。

标本 FⅡM6：4，长方形筒状，中间有长方形銎，两端均残。残长2.2、銎长1.4、銎宽1厘米（图四六，6）。

（七）FⅡM7

1. 墓葬形制

FⅡM7 位于 FⅡ 中部偏北，FⅡM14 北侧，开口于扰土层下，下部凿岩为穴。墓葬形制为竖穴土坑（岩坑），方向97°（图四七）。墓圹平面呈长方梯形，因上部遭破坏，墓口西高东低，直壁，平底，长3.75、宽1.86～2.16、深2.28～2.73米。填浅灰褐五花土，质地较为紧密，夹杂黄黏土、岩石渣等。

墓底中部有葬具1椁1棺，已朽，平面均呈长方形，椁长3.25、宽1.15、残高0.40～0.45米，棺长2.02、宽0.70、残高0.45米，棺木留有漆皮痕迹。棺内人骨架1具，骨骼朽无，葬式不明，头向东（据随葬品位置而定）。棺外东侧椁内有1长方形头箱，余朽痕，长0.93、宽0.78、

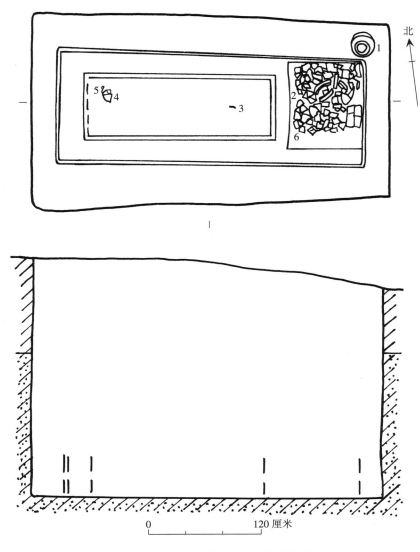

图四七　赵家庄汉墓 F Ⅱ M7 平、剖面图
1、6. 灰陶罐　2. 灰陶瓮　3. 铅饰件　4. 铜镜　5. 铜带钩

残高 0.45 米。头箱内置 1 件陶瓮、1 件灰陶罐；棺内西端 1 枚铜镜、1 件铜带钩，东端 1 件铅制饰件；椁外墓室东北角放有 1 件灰陶罐。

2. 随葬品

随葬品出土灰陶罐 2 件、灰陶瓮 1 件、铜镜 1 枚、铜带钩 1 件、铅饰件 1 件。

灰陶罐　2 件。泥质陶。

标本 F Ⅱ M7∶1，侈口，卷沿，圆方唇，唇面内曲呈 1 周凹槽，束颈，折肩，弧腹，大平底、底部稍内凹。口径 16.2、腹径 26.2、底径 22.8、高 21.1、壁厚 0.6～1 厘米（图四八，1；彩版七，2）。

标本 F Ⅱ M7∶6，残破严重，未能修复。

灰陶瓮　1 件。

标本 F Ⅱ M7∶2，泥质陶。敛口，口沿向上弧曲，圆唇，直颈，圆肩，圆腹，圜底。肩部靠上

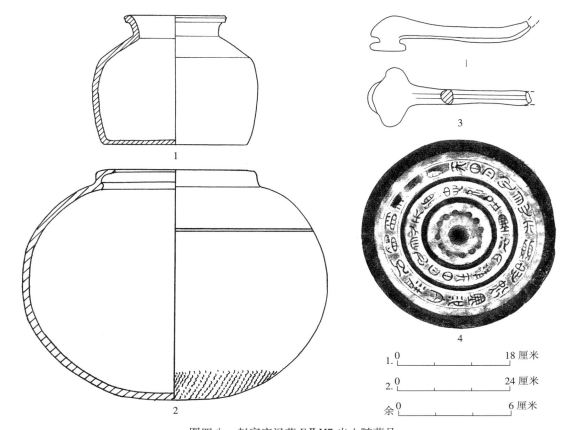

图四八　赵家庄汉墓 FⅡM7 出土随葬品
1. 灰陶罐 FⅡM7：1　2. 灰陶瓮 FⅡM7：2　3. 铜带钩 FⅡM7：5　4. 铜镜 FⅡM7：4

位置饰 1 道凹弦纹，下腹部近底处拍印斜向绳纹，圜底处亦有绳纹。口径 35.2、腹径 64、高50.4、壁厚 1.6 厘米（图四八，2）。

铜镜　1 枚。

标本 FⅡM7：4，昭明重圈铭文镜。圆纽，连珠纹圆纽座。两周凸圈带之间装饰内圈铭文，外两圈短斜线间为外圈铭文，宽素缘。内圈铭文为"内清夫日月心忽夫顾忠然雍塞泄"，外圈铭文为"内清以昭明光□□夫日月心忽夫顾忠然塞泄"。直径 10.5、纽径 1.4、缘厚 0.45、缘宽 1、肉厚0.3 厘米（图四八，4；彩版七，3）。

铜带钩　1 件。

标本 FⅡM7：5，琴面形，器身较短，圆形纽居末端，首残。残体长 8.6、腹宽 3.2 厘米（图四八，3）。

铅饰件　1 件。

标本 FⅡM7：3，破损严重，无法复原，名称不详。

（八）FⅡM8

1. 墓葬形制

FⅡM8 位于 FⅡ西北部，打破 FⅡM11，开口于扰土层下，下部凿岩为穴。墓葬形制为竖穴土坑

（岩坑），方向91°，据随葬品位置而定（图四九）。墓圹平面呈长方形，直壁，平底，长4.10、宽1.65、深3.15～3.40米。填暗红褐色五花土，质地较为紧密，夹杂岩石渣、黏土及少量灰膏泥。

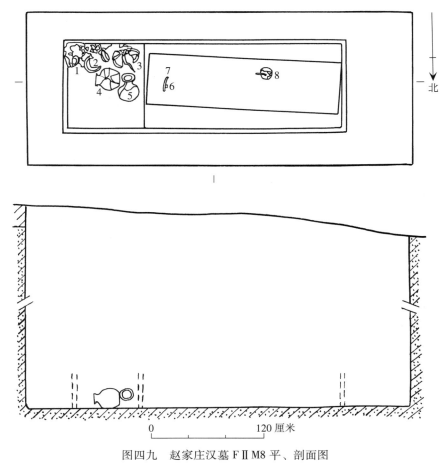

图四九　赵家庄汉墓 F Ⅱ M8 平、剖面图
1～5. 灰陶罐　6. 木笄　7. 竹笄　8. 铜镜　9. 铜镜刷

　　墓底中部有葬具1椁1棺，均已朽。椁平面呈长方形，板灰痕长3.00、宽1.00、残高0.40米，棺斜置于椁室中部偏西，平面呈长方形，板灰痕长2.15、宽0.55、残高0.40米，局部留存红、黑漆皮。棺内人骨架1具，朽无，葬式不明，头向不明。棺外东侧椁室内有1长方形头箱，余朽痕，与椁痕局部重叠在一起，长1.00、宽0.80、残高0.40米。头箱内置5件陶罐；棺内东端1件木器、1件竹器，中部1件带钩、1枚铜镜；另头箱东北角有1件漆盒，仅余灰痕，未提取。

　　2. 随葬品

　　随葬品出土陶罐5件、木笄1件、竹笄1件、铜镜1枚、镜刷1件。

　　灰陶罐　5件。泥质陶。

　　标本 F Ⅱ M8：1，侈口，卷沿，方唇，长束颈，溜肩，鼓腹，下腹内收，平底内凹。腹中下部饰3周平行戳印纹。口径12.5、腹径24、底径15.6、高25.7、壁厚0.6～0.9厘米（图五〇，1）。

　　标本 F Ⅱ M8：2，侈口，卷沿，方唇，唇面内凹，长束颈，溜肩，鼓腹，下腹内收，平底。腹

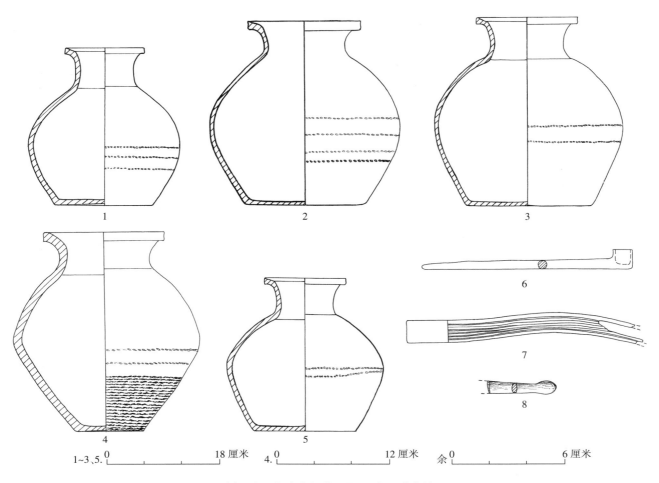

图五〇　赵家庄汉墓 F Ⅱ M8 出土随葬品
1～5. 灰陶罐 F Ⅱ M8：1～5　6. 铜镜刷 F Ⅱ M8：9　7. 竹笄 F Ⅱ M8：7　8. 木笄 F Ⅱ M8：6

中下部饰 4 周平行戳印纹。口径 18、腹径 30、底径 18.8、高 30、壁厚 0.6～1 厘米（图五〇，2）。

标本 F Ⅱ M8：3，侈口，卷沿，沿面稍内凹，方唇，束颈较高，溜肩，鼓腹，下腹斜收，平底。颈肩交接处 1 道细弦纹，腹部 2 周平行戳印纹。口径 16、腹径 29.8、底径 19.7、高 30.8、壁厚 0.6～0.8 厘米（图五〇，3）。

标本 F Ⅱ M8：4，侈口，卷沿，方唇，唇面稍内凹，束颈，溜肩，折腹，下腹斜内收，小平底内凹。腹下部 2 周平行戳印纹，其下饰横向绳纹。口径 12.8、腹径 19.6、底径 7、高 21.9、壁厚 0.5～0.8 厘米（图五〇，4）。

标本 F Ⅱ M8：5，侈口，折沿，沿面稍内凹，高束颈，溜肩，鼓腹，下腹斜收，平底。腹中部饰 2 周戳印纹。口径 13.1、腹径 25、底径 16.1、高 25.5、壁厚 0.6～0.9 厘米（图五〇，5）。

铜镜　1 枚。

标本 F Ⅱ M8：8，昭明连弧铭带镜。残缺。圆纽，圆纽座。座外一周凸圈带和一周内向八连弧纹。两圈短斜线之间装饰铭文，素缘。铭文为“□清以昭明□□日月心忽夫扬忠然雍塞夫□□”。直径 12、纽径 1.6、缘厚 0.3、缘宽 0.9、肉厚 0.3 厘米（彩版七，4）。

铜镜刷　1件。

标本 FⅡM8：9，形状似烟斗，圆筒状斗，柄为圆柱状，向尾端渐收。长11厘米（图五〇，6）。

木笄　1件。

标本 FⅡM8：6，呈浅灰色，长柱形，残，余头部。残长3.6、厚0.6～0.8厘米（图五〇，8）。

竹笄　1件。

标本 FⅡM8：7，呈浅黄色，扁长条形，共7齿，柄部宽薄，齿较长，尖部残，两侧护齿较宽。残长12.5厘米，柄部长2.2、宽1.1～1.2、厚0.05～0.1厘米；齿部残长10.3、宽1～1.2、厚0.15～0.25厘米（图五〇，7）。

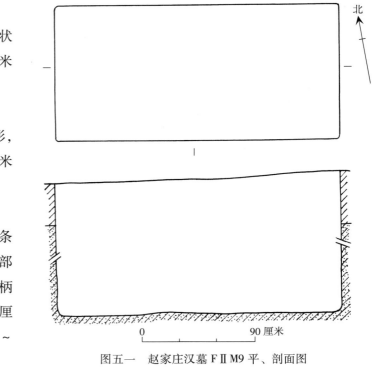

图五一　赵家庄汉墓 FⅡM9 平、剖面图

（九）FⅡM9

1. 墓葬形制

FⅡM9位于FⅡ西部，FⅡM6北侧，开口于扰土层下，下部凿岩为穴。墓葬形制为竖穴土坑（岩坑），方向100°（图五一）。墓圹平面呈长方形，直壁，平底，长2.25、宽1.10、深1.63～1.80米，墓口上部有封土、呈馒头状。填暗红褐色五花土，质地稍松软，夹杂粗砂和黄褐黏土。

墓底中部有葬具1棺，因腐朽严重，仅见底部残缺板灰，情况不明。棺内人骨架1具，骨骼腐朽严重，相关信息丢失。无随葬品。

2. 随葬品

未出土随葬品。

（一〇）FⅡM10

1. 墓葬形制

FⅡM10位于FⅡ西北部，FⅡM11北侧，开口于扰土层下，下部凿岩为穴。墓葬形制为竖穴土坑（岩坑），方向95°（图五二）。墓圹平面呈长方形，墓口上部遭扰乱，开口线下即为岩穴，直壁，平底，长2.75、宽1.36、深0.60米。填暗黄褐色五花土，质地较为紧密，夹杂大量沙砾。

墓底中部有葬具1棺，已朽，平面略呈长方梯形，长2.10、宽0.62、残高0.40米。棺内人骨架 1 具，已腐朽，余骨痕，葬式仰身直肢，头向东。墓室中部棺外南侧放有 1 件灰陶罐。

2. 随葬品

灰陶罐　1 件。

标本 FⅡM10：1，泥质浅灰陶。侈口，卷沿，圆唇，短束颈，折肩，鼓腹，下腹斜收，平底内凹。颈肩交接处、肩部各有 1 道细弦纹，下腹部饰横向绳纹。口径 13.6、腹径 25.9、底径 12、高 20.4、壁厚 0.6 厘米（图五三）。

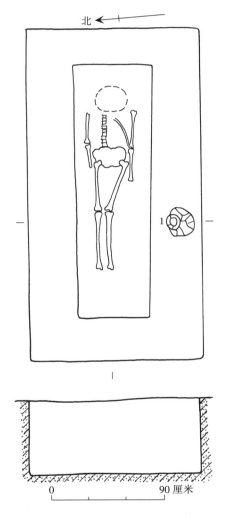

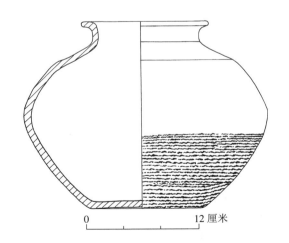

图五二　赵家庄汉墓 FⅡM10 平、剖面图
1. 灰陶罐

图五三　赵家庄汉墓 FⅡM10 出土灰陶罐 FⅡM10：1

（一一）FⅡM11

1. 墓葬形制

FⅡM11 位于 FⅡ 西北部，FⅡM10 南侧，被 FⅡM8 打破，开口于扰土层下，下部凿岩为穴。墓葬形制为竖穴土坑（岩坑），方向 93°（图五四）。墓圹平面呈长方形，开口线下即为岩

穴，直壁，平底，长2.80、宽1.40、深1.60米。填暗红色五花土，土质较硬，夹杂大量粗砂和黄黏土。

墓底中部有葬具1棺，已朽，平面略呈长方形，长2.00、宽0.60、残高0.30米。棺内人骨架1具，已朽无，相关信息不明。墓室中部棺外北侧放有1件灰陶壶。

2. 随葬品

灰陶壶　1件。

标本FⅡM11：1，泥质陶。喇叭口，卷沿，方唇，束颈，斜肩，鼓腹，喇叭状圈足。肩及腹部饰6周凹弦纹。弧顶盖，上有一圆形捉手，盖内一凸棱。口径15.2、腹径19.2、圈足径12.0、盖口径16、通高28.6、壁厚0.6～0.8厘米（图五五）。

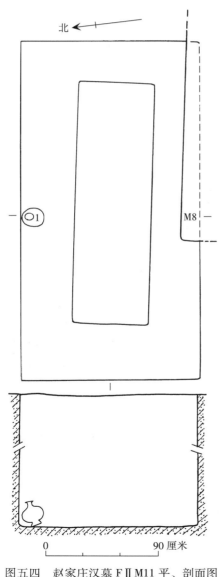

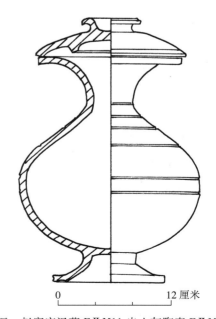

图五四　赵家庄汉墓FⅡM11平、剖面图　　　图五五　赵家庄汉墓FⅡM11出土灰陶壶FⅡM11：1
1. 灰陶壶

（一二）FⅡM12

1. 墓葬形制

FⅡM12 位于 FⅡ中部偏南，FⅡM4 北侧，开口于扰土层下，下部凿岩为穴。墓葬形制为竖穴土坑（岩坑），方向90°（图五六）。墓圹平面呈长方形，中部偏东有一长椭圆形盗洞，造成墓室东北角被破坏，墓圹直壁，平底，长3.85、宽1.45、深2.65～2.80米。填浅黄褐色五花土，土质较硬，夹杂有岩石渣、黄褐土及少量灰膏泥。

墓底中部有葬具1椁1棺，已朽，平面呈"亚"字形，板灰长3.30、宽0.85、残高0.50米，板灰厚4～7厘米；木棺遭盗洞破坏，且已腐朽，仅留有残段灰痕，长度不详，宽0.65、残高0.50米。棺内人骨架1具，已朽无，相关信息不明。棺东部有1件陶罐，因遭盗扰，剩少量残片。

2. 随葬品

随葬品出土陶罐1件。

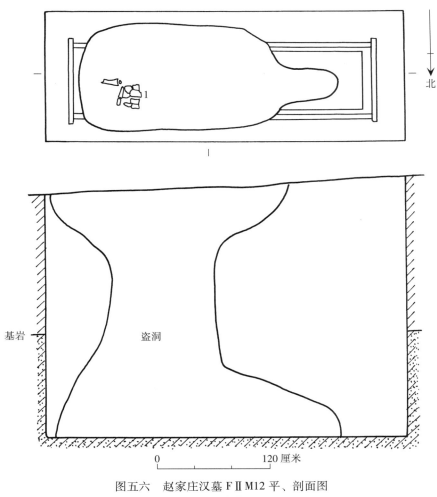

图五六　赵家庄汉墓 FⅡM12 平、剖面图
1. 灰陶罐

灰陶罐　1件。

标本 FⅡM12：1，泥质陶，残碎，无法修复。

（一三） FⅡM13

1. 墓葬形制

FⅡM13 位于 FⅡ 东南部，FⅡM3 北侧，开口于扰土层下，下部凿岩为穴。墓葬形制为竖穴土坑（岩坑），方向 90°（图五七）。墓圹平面呈长方形，墓口西高东低，下挖即为岩穴，直壁，平底，长 4.00、宽 2.00、深 1.79～2.59 米。填灰褐色五花土，土质较硬，黏湿度较大，夹杂大量粗砂和碎石块。

墓底中部有葬具 1 椁 1 棺，均已朽，椁平面略呈长方形，长 3.40、宽 1.05 米，残存高度不详；棺平面呈长方形，板灰痕长 2.40、宽 0.70 米，残存高度及板灰厚度不详。棺内人骨架 1 具，已朽无，相关信息不明。棺外东侧椁内有 1 器物箱，平面近方形，灰痕长 0.85、宽 0.70 米，残存

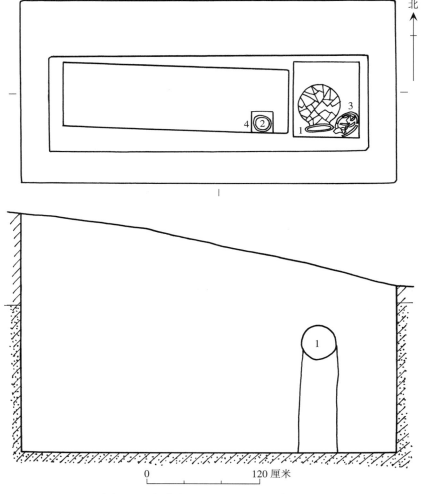

图五七　赵家庄汉墓 FⅡM13 平、剖面图
1. 灰陶瓮　2. 铜镜　3. 灰陶罐　4. 漆盒

高度不详，内放 1 件陶罐，在器物箱顶部填土中放有 1 件陶瓮。棺内东南角有 1 漆盒，仅留灰痕，未提取，内置 1 枚铜镜。

2. 随葬品

随葬品出土灰陶罐 1 件、灰陶瓮 1 件、铜镜 1 枚，漆盒已朽未提取。

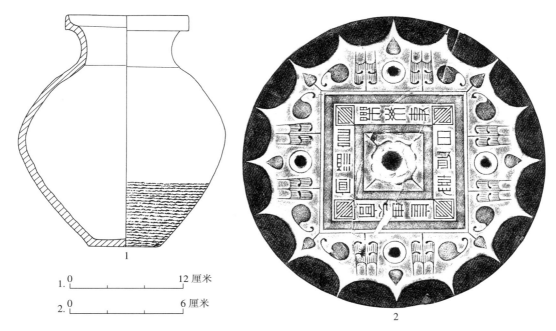

图五八　赵家庄汉墓 FⅡM13 出土随葬品
1. 灰陶罐 FⅡM13：3　2. 铜镜 FⅡM13：2

灰陶罐　1 件。

标本 FⅡM13：3，泥质陶。浅盘口，尖圆唇，束颈略高，宽肩，鼓腹，下腹急内收，小平底内凹。腹下部饰横向绳纹。口径 13.1、腹径 22、底径 7.5、高 25.2、壁厚 0.6~0.8 厘米（图五八，1）。

灰陶瓮　1 件。

标本 FⅡM13：1，泥质陶。残碎，无法修复。

铜镜　1 枚。

标本 FⅡM13：2，日有熹对称连叠草叶镜。圆纽，四叶形纽座。座外凹弧面小方格，再外围以凹弧面大方格和细线方格，四角各为两个对称三角形组成的正方形，每边三字铭文，方格为四枚乳丁两侧饰二叠式草叶纹，四外角各伸出一花苞二叶花枝纹。内向十六连弧纹缘。铭文为"日有熹长贵富宜酒食乐毋事"。直径 16.2、纽径 1.8、缘厚 0.5、缘宽 1.6、肉厚 0.35 厘米（图五八，2）。

（一四）FⅡM14

1. 墓葬形制

FⅡM14 位于 FⅡ中部，FⅡM7 南侧，开口于扰土层下，下部凿岩为穴。墓葬形制为竖穴土坑

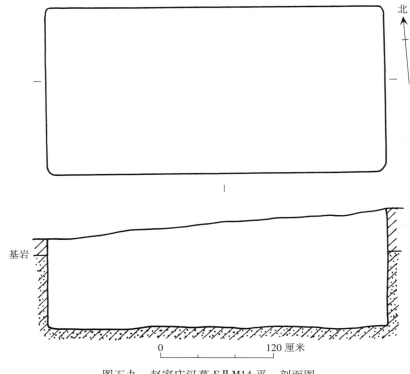

图五九　赵家庄汉墓 FⅡM14 平、剖面图

（岩坑），方向 95°（图五九）。墓圹平面呈长方形，下挖即为岩穴，直壁，平底，长 3.60、宽 1.80、深 0.96~1.28 米。填灰褐色五花土，质地较硬、湿黏度较大，夹杂粗砂、石块和黄褐黏土。

墓底未见葬具、人骨现象，也无任何随葬品。

2. 随葬品

未出土随葬品。

三　FⅢ

FⅢ 位于赵家庄墓地所处丘陵西坡坡地处，正北侧为 FⅡ。现封土残存形状呈覆斗形，地势从东向西逐渐低缓，平面呈东西径稍长、南北径略短的椭圆形，南北径约 14、东西径约 20.3 米，封土范围面积约为 283 平方米（图六〇）。

封土保存状况不佳，顶部遭到破坏，四周有条环形沟。沟斜壁内收、底部稍平，沟宽度、深度不一，位于封土东西两侧部位者较窄，宽约 1.3、深约 0.21 米，位于封土南北两侧部位者稍宽，宽约 2.4、深约 0.52 米。沟内堆积黄褐黏土，含有砂石粒和淤土。其用途应该为 FⅢ 封土排水之用。通过发掘得知，FⅢ 的营建是先选择一处自然隆起的地块，然后周围掘沟，利用沟土或外来搬运土堆砌成台，最后挖坑埋墓。因风雨剥蚀加上晚期人为破坏，FⅢ 封土残存厚度不一。其封土大致可分为两层，一层为扰土层，黄褐色土，颜色较深，夹杂较多砂粒、碎石和植物根茎；二层为原始堆土层，灰褐色土，土色深浅不一，夹杂有大量岩石块、砂粒等。封土堆积未发现明显的分期现象，在其范围内共发现 6 座墓葬。

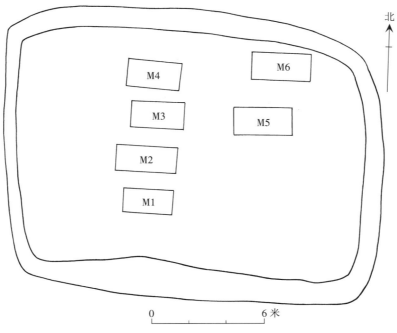

图六〇 赵家庄汉墓 FⅢ墓葬分布平面图

（一）FⅢM1

1. 墓葬形制

FⅢM1 位于 FⅢ南部偏西，开口于扰土层下，打破封土和生土层。墓葬形制为竖穴土坑，方向 92°（图六一）。墓圹平面呈长方形，下挖很浅即到生土，直壁，平底，长 2.90、宽 1.50、深 0.28 ~ 0.36 米。填灰褐色五花土，质地较硬，夹杂粗砂、石块和黄褐沙土。

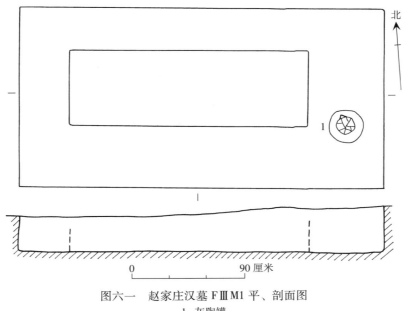

图六一 赵家庄汉墓 FⅢM1 平、剖面图
1. 灰陶罐

墓底有葬具 1 棺，仅留板灰痕迹，长 1.90、宽 0.60、残高 0.20 米。棺内人骨已腐朽，未留痕迹。墓室东南角随葬有 1 件灰陶罐。

2. 随葬品

灰陶罐　1 件。

标本 F Ⅲ M1：1，泥质陶，口、颈部残。溜肩，鼓腹，下腹斜曲收，平底。下腹部饰 3 周平行戳印纹，内壁有轮制弦纹。腹径 27.2、底径 20、残高 20.4、壁厚 0.8~1 厘米（图六二）。

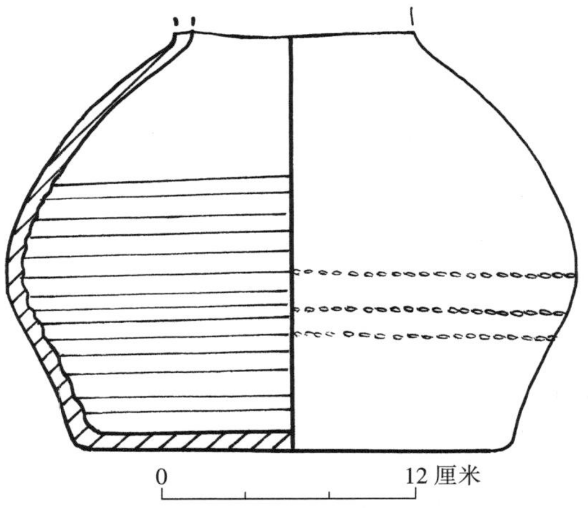

（二）F Ⅲ M2

1. 墓葬形制

F Ⅲ M2 位于 F Ⅲ 中部，F Ⅲ M1 北侧，开口于扰土层下，打破封土和生土层。墓葬形制为竖穴土坑，方向 93°（图六三）。墓圹平面呈长方形，下挖很浅即到生土，直壁，平底，长 3.60、宽 1.60、深 0.60~0.84 米。填灰褐色五花土，质地较硬，夹杂粗砂、石块和黄褐黏土。

墓底有葬具 1 棺，仅留板灰痕迹，长 2.40、宽 0.80、残高 0.27 米。棺内人骨已腐朽，未留痕迹，葬式不明，头向不明。随葬有 1 件陶瓮、1 件陶罐，陶罐置于棺内东端，陶瓮放于棺外东侧。

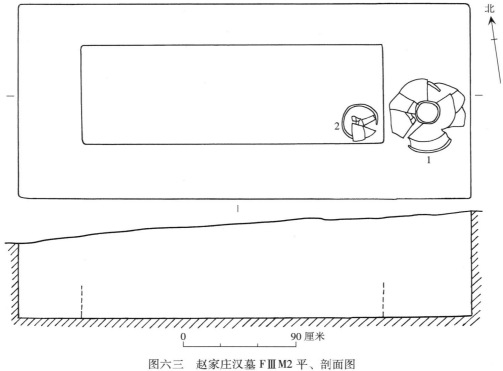

图六二　赵家庄汉墓 F Ⅲ M1 出土灰陶罐 F Ⅲ M1：1

图六三　赵家庄汉墓 F Ⅲ M2 平、剖面图
1. 灰陶瓮　2. 灰陶罐

2. 随葬品

随葬品出土灰陶罐 1 件、灰陶瓮 1 件。

灰陶罐　1 件。

标本 FⅢM2：2，泥质陶。侈口，平折沿，方唇，溜肩，鼓腹，平底内凹。腹中部 2 周戳印纹，腹下部饰竖向绳纹。口径 13.7、腹径 23.4、底径 8.4、高 21.9、壁厚 0.4~0.6 厘米（图六四，2）。

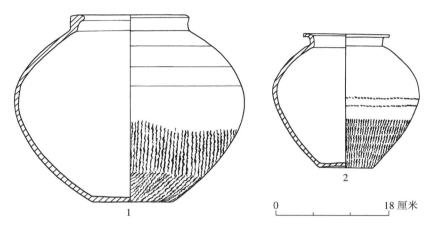

图六四　赵家庄汉墓 FⅢM2 出土随葬品
1. 灰陶瓮 FⅢM2：1　2. 灰陶罐 FⅢM2：2

灰陶瓮　1 件。

标本 FⅢM2：1，泥质陶。口部微敛，口沿向内弧曲，圆唇，直颈，溜肩，鼓腹，下腹斜内收，平底。肩部有 4 周细弦纹，下腹及底部饰竖向、斜向绳纹。口径 19.2、腹径 36.4、底径 12.4、高 30.8、壁厚 0.6~0.8 厘米（图六四，1；彩版八，1）。

（三）FⅢM3

1. 墓葬形制

FⅢM3 位于 FⅢ中部偏北，FⅢM2 北侧，开口于扰土层下，打破封土层和生土。墓葬形制为竖穴土坑，方向 92°（图六五）。墓圹平面呈长方形，下挖很浅即到生土，直壁光滑，底部由西向东向下倾斜，长 3.10、宽 1.60、深 0.24~0.57 米。填灰褐色五花土，质地较硬，夹杂粗砂、石块和黄褐黏土。

墓底有葬具 1 棺，仅留板灰痕迹，平面略呈长方形，长 2.15、宽 0.70、残高 0.14~0.37 米。棺内人骨已腐朽，仅留朽痕，葬式仰身直肢，头向东。无随葬品。

2. 随葬品

未出土随葬品。

（四）FⅢM4

1. 墓葬形制

FⅢM4 位于 FⅢ北部，FⅢM3 北侧，开口于扰土层下，打破封土层和生土。墓葬形制为竖穴土

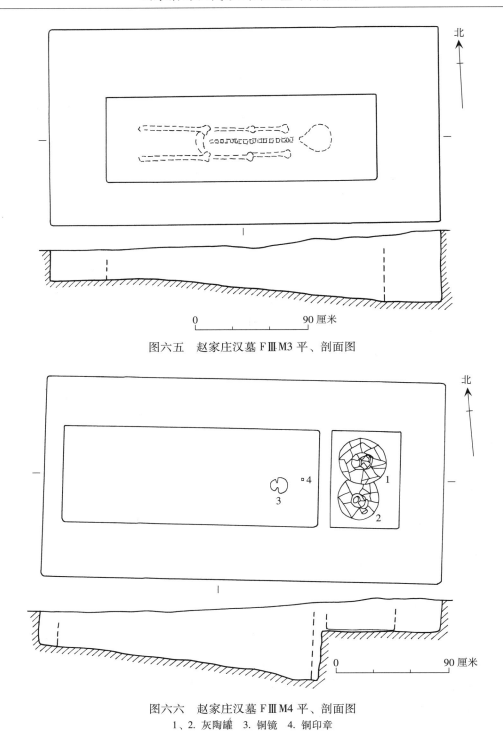

图六五　赵家庄汉墓 FⅢM3 平、剖面图

图六六　赵家庄汉墓 FⅢM4 平、剖面图
1、2. 灰陶罐　3. 铜镜　4. 铜印章

坑，方向 95°（图六六）。墓圹平面呈长方形，下挖很浅即到生土，直壁光滑，底部由西向东向下倾斜，长 3.20、宽 1.65、深 0.29~0.61 米。填灰褐色五花土，质地较硬，夹杂砂粒、碎石块和黄褐黏土。

墓底有葬具 1 棺，留有板灰痕迹，平面略呈长方形，长 2.04、宽 0.81、残高 0.24~0.51 米。棺内人骨已腐朽，葬式、头向不明。棺外东侧有 1 具长方形器物箱，灰痕长 0.80、宽 0.54、残存高度 0.19 米。随葬品有 2 件灰陶罐、1 枚铜镜、1 枚铜印章，陶罐置于器物箱内，铜镜、铜印章放于棺内东端。

2. 随葬品

随葬品出土灰陶罐 2 件、铜镜 1 枚、铜印章 1 枚。

灰陶罐　2 件。泥质陶。

标本 FⅢM4：1，侈口，卷沿，方唇，束颈稍高，溜肩，鼓腹，下腹斜收，小平底。下腹饰斜向绳纹。口径 17.8、腹径 35、底径 11.3、高 39.2、壁厚 0.8～1.2 厘米（图六七，1）。

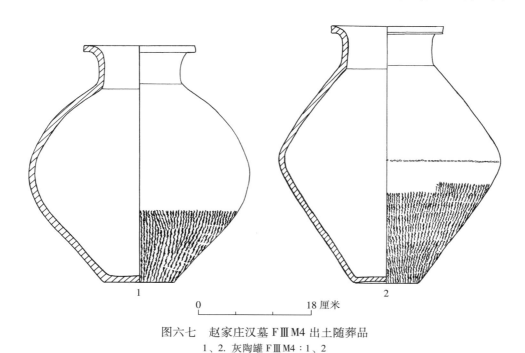

0   18 厘米

图六七　赵家庄汉墓 FⅢM4 出土随葬品
1、2. 灰陶罐 FⅢM4：1、2

标本 FⅢM4：2，侈口，卷沿，方唇，唇面下缘内凹成细弦纹，束颈稍高，斜肩，鼓腹近折，下腹急收，小平底内凹。最大腹径处 1 周戳印纹，下腹部饰竖向绳纹。口径 17.8、腹径 35.2、底径 10.4、高 42.5、壁厚 0.8～1 厘米（图六七，2；彩版八，2）。

铜镜　1 枚。

标本 FⅢM4：3，锈蚀严重，无法复原。

铜印章　1 枚。

标本 FⅢM4：4，腐朽严重，局部残缺。纽缺失，方座，方形印面。阴刻印文，因锈蚀、个别字模糊不清，为"王□之印"。边长 1.65、座高 1.1 厘米。

（五）FⅢM5

1. 墓葬形制

FⅢM5 位于 FⅢ 中部偏东，FⅢM3 东侧，开口于扰土层下，打破封土层和生土。墓葬形制为竖穴土坑，方向 90°（图六八）。墓圹平面呈长方形，下挖很浅即到生土，直壁，平底，长 3.50、

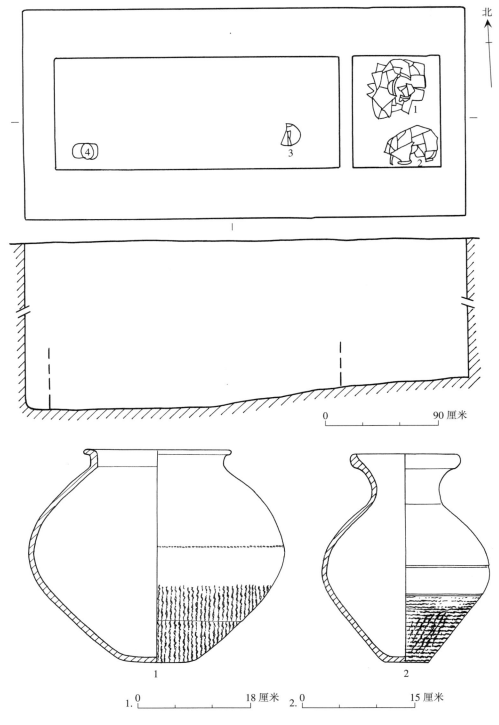

图六八　赵家庄汉墓 FⅢM5 平、剖面图及出土随葬品
1、2. 灰陶罐　3. 铜镜　4. 漆器

宽 1.70、深 1.98~2.15 米。填灰褐色五花土，质地较硬，夹杂粗砂、石块和黄褐黏土。

墓底有葬具 1 棺，仅留板灰痕迹，长 2.28、宽 0.90 米，残存高度不详。棺内人骨已腐朽，未留痕迹，葬式不明，头向不明。棺外东侧有 1 具长方形器物箱，灰痕长 0.90、宽 0.75 米，残存高度不详。随葬品有 2 件陶罐、1 枚铜镜、1 件漆器，陶罐置于器物箱内，铜镜放于棺内东端，漆器位于棺内西南角，因腐朽，未提取。

2. 随葬品

随葬品出土灰陶罐 2 件、铜镜 1 枚、漆器 1 件。

灰陶罐　2 件。泥质陶。

标本 FⅢM5：1，侈口，卷沿，圆唇，短束颈，溜肩，鼓腹，下腹斜收，小平底。腹中 1 周戳印纹，下腹饰竖向绳纹、中间被 1 道细弦纹隔开。口径 23.6、腹径 40.4、底径 8.8、高 35.4、壁厚 0.8~1.2 厘米（图六八，1）。

标本 FⅢM5：2，侈口，卷沿，沿面稍内凹呈盘口状，圆唇，束颈较高，溜肩，鼓腹，下腹急内收，小平底。腹中部 2 道凹弦纹，腹下部饰横向绳纹。口径 14.6、腹径 22、底径 6、高 28.5、壁厚 0.6~0.8 厘米（图六八，2）。

铜镜　1 枚。

标本 FⅢM5：3，锈蚀严重，无法复原。

漆器　1 件。

标本 ⅢM5：4，腐朽严重，无法复原，有可能是漆盒。

（六）FⅢM6

1. 墓葬形制

FⅢM6 位于 FⅢ东北角，FⅢM5 北侧，开口于扰土层下，打破封土层和生土。墓葬形制为竖穴土坑，方向 93°（图六九）。墓圹平面呈长方形，下挖很浅即到生土，直壁，平底，长 3.50、宽

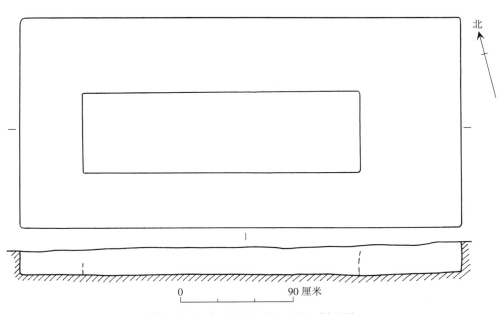

0　　　　　　90 厘米

图六九　赵家庄汉墓 FⅢM6 平、剖面图

1.70、深 0.24 米。填灰褐色五花土，质地较硬，夹杂粗砂、石块和黄褐黏土。

墓底有葬具 1 棺，仅留板灰痕迹，长 2.20、宽 0.65 米，残存高度不详。棺内人骨已腐朽，未留痕迹，葬式不明，头向不明。未出土随葬品。

2. 随葬品

未出土随葬品。

四　FV

FV 位于赵家庄墓地的东南部。现存封土整体呈覆斗台形，平面为南北径稍长、东西径略短的长椭圆形，封土台南北长 60、东西宽 50、存高 1.5~1.9 米，封土范围面积约为 3000 平方米（图七〇）。

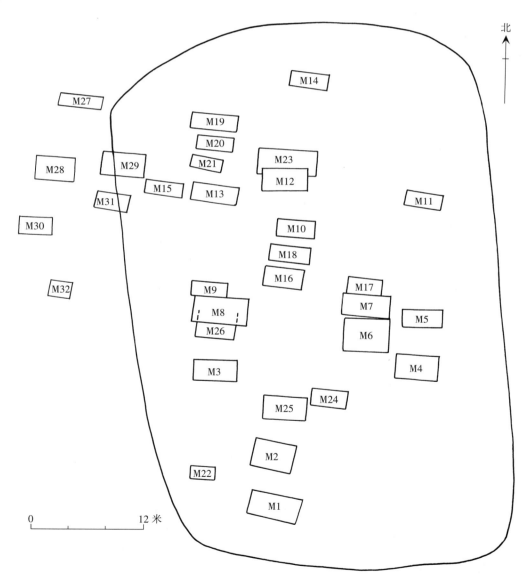

图七〇　赵家庄汉墓 FV 墓葬分布平面图

为弄清封土的堆筑形式，墓葬与封土的关系以及墓葬的分布情况。我们在封土范围内平行布置了9条探沟，探沟宽1.5、隔梁宽2.5米。解剖探沟得知，封土堆积可以分为4期（图七一、七二）。

1期封土，南北长28、东西宽22、存高1.50米左右，在TG1～TG8内均有分布。主要由灰褐色粗砂花土和灰白色粗砂花土堆垫，堆积较为平整，略微由东向西倾斜。堆积大致可以分为两层：①层，灰褐色粗砂花土，厚0.80米左右，未见加工现象，堆积由东向西堆垫；②层，灰白色粗砂花土，厚0.50～0.70米，无层次，未见加工现象，应属就近取土堆垫。

2期封土，南北长26、东西宽23米，存高1.50米左右，沿1期外坡用黄褐色粗砂花土堆垫，堆积呈斜坡状。堆积大致可以分三层：①层，黄色花土，由黄褐色土夹杂少许灰白色沙土组成，土质较硬，厚0.30～0.50米，无特殊加工现象；②层，灰白色粗砂花土，由灰白色粗砂土夹杂少

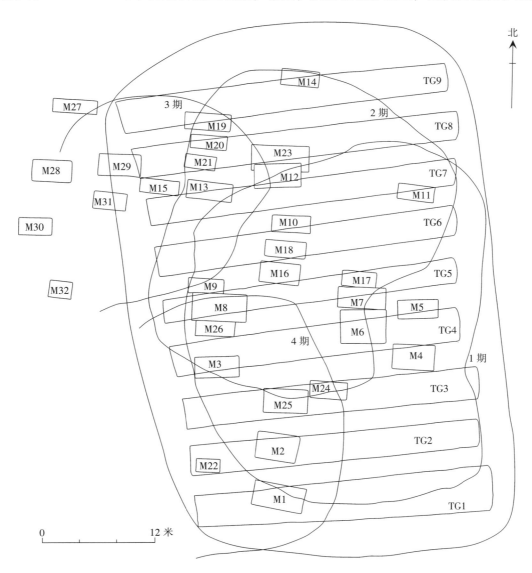

图七一　赵家庄汉墓ＦⅤ墓葬封土分期示意图

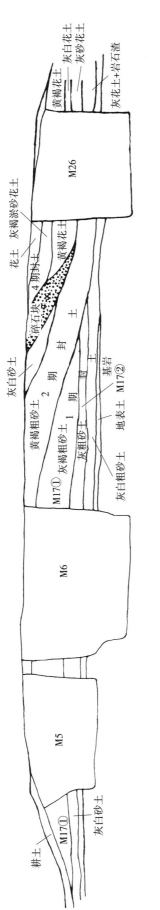

1. FVTG4 南壁

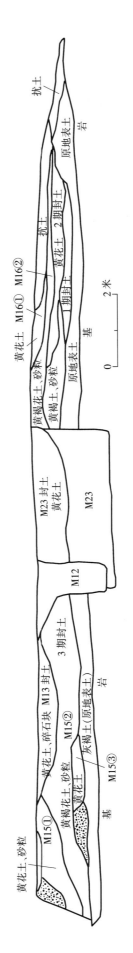

2. FVTG7 北壁

图七二 赵家庄汉墓 FVTG4、TG7 剖面图

许黄色土块组成，土质较硬，厚0.30～0.40米，未见加工现象；③层，黄褐色花土，由黄褐土夹杂少许灰白土粒组成，土质较硬，厚0.30～0.40米，未见夯打痕迹，沿坡堆筑，堆积由东向西倾斜。

3期封土，南北长15、东西宽13、存高1.30米，主要分布在封土的西北部，TG6、TG7、TG8的西部。主要由灰白色和黄褐色粗砂土堆筑，垫层较平整，未见夯打痕迹。大致可以分为三层：①层，灰褐色花土，由灰褐色粗砂土夹杂少许黄土块组成，土质较硬，厚0.30～0.50米，无特殊加工现象；②层，黄色花土，由黄褐土夹杂较多灰白土和岩石渣组成，土质较硬，厚0.30～0.40米，未见加工现象；③层，黄褐色花土，由黄褐色土夹杂灰白色沙土和岩石渣组成，土质较硬，厚0.20～0.50米，未见夯打痕迹，主要分布在ＦⅤＭ15周围，应属ＦⅤＭ15的凿室堆积。

4期封土，南北长21、东西宽15、存高1.50米，主要分布在封土的西南部，TG1～TG4的西部。大致可分成两层：①层，包含岩石渣和其下压的灰白色粗砂花土层，该层堆积沿2期外坡堆筑，可能是打破2期封土墓葬的凿室倒土；②层，包含细黄花土和灰褐色花土，土质较硬，厚0.20～0.30米，未见加工现象，堆积较平，沿①层岩石渣外坡堆筑。

（一）ＦⅤＭ1

1. 墓葬形制

ＦⅤＭ1位于ＦⅤ南部，开口于扰土层下，打破4期封土和岩层。墓葬形制为竖穴土坑（岩坑），方向100°（图七三）。墓圹平面略呈长方形，直壁，平底，坑口长3.90、宽1.76米，坑底长3.20、宽1.70、深1.10米。填黄褐色花土，质地较为疏松，夹杂粗砂和黄褐黏土。

墓底中部偏西有葬具1棺，仅留板灰痕迹，平面呈长方形，长2.40、宽0.84、残高0.30米。棺内人骨已腐朽，未留痕迹，葬式不明，头向东。棺外东侧有生土二层台，长1.72、宽0.70、高0.90米。随葬品有2件红陶壶、1件铜镜刷、1件漆器，陶器置于生土台上，铜镜刷放于棺内东端，生土台两件陶器之间和棺内镜刷之下各有1件漆器，因腐朽，未提取。

2. 随葬品

随葬品出土红陶壶2件、镜刷1件、漆器2件。

红陶壶　2件。泥质陶。

标本ＦⅤＭ1∶1，口及上腹部残。鼓腹，下腹急内收，小平底内凹。腹中饰1周戳印纹，腹下部饰2周戳印纹。上腹部施浅绿色釉，脱落严重，底部有轮制痕迹。腹径30.8、底径14.0、残高19.6、壁厚0.8～1.2厘米（图七四，1）。

标本ＦⅤＭ1∶2，口及上腹部残。鼓腹，下腹斜收，平底内凹。腹中部饰2周戳印纹，底部有轮制痕迹。腹径18.8、底径8.6、残高14、壁厚0.6～0.8厘米（图七四，2）。

铜镜刷　1件。

标本ＦⅤＭ1∶3，形状似烟斗，圆筒状斗，圆柱形柄，柄端翘起，有穿孔。长11.9厘米

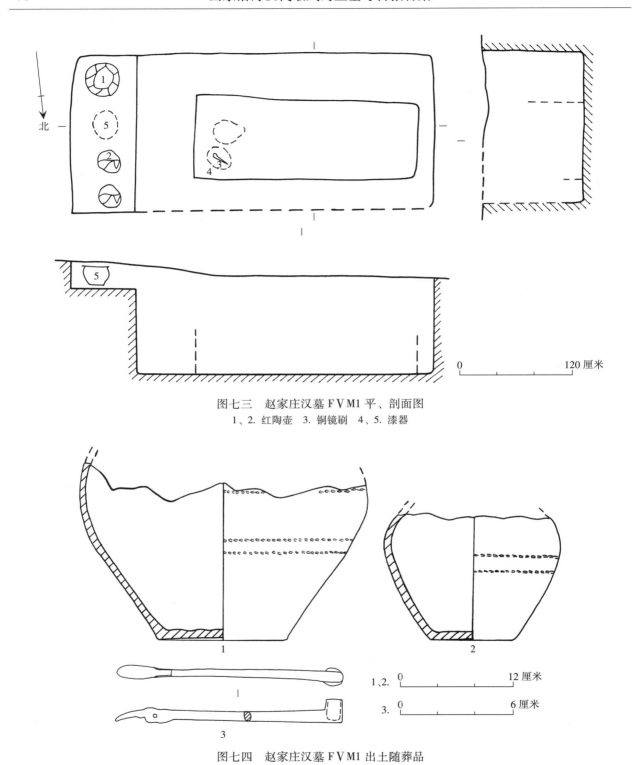

图七三　赵家庄汉墓 F Ⅴ M1 平、剖面图

1、2. 红陶壶　3. 铜镜刷　4、5. 漆器

图七四　赵家庄汉墓 F Ⅴ M1 出土随葬品

1、2. 红陶壶 F Ⅴ M1：1、2　3. 铜镜刷 F Ⅴ M1：3

（图七四，3）。

漆器　2件。

标本 F Ⅴ M1：4、F Ⅴ M1：5，均仅留残片，应为漆盒残留，因腐朽严重，无法提取。

（二）FⅤM2

1. 墓葬形制

FⅤM2 位于 FⅤ南部，FⅤM1 北侧。开口于扰土层下，打破 4 期封土和岩层。墓葬形制为竖穴土坑（岩坑），方向 98°（图七五）。墓圹平面略呈长方形，直壁，平底，长 3.05、宽 2.10～2.28、深 2.50 米。填黄褐花土，质地较硬，夹杂粉沙和灰白粗砂土。

墓底中部偏南有葬具 1 棺，已朽成黑灰，平面呈长方形，长 2.50、宽 1.05、残高 0.45 米。棺内人骨已腐朽，余头骨、脊椎骨朽痕，葬式仰身直肢，头向东，面向上。棺外北侧一长方形边箱，长 1.60、宽 0.48、残高 0.35 米，内放 7 件高温釉陶壶。棺内头骨处口含 3 枚铜钱；盆骨位置北侧有 1 圆形漆奁，存木质结构、外涂黑漆，漆奁内有 1 组铜钱，外有麻布及金箔痕迹；棺内脚端有 1 铁件残段；棺内脚端南部有 1 圆形漆盒。因漆盒已腐朽，仅留存漆皮，未提取。

2. 随葬品

随葬品出土釉陶壶 7 件、铜钱 2 组、漆盒 2 件、铁器 1 件。

釉陶壶　7 件。高温釉陶。

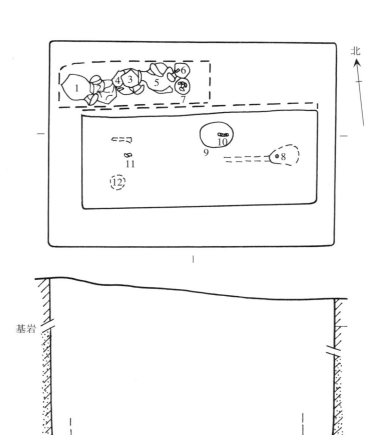

图七五　赵家庄汉墓 FⅤM2 平、剖面图
1～7. 釉陶壶　8、10. 铜钱　9、12. 漆盒　11. 铁器

标本 FⅤM2：1，敞口，圆唇，直颈，溜肩，鼓腹，下腹弧收，平底微内凹。肩部左右对称贴附桥形双耳，耳上端有兽面附加堆纹，耳下端衔环。肩与上腹部饰 3 道泥条状弦纹，中腹部饰 2 周戳印纹，下腹部留有轮旋痕迹。器表与器底施黄釉。口径 15.2、腹径 29.4、底径 16.6、高 34.8、壁厚 0.6～1 厘米（图七六，1）。

标本 FⅤM2：2，敞口，尖圆唇，直颈，圆肩，鼓腹，下腹弧收，平底内凹。肩部左右对称贴附桥形双耳，耳上端有兽面附加堆纹，耳下端衔环。肩与上腹部饰 3 道泥条状弦纹，下腹部饰 3 周戳印纹。口颈内壁和器表施黄釉。口径 14、腹径 29.2、底径 17.2、高 32.4、壁厚 0.5～0.9 厘

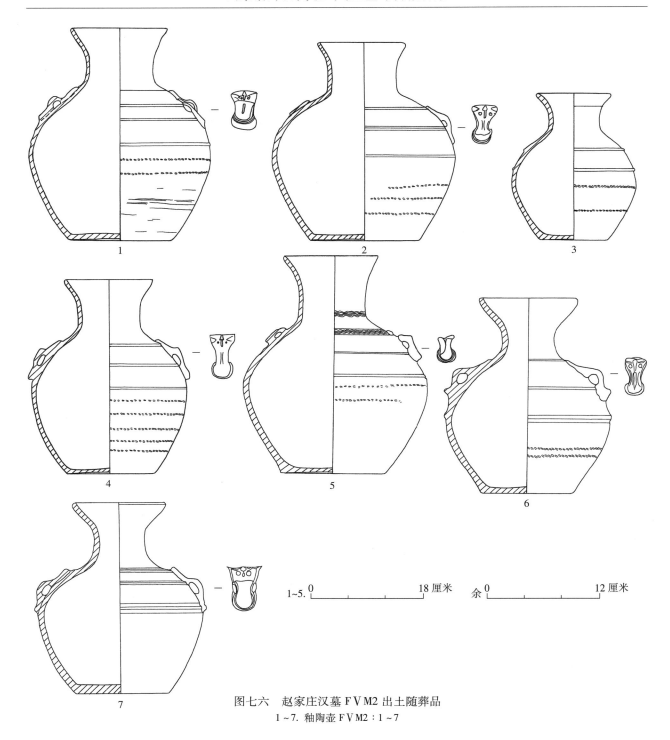

图七六　赵家庄汉墓 F Ⅴ M2 出土随葬品
1～7. 釉陶壶 F Ⅴ M2：1～7

米（图七六，2）。

　　标本 F Ⅴ M2：3，敞口，尖圆唇，粗短颈，溜肩，鼓腹，平底微凹。肩与上腹部饰 2 道泥条状弦纹，下腹部饰 2 周戳印纹。口、颈内外侧和肩、上腹部施浅褐色釉。口径 11.8、腹径 19.8、底径 10.8、高 24.0、壁厚 0.6～0.8 厘米（图七六，3）。

　　标本 F Ⅴ M2：4，敞口呈喇叭状，圆唇，粗颈，溜肩，鼓腹，平底微凹。肩部对称贴附竖耳，耳上方贴塑兽面纹，下端衔环。肩与上腹部饰3道泥条状弦纹，下腹部有5道戳印纹。通身施黄釉。口径14.2、腹径25.6、底径14、高32、壁厚0.6～0.8厘米（图七六，4；彩版八，3）。

标本ＦⅤM2：5，敞口呈喇叭状，圆唇，粗颈，弧肩，鼓腹，下腹斜内收，平底内凹。肩部对称贴附桥形耳，双耳均残，耳上端应有贴塑，现不详，下端衔环。颈跟处和肩上部各有1组水波纹，肩与上腹部饰3道泥条状弦纹，下腹部有3周戳印纹。口部内壁、器身外表和器底均施黄色釉，局部脱落。口径15、腹径29、底径16.8、高36.2、壁厚0.6～1厘米（图七六，5；彩版八，4）。

标本ＦⅤM2：6，敞口呈喇叭状，方唇，束颈，溜肩，鼓腹，平底。肩部对称贴附桥形双耳，耳上端贴塑兽面附加堆纹，耳下端衔环，肩与上腹部饰3组平行泥条状弦纹。口内壁、肩和上腹部施黄釉。口径10.4、腹径17.6、底径9.6、高21.6、壁厚0.6～0.8厘米（图七六，6）。

标本ＦⅤM2：7，敞口呈喇叭状，方唇，束颈，溜肩，鼓腹，平底微凹。肩部对称贴附桥形双耳，耳上端贴塑兽面附加堆纹，耳下端衔环，肩与上腹部饰3组平行粗弦纹。口内壁、肩和上腹部施红褐釉。口径9.9、腹径17.4、底径9.9、高21、壁厚0.6～1厘米（图七六，7；彩版九，1）。

铜钱　2组82枚。锈蚀严重，部分残断，钱文可辨者，均为"五铢"。其中1组3枚。

标本ＦⅤM2：8-1，钱文不甚清晰，"五"字交笔直，"铢"字金字头较尖，朱字第一笔画方折。直径2.7、穿径1、厚0.2厘米；另1组79枚。

标本ＦⅤM2：10-1，"五"字斜画两笔曲肥、横画伸出，"铢"字的"金"字头呈三角形，"朱"字头方折。穿下有半星。直径2.6、穿径1.25、厚0.15厘米（图七七，1）。

标本ＦⅤM2：10-2，"五"字斜画两笔稍弯曲，"铢"字的"金"字头呈三角形、四点较长，"朱"字头方折。直径2.5、穿径1、厚0.15厘米（图七七，2）。

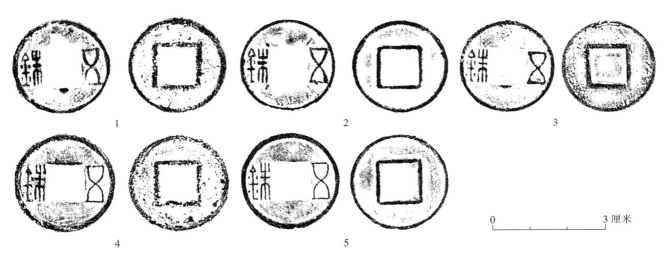

图七七　赵家庄汉墓ＦⅤM2出土随葬品
1～5. 铜钱ＦⅤM2：10-1～-5

标本 FⅤM2：10-3，"五"字斜画两笔略弯曲，"铢"字的"金"字头呈三角形，"朱"字头方折。穿下有半星。直径 2.5、穿径 1.1、厚 0.15 厘米（图七七，3）。

标本 FⅤM2：10-4，"五"字斜画两笔弯曲，"铢"字的"金"字头呈尖三角形，"朱"字头方折。直径 2.65、穿径 1.15、厚 0.15 厘米（图七七，4）。

标本 FⅤM2：10-5，"五"字斜画两笔曲肥，"铢"字的"金"字头呈尖三角形，"朱"字头方折。直径 2.6、穿径 1.15、厚 0.15 厘米（图七七，5）。

铁器　1 件。

标本 FⅤM2：11，锈蚀严重，无法复原。

漆盒　2 件。

标本 FⅤM2：9、FⅤM2：12，因腐朽严重，均未能提取。

（三）FⅤM3

1. 墓葬形制

FⅤM3 位于 FⅤ中部偏西南，FⅤM26 南侧。开口于扰土层下，打破 4 期封土和岩层。墓葬形制为竖穴土坑（岩坑），方向 89°（图七八）。墓圹平面呈长方形，直壁，平底，长 3.30、宽 1.48、深 2.20 米。填黄褐色花土，质地较硬，夹杂黄土颗粒和灰白土粒。

墓底中部有葬具 1 棺，已朽成黑灰，平面呈长方形，长 2.15、宽 0.75、残高 0.25 米，东端有挡板隔开组成头箱，长 0.75、宽 0.50、残高 0.25 米。棺内人骨已腐朽，可见朽痕，葬式仰身直肢，头向东，面向南。随葬品为 1 件釉陶壶，放于头箱内。

2. 随葬品

随葬品出土釉陶壶 1 件。

釉陶壶　1 件。

标本 FⅤM3：1，高温釉陶。敞口，圆唇，束颈较粗，弧肩，鼓腹，下腹斜收，小平底。腹中部对称安桥形双耳，耳面饰叶脉纹。口沿下端及颈肩交接处各 1 道凸棱，颈部下端有水波纹，下腹部饰 3 周平行戳印纹。口沿内外壁、颈部及上腹部施绿釉，余部呈红褐色，胎质较硬。口径 12、腹径 19、底径 8.4、高 25、壁厚 0.8 厘米（图七九）。

（四）FⅤM4

1. 墓葬形制

FⅤM4 位于 FⅤ东南部，FⅤM5 南侧。开口于扰土层下，打破 1 期封土和岩层。墓葬形制为竖穴土坑（岩坑），方向 93°（图八〇）。墓圹平面略呈长方形，直壁，平底，长 3.10、宽 1.90、深 2.80 米。填灰褐色花土，质地较为疏松，夹杂粗砂土和较多岩石渣。

墓底中部有葬具 1 棺，已朽成灰，平面呈长方形，长 2.10、宽 0.70、残高 0.30 米，棺板厚约 5 厘米，外表涂有红漆，留存大量漆皮。棺内人骨已腐朽，葬式不明，依据随葬品位置推断，头

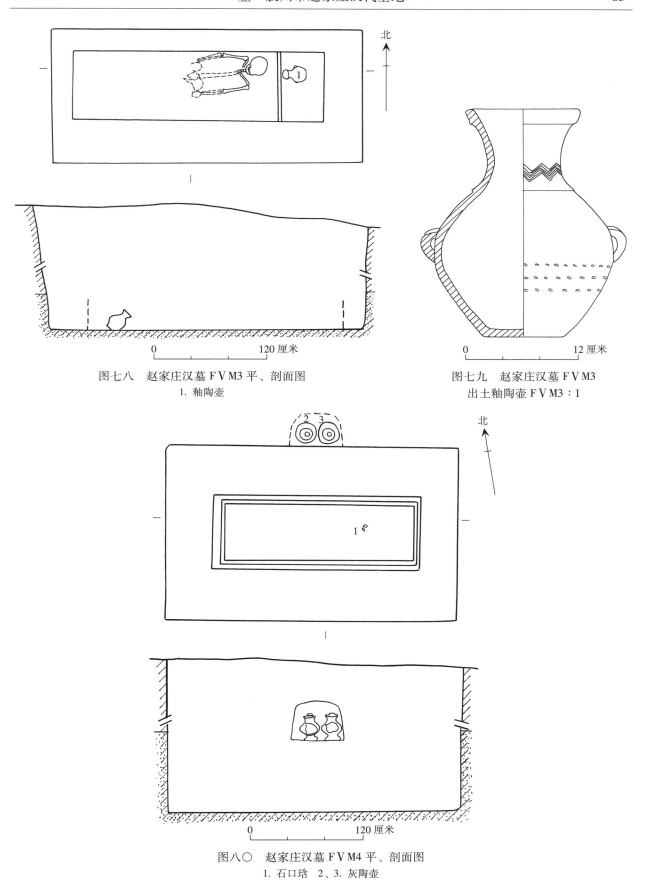

图七八　赵家庄汉墓ⅤM3平、剖面图
1. 釉陶壶

图七九　赵家庄汉墓ⅤM3
出土釉陶壶ⅤM3：1

图八〇　赵家庄汉墓ⅤM4平、剖面图
1. 石口琀　2、3. 灰陶壶

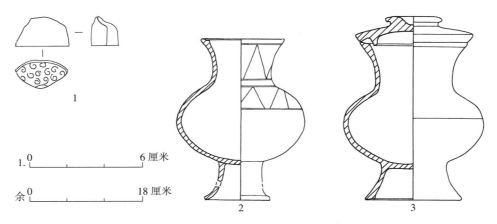

图八一　赵家庄汉墓 FⅤM4 出土随葬品
1. 石口琀 FⅤM4：1　2、3. 灰陶壶 FⅤM4：2、3

向东。墓圹北壁有 1 壁龛，系在壁内掏挖泥土而致，下端紧贴基岩，长 0.55、宽 0.35、进深 0.43
米，内放 2 件灰陶壶。棺内头端有 1 件石饰件，应为石口琀。

2. 随葬品

随葬品出土石口琀 1 件、陶壶 2 件。

灰陶壶　2 件。泥质陶。

标本 FⅤM4：2，敞口，平沿，圆唇，高束颈，鼓腹，近平底。圈足较高，方唇，稍残。颈部
及肩部分别饰 2 组平行凹弦纹，各组凹弦纹之间有三角状波折纹。口径 13.6、腹径 20.2、圈足径
10.2、高 26.7、壁厚 0.7～1.3 厘米（图八一，2）。

标本 FⅤM4：3，侈口，斜平沿，圆唇，束颈，溜肩，鼓腹，喇叭口圈足。中腹一周凹弦纹。
弧顶盖较高，上有一圆形捉手，盖内一高凸棱呈母口状。口径 17、腹径 22.1、圈足径 15、通高
30、壁厚 0.8 厘米（图八一，3；彩版九，2、3）。

石口琀　1 件。

标本 FⅤM4：1，浅白色石质，残。表面磨光，底面刻有圆圈纹。残长 2.8、高 1.6 厘米
（图八一，1）。

（五）FⅤM5

1. 墓葬形制

FⅤM5 位于 FⅤ东南部，FⅤM4 北侧。开口于扰土层下，打破 1 期封土和岩层。墓葬形制为
竖穴土坑（岩坑），方向 88°（图八二）。墓圹平面略呈长方形，直壁，平底，长 3.00、宽 1.40、
深 2.00 米。填灰褐色花土，质地较硬，底部填土含大量石渣。

墓底中部有葬具 1 棺，已朽成黑灰，平面呈长方形，长 2.10、宽 0.65、残高 0.25 米。棺内人
骨已腐朽，葬式不明，依据随葬品位置，头向东。棺内西端 1 件铜镈帽，东端 1 件石口琀。

2. 随葬品

随葬品出土石口琀 1 件、铜镈帽 1 件。

石口琀　1件。

标本FVM5：1，浅白色石质，残。表面磨光，底面刻有圆圈纹。残长4、残高2.2厘米（图八三，1）。

铜鐏帽　1件。

标本FVM5：2，圆筒形，中空，顶部弧平。高5.8、径长3.2厘米（图八三，2）。

（六）FVM6

1. 墓葬形制

FVM6位于FV东南部，FVM7南侧。开口于扰土层下，打破FVM7和岩层。墓葬形制为竖穴土坑（岩坑），方向89°（图八四）。墓圹平面略呈长方形，墓圹北壁上部向外张，其余三壁较规整，底部较平，长3.40、宽2.65、深2.40米。填灰色花土，质地较硬，夹杂灰褐土和少许黄褐土块。

墓底中部有葬具1椁1棺，椁顶部有椁盖板痕迹，由长1.95、宽0.20～0.25米的木板拼接成，均已朽成灰。椁棺平面呈长方形，椁长2.42、宽1.50、残高0.55米，棺长2.15、宽1.05米，残存高度不详。棺内人骨已腐朽，余头骨朽痕，葬式不明，头向东，面向上。棺外椁内东端随葬有3件罐、4件壶和1件瓿，除1件壶为泥质灰陶外，其余均为高温釉陶；棺内中部有1件铜带钩，1件铁环首刀，1组铜钱。

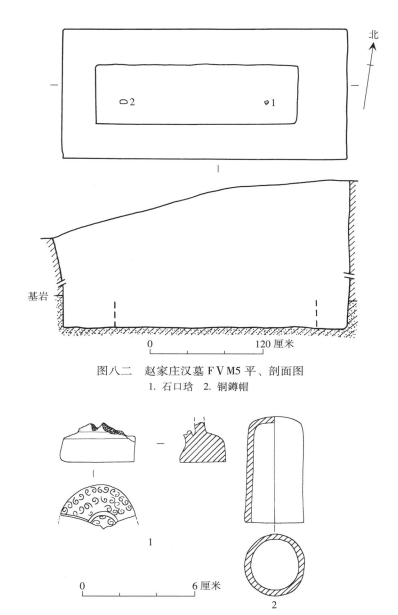

图八二　赵家庄汉墓FVM5平、剖面图
1. 石口琀　2. 铜鐏帽

图八三　赵家庄汉墓FVM5出土随葬品
1. 石口琀 FVM5：1　2. 铜鐏帽 FVM5：2

2. 随葬品

随葬品出土灰陶壶1件、釉陶壶3件、釉陶罐3件、釉陶瓿1件、铜带钩1件、铁环首刀1件、铜钱1组。

灰陶壶　1件。

标本FVM6：5，泥质陶。侈口，方唇，短束颈，圆肩，鼓腹，平底。腹中部1周戳印纹，腹

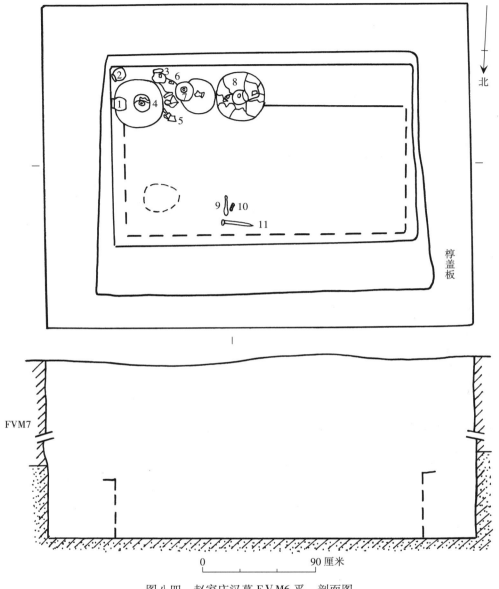

图八四　赵家庄汉墓 F Ⅴ M6 平、剖面图
1～3. 釉陶罐　4、6、7. 釉陶壶　5. 灰陶壶　8. 釉陶瓿　9. 铜带钩　10. 铜钱　11. 铁环首刀

下部 2 周戳印纹。口径 11.4、腹径 18.7、底径 14、高 20.4、壁厚 0.6～1 厘米（图八五，5）。

　　釉陶壶　3 件。高温釉陶。

　　标本 F Ⅴ M6：4，敞口，圆方唇，高束颈，斜肩，鼓腹，下腹弧收，矮圈足。弧形盖，盖顶有圆形捉手。肩部左右各贴附 1 桥形耳，耳面饰叶脉纹，耳上端附泥条卷成羊角状附加堆纹，下端衔环。口部外侧 1 组水波纹，颈根部有 2 周凹弦纹，其间饰 1 组水波纹，肩、上腹部 3 组弦纹。盖、口部内侧及上腹部施绿色釉。盖口径 15.6、壶口径 15.6、腹径 38.6、底径 18、高 47.6、壁厚 0.4～0.8 厘米（图八五，4）。

　　标本 F Ⅴ M6：6，盘口，圆唇，束颈，斜肩，扁鼓腹，下腹弧收，高圈足。肩部左右各贴附 1 桥形耳。盘口外侧 2 周凹弦纹，其间饰 1 组水波纹，颈部有 2 周凹弦纹，肩、上腹部 4 道弦

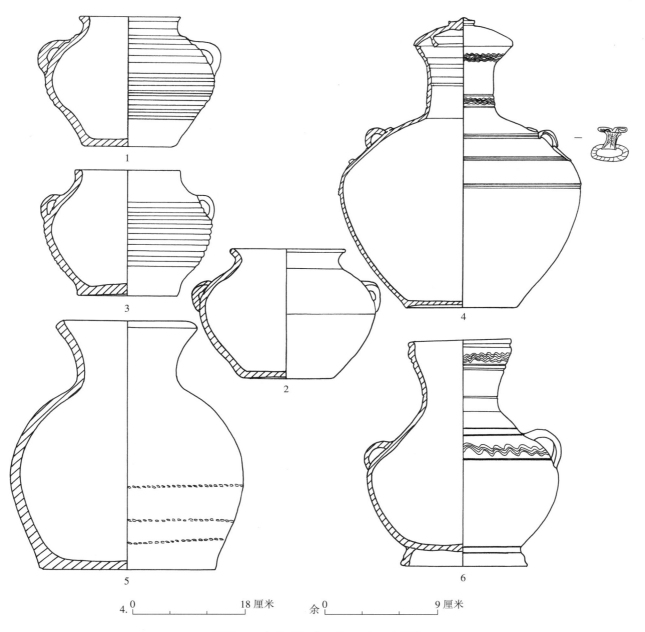

图八五　赵家庄汉墓 FⅤM6 出土随葬品

1~3. 釉陶罐 FⅤM6：1~3　4、6. 釉陶壶 FⅤM6：4、6　5. 灰陶壶 FⅤM6：5

纹。口部内侧及上腹部施黄褐色釉。口径 8、腹径 15.4、底径 10、高 18.8、壁厚 0.4~0.6 厘米（图八五，6）。

标本 FⅤM6：7，敞口呈喇叭状，圆唇，高束颈，溜肩，鼓腹，矮圈足。弧顶盖，顶部有圆形捉手。颈部靠下 2 道细弦纹，其间饰 1 组水波纹，肩部对称贴附双桥形耳，耳面饰叶脉纹，耳上端有泥条卷成羊角状附加堆纹，下端衔环，肩部耳上方有 1 泥条状弦纹，腹中下部饰密集弦纹。肩及上腹部均施绿色釉。盖口径 16.2、壶口径 12.6、腹径 27.0、底径 15.6、通高 36.0、壁厚 0.5~1.2 厘米（图八六，1）。

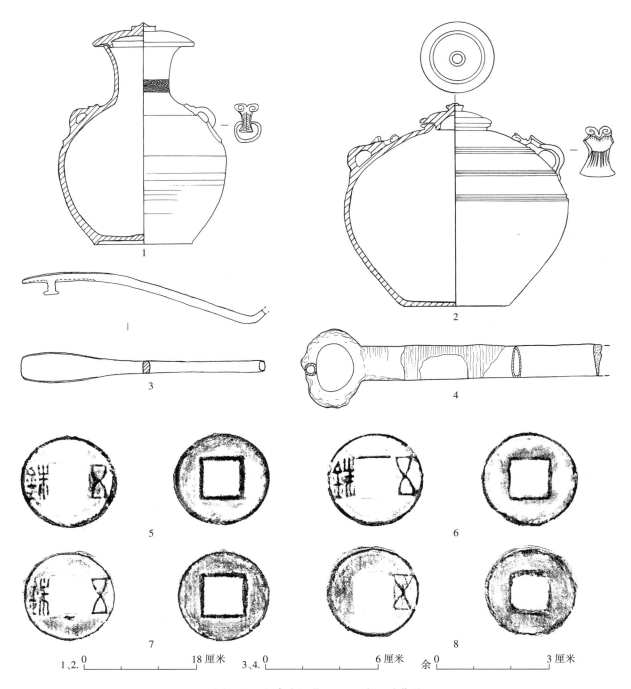

图八六　赵家庄汉墓 FⅤM6 出土随葬品

1. 釉陶壶 FⅤM6：7　2. 釉陶瓿 FⅤM6：8　3. 铜带钩 FⅤM6：9　4. 铁环首刀 FⅤM6：11　5～8. 五铢铜钱 FⅤM6：10-1～-4

釉陶罐　3 件。高温釉陶。

标本 FⅤM6：1，微侈口，平沿，尖圆唇，短束颈，溜肩，鼓腹，下腹弧向内收，平底。肩部对称贴附双桥形耳。器表装饰密集粗弦纹。口部外侧、下腹部施浅白色釉，脱落严重。口径8、腹径13.7、底径7.5、高10.8厘米（图八五，1）。

标本 FⅤM6：2，侈口，卷沿，方唇，短束颈，溜肩，鼓腹，下腹内收，平底微内凹。肩部对称贴附双桥形耳。颈根处及耳部下端饰细弦纹。口、颈部外侧及下腹部施浅白色釉，脱落严重。口径9、腹径14、底径8、高10.6厘米（图八五，2）。

标本FVM6：3，直口，圆方唇，鼓腹，腹最大径处位于靠上部，平底内凹。肩部左右对称各安1桥形耳，耳面饰叶脉纹，肩、腹部饰密集的宽凸弦纹。唇部及上腹部施浅白色釉，局部脱落。口径8.4、腹径13.4、底径8、高10.2、壁厚0.4~0.8厘米（图八五，3）。

釉陶瓿　1件。

标本FVM6：8，高温釉陶。敛口，圆唇，溜肩，鼓腹，平底。弧形盖，盖顶有圆形捉手，盖口外侧下部有1周凹槽。肩部贴附铺首，其前端紧贴肩部，使整个铺首显得较扁平，耳面饰木梳状纹，上端有泥条卷成羊角状纹，整体呈兽面纹。肩与上腹部饰3组弦纹。肩及上腹部施绿釉，器表余部未施釉处呈红褐色，胎质坚硬。盖口径11.4、器身口径11.4、腹径36.6、底径17.4、通高33.6、壁厚0.6~1厘米（图八六，2）。

铜带钩　1件。

标本FVM6：9，琴面形，器身细长，圆形纽居末端，首端残。体残长13、腹宽1.7厘米（图八六，3）。

铜钱　1组22枚。锈蚀严重，少数残断，钱文可辨者，均为"五铢"。

标本FVM6：10-1，"五"字斜画曲肥，"铢"字的"金"字头呈三角形，"朱"字头方折。直径2.55、穿径1.1、厚0.15厘米（图八六，5）。

标本FVM6：10-2，"五"字斜画稍弯曲，"铢"字的"金"字头呈三角形、四点较长，"朱"字头方折。穿下有横穿。直径2.6、穿径1.15、厚0.1厘米（图八六，6）。

标本FVM6：10-3，"五"字斜画较直，"铢"字的"金"字头呈小三角形，"朱"字头方折。穿下有半星。直径2.45、穿径1.2、厚0.15厘米（图八六，7）。

标本FVM6：10-4，"五"字斜画两笔较直、横画平直伸出，"铢"字不清晰。直径2.5、穿径1.1、厚0.15厘米（图八六，8）。

铁环首刀　1件。

标本FVM6：11，椭圆形首，环首截面呈圆形，直背双面刃，长方形木鞘外包布，留有布痕，前端残。残长16、刀身宽1.9、环首宽4.3厘米（图八六，4）。

（七）FVM7

1. 墓葬形制

FVM7位于FV中部偏东，FVM6北侧。开口于扰土层下，被FVM6打破，分别打破2期封土、FVM17和岩层。墓葬形制为竖穴土坑（岩坑），方向92°（图八七）。墓圹平面呈长方形，直壁，平底，长3.60、宽1.68、深2.30米。填灰色花土，质地疏松，夹杂灰白沙土和少许黄土粒。

墓底中部有葬具1棺，已朽成黑灰，平面呈长方形，长3.05、宽0.90、残高0.30米，留有大量漆皮，可知原棺外表涂有红漆。棺东端可能有挡板组成头箱，但清理时未发现挡板痕迹。棺内

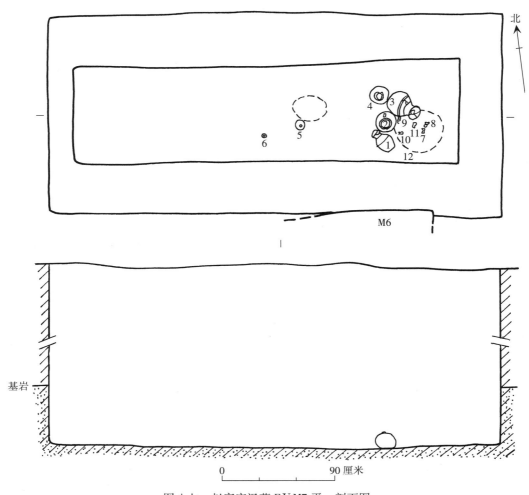

图八七　赵家庄汉墓 F Ⅴ M7 平、剖面图
1~4. 釉陶壶　5. 铜镜　6. 铜钱　7、10、11. 漆盒铜足　8、9. 铜铺首　12. 漆盒

人骨已腐朽，余头骨朽痕，葬式不明，头向东。头骨东侧随葬有 4 件釉陶壶，旁有 1 件圆形漆器，因腐朽、未提取，原位置出有 3 件铜足、2 件铜铺首；头骨左侧有 1 枚铜镜；棺内中部有 3 枚铜钱。

2. 随葬品

随葬品出土釉陶壶 4 件、铜镜 1 枚、漆盒足 3 件、铜铺首 2 件、铜钱 3 枚、漆盒 1 件。

釉陶壶　4 件。高温釉陶。

标本 F Ⅴ M7：1，敞口呈喇叭状，圆唇，短束颈，溜肩，鼓腹，下腹弧收，矮圈足。肩部对称贴附叶脉纹桥形双耳，耳部上端堆饰横 "S" 纹，下端衔环。口外侧、颈根处饰凹弦纹、水波纹，肩、腹部饰轮旋凹、凸弦纹。口内壁、肩及上腹部施绿釉。口径 9.7、腹径 17、底径 8.6、高 22、壁厚 0.4 厘米（图八八，1）。

标本 F Ⅴ M7：2，盘口，圆唇，束颈，溜肩，鼓腹，平底。肩部对称贴附桥形双耳，耳面饰叶脉纹，耳上端泥条堆塑横 "S" 形纹，耳下端衔环，环面刻划斜向竖纹。盘口外侧下端 2 道泥条状凸弦纹，肩与上腹部共饰 3 组平行弦纹，其间饰 2 组水波纹。口、颈、上腹部施绿色釉。口径

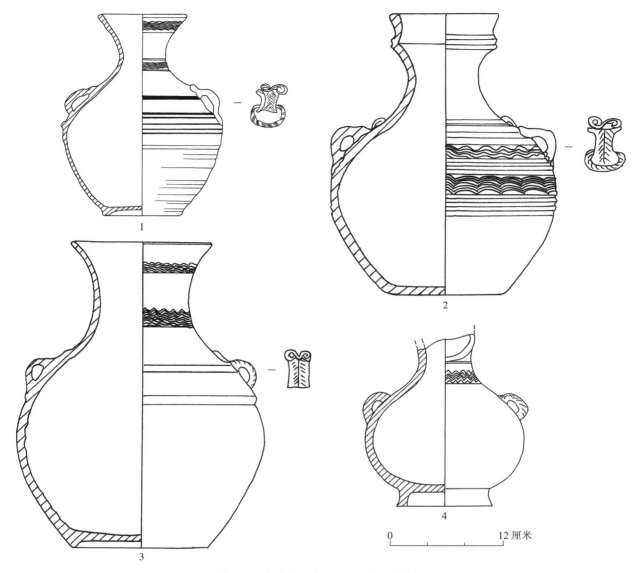

图八八　赵家庄汉墓 F V M7 出土随葬品
1~4. 釉陶壶 F V M7：1~4

11.6、腹径24.0、底径12.0、高30.8、壁厚0.6~0.9厘米（图八八，2）。

标本 F V M7：3，敞口呈喇叭状，圆唇，束颈，溜肩，鼓腹，矮圈足。肩部对称贴附桥形双耳，耳面饰叶脉纹，耳部上端贴塑由泥条卷成羊角形附加堆纹。口部、颈部下端饰细弦纹、水波纹，耳部上方处饰1道宽凸弦纹，耳下方近腹中处向下凹呈1周凸棱状。口颈内壁、肩和上腹部施浅绿釉。口径14.8、腹径26.4、圈足径14.4、高33.2、壁厚0.5~0.8厘米（图八八，3；彩版九，4、5）。

标本 F V M7：4，口部残，束颈，弧肩，鼓腹下垂，圈足较高。肩部对称贴附桥形双耳，耳面饰叶脉纹。颈中部有1周凹弦纹，颈部下端1道细弦纹，其间为1组水波纹。颈、肩和上腹部施绿釉。腹径17、底径10、残高19、壁厚0.8~1厘米（图八八，4）。

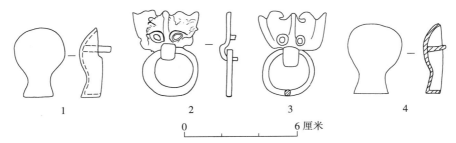

图八九　赵家庄汉墓 FⅤM7 出土随葬品
1、4. 漆盒铜足 FⅤM7：7、11　2、3. 铜铺首 FⅤM7：8、9

漆盒铜足　3件。

标本 FⅤM7：7，中空，一端为喇叭形，一端为半球形，球形弧顶部突出一长圆柱形楔钉。高 3.8 厘米（图八九，1）。

标本 FⅤM7：11，形制、尺寸同标本 FⅤM7：7（图八九，4）。

标本 FⅤM7：10，锈蚀严重，无法复原。

铜铺首　2件。

标本 FⅤM7：8，残断，锈蚀。两耳和缓，两目圆睁，鼻下垂后向后弯曲成钩状，衔一铜环，背后有一插钉，应为漆器上的装饰。通长 4.6、环外径 3、钉长 0.3 厘米（图八九，2）。

标本 FⅤM7：9，两耳向内翻卷，两目圆瞪，鼻下垂后向后弯曲成钩状，衔一铜环，背后有一插钉，应为漆器上的装饰。通长 4.6、环外径 2.8、钉长 0.3 厘米（图八九，3）。

铜镜　1枚。

标本 FⅤM7：5，星云镜。连峰纽，圆纽座，座外一周凸弦纹，再外一周短斜线。凸弦纹和短斜线之间装饰主纹，四枚圆座的乳丁分为四区，每区内各有五枚弧线相连的乳丁，内向十六连弧纹缘。直径 7.1、纽径 1.6、缘厚 0.4、缘宽 0.6、肉厚 0.3 厘米（彩版一〇，1）。

铜钱　3枚。

标本 FⅤM7：6，残损严重，钱文"五铢"，"五"字中间相交两笔弯曲，"铢"字的"金"字头呈三角形，"朱"字头圆折。直径 2.2、穿径 1.1、厚 0.2 厘米。

（八）FⅤM8

1. 墓葬形制

FⅤM8 位于 FⅤ 中部偏西，FⅤM26 北侧。开口于扰土层下，打破 FⅤM9、M26、4 期封土和岩层。墓葬形制为竖穴土坑（岩坑），方向 92°（图九〇）。墓圹平面呈长方形，壁面规整，底部为基岩、有凹凸，墓圹东端有生土二层台，长 2.00、宽 0.50、距墓底高 1.30 米，坑口长 4.10、宽 2.10 米，坑底长 3.60、宽 2.00、深 2.95 米。填黄色花土，质地疏松，夹杂黄褐土、粗白沙和岩石块，堆积呈斜坡状、呈自东向西倾斜趋势。

墓底中部有葬具 1 椁 1 棺，均已朽成黑灰，紧贴南北墓壁两侧有椁盖板灰痕，具体构造细节

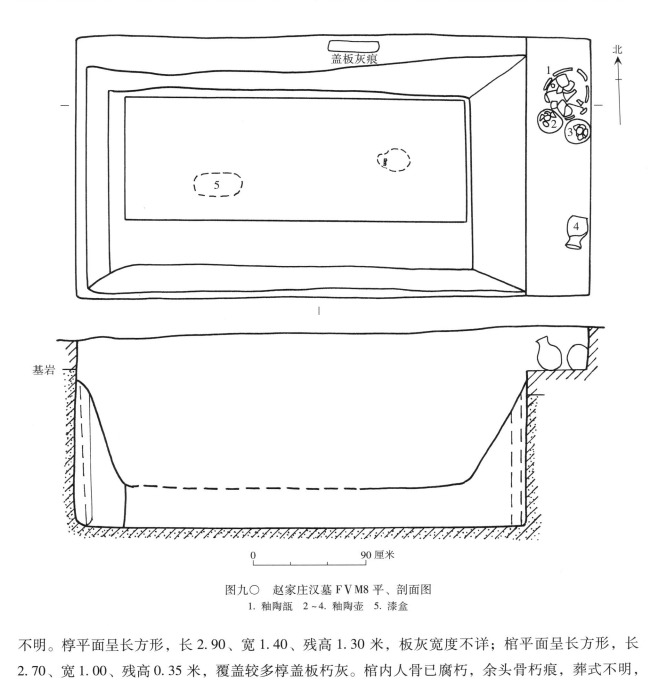

图九〇　赵家庄汉墓 F Ⅴ M8 平、剖面图
1. 釉陶瓿　2～4. 釉陶壶　5. 漆盒

不明。椁平面呈长方形，长 2.90、宽 1.40、残高 1.30 米，板灰宽度不详；棺平面呈长方形，长 2.70、宽 1.00、残高 0.35 米，覆盖较多椁盖板朽灰。棺内人骨已腐朽，余头骨朽痕，葬式不明，头向东。生土台上放置 3 件釉陶壶、1 件釉陶瓿；棺内西端有长方形红色漆痕，应为漆盒痕迹，未提取。

2. 随葬品

随葬品出土釉陶壶 3 件、釉陶瓿 1 件、漆盒 1 件。

釉陶壶　3 件。高温釉陶。

标本 F Ⅴ M8∶2，喇叭口，方唇，直颈，圆肩，圆腹，平底。肩部对称贴附桥形双耳，耳面饰叶脉纹。口颈部交接处 1 道细弦纹，颈中部 1 周凹弦纹，下为 1 组水波纹，耳部上方 1 组弦纹，下

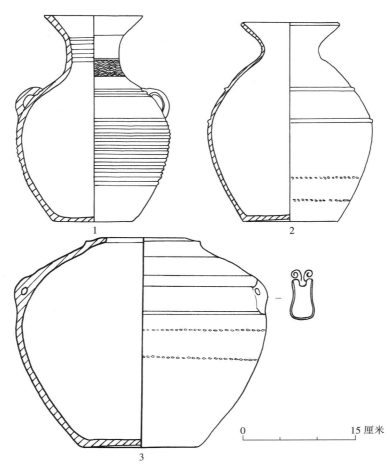

图九一　赵家庄汉墓 F Ⅴ M8 出土随葬品
1、2. 釉陶壶 F Ⅴ M8：2、3　　3. 釉陶瓿 F Ⅴ M8：1

方 1 道凹弦纹，下腹部为密集瓦棱状弦纹。口颈部内外壁、肩及上腹部施绿釉。口径 13、腹径 20.2、底径 11、高 28、壁厚 0.6 ~ 0.8 厘米（图九一，1）。

　　标本 F Ⅴ M8：3，喇叭口，方唇，短束颈，溜肩，微鼓腹，平底内凹。上腹部饰 2 周凸弦纹，下腹部饰 3 周戳印纹。口径 13、腹径 22、底径 12.5、高 27、壁厚 0.5 ~ 0.8 厘米（图九一，2；彩版一〇，2）。

　　标本 F Ⅴ M8：4，残碎，无法修复。

　　釉陶瓿　1 件。高温釉陶。

　　标本 F Ⅴ M8：1，敛口，圆唇，溜肩，鼓腹，平底微凹。肩部贴附铺首，上端有泥条卷成羊角状纹。肩与上腹部饰 3 组弦纹。肩及上腹部施红褐釉，大部已脱落，器表余部未施釉处呈红褐色，胎为红陶、质地坚硬。口径 10.4、腹径 32.8、底径 14.8、通高 28.8、壁厚 0.8 ~ 1.2 厘米（图九一，3；彩版一〇，3）。

　　漆盒　1 件。

　　标本 F Ⅴ M8：5，腐朽严重，未能提取。

（九）ＦⅤＭ9

1. 墓葬形制

ＦⅤＭ9位于ＦⅤ中部偏西，ＦⅤＭ8北侧。开口于扰土层下，被ＦⅤＭ8打破，打破4期封土和岩层。墓葬形制为竖穴土坑（岩坑），方向93°（图九二）。墓圹平面略呈长方形，直壁，平底，长2.65、宽1.15、深1.90米。填黄色花土，质地较硬，夹杂灰白土和少许黄褐土粒。

墓底中部有葬具1棺，已朽成灰，棺平面呈长方形，长2.25、宽0.75、残高0.30米。棺内人骨已腐朽，余头骨朽痕，葬式不明，头向东，面向上。头骨左右两侧有2件漆奁，俱已腐朽，留有红色漆皮。原上肢骨部位出有6组铜钱。

2. 随葬品

随葬品出土铜钱5组、漆盒2件。

铜钱　5组。

ＦⅤＭ9：1，1组12枚。锈结在一起，均为"货泉"，有包布痕迹。

标本ＦⅤＭ9：1-1，钱文纤细。直径2.35、穿径1、厚0.2厘米（图九三，1）。

标本ＦⅤＭ9：2，1组3枚。锈蚀严重，残断碎片，无法复原。

标本ＦⅤＭ9：3，1组4枚。锈蚀严重，"五铢"钱。

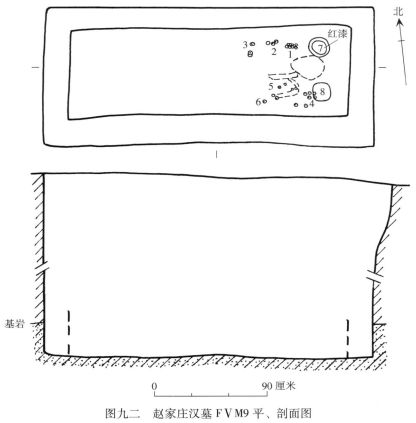

图九二　赵家庄汉墓ＦⅤＭ9平、剖面图
1～6. 铜钱　7、8. 漆盒

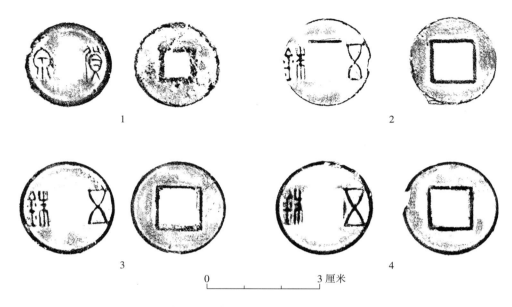

图九三　赵家庄汉墓 FⅤM9 出土随葬品
1~4. 铜钱 FⅤM9∶1－1、5－1～－3

标本 FⅤM9∶4，1 组 6 枚。锈蚀严重，多已残断，为"货泉"。

标本 FⅤM9∶5，1 组 5 枚。锈蚀严重。

标本 FⅤM9∶5－1，"磨郭五铢"，"五"字斜画略弯曲，"朱"字头方折。穿上有横穿。直径 2.4、穿径 1.25、厚 0.15 厘米（图九三，2）。

标本 FⅤM9∶5－2，"五铢"钱，"五"字斜画两笔较直，"朱"字头方折。直径 2.6、穿径 1.2、厚 0.15 厘米（图九三，3）。

标本 FⅤM9∶5－3，"五铢"钱，"五"字斜画两笔稍弯曲，"朱"字头方折。直径 2.5、穿径 1.2、厚 0.15 厘米（图九三，4）。

标本 FⅤM9∶6，1 组 3 枚。锈蚀严重，残断碎片，无法复原。

漆盒　2 件。

标本 FⅤM9∶7、FⅤM9∶8，因腐朽严重，未能提取。

（一〇）FⅤM10

1. 墓葬形制

FⅤM10 位于 FⅤ 中部偏北，FⅤM18 北侧。开口于扰土层下，打破 2 期封土和岩层。墓葬形制为竖穴土坑（岩坑），方向 92°（图九四）。墓圹平面呈长方形，直壁，平底，长 2.90、宽 1.30、深 1.85 米。填黄褐色花土，质地较硬，夹杂粉沙土和少许碎石块。

墓底中部有葬具 1 棺，已朽成灰，棺平面呈长方形，长 2.30、宽 0.70、残高 0.25 米，板灰厚约 1 厘米。棺内人骨已腐朽，余头骨朽痕，葬式不明，头向东，面向上。头骨位置有 1 件口琀、2 个鼻塞、2 个耳塞，头骨右侧有方形漆盒朽痕，内放 1 枚铜镜、1 件镜架、1 枚铜钱，

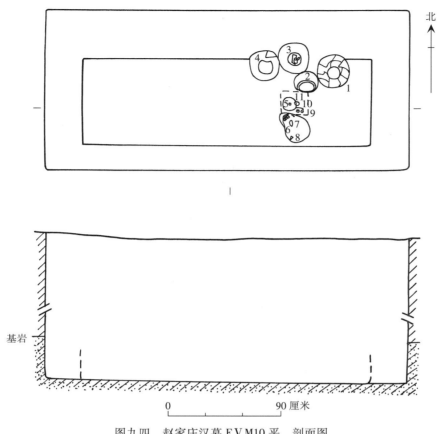

图九四　赵家庄汉墓 F Ⅴ M10 平、剖面图

1~4. 灰陶壶　5. 铜镜　6. 石口琀　7. 石鼻塞　8. 石耳塞　9. 铜钱　10. 铁镜架　11. 漆盒

漆盒因腐朽、未提取，仅留 1 件铜拉环。棺外北侧放置 4 件灰陶壶，因棺木腐朽，陶器倾斜到棺内。

　　2. **随葬品**

　　随葬品出土灰陶壶 4 件、铜镜 1 枚、口琀 1 件、石鼻塞 2 件、石耳塞 2 件、铁镜架 1 件、漆盒拉环 1 件、铜钱 1 枚。

　　灰陶壶　4 件。泥质陶。

　　标本 F Ⅴ M10：1，口部残，短束颈，溜肩，鼓腹，下腹斜内收，平底。肩及腹上部饰 3 周平行凸弦纹，腹中部往下饰 3 周平行戳印纹。腹径 27.6、底径 18.0、残高 29.6、壁厚 0.8~1 厘米（图九五，1）。

　　标本 F Ⅴ M10：2，泥质灰褐陶。盘口，圆唇，唇外侧 3 道细弦纹，短束颈，鼓腹，下腹斜内收，平底。腹中部 1 周、腹下部 2 周戳印纹。口径 13.4、腹径 19.2、底径 12.5、高 24.8、壁厚 0.5~0.8 厘米（图九五，2；彩版一○，4）。

　　标本 F Ⅴ M10：3，口部残，束颈，溜肩，鼓腹，下腹斜内收，平底。腹中部及下腹部各饰 2 周戳印纹，器物内壁满布凸棱。腹径 22.2、底径 13.8、残高 22.4、壁厚 0.6~1 厘米（图九五，3）。

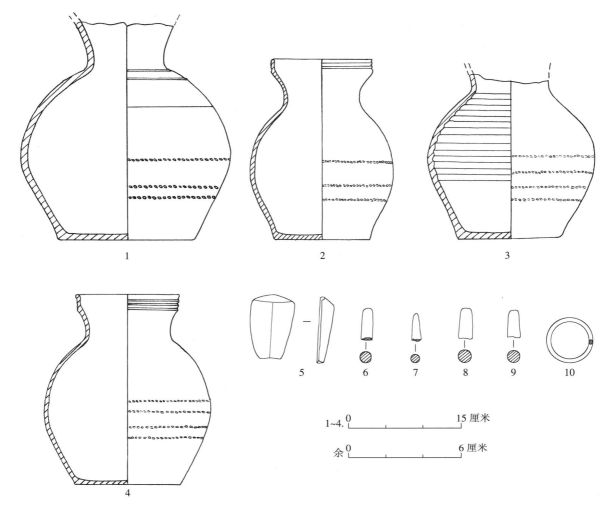

图九五　赵家庄汉墓ＦⅤM10 出土随葬品

1~4. 灰陶壶ＦⅤM10：1~4　5. 石口琀ＦⅤM10：6　6、7. 石耳塞ＦⅤM10：8－1、－2

8、9. 石鼻塞ＦⅤM10：7－1、－2　10. 漆盒拉环ＦⅤM10：11

标本ＦⅤM10：4，泥质灰陶。盘口，卷圆唇，唇外侧 3 周凹槽，短束颈，鼓腹，平底。腹部以下饰四周戳印纹。口径 13.5、腹径 22、底径 14、高 26、壁厚 0.6 厘米（图九五，4）。

石口琀　1 件。

标本ＦⅤM10：6，浅绿色石质。平面呈蝉形，背面平整，正面弧突。长 3.7、最宽 2.3、厚 0.7 厘米（图九五，5）。

石鼻塞　2 件。

标本ＦⅤM10：7－1，浅白色石膏质。呈一端宽一端稍窄的短圆柱形，截面为圆形。长 1.7、截面径 0.5~0.7 厘米（图九五，8）。

标本ＦⅤM10：7－2，浅白色石膏质。长 1.5、截面径 0.5~0.6 厘米（图九五，9）。

石耳塞　2 件。

标本ＦⅤM10：8－1，浅白色石膏质。呈一端宽一端稍窄的短圆柱形，截面为圆形。长 1.8、截面径0.5~0.6厘米（图九五，6）。

标本ＦⅤM10：8－2，浅白色石膏质。为圆锥体状。长1.5、截面径0.5厘米（图九五，7）。

铜镜　1枚。

标本ＦⅤM10：5，锈蚀严重，无法复原。

铜钱　1枚。

标本ＦⅤM10：9，锈蚀严重，无法修复。

铁镜架　1件。

标本ＦⅤM10：10，残段，未能修复。

漆盒　1件。因腐朽严重，未能修复。仅余铜拉环1件。

标本ＦⅤM10：11，圆形，素面，断面椭圆形。直径2.5厘米（图九五，10）。

（一一）　ＦⅤM11

1. 墓葬形制

ＦⅤM11位于ＦⅤ东北部，ＦⅤM17北侧。开口于扰土层下，打破2期封土和岩层。墓葬形制为竖穴土坑（岩坑），方向98°（图九六）。墓圹平面略呈长方形，直壁，平底，长2.75、宽1.20、深1.00米。填灰褐色粗砂花土，质地较硬，夹杂少许黄褐土粒，堆积呈斜坡状，由东向西倾斜。

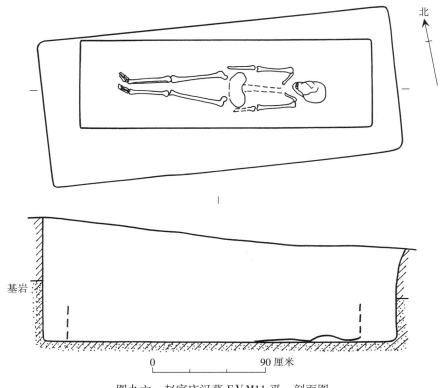

图九六　赵家庄汉墓ＦⅤM11平、剖面图

墓底中部有葬具1棺，已朽成灰，棺平面呈长方形，长2.30、宽0.70、残高0.25米。棺内人骨已腐朽，余朽痕，葬式仰身直肢，头向东，面向北。无任何随葬品。

2. 随葬品

未出土随葬品。

（一二）FⅤM12

1. 墓葬形制

FⅤM12位于FⅤ北部，FⅤM10北侧。开口于扰土层下，打破FⅤM23、3期封土和岩层。墓葬形制为竖穴土坑（岩坑），方向88°（图九七）。墓圹平面略呈长方形，直壁，平底，长3.50、宽1.80、深1.23米。填黄褐色花土，质地较硬，夹杂灰白土和少许黄褐土粒。

图九七　赵家庄汉墓FⅤM12平、剖面图
1~3. 灰陶罐　4. 灰陶壶

墓底中部有葬具1棺，已朽成灰，棺平面呈长方形，长2.20、宽0.80、残高0.35米。棺内人骨已腐朽，余头骨朽痕，葬式不明，头向东。棺外东端有1具长方形头箱，灰痕长0.80、宽0.60、残高0.65米，内放3件陶罐、1件陶壶。

2. 随葬品

随葬品出土灰陶壶1件、灰陶罐3件。

灰陶壶 1件。

标本FⅤM12：4，口部残。束颈，斜肩，鼓腹，平底。腹下部饰3周平行戳印纹。腹径19.8、底径12、残高22.6、壁厚0.6～0.8厘米（图九八，1）。

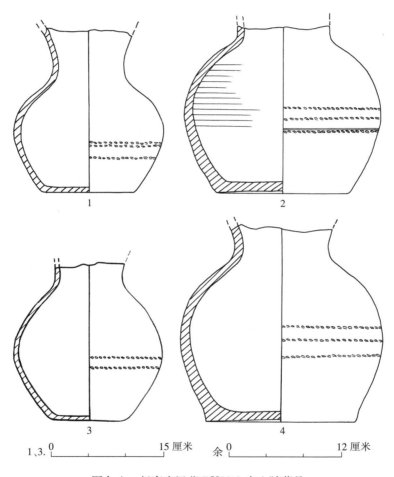

图九八 赵家庄汉墓FⅤM12出土随葬品
1. 灰陶壶FⅤM12：4 2～4. 灰陶罐FⅤM12：1～3

灰陶罐 3件。泥质陶。

标本FⅤM12：1，口部残。束颈，溜肩，鼓腹，平底内凹。腹中部饰3周戳印纹，间有1道凹弦纹。腹径20.7、底径14、残高18.4、壁厚0.8～1.3厘米（图九八，2）。

标本FⅤM12：2，口部残。短束颈，溜肩，鼓腹，平底。腹中部靠下饰2周平行戳印纹。腹径19.6、底径9.2、残高21.6、壁厚0.6～0.8厘米（图九八，3）。

标本FⅤM12：3，口部残。短束颈，溜肩，鼓腹，平底内凹。腹中部饰3周戳印纹。腹径21.6、底径16、残高21.8、壁厚0.8～1.4厘米（图九八，4）。

（一三）ＦＶＭ13

1. 墓葬形制

ＦＶＭ13 位于 ＦＶ 北部偏西，ＦＶＭ10 西北侧。开口于扰土层下，打破 3 期封土和岩层。墓葬形制为竖穴土坑（岩坑），方向 96°（图九九），依据随葬品位置而定。墓圹平面略呈长方形，墓圹上部遭破坏、余残底，坑底长 3.40、宽 1.40、残深 0.45 米。填黄褐色花土，质地较硬，夹杂粉沙土。

墓底中部有葬具 1 棺，已朽成灰，棺平面呈长方形，长 2.65、宽 0.70 米，残存高度不详。棺内人骨已腐朽，未留任何朽痕，葬式不明，头向、面向不明。棺内东南角随葬有 2 件陶壶、1 件陶罐，旁有 1 件漆盒，腐朽，仅留红色漆皮痕迹，未提取。

2. 随葬品

随葬品出土灰陶壶 2 件、灰陶罐 1 件、漆盒 1 件。

灰陶壶　2 件。

标本 ＦＶＭ13：1，泥质陶。侈口，圆唇，唇外侧 2 周凹槽，粗短颈，圆肩，鼓腹，最大腹径处偏上，大平底。腹中部饰 4 周平行戳印纹。口径 14.2、腹径 22.2、底径 16.2、高 25.2、壁厚 0.8～1 厘米（图一〇〇，1）。

标本 ＦＶＭ13：2，泥质浅灰陶。盘口，圆唇，唇外侧 3 周凹槽，短束颈，球形腹，大平底。口径 12、腹径 18.8、底径 14、高 18、壁厚 0.8～1 厘米（图一〇〇，2）。

灰陶罐　1 件。

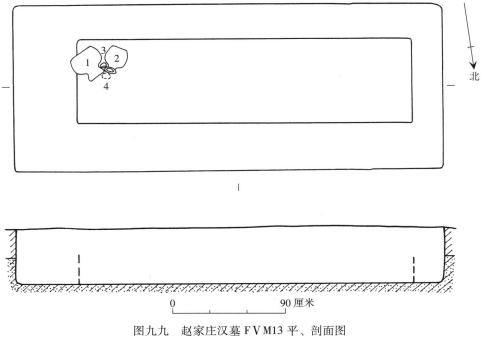

0 ——————— 90 厘米

图九九　赵家庄汉墓 ＦＶＭ13 平、剖面图

1、2. 灰陶壶　3. 灰陶罐　4. 漆盒

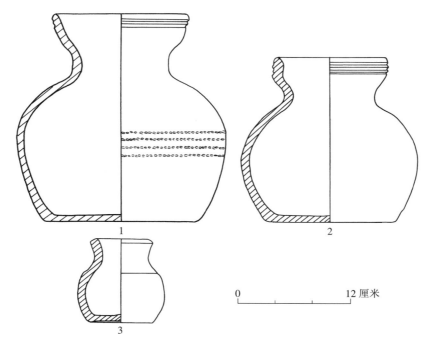

图一〇〇　赵家庄汉墓 F Ⅴ M13 出土随葬品
1、2. 灰陶壶 F Ⅴ M13：1、2　3. 灰陶罐 F Ⅴ M13：3

标本 F Ⅴ M13：3，泥质陶。侈口，卷沿，方唇，束颈，鼓腹，最大腹径在腹下部，平底内凹。颈肩交接处 1 道弦纹。口径 6.7、腹径 9.2、底径 6.8、高 9.2、壁厚 0.6 ~ 1 厘米（图一〇〇，3；彩版一一，1）。

漆盒　1 件。

标本 F Ⅴ M13：4，因腐朽严重，未能提取。

（一四）F Ⅴ M14

1. 墓葬形制

F Ⅴ M14 位于 F Ⅴ 北部边缘，F Ⅴ M19 东北侧。打破 F Ⅴ M16 封土和岩层。墓葬形制为竖穴土坑，方向 96°（图一〇一）。墓圹平面呈长方形，直壁，平底，长 2.80、宽 1.20、深 1.00 米。填黄褐色花土，质地较硬，夹杂粉沙土和较多碎石块。

墓底中部有葬具 1 棺，已朽成灰，棺平面呈长方形，长 2.40、宽 0.90、残高 0.10 米，板灰厚约 2 厘米。棺内人骨已腐朽，余头骨、左侧下肢骨朽痕，葬式不明，头向东，面向上。棺外东端随葬有 2 件陶壶。

2. 随葬品

随葬品出土陶壶 2 件。

灰陶壶　2 件。泥质陶。

标本 F Ⅴ M14：1，侈口，折沿，方唇，沿面下凹呈盘状口，长束颈，溜肩，鼓腹，下腹斜曲收，平底内凹。肩与上腹有 2 周凹弦纹，下腹部饰 1 周戳印纹。口径 12.2、腹径 20.8、底径 12、

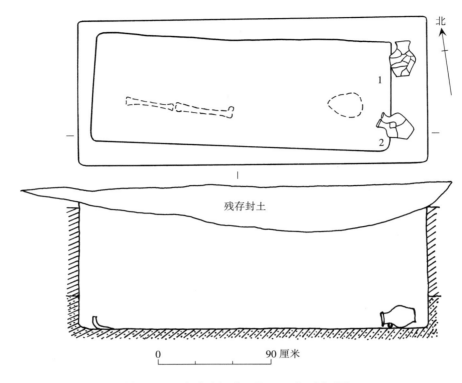

图一〇一　赵家庄汉墓 FVM14 平、剖面图
1、2. 灰陶壶

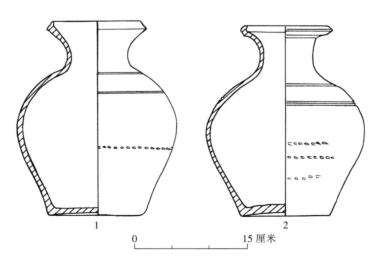

图一〇二　赵家庄汉墓 FVM14 出土随葬品
1、2. 灰陶壶 FVM14：1、2

高 26.6、壁厚 0.4~0.8 厘米（图一〇二，1）。

　　标本 FVM14：2，侈口，折沿，方唇，沿面下凹呈盘状口，长束颈，溜肩，鼓腹，下腹斜收，平底内凹。肩与上腹有 2 周凹弦纹，下腹部饰 3 周戳印纹，局部磨平无痕迹。口径 11.6、腹径 21、底径 12、高 26、壁厚 0.5~1 厘米（图一〇二，2）。

（一五）F Ⅴ M15

1. 墓葬形制

F Ⅴ M15 位于 F Ⅴ 北部偏西，F Ⅴ M13 西侧。打破 3 期封土和岩层。墓葬形制为竖穴土坑（岩坑），方向 96°（图一〇三）。墓圹平面略呈长方形，直壁，平底，长 2.90、宽 1.10、深 0.70 米。填黄褐色花土，质地较硬，夹杂粉沙、砂粒和较多石块。

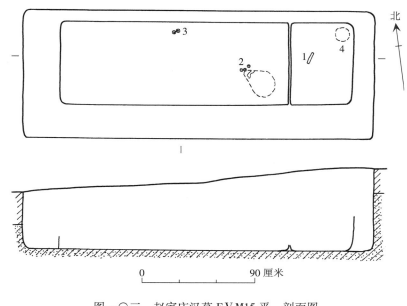

图一〇三　赵家庄汉墓 F Ⅴ M15 平、剖面图
1. 铁器　2、3. 铜钱　4. 漆盒

墓底中部有葬具 1 棺，已朽成灰，棺平面呈长方形，长 1.90、宽 0.70、残高 0.10 米，板灰厚约 1 厘米。棺内人骨已腐朽，余头骨朽痕，葬式不明，头向东，面向上。棺外东端有长方形头箱，灰痕长 0.70、宽 0.52、残高 0.30 米，内放 1 件铁器、1 件漆盒，漆盒已腐朽、未提取。棺内头骨下颌位置有 9 枚铜钱，中部偏北放有 18 枚铜钱。

2. 随葬品

随葬品出土铁器 1 件、漆盒 1 件、铜钱 2 组。

铜钱　1 组 9 枚。锈蚀严重，部分残断，均为"五铢"。

标本 F Ⅴ M15：2－1，磨郭。"五"字斜画两笔较直，"铢"字的"金"字头呈三角形、四点较长，"朱"字头圆折。直径 2.35、穿径 1、厚 0.15 厘米（图一〇四，1）。

标本 F Ⅴ M15：2－2，"五"字斜画曲肥，"铢"字的"金"字头呈三角形，"朱"字头方折。直径 2.65、穿径 1.1、厚 0.15 厘米（图一〇四，2）。

铜钱　1 组 18 枚。

标本 F Ⅴ M15：3，腐蚀严重，锈结在一起，钱文为"五铢"，"五"字交笔略弯曲，"朱"字第一笔画方折。

　　铁器　1件。

　　标本 FⅤM15∶1，锈蚀严重，未
能提取。

　　漆盒　1件。

　　标本 FⅤM15∶4，腐朽严重，未
能提取。

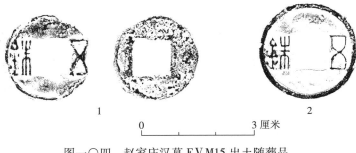

图一〇四　赵家庄汉墓 FⅤM15 出土随葬品
1、2. 五铢 FⅤM15∶2-1、-2

（一六）FⅤM16

1. 墓葬形制

　　FⅤM16 位于 FⅤ 中部，FⅤM18 南侧。开口于 2 期封土下，打破 FⅤM17 封土和岩层。墓葬形
制为竖穴土坑（岩坑），方向 95°（图一〇五），依据相邻墓葬而定。墓圹平面略呈长方形，直壁，
平底，长 3.00、宽 1.60、深 0.85～1.30 米，墓穴中部有一不规则盗洞，破坏墓圹南壁上部和木
棺。填黄色花土，质地较硬，夹杂粗粉沙土和黏土块。

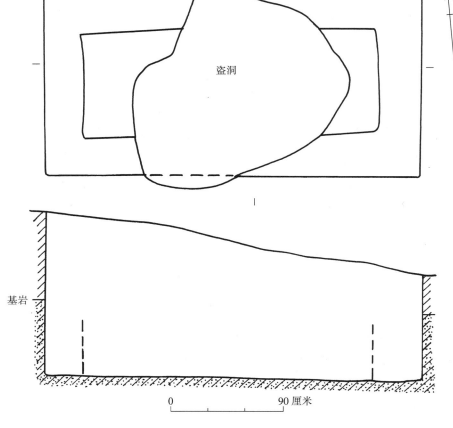

图一〇五　赵家庄汉墓 FⅤM16 平、剖面图

墓底中部有葬具 1 棺，已朽成灰，棺平面呈长方形，长 2.35、宽 0.85、残高 0.40 米。棺内遭盗扰，骨架无存，葬式不明，头向、面向不明。后于墓圹南侧发现 2 件灰陶壶，疑为 FVM16 壁龛所出。

2. 随葬品

随葬品出土灰陶壶 2 件。

灰陶壶　2 件。泥质陶。

标本 FVM16：1，口部残。束颈，溜肩，鼓腹，下腹内收，平底。腹中下部饰 3 周平行戳印纹。腹径 22、底径 13、残高 19.6、壁厚 0.6~0.8 厘米（图一〇六，1）。

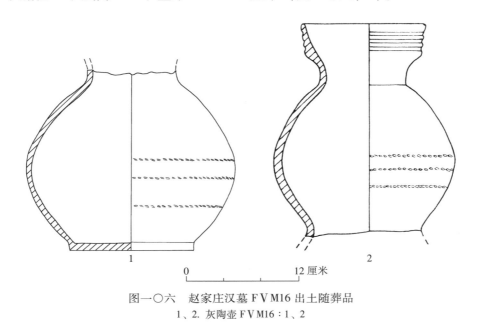

图一〇六　赵家庄汉墓 FVM16 出土随葬品
1、2. 灰陶壶 FVM16：1、2

FVM16：2，盘口，尖圆唇，唇外侧 3 周凹槽，束颈，溜肩，鼓腹，下腹内收，底部残。腹中下部饰 3 周戳印纹。口径 14、腹径 19、残高 23.4、壁厚 0.6~0.9 厘米（图一〇六，2）。

（一七）FVM17

1. 墓葬形制

FVM17 位于 FV 中部偏东，FVM7 北侧。墓葬残存封土高约 1.60 米，被 FVM7 打破，打破 2 期封土和岩层（图一〇七）。墓葬形制为竖穴土坑（岩坑），方向 94°。墓圹平面略呈长方形，直壁，平底，长 2.58、宽 1.22、深 0.70 米。填灰褐色花土，质地较硬，为灰褐粗砂土和碎石块组成。

墓底中部有葬具 1 棺，已朽成黑灰，棺平面呈长方形，长 2.10、宽 0.73、残高 0.25 米。棺内人骨已腐朽，余骨架朽痕，葬式仰身直肢，头向东，面向上。无任何随葬品。

2. 随葬品

未出土随葬品。

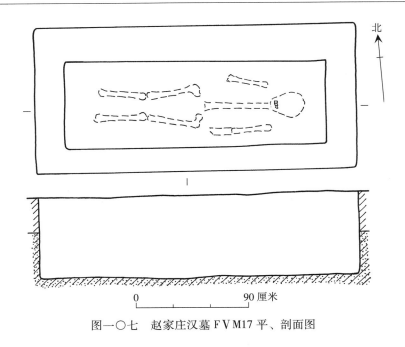

图一〇七　赵家庄汉墓 FⅤM17 平、剖面图

（一八）FⅤM18

1. 墓葬形制

FⅤM18 位于 FⅤ中部，FⅤM10 南侧。打破 2 期封土和岩层。墓葬形制为竖穴土坑（岩坑），方向 94°（图一〇八）。墓圹平面呈长方形，直壁，平底，长 3.00、宽 1.22、深 1.60 米。填黄褐色花土，质地较硬，夹杂粉沙、沙砾和较多石块。

墓底中部有葬具 1 棺，已朽成灰，棺平面呈长方形，长 2.06、宽 0.67、残高 0.40 米，板灰厚约 1 厘米。棺内人骨已腐朽，依据随葬品位置推断头向东。棺外东端有长方形头箱，灰痕长 0.95、宽 0.55、残高 0.40 米，内放 5 件陶壶。棺内西端放有 1 枚铜印、1 件铜帽、2 件铜环、1 个石块，东端有 1 方形漆盒，因腐朽、未提取，内放 1 枚铜镜、1 件铜镜刷。

2. 随葬品

随葬品出土灰陶壶 5 件、铜印章 1 枚、铜帽 1 件、铜环 2 件、铜镜 1 枚、镜刷 1 件、漆盒 1 件、石头 1 块。

灰陶壶　5 件。泥质陶。

标本 FⅤM18：1，侈口，圆唇，唇外侧 3 道凹槽，束颈，溜肩，鼓腹，平底内凹。腹中部以下平行饰 2 周戳印纹。口径 14.6、腹径 25.6、底径 19、高 28.8、壁厚 0.6～1.2 厘米（图一〇九，1）。

标本 FⅤM18：2，盘口，圆唇，唇外侧 2 周凹槽，长束颈，宽肩，鼓腹，下腹曲内收，平底稍内凹。下腹部饰 2 周戳印纹。口径 13.4、腹径 23.8、底径 18、高 26、壁厚 0.5～1 厘米（图一〇九，2）。

标本 FⅤM18：3，敞口，圆唇，短束颈，溜肩，鼓腹，下腹曲内收，平底内凹。腹下部饰 3 周戳印纹。口径 12、腹径 19、底径 13、高 19.4、壁厚 0.6～0.8 厘米（图一〇九，3）。

标本 FⅤM18：4，喇叭口，圆唇，束颈，溜肩，鼓腹，下腹斜收，平底内凹。下腹部饰 4 周

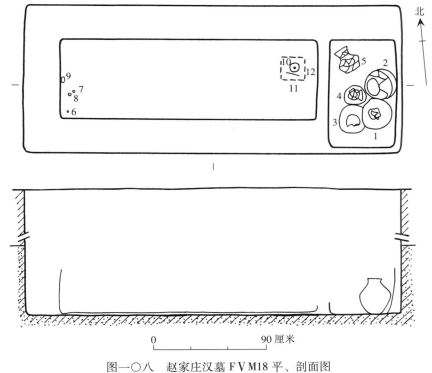

图一〇八　赵家庄汉墓ＦⅤM18平、剖面图

1~5. 灰陶壶　6. 铜印章　7. 铜帽　8. 鹅卵石　9. 铜环　10. 铜镜　11. 铜镜刷　12. 漆盒

戳印纹。口径 11、腹径 16.6、底径 11.4、高 17.6、壁厚 0.4~0.8 厘米（图一〇九，4）。

标本ＦⅤM18：5，喇叭口，圆方唇，短束颈，斜肩，鼓腹近折，下腹急内收，平底内凹。颈部 2 道细弦纹，最大腹径处 1 道细弦纹，下腹部饰 2 周平行戳印纹。口径 12、腹径 19.2、底径 12.3、高 19.8、壁厚 0.8 厘米（图一〇九，5；彩版一一，2）。

鹅卵石　1 块。

标本ＦⅤM18：8，长 4 厘米。

铜镜　1 枚。

标本ＦⅤM18：10，日光连弧铭带镜。锈蚀严重，无法修复。

铜镜刷　1 件。

标本ＦⅤM18：11，锈蚀严重，无法修复。

铜印章　1 枚。

标本ＦⅤM18：6，桥形纽，中有穿孔，方座，方形印面。阴刻印文"王何之印"。边长 1.8、高 1.45 厘米（图一一〇，1；彩版一一，3、4）。

铜帽　1 件。

标本ＦⅤM18：7，短圆筒形，中空，顶平。高 2、孔径 2 厘米（图一一〇，2）。

铜环　2 件。均残断，平面呈圆形，截面为圆形，2 件环套在一起。

标本ＦⅤM18：9-1，环径 4.4、截面径 0.4 厘米（图一一〇，3）。

标本ＦⅤM18：9-2，环径 3.6、截面径 0.35 厘米（图一一〇，3）。

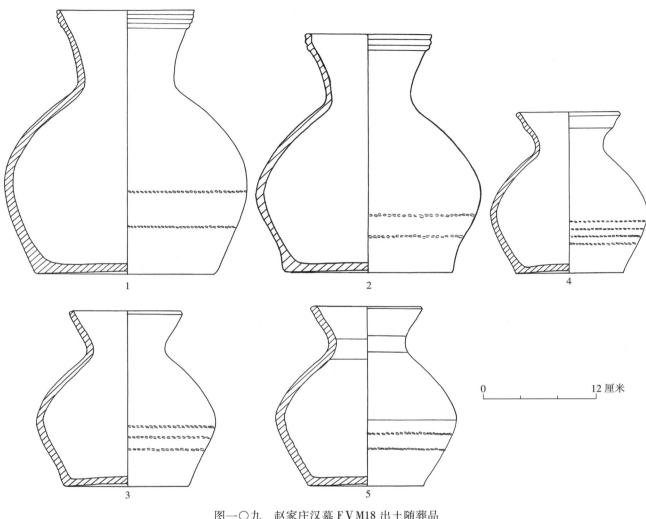

图一〇九　赵家庄汉墓 FⅤM18 出土随葬品
1~5. 灰陶壶 FⅤM18：1~5

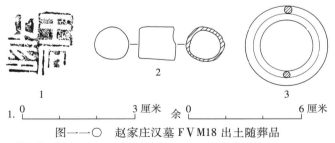

图一一〇　赵家庄汉墓 FⅤM18 出土随葬品
1. 铜印章 FⅤM18：6　2. 铜帽 FⅤM18：7　3. 铜环 FⅤM18：9-1、-2

漆盒　1件。

标本 FⅤM18：12，腐朽严重，未能提取。

（一九）FⅤM19

1. 墓葬形制

FⅤM19 位于 FⅤ北部，FⅤM14 西南侧。开口于扰土层下，打破 3 期封土和岩层。墓葬形制

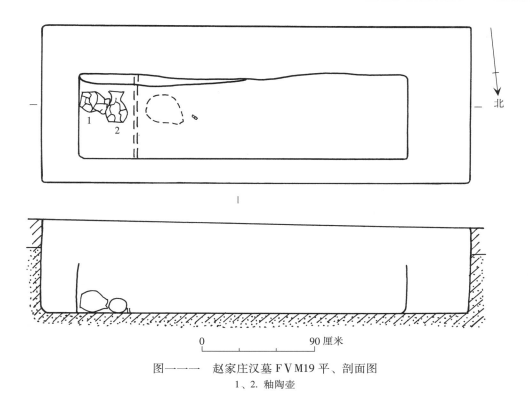

图一一一　赵家庄汉墓 FⅤM19 平、剖面图
1、2. 釉陶壶

为竖穴土坑（岩坑），方向 94°（图一一一）。墓圹平面呈长方形，直壁，平底，长 3.40、宽 1.30、深 0.85 米。填黄褐色花土，质地较硬，夹杂粉沙、沙砾和较多碎石块。

墓底中部有葬具 1 棺，已朽成灰，棺平面呈长方形，长 2.15、宽 0.70、残高 0.40 米，板灰厚约 1 厘米。棺内人骨已腐朽，余头骨朽痕，葬式不明，头向东，面向上。棺外东端有长方形头箱，灰痕长 0.75、宽 0.55、残高 0.40 米，内放 2 件釉陶壶。

2. 随葬品

随葬品出土釉陶壶 2 件。

釉陶壶　2 件。高温釉陶。

标本 FⅤM19：1，敞口，卷沿，沿面内凹，圆唇，束颈较细，溜肩，鼓腹，下腹弧收，平底稍内凹。颈及上腹部饰 2 周凹弦纹。口径 10.8、腹径 16、底径 8.8、高 23.2、壁厚 0.4～0.8 厘米（图一一二，1）。

标本 FⅤM19：2，敞口，卷沿，沿面内凹，圆方唇，束颈较细，溜肩，鼓腹，下腹斜收，平底稍内凹。颈、腹交接处 1 道细弦纹，上腹 2 周凹弦纹，下腹饰 1 周戳印纹。口径 11.8、腹径 16.6、底径

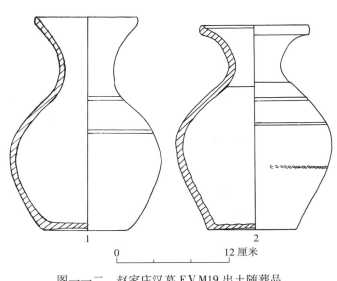

图一一二　赵家庄汉墓 FⅤM19 出土随葬品
1、2. 釉陶壶 FⅤM19：1、2

9.5、高 22.3、壁厚 0.5～0.8 厘米（图一一二，2；彩版一一，5）。

（二〇）ＦⅤM20

1. 墓葬形制

ＦⅤM20 位于 ＦⅤ 北部，ＦⅤM19 南侧。开口于扰土层下，打破 3 期封土和岩层。墓葬形制为竖穴土坑（岩坑），方向 94°（图一一三）。墓圹平面呈长方形，直壁，底部凹凸、东高西低，长 2.70、宽 1.12、深 0.75 米。填黄色花土，质地较硬，夹杂粉沙土和黏土。

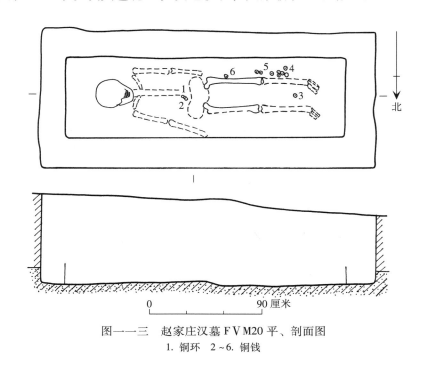

图一一三　赵家庄汉墓 ＦⅤM20 平、剖面图
1. 铜环　2～6. 铜钱

墓底中部有葬具 1 棺，已朽成黑灰，棺平面呈长方形，长 2.25、宽 0.65、残高 0.20 米，棺上部覆有白石灰。棺内人骨已腐朽，余骨架朽痕，葬式仰身直肢，头向东，面向上。棺内盆骨上方 2 件铜环、2 枚铜钱，左侧股骨处 1 枚铜钱，左侧髌骨处 2 枚铜钱，左侧胫骨处 7 枚铜钱，左右胫骨之间放有 1 枚铜钱。

2. 随葬品

随葬品出土铜环 2 件、铜钱 5 组。

铜环　2 件。呈圆形，截面呈扁圆形。

标本 ＦⅤM20：1－1，环径 1.7、截面径 0.15 厘米（图一一四，1）。

标本 ＦⅤM20：1－2，环径 2.2、截面径 0.2 厘米（图一一四，2）。

铜钱　5 组。

标本 ＦⅤM20：2，3 枚。锈蚀严重，部分残段，钱文均为"货泉"。

标本 ＦⅤM20：2－1，直径 2.2、穿径 0.9、厚 0.2 厘米。

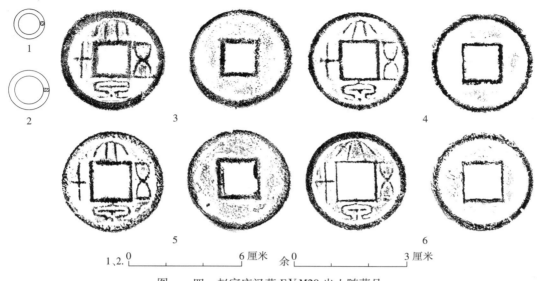

图一一四　赵家庄汉墓 FⅤM20 出土随葬品
1、2. 铜环 FⅤM20∶1-1、-2　3~6. 大泉五十 FⅤM20∶4、3-1、5-1、-2

标本 FⅤM20∶3，2 枚。锈蚀严重，均为"大泉五十"。

标本 FⅤM20∶3-1，"五"字斜画曲肥，"大"字横画弧曲，两端斜下垂。钱文较粗。直径2.7、穿径1.1、厚0.2厘米（图一一四，4）。

标本 FⅤM20∶3-2，钱文不甚清晰。直径2.7、穿径1.1、厚0.3厘米。

标本 FⅤM20∶4，1 枚。"大泉五十"，"五"字斜画曲肥，"大"字横画中部较平，两侧下垂。钱文笔画较粗。直径2.8、穿径1、厚0.3厘米（图一一四，3）。

标本 FⅤM20∶5，6 枚。锈蚀严重，外有包布痕迹，均为"大泉五十"。

标本 FⅤM20∶5-1，"五"字斜画斜曲，"大"字横画弧曲，两端斜垂。钱文较细。直径2.75、穿径1.1、厚0.25厘米（图一一四，5）。

标本 FⅤM20∶5-2，"五"字斜画较曲肥，"大"字横画弧曲，两端斜下垂。钱文较粗。直径2.8、穿径1.1、厚0.25厘米（图一一四，6）。

标本 FⅤM20∶6，2 枚。锈蚀严重。

标本 FⅤM20∶6-1，"五铢"钱，"五"字斜画弯曲，"铢"字的"金"字头呈三角形。直径2.6、穿径1.3、厚0.15厘米。

标本 FⅤM20∶6-2，钱文不清，按形制应为小"五铢"。直径1.5、穿径0.5、厚0.2厘米。

（二一）FⅤM21

1. 墓葬形制

FⅤM21 位于 FⅤ北部偏西，FⅤM20 南侧。开口于扰土层下，打破 3 期封土和岩层。墓葬形制为竖穴土坑（岩坑），方向98°（图一一五）。墓圹平面呈长方形，上部遭破坏，直壁，平底，长2.30、宽1.10、残深0.32米。填黄褐色花土，质地较硬，夹杂粉沙、黏土和较多碎石块。

墓底中部有葬具1棺,已朽成灰,棺平面呈长方形,长1.60、宽0.68、残高0.08～0.14米。棺内人骨已腐朽,余头骨及部分肢骨朽痕,葬式不明,头向东,面向上。棺外东端有一生土二层台,长1.10、宽0.30、高0.20米,上面放有2件釉陶壶。

2. 随葬品

随葬品出土釉陶壶2件。

釉陶壶　2件。

标本 F Ⅴ M21：1,浅盘口,尖圆唇,短束颈,圆肩,鼓腹,平底内凹。下腹部饰3周戳印纹。口、颈部内外侧及上腹部施黄褐釉,局部脱落,胎为泥质红陶。口径8、腹径14.8、底径9、高16.4、壁厚0.6～0.9厘米(图一一六,1;彩版一一,6)。

标本 F Ⅴ M21：2,口、颈部残。束颈,斜弧肩,鼓腹近折,下腹斜直收,小平底微内凹。上腹部见褐釉,大部已脱落。内壁有轮旋痕迹呈弦纹。腹径

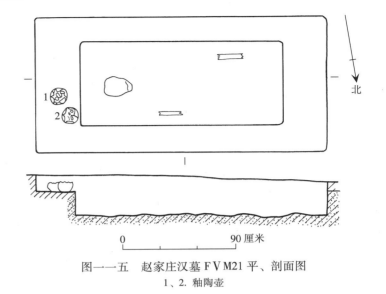

图一一五　赵家庄汉墓 F Ⅴ M21 平、剖面图
1、2. 釉陶壶

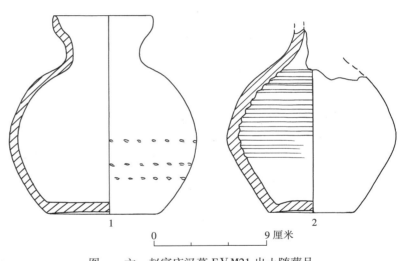

图一一六　赵家庄汉墓 F Ⅴ M21 出土随葬品
1、2. 釉陶壶 F Ⅴ M21：1、2

13.4、底径6.8、残高15.2、壁厚0.7～1厘米(图一一六,2)。

(二二) F Ⅴ M22

1. 墓葬形制

F Ⅴ M22 位于 F Ⅴ 西南部,F Ⅴ M2 西南侧。开口于扰土层下,打破4期封土和岩层。墓葬形制为竖穴土坑(岩坑),方向91°(图一一七)。墓圹平面呈长方形,西半部被近代耕种活动所破坏,余部直壁,平底,残长1.80、宽1.00、深0.70米。填灰色花土,质地较硬,夹杂灰白土和少许黄土块。

墓底中部有葬具1棺,已朽成灰,棺平面呈长方形,残长1.50、宽0.60、残高0.15米。棺内人骨已腐朽,余头骨朽痕,葬式不明,头向东,面向上。棺内头骨右侧1件骨簪、1件铁镜架,中部3枚铜钱。

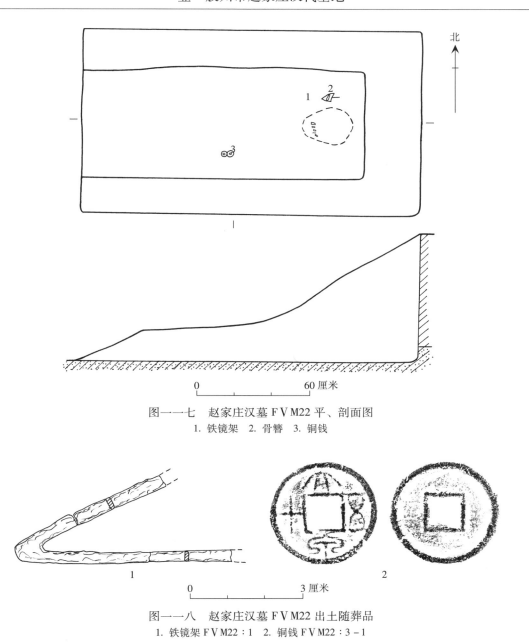

图一一七　赵家庄汉墓 FⅤM22 平、剖面图
1. 铁镜架　2. 骨簪　3. 铜钱

图一一八　赵家庄汉墓 FⅤM22 出土随葬品
1. 铁镜架 FⅤM22：1　2. 铜钱 FⅤM22：3 - 1

2. 随葬品

随葬品出土铜钱 3 枚、铁镜架 1 件、骨簪 1 件。

铜钱　3 枚。

标本 FⅤM22：3 - 1，"大泉五十"。"五"字斜画斜曲、横画伸出，"大"字横画弧曲、两端斜垂。直径 2.9、穿径 1.15、厚 0.2 厘米（图一一八，2）。

标本 FⅤM22：3 - 2，锈蚀严重，钱文不清，按形制应为小"五铢"。直径 1.4、穿径 0.45、厚 0.15 厘米。

标本 FⅤM22：3 - 3，锈蚀严重，局部残断，钱文旋读"大泉五十"，不甚明显，外郭清晰，方形穿，穿正反面有郭。穿径 1、厚 0.2 厘米。

铁镜架　1件。

标本FⅤM22：1，"Ⅴ"字形，残，锈蚀。残长5.8厘米（图一一八，1）。

骨簪　1件。

标本FⅤM22：2，残损严重，无法复原。

（二三）FⅤM23

1. 墓葬形制

FⅤM23位于FⅤ北部，FⅤM14南侧。被FⅤM12打破，打破3期封土和岩层。墓葬形制为竖穴土坑（岩坑），方向94°（图一一九）。墓圹平面呈长方形，紧贴东壁有生土二层台，直壁，平底，坑口长4.30、宽2.00米，坑底长4.10、宽2.00、深1.85米。填黄灰褐色花土，质地较硬，夹杂沙砾和较多碎石块。

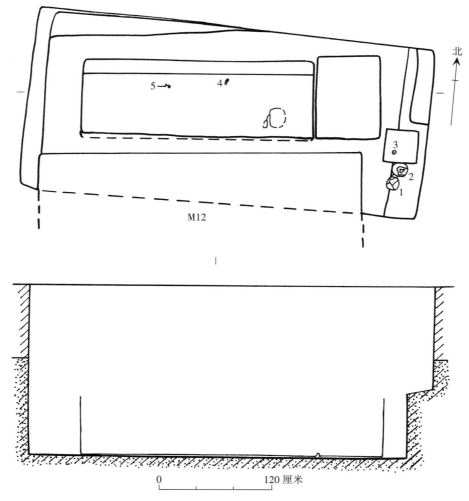

图一一九　赵家庄汉墓FⅤM23平、剖面图

1、2. 釉陶壶　3. 漆盒　4. 铜钱　5. 铜镜刷

墓有葬具1椁1棺，木棺顶部有椁盖板灰痕，但具体尺寸不详；椁南部被FⅤM12打破，据灰痕推断其构造方式为棺入墓室，填土与棺平后，四周放木板，再加盖板，作为木椁，已朽成黑灰，残长4.00、残宽1.50、残高0.40米；棺斜置于椁室内，平面呈长方形，长2.50、宽0.80、残高0.40米；棺外东侧有长方形头箱，长0.90、宽0.70、残高0.65米。棺内人骨已腐朽，余头骨朽痕，葬式不明，头向东，面向上。棺外东端有一生土二层台，长2.00、宽0.30、高0.65米，上面放有2件釉陶壶和1件漆盒，漆盒已腐朽，仅留1件铜拉环。棺内中部有1件镜刷和16枚铜钱。

2. 随葬品

随葬品出土釉陶壶2件、漆盒1件、铜拉环1件、铜镜刷1件、铜钱16枚。

釉陶壶　2件。高温釉陶。

标本FⅤM23：1，喇叭口，圆唇，粗高颈，圆肩，鼓腹，平底内凹，肩部置有对称桥形耳，耳面饰叶脉纹。颈部下端有数周细密波浪纹，下腹部饰数道凹弦纹，上腹及口、颈部内壁施有绿釉。口径9.2、腹径15.6、底径8、高19.2、壁厚0.5~1厘米（图一二〇，1）。

标本FⅤM23：2，喇叭口，圆唇，短束颈，溜肩，鼓腹，腹部稍残，平底。肩部对称贴附桥

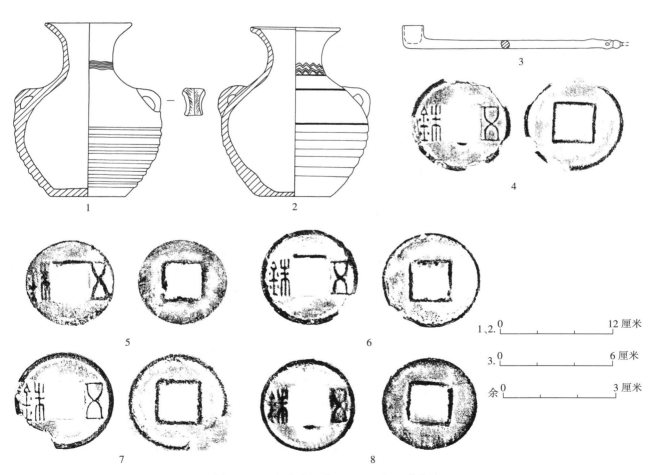

图一二〇　赵家庄汉墓FⅤM23出土随葬品

1、2. 釉陶壶 FⅤM23：1、2　3. 铜镜刷 FⅤM23：5　4~8. 五铢 FⅤM23：4-1~-5

形双耳，颈部下端饰 1 组水波纹，颈肩交接处和耳部上端各 1 周细弦纹，下腹部有密集瓦棱状弦纹。口部内壁、肩及上腹部施绿釉。口径 9.6、腹径 15.6、底径 8、高 18.6、壁厚 0.4～1.6 厘米（图一二〇，2）。

铜镜刷　1 件。

标本 FⅤM23：5，形状似烟斗，圆筒状斗，圆柱形柄，柄端残，有穿孔。表面鎏金。残长 11.6 厘米（图一二〇，3）。

铜钱　1 组 19 枚。锈蚀严重，部分残断，均为"五铢"。

标本 FⅤM23：4－1，"五"字斜画弯曲、横画伸出，"铢"字的"金"字头呈三角形，"朱"字头方折。穿下有半星。直径 2.65、穿径 1.2、厚 0.15 厘米（图一二〇，4）。

标本 FⅤM23：4－2，"五"字斜画弯曲、横画伸出，"铢"字的"金"字头呈三角形，"朱"字头方折。穿上有横穿。直径 2.6、穿径 1.1、厚 0.15 厘米（图一二〇，6）。

标本 FⅤM23：4－3，磨郭，"五"字斜画稍弯曲，"铢"字的"金"字头呈尖三角形，"朱"字头方折。穿上有横穿。直径 2.4、穿径 1.15、厚 0.15 厘米（图一二〇，5）。

标本 FⅤM23：4－4，"五"字斜画曲肥，"铢"字的"金"字头呈尖三角形，"朱"字头方折。直径 2.65、穿径 1.2、厚 0.15 厘米（图一二〇，7）。

标本 FⅤM23：4－5，"五"字斜画稍弯曲，"铢"字的"金"字头呈三角形，"朱"字头方折。穿下有半星。直径 2.5、穿径 1.2、厚 0.12 厘米（图一二〇，8）。

漆盒　1 件。因腐朽严重，未能提取。仅余 1 铜拉环。

标本 FⅤM23：3，铜质。残损严重，无法复原。

（二四）FⅤM24

1. 墓葬形制

FⅤM24 位于 FⅤ中部偏南。开口于扰土层下，打破 1 期封土。墓葬形制为竖穴土坑砖椁，方向 93°（图一二一）。墓圹平面呈长方形，东半部遭到破坏，余部直壁，平底，坑口长 2.80、宽 1.13、深 1.70 米。填黄色花土，质地较硬，夹杂灰白土、粗砂和较多黄土粒。

墓底砖椁四壁为平砖错缝砌筑，共残存 9 层，底部为人字形铺地砖，椁室东半部遭到破坏，椁长 2.45、宽 0.70、残高 0.55 米，青砖长 36、宽 16、厚 6 厘米。椁室底部留有红漆痕迹，应为棺木所留，因被扰，具体情形不明。无人骨痕迹。无任何随葬品。

2. 随葬品

未出土随葬品。

（二五）FⅤM25

1. 墓葬形制

FⅤM25 位于 FⅤ南部偏中，FⅤM2 北侧。开口于扰土层下，打破 1 期封土。墓葬形制为竖穴

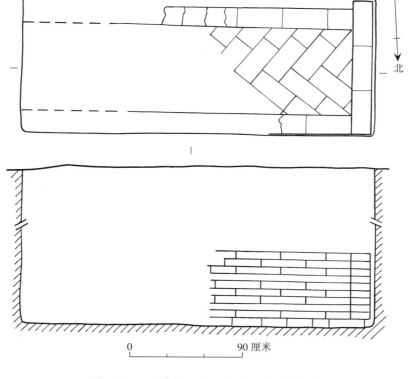

图一二一　赵家庄汉墓 F Ⅴ M24 平、剖面图

土坑，方向92°（图一二二）。墓圹平面呈长方形，直壁，平底，坑口长3.30、宽1.80、深2.00米。填黄褐色花土，质地较硬，夹杂粉沙、沙砾和较多碎石块。

墓有葬具1椁1棺，椁平面呈长方形，据灰痕推断其构造方式为棺入墓室，填土与棺平后，再四周放木板，后加盖板，作为木椁，已朽成黑灰，长2.95、宽1.50米，残存高度不详，板灰厚约1厘米；棺置于椁室中间，平面呈长方形，长2.10、宽0.90、残高0.60米。棺内人骨已腐朽，余头骨朽痕，葬式不明，头向东，面向上。墓圹南壁有一壁龛，长0.80、进深0.35、高0.60米，内放4件釉陶壶。棺内头骨朽痕处有1件石口琀、2件石耳塞、2件石鼻塞。

2. 随葬品

随葬品出土釉陶壶4件、石口琀1件、石耳塞2件、石鼻塞2件。

釉陶壶　4件。高温釉陶。

标本 F Ⅴ M25：1，喇叭口外敞，圆唇，粗高颈，鼓腹，平底微内凹，肩部置有一对称双贯耳。颈部有1道细弦纹，下为数周细密波浪纹，腹部饰数道宽弦纹。上腹及口、颈部内壁施有浅绿釉。口径9.2、腹径15.6、底径8、高19.2、壁厚0.5~1.2厘米（图一二三，1）。

标本 F Ⅴ M25：2，深盘口上宽下窄，圆唇，粗高颈，圆腹，矮圈足，肩两侧置有对称的双贯耳。颈及上腹部饰4道细弦纹，颈下部饰数周细密波浪纹，器物内壁满置凸棱纹。盘口内壁及上腹部施有浅绿色釉。口径10.5、腹径17、圈足径9.5、高21.5、壁厚0.5~0.8厘米（图一二三，2）。

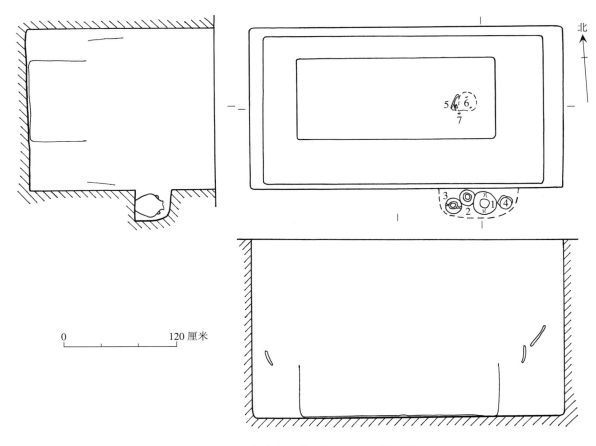

0 　　　　　　　120 厘米

图一二二　赵家庄汉墓 FⅤM25 平、剖面图
1~4. 釉陶壶　5. 石口琀　6. 石耳塞　7. 石鼻塞

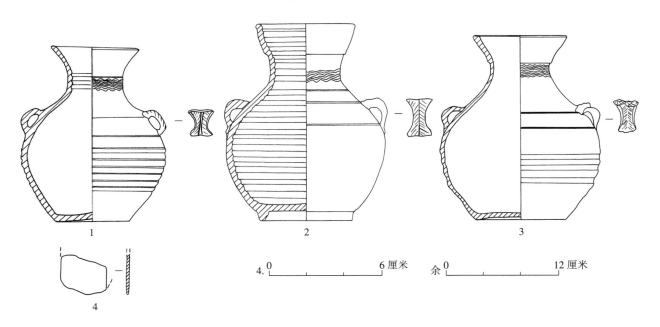

4. 0 　　　　　　6 厘米　　余 0 　　　　　　12 厘米

图一二三　赵家庄汉墓 FⅤM25 出土随葬品
1~3. 釉陶壶 FⅤM25：1~3　4. 石口琀 FⅤM25：5

标本 FVM25∶3，喇叭口外敞，圆方唇，短束颈，溜肩，圆腹，平底内凹。肩两侧对称贴附桥形双耳，耳面饰叶脉纹，耳上端有泥状贴塑，已残。口颈交接处向下折收呈凸棱状，下为 1 组水波纹，肩部 2 周凹弦纹，下腹部有 3 周凹弦纹。口部内壁及肩部施绿釉。口径 10、腹径 17、底径 9.6、高 20、壁厚 0.4 厘米（图一二三，3）。

标本 FVM25∶4，残碎，无法修复。

石口琀　1 件。

标本 FVM25∶5，石膏质，残。平面略不规则形，器体较薄，一面平整。残长 2.4、残宽 2.1、厚 0.2 厘米（图一二三，4）。

石耳塞　2 件。

标本 FVM25∶6，石膏质。破损严重，未提取。

石鼻塞　2 件。

标本 FVM25∶7，石膏质。破损严重，未提取。

（二六）FVM26

1. 墓葬形制

FVM26 位于 FV 中部，FVM3 北侧。开口扰土层下，被 FVM8 打破，打破 4 期封土和岩层。墓葬形制为竖穴土坑（岩坑），方向 91°（图一二四）。墓圹平面呈长方形，北部被 FVM8 打破，直壁，平底，长 2.90、残宽 1.35、深 2.76 米。填黄色花土，质地较硬，夹杂灰白土、黄褐土和较多碎石块。

墓底中部有葬具 1 棺，已朽成黑灰，长 2.10、宽 0.75、残高 0.25 米。棺内人骨已腐朽，余头骨朽痕，葬式不明，头向东，面向上。墓圹南壁有一壁龛，长 0.75、高 0.40、进深 0.60 米，距墓底 0.88 米，内放 4 件陶壶和 1 件漆器，因漆器腐朽，未提取。棺内头骨右侧放有 1 件漆盒，已朽，内置 1 枚铜印章、2 枚铜钱、1 件铜环。棺内西端另有 1 件圆形漆盒，已朽，内有 1 枚铜镜、1 件镜刷、1 件铁镜架。

2. 随葬品

随葬品出土灰陶壶 4 件、铜镜 1 枚、铜镜刷 1 件、铜印章 1 枚、镜架 1 件、铜环 1 件、铜钱 2 枚、漆盒 3 件。

灰陶壶　4 件。

标本 FVM26∶4，泥质灰黑陶。盘口，尖圆唇，唇外侧 3 周凹槽，短束颈，溜肩，鼓腹，下腹内收，平底。腹下部饰 4 周平行戳印纹。口径 14、腹径 19.2、底径 15.4、高 19、壁厚 0.7～1 厘米（图一二五，1）。

标本 FVM26∶5，泥质灰陶。盘口，尖圆唇，唇外侧 3 道凹槽，粗短颈，圆肩，鼓腹，下腹斜收，平底。腹中部 1 周戳印纹，腹下部 2 周戳印纹。口径 14、腹径 20.4、底径 16、高 20.4、壁厚 0.8 厘米（图一二五，2）。

标本 FVM26∶6，泥质陶。盘口，圆唇，唇外侧 3 周凹槽，短束颈，鼓腹，平底稍内凹。下腹部

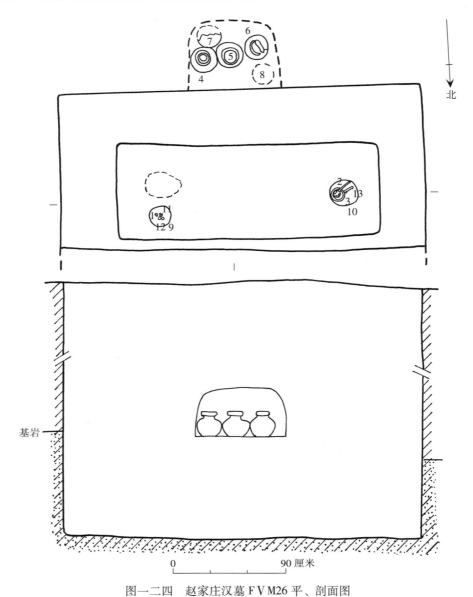

图一二四　赵家庄汉墓 FⅤM26 平、剖面图

1. 铜印章　2. 铜镜刷　3. 铜镜　4～7. 灰陶壶　8～10. 漆盒　11. 铜钱　12. 铜环　13. 铁镜架

饰 3 周平行戳印纹。口径 12.6、腹径 20.2、底径 16.7、高 20、壁厚 0.6～0.9 厘米（图一二五，4）。

　　标本 FⅤM26：7，泥质陶，口部残。短颈，溜肩，鼓腹，平底内凹。腹中部以下饰 3 周戳印纹。腹径 21、底径 14.6、残高 17、壁厚 0.6～1 厘米（图一二五，3）。

　　铜镜　1 枚。

　　标本 FⅤM26：3，连弧铭带镜。锈蚀严重。圆纽，圆纽座。座外一周内向十二连弧纹。两周短斜线之间装饰铭文，铭文不清，宽素缘。直径 9.5、纽径 1.5、缘厚 0.7、缘宽 1、肉厚 0.3 厘米（彩版一二，1）。

　　铜镜刷　1 件。

　　标本 FⅤM26：2，形状似烟斗，圆筒状斗，圆柱形柄，柄端翘起，有穿孔。长 10.5 厘米（图

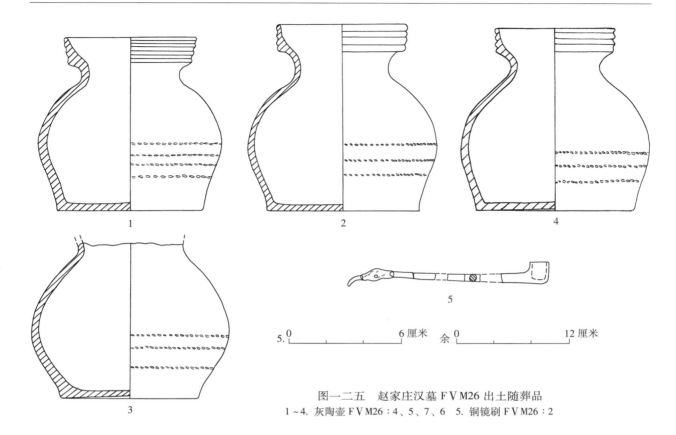

图一二五　赵家庄汉墓ＦⅤM26出土随葬品
1~4. 灰陶壶ＦⅤM26：4、5、7、6　5. 铜镜刷ＦⅤM26：2

一二五，5）。

铜印章　1枚。

标本ＦⅤM26：1，锈蚀严重，残断。龟形纽，方座，方形印面。阴刻印文"王彊"。边长1.5、高1.4厘米（彩版一一，7、8）。

铜环　1件。

标本ＦⅤM26：12，应为漆盒上残留。腐朽，未能复原。

铜钱　2枚。

标本ＦⅤM26：11，锈蚀严重，无法复原。

铁镜架　1件。

标本ＦⅤM26：13，残段，锈蚀严重，无法复原。

漆盒　3件。

标本ＦⅤM26：8~10，均因腐朽严重，未能提取。

（二七）ＦⅤM27

1. 墓葬形制

ＦⅤM27位于ＦⅤ西北部，ＦⅤM29西北侧。开口于扰土层下，打破原始地表土。墓葬形制为竖穴土坑砖椁，方向274°（图一二六）。墓圹平面呈长方形，上部土圹遭破坏，下部直壁，平底，

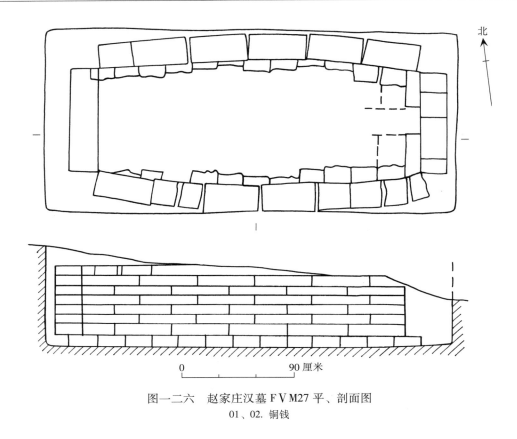

图一二六　赵家庄汉墓ＦⅤM27 平、剖面图
01、02. 铜钱

长 3.30、宽 1.50、残深 0.81 米。填灰色花土，质地疏松，夹杂较多碎砖块。

砖椁为青砖贴壁砌筑，平面呈弧边长方形，四壁为平砖错缝向上叠砌，残存 7 层，砖椁长 3.00、宽 1.20～1.44、残高 0.46 米，有人字形铺底砖，所用青砖长 40、宽 16、厚 6 厘米，棱上饰有菱形纹或穿璧纹。椁室内被盗扰严重，无棺木，无人骨，扰土中出有 2 枚铜钱。

2. 随葬品

铜钱　2 枚。

标本ＦⅤM27∶01、02，为"五铢"钱。锈蚀严重，无法修复。

（二八）ＦⅤM28

1. 墓葬形制

ＦⅤM28 位于ＦⅤ西北部，ＦⅤM30 东北侧。开口于扰土层下，打破原始地表土。墓葬形制为竖穴土坑砖椁，方向 273°（图一二七）。墓圹平面呈长方形，上部土圹遭破坏，下部直壁，平底，长 3.00、宽 1.60、残深 0.50 米。填灰色花土，质地疏松，夹杂粉沙土和较多碎砖块。

砖椁被扰乱，形制不明，下留较多碎砖。无人骨，无棺木，扰土中出有 1 枚铜钱。

2. 随葬品

铜钱　1 枚。

标本ＦⅤM28∶01，"五铢"钱，锈蚀严重，无法修复。

（二九）FⅤM29

1. 墓葬形制

FⅤM29 位于 FⅤ西北部，FⅤM31 北侧。开口扰土层下，打破原始地表土。墓葬形制为竖穴土坑砖椁，方向272°（图一二八）。墓圹平面呈长方形，上部土圹遭破坏，下部直壁，平底，长3.20、宽1.86、残深0.40~0.85米。填灰色花土，质地疏松，夹杂较多碎砖块。

砖椁为青砖贴壁砌筑，平面呈弧边长方形，四壁为平砖错缝向上叠砌，残存4层，砖椁长3.05、宽1.50~1.70、残高0.42米，铺底砖呈横向平铺，所用青砖长36、宽18、厚8厘米，棱上饰有穿璧纹。椁室内被盗扰严重，局部砖壁遭破坏，无棺木，无人骨，无随葬品。

2. 随葬品

未出土随葬品。

（三〇）FⅤM30

1. 墓葬形制

FⅤM30 位于 FⅤ西部，FⅤM28 西南侧。开口于扰土层下，打破原始地表土。墓葬形制为竖穴土坑砖椁，方向271°（图一二九）。墓圹平面呈长方形，上部土圹遭破坏，下部直壁，平底，长2.50、宽1.30、残深0.43米。填灰褐色花土，质地紧密，夹杂较多碎砖块。

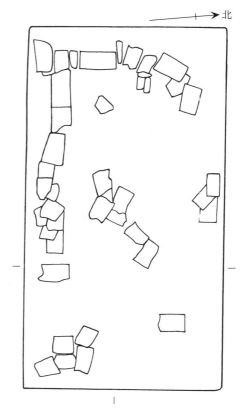

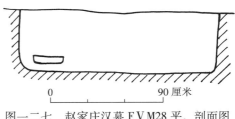

图一二七　赵家庄汉墓 FⅤM28 平、剖面图
01. 铜钱

砖椁为青砖贴壁砌筑，平面略呈长方形，四壁为平砖错缝向上叠砌，残存8层，砖椁东半部遭破坏，残长1.77、宽1.10、残高0.40米，铺底砖呈横向、竖向相错平铺，所用青砖长30、宽15、厚5厘米，棱上饰有菱形纹。椁室内被盗扰严重，东半部砖壁遭破坏，无棺木，无人骨，无随葬品。

2. 随葬品

未出土随葬品。

（三一）FⅤM31

1. 墓葬形制

FⅤM31 位于 FⅤ西北部，FⅤM29 南侧。开口于扰土层下，打破原始地表土。墓葬形制为竖穴土坑砖椁，方向276°（图一三〇）。墓圹平面呈长方形，上部土圹遭破坏，下部直壁，平底，长3.20、宽1.82、残深0.45米。填灰色花土，质地疏松，夹杂较多碎砖块。

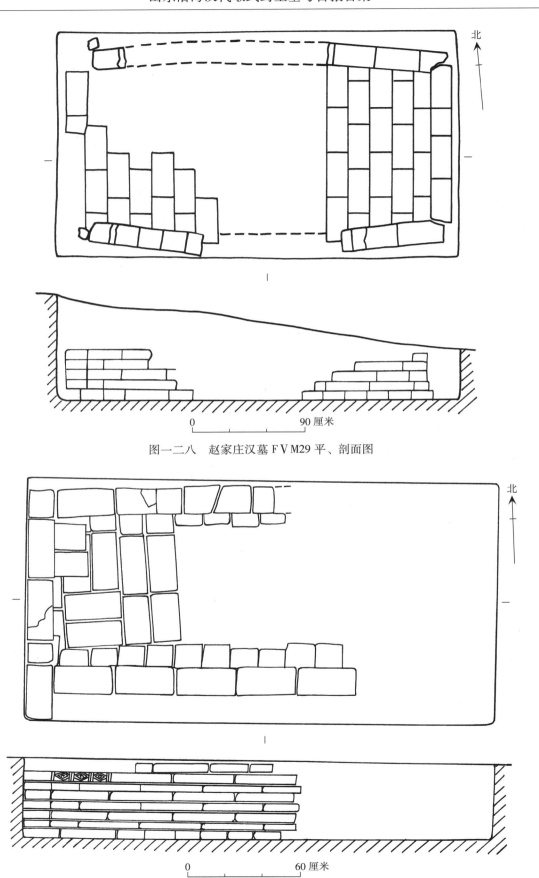

北

0　　　　　　90 厘米

图一二八　赵家庄汉墓 FⅤM29 平、剖面图

北

0　　　　　　60 厘米

图一二九　赵家庄汉墓 FⅤM30 平、剖面图

砖椁为青砖贴壁砌筑，平面长方形，东半部遭破坏，余壁为平砖错缝向上叠砌，残存3层，砖椁残长2.00、残宽1.74、残高0.20米，铺底砖为平砖两横两竖交错平铺，所用青砖长34、宽16、厚6厘米，壁砖棱上饰有菱形纹。椁室内被盗扰严重，东部椁室遭破坏，无棺木，无人骨，无随葬品。

2. 随葬品

未出土随葬品。

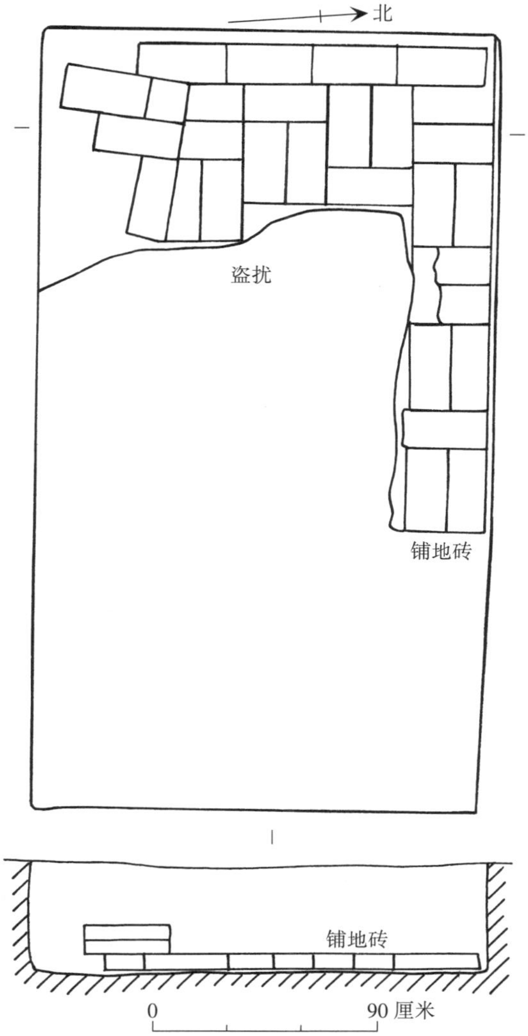

（三二）FVM32

1. 墓葬形制

FVM32位于FV西部，FVM30东南侧。开口于扰土层下，打破原始地表土。墓葬东半部遭到破坏，仅余砖椁残底，推测形制为竖穴土坑砖椁，方向96°（图一三一）。已不见墓圹，砖椁残长1.60、残宽1.30、残高0.14米。填黄褐花土，质地疏松，夹杂粉沙和较多碎砖块。

砖椁残部平面呈长方形，椁壁为平砖对缝向上叠砌，残存2层，铺底砖呈横向平铺，所用青砖长35、宽15、厚6厘米，壁砖有的棱上饰有菱形纹。椁室内余棺木朽痕，因腐朽严重，具体形制不详，有下肢骨残痕，可见葬式为仰身直肢，头向东，盆骨左侧有1组铜钱。

2. 随葬品

随葬品出土1组铜钱。

铜钱　1组34枚。锈蚀严重，部分残断。

标本FVM32：1-1，"五"字斜画曲肥，"铢"字的"金"字头呈三角形、四点较长，"朱"字头方折。直径2.6、穿径1.2、厚0.15厘米（图一三二，1）。

标本FVM32：1-2，"五"字斜画弯曲、上部内收，"铢"字的"金"字头呈三角形，"朱"字头圆折。直径2.6、穿径1.2、厚0.15厘米（图一三二，2）。

标本FVM32：1-3，"五"字斜画弯曲、上部内收，"铢"字的"金"字头呈三角形、四点较长，"朱"字头圆折。直径2.55、穿径1.1、厚0.15厘米（图一三二，3）。

标本FVM32：1-4，"五"字斜画弯曲，"铢"字的"金"字头呈尖三角形，"朱"字头方折。直径2.55、穿径1.15、厚0.15厘米（图一三二，4）。

图一三〇　赵家庄汉墓FVM31平、剖面图

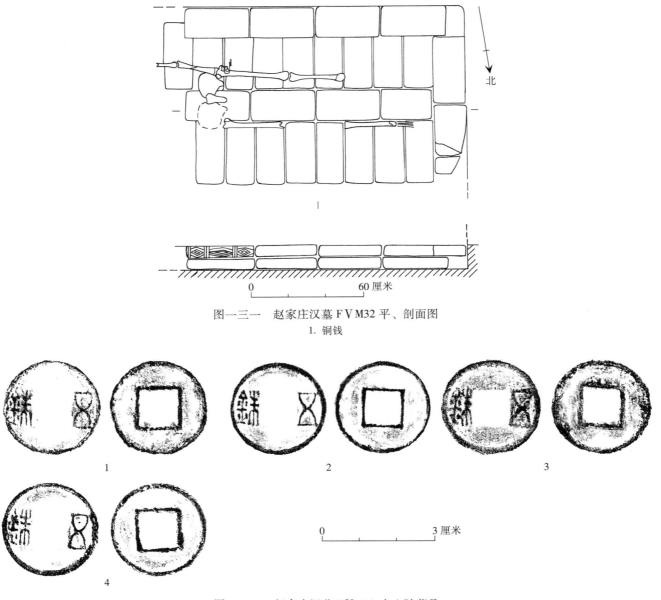

图一三一　赵家庄汉墓 FⅤM32 平、剖面图
1. 铜钱

图一三二　赵家庄汉墓 FⅤM32 出土随葬品
1~4. 铜钱 FⅤM32：1-1~-4

五　FⅥ

FⅥ位于赵家庄墓群中部偏南，西北距 FⅡ约 60 米，西南距 FⅢ约 100 米。封土因多年风雨侵蚀与人为破坏，现所剩范围不大，平面形状近方形，东西宽约 30、南北长约 35 米，面积约为 1100平方米（图一三三）。

发掘时对 FⅥ封土平行布置五条探沟，综合各条探沟剖面，并结合底部平面，初步认为 FⅥ先营建封土，然后再埋设墓葬。封土堆积为一次性堆筑，中部隆起，四周缓坡向下。文化层可分两层：①层为扰土层，为黄褐色沙土，土质疏松，夹杂少许砂粒、碎石块，分布较平；②层为灰褐

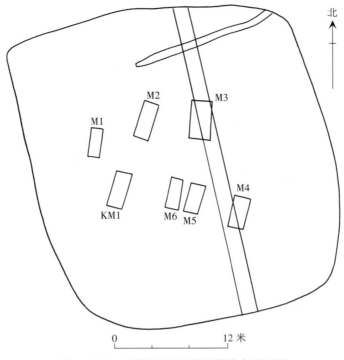

图一三三　赵家庄汉墓 FⅥ墓葬分布平面图

色粉沙花土，夹杂少许白色淤土、棕褐土块，以及较多粗砂粒和碎石块等。质地较为紧密，厚度0.15~0.65米，呈坡状堆积。②层下即是生土，为灰褐粉沙土，含有较多粗砂粒，质地较为紧密，厚度介于0~0.25米。生土层下为砂岩层。

　　FⅥ共发现6座墓葬，暴露于同一平面上，均打破封土②层。另在封土范围北部有1条东西向的小沟，开口于①层下，敞口，斜壁内收，圜底，口宽2.30、残长23、深0.65米，内填白色淤沙土、夹杂少许黄褐土块，土质疏松，无包含物。因沟仅存封土北面，结合其他遗迹情况，初步认为这条小沟应是环绕封土台的一条排水沟，现仅存北面余部，其他三面遭到破坏。

（一）FⅥM1

1. 墓葬形制

　　FⅥM1位于封土西部，开口于扰土层下，打破封土堆积和岩层。墓葬形制为竖穴土坑（岩坑），方向6°（图一三四）。墓圹平面呈长方形，南壁上端略向外倾斜，其他三壁皆为直壁，底部平整，坑口长2.90、宽1.20米，坑底长2.75、宽1.20、深1.35米。填黄褐花土，质地较硬，夹杂少许砂粒和碎石块。

　　墓底中部有葬具1棺，仅留板灰痕迹，平面略呈长方形，长2.30、宽0.80、残高0.40米，板灰厚约1厘米。棺内人骨已腐朽，仅留朽痕，葬式不明，头向北。无随葬品。

2. 随葬品

　　未出土随葬品。

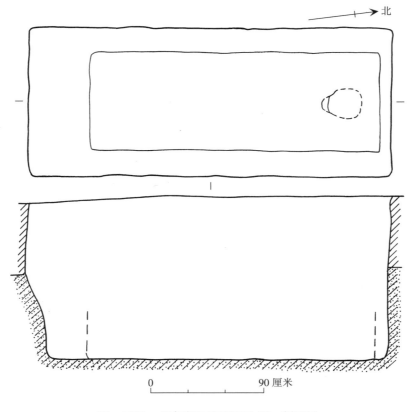

图一三四 赵家庄汉墓 FⅥM1 平、剖面图

（二）FⅥM2

1. 墓葬形制

FⅥM2 位于封土中部偏北，FⅥM1 东侧，开口于扰土层下，打破封土堆积和岩层。墓葬形制为竖穴土坑（岩坑），方向 16°（图一三五）。墓圹平面呈长方形，南北二壁较直，东西两壁上部外张、下部较斜直，底面平整，坑口长 3.80、宽 1.55 米，坑底长 3.80、宽 1.80、深 3.20 米。填土上层为黄褐花土，质地较硬，夹杂少许砂粒和碎石块，下层为含有较多碎石块的沙土。

墓底中部有葬具 1 棺，仅留板灰痕迹，平面略呈长方形，棺上口外张，现棺口长 2.10、宽 0.85 米，棺下部长 1.95、宽 0.65、残高 0.60 米。棺内人骨已腐朽，仅留朽痕，葬式不明，头向北。棺外北侧有 1 具头箱，灰痕长 0.95、宽 0.50、残高 0.60 米，内放 1 件陶罐。棺内南端有 1 件圆形漆奁，内有 1 件马蹄形漆盒、1 件圆形漆盒、1 枚铜镜，漆器套放于一起、俱腐朽，未提取。

2. 随葬品

随葬品出土灰陶罐 1 件、铜镜 1 枚、漆器 3 件。

灰陶罐 1 件。

标本 FⅥM2：1，泥质陶。残碎，无法修复。

铜镜 1 枚。

标本 FⅥM2：3，星云镜。连峰纽，圆纽座，座外一周内向十六连弧纹。两周凸弦纹内四枚连

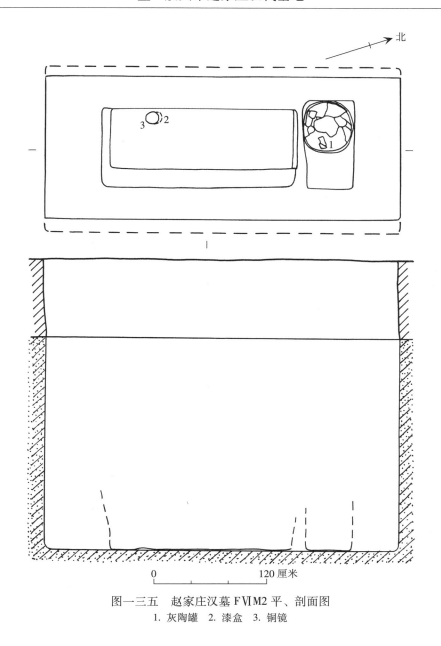

图一三五　赵家庄汉墓 FⅥM2 平、剖面图
1. 灰陶罐　2. 漆盒　3. 铜镜

珠纹底座的乳丁分为四区，每区内各有七枚弧线相连的乳丁，内向十六连弧纹缘。直径 13.1、纽径 1.8、缘厚 0.4、缘宽 1.3、肉厚 0.25 厘米（图一三六）。

漆盒　3 件。

标本 FⅥM2：2，3 件漆盒套放在一起，俱腐朽严重，未提取。

（三）FⅥM3

1. 墓葬形制

FⅥM3 位于封土中部，FⅥM2 东侧，开口于扰土层下，打破岩层。墓葬形制为竖穴土坑（岩坑），方向 3°（图一三七）。墓圹平面呈长方形，墓壁稍斜下内收，底面较平，坑口长 4.00、宽

2.20 米，坑底长 3.80、宽 2.04、深 2.80 米。填
土为黄褐花土，土质较硬，夹杂粉沙土和碎
石块。

　　墓底中部有葬具 1 棺，仅留板灰痕迹，平面
略呈长方形，因棺木腐朽变形，呈口大底小情
形，现棺口长 2.50、宽 1.10 米，棺底部长 2.20、
宽 0.70、残高 0.60 米，板灰厚度约 1 厘米。棺
内人骨已腐朽，葬式不明，头向北。棺外北侧有
1 具头箱，平面长方形，灰痕长 1.10、宽 0.60、
残高 0.60 米，内放 3 件陶罐。棺内头骨顶部有 1
件束发器，头骨东侧有 1 件圆形漆盒，内放 1 枚
铜镜、2 件木梳、1 件木篦，其中漆器腐朽，未
提取。

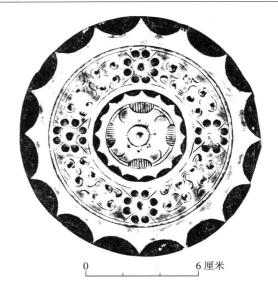

图一三六　赵家庄汉墓 FⅦM2 出土铜镜 FⅦM2∶3

2. 随葬品

　　随葬品出土灰陶罐 3 件、铜镜 1 枚、束发器 1 件、漆盒 1 件、木梳 2 件、木篦 1 件。

　　灰陶罐　3 件。泥质陶。

　　标本 FⅦM3∶1，侈口，卷沿，圆方唇，唇面有凹槽，短束颈，鼓腹，平底。肩部有轮制痕
迹，腹部饰 2 周戳印纹，下腹饰竖向、横向绳纹。口径 17.5、腹径 37.2、底径 12、高 37.6、壁厚
0.6～1 厘米（图一三八，1）。

　　标本 FⅦM3∶2，侈口，卷沿，圆唇，矮领，圆鼓腹，平底。下腹部横拍细绳纹。口径 15、腹
径 21.2、底径 9.2、高 17.2、壁厚 0.6～0.9 厘米（图一三八，2）。

　　标本 FⅦM3∶3，侈口，卷沿，斜方唇，唇面有凹槽，束颈，鼓腹，平底。腹部最大处有 2 周
戳印纹，下腹拍竖向、横向中绳纹。口径 17.6、腹径 36.6、底径 11、高 38.4、壁厚 0.7～1.2 厘
米（图一三八，3）。

　　铜镜　1 枚。

　　标本 FⅦM3∶6，星云镜。锈蚀严重，无法复原。

　　漆盒　1 件。

　　标本 FⅦM3∶5，腐朽严重，未能提取。

　　木梳　2 件。

　　标本 FⅦM3∶7、FⅦM3∶8，腐朽严重，未能提取。

　　木篦　1 件。

　　标本 FⅦM3∶9，与木梳叠放在一起，不能分清，腐朽严重，未能提取。

　　木束发器　1 件。

　　标本 FⅦM3∶4，腐朽严重，未能提取。

图一三七　赵家庄汉墓 FⅥM3 平、剖面图

1~3. 灰陶罐　4. 木束发器　5. 漆盒　6. 铜镜　7、8. 木梳　9. 木篦

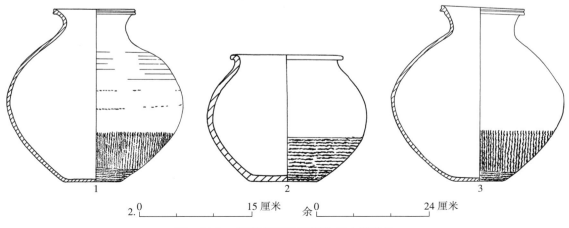

图一三八　赵家庄汉墓 FⅥM3 出土随葬品

1~3. 灰陶罐 FⅥM3：1~3

（四）FⅥM4

1. 墓葬形制

FⅥM4 位于封土东南部，FⅥM5 东南侧，开口于扰土层下，打破封土堆积和岩层。墓葬形制为竖穴土坑（岩坑），方向 12°（图一三九）。墓圹平面呈长方形，直壁，平底，长 3.80、宽1.90、深 2.90 米。填土为黄褐花土，夹杂少许砂粒和碎石块。

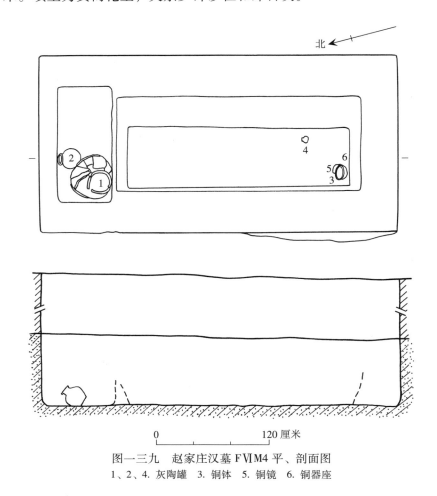

图一三九 赵家庄汉墓 FⅥM4 平、剖面图
1、2、4. 灰陶罐 3. 铜钵 5. 铜镜 6. 铜器座

墓底中部有葬具 1 棺，仅留板灰痕迹，平面略呈长方形，因棺木腐朽变形，呈口大底小情形，现棺口长 2.60、宽 1.04 米，棺底部长 2.35、宽 0.65、残高 0.35 米，板灰厚度约 1 厘米。棺内人骨已腐朽，葬式不明，头向北。棺外北侧有 1 具头箱，灰痕长 1.20、宽 0.52、残高 0.35 米，内放2 件陶罐。棺内南端有 1 枚铜镜、1 件铜钵、1 件熏炉底座、1 件陶罐。

2. 随葬品

随葬品出土灰陶罐 3 件、铜钵 1 件、铜镜 1 枚、熏炉底座 1 件。

灰陶罐 3 件。泥质陶。

标本 FⅥM4：1，侈口，卷沿，圆唇，短束颈，圆鼓腹，下腹斜收，平底。下腹饰竖向绳纹。

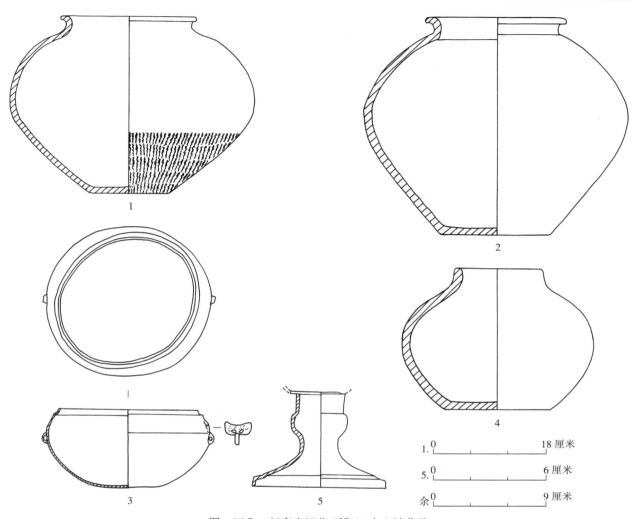

图一四〇　赵家庄汉墓 FⅥM4 出土随葬品

1、2、4. 灰陶罐 FⅥM4：1、2、4　3. 铜钵 FⅥM4：3　5. 铜器座 FⅥM4：6

口径 21.2、腹径 38.6、底径 12.6、高 29、壁厚 0.8~1 厘米（图一四〇，1；彩版一二，2）。

标本 FⅥM4：2，侈口，卷沿，圆唇，短束颈，圆肩，鼓腹，下腹斜收，小平底。颈肩交接处 1 道弦纹。口径 11.2、腹径 21、底径 8.8、高 18.1、壁厚 0.6 厘米（图一四〇，2）。

标本 FⅥM4：4，直口，圆方唇，溜肩，鼓腹，下腹内收，平底。素面。口径 7.2、腹径 15.2、底径 8.4、高 11.6 厘米（图一四〇，4）。

铜钵　1 件。

标本 FⅥM4：3，敛口，尖圆方唇，鼓腹，下腹弧收，平底。中腹两侧置有 1 对桥形贯耳，耳上端铸有兽面纹。口部外侧下端 1 道凹弦纹，腹中耳部上下端各 1 道细弦纹。器壁较薄，器体呈椭圆形。口径 10~11.4、腹径 12.5~13、底径 4、高 6.4、壁厚 0.15 厘米（图一四〇，3）。

铜器座　1 件。

标本 FⅥM4：6，仅留底座，喇叭形圈足，口部方唇、折沿，呈浅盘状。柄内中空，上接盘底，外部呈一周凸棱。应为熏炉底座。残高 5.3、圈足径 7.1 厘米（图一四〇，5）。

铜镜　1 枚。

标本 FⅥM4：5，星云镜。锈蚀严重。连峰纽，圆纽座，座外一周内向十六连弧纹。两周短斜线圈内四枚圆底座的乳丁分为四区，每区内各有七枚弧线相连的乳丁，内向十六连弧纹缘。直径10.3、纽径 1.8、缘厚 0.35、缘宽 0.85、肉厚 0.2 厘米（彩版一二，3）。

（五）FⅥM5

1. 墓葬形制

FⅥM5 位于封土南部，FⅥM6 东侧，开口于扰土层下，打破岩层。墓葬形制为竖穴土坑（岩坑），方向 12°（图一四一）。墓圹平面呈长方形，墓圹上部遭到破坏，坑底长 3.10、宽 1.50、深1.05 米。填土为黄褐花土，土质较硬，夹杂少许砂粒和碎石块。

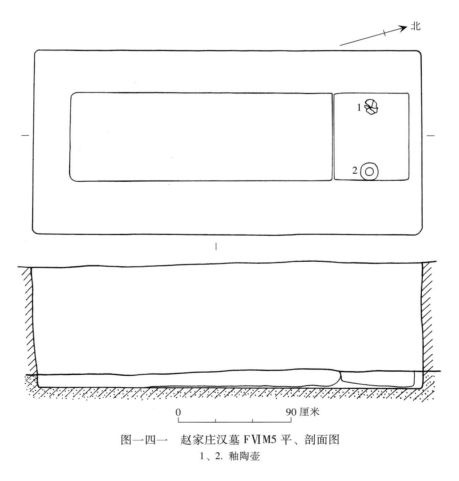

图一四一　赵家庄汉墓 FⅥM5 平、剖面图
1、2. 釉陶壶

墓底中部有葬具 1 棺，仅留板灰痕迹，平面略呈长方形，长 2.10、宽 0.70、残高 0.10 米。棺内人骨已腐朽，葬式不明，头向北。棺外北侧有 1 具头箱，近正方形，长 0.70、残高 0.15 米，内放 2 件釉陶壶。

2. 随葬品

随葬品出土釉陶壶 2 件。

釉陶壶　2件。

标本 FⅦM5：1、2，高温釉陶。均残碎严重，无法修复。

（六）FⅦM6

1. 墓葬形制

FⅦM6 位于封土南部，FⅦM5 西侧，开口于扰土层下，打破岩层。墓葬形制为竖穴土坑（岩坑），方向 10°（图一四二）。墓圹平面呈长方梯形，墓圹上部遭到破坏，造成坑口北低南高，底面较平，长 3.30、宽 1.20 ~ 1.40、深 1.15 米。填土为黄褐花土，土质较硬，夹杂粉沙土和碎石块。

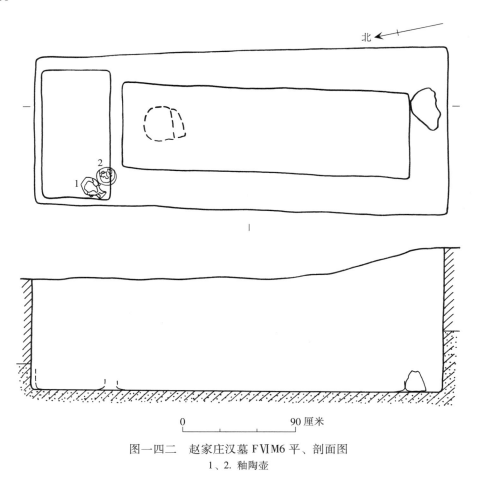

图一四二　赵家庄汉墓 FⅦM6 平、剖面图
1、2. 釉陶壶

墓底中部有葬具 1 棺，仅留板灰痕迹，平面略呈长方形，长 2.30、宽 0.70、残高 0.15 米，板灰厚约 1 厘米。棺内人骨已腐朽，葬式不明，头向北。棺外北侧有 1 具头箱，灰痕长 1.05、宽 0.55、残高 0.15 米，内放 2 件釉陶壶。

2. 随葬品

随葬品出土釉陶壶 2 件。

釉陶壶　2件。

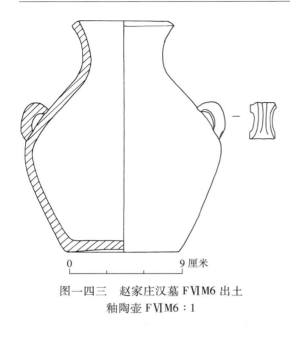

图一四三　赵家庄汉墓 FⅥM6 出土
釉陶壶 FⅥM6：1

标本 FⅥM6：1，泥质红陶胎。侈口，方唇，短束颈，斜肩，鼓腹，平底稍内凹。素面，肩部近最大腹径处左右对称各附 1 桥形耳，耳部正面有 2 道凹槽。上腹及口、颈部内壁施有浅褐釉，大部已脱落。口径 8.1、腹径 15.6、底径 9.1、高 18.8、壁厚 0.6～0.8 厘米（图一四三）。

标本 FⅥM6：2，残碎，无法修复。

六　FⅦ

FⅦ位于赵家庄墓群中部偏南，FⅠ南侧。平面形状近椭圆形，东西长径 20、南北短径约 19 米，面积约为 360 平方米（图一四四）。封土因多年风雨侵蚀与人为破坏，保存现状较差。

发掘情况得知，FⅦ的营建为先一次性堆筑封土，然后再埋设墓葬。封土堆积可分两层：①层为扰土层，为黄褐色沙土，土质疏松，夹杂少许砂粒、碎石块和植物根茎等，分布较平；②层为灰褐色花土，夹杂较多粗砂粒和碎石块等。质地较为紧密。②层下局部有生土，为灰褐粉沙土，含有较多粗砂粒，质地较为紧密，生土层下为砂岩层（图一四五）。

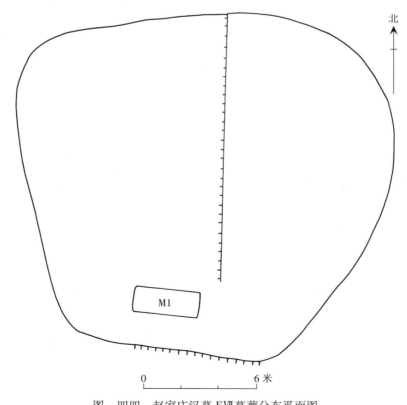

图一四四　赵家庄汉墓 FⅦ墓葬分布平面图

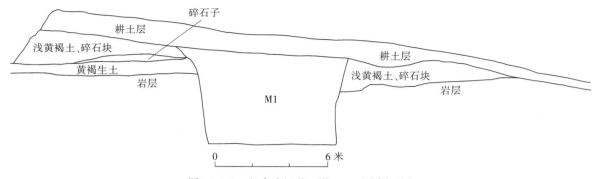

图一四五 赵家庄汉墓 FⅦTG1 西壁剖面图

FⅧM1

1. 墓葬形制

FⅧM1 位于封土南部，开口于扰土层下，打破 FⅦ封土和岩层。墓葬形制为竖穴土坑（岩坑），方向98°（图一四六）。墓圹平面呈长方形，直壁，平底，长3.40、宽1.40、深1.42～1.52米。填土为浅灰褐花土，土质较硬，夹杂粉沙土和碎石块。

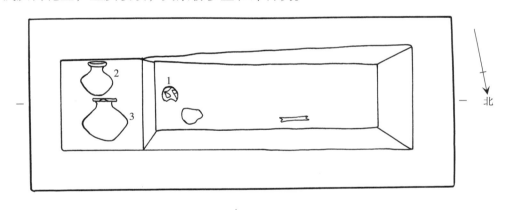

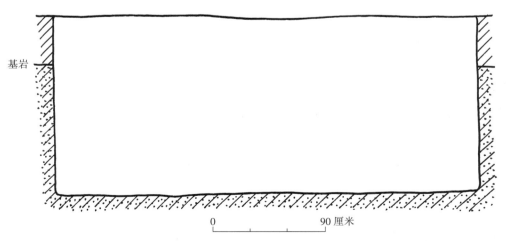

图一四六 赵家庄汉墓 FⅧM1 平、剖面图
1. 铜镜 2、3. 灰陶罐

墓底中部有葬具1棺，仅留板灰痕迹，形状看木棺应为口大底小，板灰呈倾斜状，口部平面略呈长方形，长2.10、宽0.81、残高0.42米。棺内人骨已腐朽，余头骨朽痕，葬式不明，头向东。棺外东侧有1具头箱，灰痕长0.73、宽0.65米，残存高度不详，内放2件陶罐。棺内头骨左上方置1枚铜镜。

2. 随葬品

随葬品出土陶罐2件、铜镜1枚。

灰陶罐　2件。

标本FⅦM1：2，泥质浅灰陶。直口微敞，平沿，圆方唇，束颈较高，斜肩，鼓腹，最大腹径居中，下腹斜收，平底。颈肩交接处饰1道弦纹。口径15.2、腹径25.2、底径9.4、高25.6、壁厚1~1.2厘米（图一四七，1；彩版一二，4）。

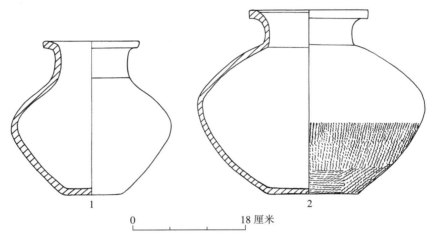

图一四七　赵家庄汉墓FⅦM1出土随葬品
1、2. 灰陶罐 FⅦM1：2、3

标本FⅦM1：3，泥质浅灰陶。直口微敞，平沿，方唇，短颈，溜肩，鼓腹，平底。颈肩交接处饰1道弦纹，下腹部至底饰竖向、横向细绳纹。口径18.8、腹径36、底径14.6、高30.4、壁厚0.8~1.4厘米（图一四七，2）。

铜镜　1枚。

标本FⅦM1：1，日光对称单层草叶镜，铜质。锈蚀严重。圆纽，四叶形纽座，座外凹弧面小方格，再外围凹弧面大方格，四角为对称斜线纹，每边二字铭文，方格外四枚乳丁两侧饰单叠式草叶纹，四角各伸出一苞双瓣花枝纹。内向十六连弧纹缘。铭文为"见日之光天下大明"。直径13.4、纽径1.5、缘厚0.55、缘宽1.4、肉厚0.4厘米（彩版一二，5）。

七　FⅧ

FⅧ位于赵家庄墓群西部，FⅠ西北方向。平面形状为不规则椭圆形，东西短径约10、南北长径约12米，面积约为130平方米（图一四八）。封土遭到严重破坏，保存现状较差。

发掘情况得知，FⅧ的营建为一次性堆筑封土，然后
再埋设墓葬。封土堆积可分两层：①层为扰土层，为黄
褐色沙土，土质疏松，夹杂少许砂粒、碎石块和植物根
茎等；②层为灰褐色花土，夹杂较多粗砂粒和碎石块等，
质地较为紧密，应为人为堆筑而成。②层下局部有生土，
为灰褐粉沙土，含有较多粗砂粒，质地较为紧密，生土
层下为砂岩。

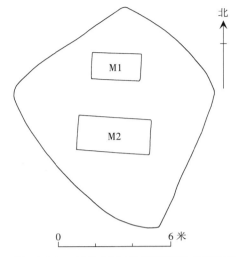

图一四八　赵家庄汉墓FⅧ墓葬分布平面图

（一）FⅧM1

1. 墓葬形制

FⅧM1位于封土中部偏北，开口于扰土层下，打破
FⅧ封土和岩层。墓葬形制为竖穴土坑（岩坑），方向
93°（图一四九）。墓圹平面呈长方形，直壁，平底，长2.80、宽1.60、深1.40米。填土为浅灰
褐花土，土质较硬，夹杂粉沙土和碎石块。

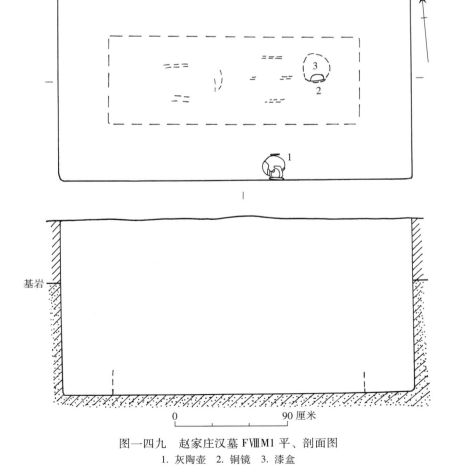

图一四九　赵家庄汉墓FⅧM1平、剖面图
1. 灰陶壶　2. 铜镜　3. 漆盒

墓底中部有葬具 1 棺，仅留板灰痕迹，平面略呈长方形，长 2.00、宽 0.70、残高 0.20 米。棺内人骨已腐朽，余肢骨朽痕和牙齿，葬式不明，头向东。墓室南侧棺外填土与棺齐平处有 1 件陶壶，棺内东端有 1 件漆盒，留朽痕，内放半面铜镜。

2. 随葬品

随葬品出土灰陶壶 1 件、铜镜 1 枚、漆盒 1 件。

灰陶壶　1 件。

标本 FⅧM1：1，泥质陶。敞口，平折沿，方唇，束颈较细，斜肩，鼓腹，喇叭形圈足。腹部有 1 道凹弦纹。弧形盖，唇面内凹，盖顶有 1 圆形捉手。口径 15.2、腹径 17.4、圈足径 10.8、盖口径 17.4、通高 27 厘米（图一五〇，1；彩版一二，6）。

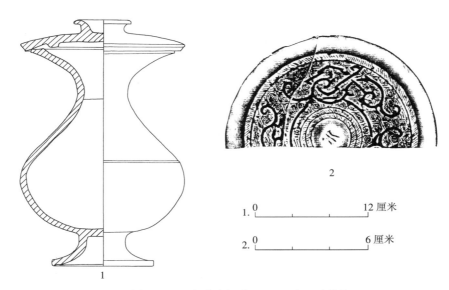

图一五〇　赵家庄汉墓 FⅧM1 出土随葬品
1. 灰陶壶 FⅧM1：1　2. 铜镜 FⅧM1：2

铜镜　1 枚。

标本 FⅧM1：2，蟠螭纹镜。现仅存一半，三弦纽，圆纽座，座外三周短斜线纹。最外围两周短斜线纹之间有三组蟠螭纹，现仅存一组。主纹下有排列密集的圆涡纹所构成的云雷纹作为地纹。宽素缘，缘边上卷。直径 11.3、纽径 0.9、缘厚 0.2、缘宽 1、肉厚 0.1 厘米（图一五〇，2）。

漆盒　1 件。

标本 FⅧM1：3，腐朽严重，未能提取。

（二）FⅧM2

1. 墓葬形制

FⅧM2 位于封土中部偏南，开口于扰土层下，打破 FⅧ封土和岩层。墓葬形制为竖穴土坑（岩坑），方向 95°（图一五一）。墓圹平面呈长方形，直壁，平底，长 4.20、宽 2.10、深 2.90 米。

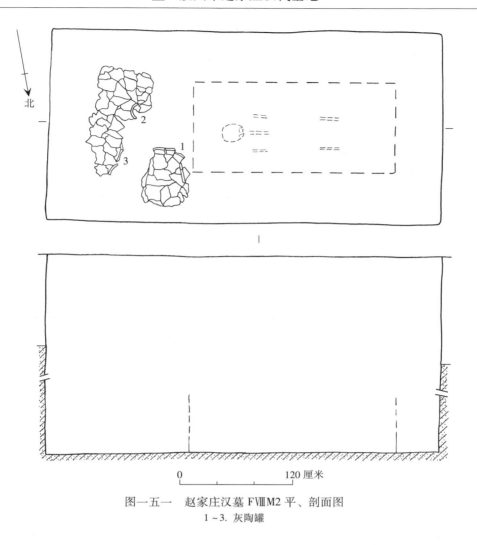

图一五一　赵家庄汉墓 FⅧM2 平、剖面图
1～3. 灰陶罐

填土为浅黄褐花土，土质较硬，夹杂粉沙土和碎石块，填土经夯打，夯层不明。

墓底中部有葬具 1 棺，仅留板灰痕迹，平面略呈长方形，长 2.20、宽 1.00、残高 0.80 米。棺内人骨已腐朽，余头骨及部分肢骨朽痕，葬式不明，头向东。棺外东侧随葬有 3 件陶罐。

2. 随葬品

随葬品出土陶罐 3 件。

灰陶罐　3 件。泥质陶。

标本 FⅧM2：1，盘口，方唇，束颈，溜肩，鼓腹，平底稍内凹。唇面 1 周凹槽，颈肩交接处 1 道凹弦纹，下腹部饰横向细绳纹。口径 15.5、腹径 28、底径 11.3、高 27.4、壁厚 0.6～1.4 厘米（图一五二，1）。

标本 ⅧM2：2，直口微敞，圆方唇，唇面内凹，矮领，圆肩，鼓腹，下腹斜收，平底。颈肩交接处 1 道弦纹，下腹部饰竖向、横向细绳纹。口径 16.8、腹径 33、底径 13.4、高 30.6、壁厚 0.8～1.2 厘米（图一五二，2）。

标本 FⅧM2：3，直口微敞，卷沿，圆方唇，唇面内凹成 1 周凹槽，矮领，溜肩，鼓腹近折，

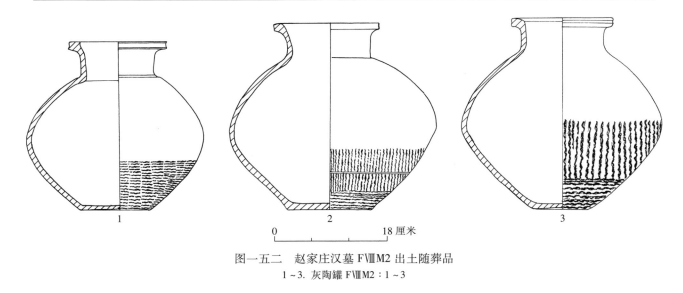

图一五二　赵家庄汉墓 FⅧM2 出土随葬品
1~3. 灰陶罐 FⅧM2：1~3

下腹斜收，平底内凹。下腹部饰竖向、横向绳纹。口径 16、腹径 32、底径 8.4、高 31.2、壁厚 0.8~1.2 厘米（图一五二，3）。

第三节　墓葬构筑方式及年代判定

一　墓葬构筑方式

通过解剖赵家庄墓地的 7 座封土，我们初步明晰了该墓地封土堆的构筑方式和形成过程。一种为直接于岭地上构筑一封土台基，然后在台基上修筑墓穴，当该台基上墓穴达到一定数量后，再以台基一侧或周缘为依托，添土堆筑新台基或扩大原先台基的面积，再在其上建筑墓穴，依次类推，不断堆筑新的封土，在新筑的封土上再构筑墓穴，经过几十甚至几百年的时间才形成目前所见到的封土台基，如 FⅢ、FⅥ、FⅦ和FⅧ；另外一种是于岭地上择地开挖墓穴埋葬死者，在其上一次性构筑较大规模的封土，其功用一是封埋该墓，二是为以后去世的具有血缘或伦理关系的亲人搭建一个土筑的大台基，便于在其上顺次挖筑墓穴。此种封土墓以后的发展过程和第一种基本相同，即等台基上的墓穴达到一定数量后，再顺台基一侧或周缘添筑土台，并修建墓穴，如 FⅠ、FⅡ和FⅤ。

此墓地较为特殊之处在于，每座封土均是彼此独立的墓区，部分封土堆如 FⅠ、FⅡ、FⅢ和FⅥ周围存有界沟，应该具有排水以保护封土台基和作为界标的功能。单座封土台基中有 1~30 余座不等的竖穴土坑（岩坑）或砖椁墓，墓穴的数量与台基面积大致成正比，即台基的面积越大，其内的墓穴数量就越多。清理的 73 座小型墓中，有 32 座出自FⅤ。单座台基中墓穴布局规整，排列有序，多成组或成排分布。墓穴在打破封土的同时，多下挖深入到岩层。少量墓葬存在打破关系，具有打破关系的每组墓的墓向基本一致，前者多打破后者的一侧边，似有意为之，用以表明具有某种特殊的亲近关系。

二　墓葬年代判定

胶州赵家庄墓地规模较大，发掘墓葬数量较多，但是出土随葬品中未发现明确的纪年题记或者其他有价值的文字资料，加上此批墓葬发掘时为抢救性质的清理，且资料整理年代跨度较长，这都给墓葬的分期和年代判定造成了一定的困难。

74 座墓葬中，虽然没有发现纪年墓，但一些墓葬中出土的钱币、铜镜等都是能够作为确定墓葬上下限年代的标尺。钱币中，早不见发现半两钱，晚没有东汉的四出"五铢"钱，所出的"五铢"、"货泉"、"大泉五十"等钱币，时代跨度大约在西汉中期偏晚到东汉早期。铜镜中，桥形小纽的蟠螭纹镜，一般多见于西汉早期。其余的日光镜、星云镜、昭明镜、四乳禽鸟镜和七乳禽兽镜等，多流行于西汉中晚期。且没有发现东汉晚期盛行的神兽镜和画像镜。综合以上，初步确定赵家庄墓地墓葬年代的上下限为西汉中期至东汉早期。

依据出土物特征，参考地层关系，并结合时代特征明显的铜镜和钱币，我们将赵家庄墓地的墓葬初步分为三期。

第一期，以 F I M6、F I M13，F II M2、F II M4、F II M8，F V M25 为代表。墓葬形制为竖穴土坑或岩坑墓，均为单人葬。木质葬具，多为一棺，个别一椁一棺，部分墓葬设置器物箱，有头箱和边箱之分。陶器见釉陶器和泥质灰陶。如 F I M6 所出侈口长颈釉陶壶（F I M6：1）、F V M25 所出盘口鼓腹釉陶壶（F V M25：2），分别与安徽庐江董院墓地 M48 和 M17 所出同类器物相似[1]；F I M13 所出小口高领罐（F I M13：1），与济宁潘庙 M47 所出陶罐类似[2]；F II M2 所出小平底绳纹罐（F II M2：8），与青州戴家楼 M69 所出陶罐类似[3]；F II M4 所出小口大平底罐（F II M4：11），与济宁师专 M6 所出陶罐类似[4]；F II M8 所出小口高领罐（F II M8：4），与梁山薛垓 M9 所出同类器物相似[5]。以上所比对标型器，原报告皆定为西汉中期。本期所见釉陶数量较少，以壶为主，口部以微侈口和盘口为主，主要纹饰为水波纹、弦纹，以短促型和舒缓型为主，耳面多饰叶脉纹，皆是西汉中晚期釉陶壶的特征[6]。所见泥质灰陶，以罐为主，可分侈口有领罐、盘口平底罐、小平底绳纹罐，多鼓腹、饰纵向或斜向绳纹，此亦为西汉中期陶器特征[7]。

另墓葬所出"五铢"钱，"五"字交笔或是近直而略带弯曲，或是两笔完全趋于平行，末端内收，铢字的"金"字头呈镞形或三角形、"朱"字头方折或圆折。此类特征为汉武帝、昭帝、宣帝"五铢"的典型特征[8]。共出星云镜、日光镜、昭明镜等，而星云镜主要流行于西

[1]　安徽省文物考古研究所：《庐江汉墓》，科学出版社，2013 年。
[2]　国家文物局考古领队培训班：《山东济宁郊区潘庙汉代墓地》，《文物》1991 年第 12 期。
[3]　山东省文物考古研究所：《山东青州市戴家楼战国、西汉墓》，《考古》1995 年第 12 期。
[4]　济宁市博物馆：《山东济宁师专西汉墓群清理简报》，《文物》1992 年第 9 期。
[5]　山东省文物局、山东省南水北调工程建设管理局：《梁山薛垓墓地》，文物出版社，2013 年。
[6]　胡继根：《试论汉代的高温釉陶》，《浙江省文物考古研究所学刊（第九辑）》，科学出版社，2009 年。
[7]　郑同修、杨爱国：《山东汉代墓葬出土陶器的初步研究》，《考古学报》2003 年第 3 期。
[8]　蒋若是：《秦汉钱币研究》，中华书局，1997 年。

汉中期武、昭、宣帝时期[1]。

综上，由此推断第一期年代为西汉中期武、昭、宣帝时期。年代属于该期的墓葬还有 F I M7、F II M5、F III M6。

第二期，以 F I M11，F II M1、F II M3、F II M13，F III M2、F III M4，F V M4、F V M6、F V M7、F V M18 为代表。墓葬形制同第一期。陶器见釉陶器和泥质灰陶。如 F V M6 盘口圈足釉陶壶（F V M6：6），与日照海曲汉墓 M217 所出釉陶壶类似[2]；F V M7 喇叭口束颈圈足釉陶壶（F V M7：1），与五莲张家仲崮汉墓 M3 同类器物相似[3]；F I M11 所出大口绳纹罐（F I M11：1、F I M11：2），分别与东平王陵山和泰安旧县村所出陶罐类似[4]；F II M1 所出小口高领罐（F II M1：1），与梁山薛垓 M208 所出陶罐类似[5]；F II M3 所出小口有领罐（F II M3：3）、F III M4 所出小口高领罐（F III M4：1），与济宁师专 M5 同类陶罐类似[6]；F II M13 所出盘口罐（F II M13：3），与梁山薛垓 M201 陶罐类似[7]；F III M2 所出小口有领罐（F III M2：2），与济宁师专 M10 陶罐类似[8]；F III M2 所出敛口瓮（F III M2：1），与济宁潘庙 M68 同类器物相似[9]；F V M4 所出侈口长颈高圈足壶（F V M4：3），与阳谷八里庙所出陶壶类似[10]；F V M18 所出侈口束颈平底壶（F V M18：5），与潍坊后埠下 M95 所出陶壶类似[11]。以上所比对标型器，原报告皆定为西汉晚期。且本期所见泥质灰陶器，以壶、罐、瓮为主，壶见侈口或敞口，圈足壶足部较高，罐有盘口、侈口，多下腹斜收、饰横向或交错绳纹，瓮领较矮、多球腹，根据山东汉墓出土陶器的研究成果，上述陶器特征流行于西汉晚期[12]。

另墓葬所出铜钱，新有"五"字两竖末端外放、形如对头之"炮弹"形的"五铢"钱，并出现个别的"磨郭五铢"钱，以上为西汉元帝至西汉末年钱币所具特征[13]。且未出现新莽时期钱币，流行日光镜、昭明镜草叶纹镜和四乳四螭镜。

综上，由此推断第二期年代为西汉晚期的元、成、哀、平帝时期。年代属于该期的墓葬还有 F I M1、F I M5，F II M4、F II M7、F II M10，F V M10、F V M12、F V M13、F V M14、F V M15、F V M16、F V M23。

第三期，以 F I M2、F I M3、F I M4，F III M5，F V M8、F V M9、F V M26，F VI M3、F VI M4，

〔1〕 孔祥星、刘一曼：《中国古代铜镜》，文物出版社，1984 年。

〔2〕 山东省文物考古研究所：《山东日照市海曲 2 号墩式封土墓》，《考古》2014 年第 1 期。

〔3〕 潍坊市博物馆、五莲县图书馆：《山东五莲张家仲崮汉墓》，《文物》1987 年第 9 期。

〔4〕 山东省博物馆：《山东东平王陵山汉墓清理简报》，《考古》1966 年第 4 期。泰安市文物管理局：《山东泰安市旧县村画像石墓》，《考古》1988 年第 4 期。

〔5〕 山东省文物局、山东省南水北调工程建设管理局：《梁山薛垓墓地》，文物出版社，2013 年。

〔6〕 济宁市博物馆：《山东济宁师专西汉墓群清理简报》，《文物》1992 年第 9 期。

〔7〕 山东省文物局、山东省南水北调工程建设管理局：《梁山薛垓墓地》，文物出版社，2013 年。

〔8〕 济宁市博物馆：《山东济宁师专西汉墓群清理简报》，《文物》1992 年第 9 期。

〔9〕 国家文物局考古领队培训班：《山东济宁郊区潘庙汉代墓地》，《文物》1991 年第 12 期。

〔10〕 聊城地区博物馆：《山东阳谷县八里庙汉画像石墓》，《文物》1989 年第 8 期。

〔11〕 山东省文物考古研究所：《山东潍坊后埠下墓地发掘报告》，《山东省配合高速公路考古报告集（1997）》，科学出版社，2000 年。

〔12〕 郑同修、杨爱国：《山东汉代墓葬出土陶器的初步研究》，《考古学报》2003 年第 3 期。

〔13〕 中国科学院考古研究所：《洛阳烧沟汉墓》，科学出版社，1959 年。

FⅦM1，FⅧM2 为代表。墓葬形制以竖穴土坑或岩坑墓为主，形制同第一期，个别为砖椁墓，多遭破坏，仅存局部或墓底。陶器见釉陶器和泥质灰陶。如 FⅠM2、FⅠM4、FⅤM8 所出敞口束颈釉陶壶（FⅠM2：4、FⅠM4：5，FⅤM8：2），与安徽庐江董院墓地 M44 所出釉陶壶类似[1]；FⅠM3 所出敞口素面平底陶壶（FⅠM3：1、FⅠM3：2），与微山墓前村 M3 所出陶壶类似[2]；FⅢM5 所出盘口罐（FⅢM5：2），与临淄商王 M27 所出陶罐类似[3]；FⅤM26 盘口平底壶（FⅤM26：4），与潍坊后埠下 M90 所出陶壶类似[4]；FⅥM3 小平底绳纹罐（FⅥM3：2），与青州戴家楼 M23 所出罐类似[5]；FⅦM4 所出直口素面平底小罐，与滕州东小宫 M324 所出同类器物相似[6]；FⅦM1、FⅧM2 所出小口有领罐（FⅦM1：3、FⅧM2：3），与梁山薛垓 M186 所出同类陶罐相同[7]。以上所比对标型器，原报告皆定为新莽至东汉早期。

另墓葬所出铜钱，有"五铢"钱和新莽时期的"大泉五十"和"货泉"。流行铜镜有昭明镜、日光镜、四乳禽兽镜。

综上，由此推断第三期年代为新莽至东汉早期。年代属于该期的墓葬还有 FⅠM8、FⅠM9、FⅠM10，FⅡM11，FⅤM1、FⅤM2、FⅤM3、FⅤM19、FⅤM20、FⅤM21、FⅤM22、FⅤM27。

第四节　结　语

胶州赵家庄墓地，现地表可见封土近 20 座，其中残留封土较为明显的有 14 座，我们本次发掘其中 7 座。发掘采用在封土台基上开挖多条平行探沟的方法，充分利用探沟的平剖面进行分析研究，如前文所详述，初步厘清了封土结构、营建方式、形成过程及墓葬数量和空间布局。

关于封土墓，多数学者将江浙地区以及周边其他地区（包括山东沿海）发现的类似墓葬统一归入"土墩墓"一类。有学者认为，"土墩墓"为江南地区先秦时期所特有的墓葬类型，而山东沿海地带发现的残存封土的汉墓，从修筑方式、埋葬习俗方面的差异性来看，将其列为土墩墓有所不妥，进而提出了"汉代墩式封土墓"的概念[8]。本文持此论点。

山东地区已报道的墩式封土墓的发掘资料有胶南河头[9]、胶南纪家店[10]、胶南丁家皂户[11]、

〔1〕 安徽省文物考古研究所：《庐江汉墓》，科学出版社，2013 年。

〔2〕 微山县文物管理所：《山东微山县墓前村西汉墓》，《考古》1995 年第 8 期。

〔3〕 淄博市博物馆：《临淄商王墓地》，齐鲁书社，1997 年。

〔4〕 山东省文物考古研究所：《山东潍坊后埠下墓地发掘报告》，《山东省配合高速公路考古报告集（1997）》，科学出版社，2000 年。

〔5〕 山东省文物考古研究所：《山东青州市戴家楼战国、西汉墓》，《考古》1995 年第 12 期。

〔6〕 山东省文物考古研究所、滕州市博物馆：《滕州东小宫墓地》，《鲁中南汉墓（上）》，文物出版社，2009 年。

〔7〕 山东省文物局、山东省南水北调工程建设管理局：《梁山薛垓墓地》，文物出版社，2013 年。

〔8〕 郑同修：《山东沿海地区汉代墩式封土墓有关问题探讨》，《秦汉土墩墓考古发现与研究——秦汉土墩墓国际学术研讨会论文集》，文物出版社，2013 年。

〔9〕 李曰训等：《胶南市河头汉代墓地》，《中国考古学年鉴·2003》，文物出版社，2004 年。

〔10〕 燕生东等：《胶南市纪家店子汉代墓地》，《中国考古学年鉴·2003》，文物出版社，2004 年。

〔11〕 李曰训等：《胶南市丁家皂户汉代墓地》，《中国考古学年鉴·2003》，文物出版社，2004 年。

沂南董家岭[1]、沂南侯家宅[2]、沂南宋家哨[3]、五莲西楼[4]、日照海曲[5]等。通过系统梳理，得出此类残存封土墓葬主要分布于山东烟台到日照的鲁东南沿海一线，而山东北部沿渤海一线及山东内陆地区迄今尚未发现[6]。其选址基本位于丘陵地带的山岗岭地上，其构筑方式基本属于先修墓形成封土，其后不断的在原有封土上继续修墓致使封土不断增高加大，且封土多是堆筑而成，仅个别见有夯筑现象，夯层也不甚明显和规整。这也是胶州赵家庄 F Ⅰ、F Ⅱ和 F Ⅴ封土的修筑方式。其他如 F Ⅲ、F Ⅵ、F Ⅶ和 F Ⅷ封土则是先筑一土台基然后再在台基上修墓，此为另外一种构筑方式。

本次发掘的 74 座汉代墓葬，多为长方形竖穴土坑或岩坑墓，墓穴长 2.8~4.6、宽 1.1~2 米，个别墓葬平面近方形，边长约 4 米。葬具多为单棺或单椁单棺，椁平面多呈"井"字形结构。木质葬具均已腐朽成灰，从残存棺痕看，少数棺木外涂墨漆，内饰红漆。部分墓葬有头箱、边箱和脚箱，其中头箱和木棺又有一体和分体之别。另有 F Ⅰ和 F Ⅴ封土中发现的几座砖椁墓，砖椁平面均为长方形，有弧壁和直壁之分，墓砖侧面模制有不同样式的菱形纹、钱币纹等图案，墓葬时代集中于新莽至东汉早期。墓葬骨架腐朽严重，多数葬式不明，可辨者均为仰身直肢，面向上，头向多在 100 度左右，即大致为东西方向。仅 F Ⅵ中的 6 座墓与其他墓葬不同，头向在 10 度左右，即大致为南北方向。

随葬品按质地划分主要有陶器、铜器、铁器、漆木器等，其中陶器数量最多，尤其出土大量高温釉陶器。随葬器物在墓室中的摆放多呈现出一定规制，如陶器、釉陶器和车马明器饰件多放在棺外或器物箱内；化妆用具和小饰件等则放在棺内或骨架上；铜镜多放在墓主人头侧的漆器中；铜钱多放在棺内墓主骨架周围；漆器、竹木器多放于棺内或器物箱中（均已腐朽，仅个别尚可辨识出漆奁、盒等）。

考察墓葬营建方式、墓葬形制和随葬器物可知，胶州赵家庄墓地存续于两汉时期，文化面貌以汉文化为主，同时兼具其他文化因素。墩式封土墓作为两汉时期的特殊葬式，其封土是区别于一般汉墓的显著特征，应该是受到了江浙地区土墩葬式的影响，并且随葬的高温釉陶器，其种类、形态、釉色、胎质和江浙一带发现的同类器相近，带有浓厚的吴越文化因素，这些均反映出该地区在汉代同南方存在一定的贸易往来、文化交流抑或人员迁徙；土坑墓多有木椁，并多带有边箱或头（脚）箱，少见或基本不见二层台和壁龛，此类特征常见于临沂地区的汉代墓葬，应是受到楚故地文化影响的结果[7]；砖椁墓在山东主要分布在以淄博、潍坊、济南为中心的鲁北地区，赵

〔1〕　党浩：《临沂市沂南县董家岭汉代墓地》，《中国考古学年鉴·2002》，文物出版社，2003 年。

〔2〕　李曰训：《沂南县侯家宅汉代家族墓地》，《中国考古学年鉴·2002》，文物出版社，2003 年。

〔3〕　崔圣宽：《沂南县宋家哨汉代墓地》，《中国考古学年鉴·2002》，文物出版社，2003 年。

〔4〕　崔圣宽：《五莲县西楼汉代墓地》，《中国考古学年鉴·2002》，文物出版社，2003 年。

〔5〕　山东省文物考古研究所：《山东日照海曲西汉墓（M106）发掘简报》，《文物》2001 年第 1 期。

〔6〕　郑同修：《山东沿海地区汉代墩式封土墓有关问题探讨》，《秦汉土墩墓考古发现与研究——秦汉土墩墓国际学术研讨会论文集》，文物出版社，2013 年。

〔7〕　郑同修、杨爱国：《山东汉代墓葬形制初论》，《华夏考古》1996 年第 4 期。

家庄墓地的砖椁墓应是受鲁北地区汉文化传统影响所致；灰陶绳纹罐、灰陶壶广泛分布于山东地区，应该是本地区汉文化的共性因素。可以看出，赵家庄汉代墩式封土墓地呈现以汉文化为主导，继承、吸收、融合其他多种文化因素的文化面貌。

秦汉以来，统一的中央集权制国家深化确立，封建制度不断巩固和发展，土地私有制普遍实行，丧葬习俗上的族葬墓地逐渐消失，家族葬代之而起。徐苹芳先生曾详细论述过家族葬的概念："家族葬是在一个大墓地中，出现的若干不同姓氏的，以家族为单位的茔域，是以血缘关系为纽带，按嫡庶、长幼、亲疏等氏族宗法关系，整齐有序地排定墓位。家族葬体现的是一种聚族而葬的观念，是以家系为中心的独立墓地存在，不再受宗法观念的限制，转以私人权力或财产关系而选定墓穴。"[1]前文对该墓地封土结构、墓葬布局和墓葬形制的研究表明，每座封土均是彼此独立的墓区，且部分封土周围存有界沟，封土内的单体墓葬分布有序、打破关系较少，存在打破关系的多系夫妻异穴合葬墓，墓向也基本一致。处处体现的规划理念表明，赵家庄墓地应该是经过认真选择和合理规划而营建的家族墓地，每座封土可能就是一个家族墓地，不同的封土墓分属不同的家族，整个汉墓群为多个家族的墓地。其中 F Ⅰ M2、F Ⅲ M4、F Ⅴ M18 和 F Ⅴ M26 均出有铜印，印文分别为"王□之印""王□之印""王疆之印"和"王何之印"。据此推断其相应所属的封土墓应为王姓家族营建的家族墓地，而其他未出铜印的封土可能属于王姓家族，也有可能属于其他家族。

汉代地方行政组织一般是"县（侯、国）—乡—里"，从战国到西汉晚期，民众多是以县城为中心集中居住，至东汉时期，此种形式才逐渐松弛。以往山东地区所发现的西汉时期中小型汉墓群，多位于离县城不远的地方。考察胶州赵家庄墓地，其西北方向约 4 千米处为汉代祓国故城所在，始建于西汉初年，城廓方形，四周城墙均约 0.5 千米（南墙稍长），原有东、南、西三门，明代在此择地养马，故又称"牧马城"。祓国，史称祓，侯国，属徐州刺史部琅琊郡。《尔雅·释诂》："祓，福也。"是以吉祥言命国，以城为其治所，疆域无考。文献记载，西汉琅琊郡 51 县，有侯国 31 个。从《汉书·王子侯表》等梳理可知，其中 27 侯国有封国来源，25 国为汉室宗亲刘姓，两国为异姓，但是未载祓国姓氏和来源。

赵家庄墓地规模较大，墓葬数量多、布局密集有序、随葬品丰富、时代跨度长，昭示出墓葬主人及其背后家族应该是当地具有一定经济实力和社会地位的名门望族。综合前文所述，初步推测赵家庄墓地和祓国故城有一定关系，但不一定属于祓侯家族墓地，很可能属于城内具有一定经济和政治影响力的富商权贵的家族墓地。

本次考古发掘领队为兰玉富。其他参加发掘的工作人员有燕生东、吴双成、林玉海、王磊、李文胜、马健、吕荐龙、鹿秀美、周丽静，考古技师李振彪、石念吉、张胜现、杜以新、马文力、崔猛、常守帅。

---

〔1〕　徐苹芳：《中国秦汉魏晋南北朝时代的陵园和茔域》，《考古》1981 年第 6 期。

　　墓葬照片由兰玉富、吴双成拍摄，器物照片由李顺华、兰玉富拍摄；铜器修复由吴双成、蔡友振负责；器物底图由王子孟、周登军、张胜现、邢际春绘制，墨线描绘由王占琴完成；拓片由李胜利完成。报告资料编写由兰玉富负责，王子孟梳理基础材料，山东大学考古专业学生穆东旭、吴晓桐、陈心舟也参与了部分资料整理工作，最后由兰玉富拟定章节、统审定稿。报告整理得到了山东博物馆郑同修、山东省石刻艺术博物馆杨爱国和山东师范大学燕生东三位先生的帮助，特此感谢。

　　执笔：兰玉富、王子孟、王磊。

附表一　赵家庄墓地 F I 墓葬统计表

墓号	墓向	打破关系	填土	形制（米）	墓穴（米）	葬具（米）	葬式	随葬品	备注
F I M1	100°	△→封土	黄褐五花土	岩坑深0.10	3.70×1.40 (1.20~1.35)	木椁2.10×0.90-0.40; 头箱1.10×0.90-0.40	朽重，仰身直肢，头向东，面上	灰陶罐2（头箱）	
F I M2	100°	△→封土 △→M9	上为灰褐五花土，下为黄褐五花土	岩坑深1.40	3.60×(2.20~2.32)-(2.40~2.50)	木椁2.48×1.65-?; 木棺2.15×0.90-?	朽重，头向东	釉陶壶5，釉陶瓿13，印章1，石黛板1，铁环首刀1，石研磨器1	和M9为一组。釉陶器在棺椁之间，余者在棺内
F I M3	97°	△→封土	灰褐五花土	岩坑深0.37~0.70	3.60×1.95 (1.70~1.98)	木棺2.30×0.93-?; 脚箱0.93×0.55-?	朽重，头向东	陶壶2，铜镜1，铜镜刷1，铜环1，漆盒1	漆器未取，陶器置于脚箱内
F I M4	100°	△→封土	灰褐五花土	岩坑深1.45~1.55	3.80×3.30-2.58	木椁2.45×2.00-0.50; 木棺1.90×0.90-0.05; 器物箱1.35×0.50-0.05	朽重，头向东	釉陶壶5，铜镜刷1，漆盒1，铜镜1，棺钉若干	“井”字形椁；釉陶器放在椁内
F I M5	110°	△→封土	灰褐五花土，下部填土夹杂较多的黄黏土	岩坑深1.40~1.50	4.30×3.90 (0.92~1.20)	木椁盖3.50×2.30; 椁室3.10×2.00-1.00; 棺2.50×0.95-0.10; 边箱2个，头箱2个	2人，朽重，头向东	釉陶壶6，灰陶罐4，铜镜1，铜带钩1，铜盖弓帽6，铜构件5，铁环1，铜车害1，石黛板1	椁形不详，车马器单独放边箱
F I M6	100°	△→封土	灰褐五花土	岩坑深0.80	3.30×4.30 (2.50~2.60)	木棺2.10×0.60-0.15; 头箱1个，边箱1个	朽重，头向东	釉陶壶6，铜镜1，铜镜刷1，铜钱1，铺首1，漆盒2，漆盒足2，铜泡1，铜钵1，车马明器23	2个壶内有鱼骨；边箱有车马器
F I M7	98°	△→封土	灰褐五花土	岩坑深1.60	3.70×1.70 (2.80~3.40)	木棺2.10×0.72-0.15; 头箱0.72×0.70-0.15	朽重，头向东	灰陶罐1，铜镜1，漆盒1	漆器未取
F I M8	116°	△→封土	灰褐五花土	岩坑深1.72	3.27×1.72 (0.45~0.94)	砖椁2.30×0.75-0.40; 木棺2.10×0.59-0.30	朽重，头向东	铜镜1，铜镜刷1，铜钱2组，漆盒1	漆器未取，牙齿1枚
F I M9	100°	M2→△→封土	灰褐五花土	岩坑深1.10	4.20×2.90-2.10	砖椁3.68×1.76-1.00; 木棺2.90×0.97-0.90	朽重，头向东	铜镜1，铜泡6，铺首6，铜钱1组，木束发器1，漆盒1	漆器未取

续表

墓号	墓向	打破关系	填土	形制（米）	墓穴（米）	葬具（米）	葬式	随葬品	备注
FⅠM10	104°	△→封土	灰褐五花土	岩坑深0.30	3.50×2.10－1.30	木椁2.50×1.20－0.05；木棺1.98×0.70－0.05	朽重，头向东，面上		
FⅠM11	102°	△→封土	浅黄褐五花土	岩坑深0.50	3.30×1.77－(1.60~3.20)	木棺2.10×0.70－0.45；头箱0.73×0.70－0.15	朽重，头向东	灰陶罐2，陶瓮1，铜镜1，铜镜刷1，骨梳1，漆盒1	漆器未取
FⅠM12	97°	△→封土	灰褐五花土	岩坑深0.50	3.60×1.60－(2.40~2.80)	木棺1.00（残）×0.90－0.05	朽重，头向东		被盗
FⅠM13	100°	△→封土	灰褐五花土	岩坑深0.60	4.00×1.70－2.20	木棺2.20×0.75－0.05	朽重，头向东	灰陶罐1，陶瓮1，铜镜1，石片1	
FⅠK1		封土→△	黄褐花土	岩坑深0.40~0.50	2.10×1.00－(0.40~0.50)				

附表二　赵家庄墓地 FⅡ墓葬统计表

墓号	墓向	打破关系	填土	形制（米）	墓穴（米）	葬具（米）	葬式	随葬品	备注
FⅡM1	93°		红褐花土	岩坑深2.00	3.90×1.70－3.52	木棺2.10×0.75－0.40；头箱0.85×0.70	朽重，头向东	灰陶罐4，铜镜1，石黛板1	牙齿1枚
FⅡM2	95°		灰褐花土	岩坑深1.40	4.15×1.70－3.97	木棺2.00×0.65－?；头箱1.10×1.05－?	朽重，头向不明	灰陶罐13，铜镜1	棺朽，朱墨漆皮；牙齿1枚
FⅡM3	90°		红褐花土	岩坑深1.17	4.25×1.98－2.38	木椁3.00×1.05－0.17；木棺2.10×0.80－0.15；头箱1.10×0.85－0.17	朽重，头向东	灰陶罐7，铜盆1，铜镜1	棺朽，朱墨漆皮
FⅡM4	88°		黄褐花土	岩坑深1.60	4.60×2.10－2.70	木椁3.60×1.55－0.40；木棺2.10×0.75－0.40	朽重，头向不明	灰陶罐5，铜镜3，石壁2，漆器5	漆器未取
FⅡM5	93°		灰褐花土	岩坑深0.55	2.30×1.10－(0.62~2.26)	木椁1.80×0.66－?	朽重，头向东，面向上	灰陶罐2，铜镜1，铜镜刷1，漆器1	漆器未取

续表

墓号	墓向	打破关系	填土	形制（米）	墓穴（米）	葬具（米）	葬式	随葬品	备注
FⅡM6	95°		灰褐花土	岩坑深0.65	3.15×2.43-（1.70~2.49）	木棺1.85×0.80-?；边箱2.30×0.85-?；头箱0.80×0.65-?	朽重，头向东，面向上	灰陶罐2，铜镜1，带钩1，铜饰件4，棺木1，	牙齿1枚
FⅡM7	97°		灰褐花土	岩坑深1.58	3.75×（1.86~2.16）-（2.28~2.73）	木椁3.25×1.15-（0.40~0.45）；木棺2.02×0.70-0.45；头箱0.93×0.78-0.45	朽重，头向东	灰陶罐2，灰陶瓮1，铜带钩1，铜镜1，铅饰件1	
FⅡM8	91°		红褐花土	岩坑深2.00	4.10×1.65-（3.15~3.40）	木椁3.00×1.00-0.40；木棺2.15×0.55-0.40；头箱1.00×0.80-0.40	朽重，葬式不明，头向不明	灰陶罐5，铜镜1，铜镜刷1，木笄1，竹笄1	棺有红，黑漆皮
FⅡM9	100°		红褐花土	岩坑深1.00	2.25×1.10-（1.63~1.80）	葬具腐朽严重，情况不明	朽重，葬式不明		
FⅡM10	95°	M11→△	黄褐花土	岩坑深0.60	2.75×1.36-0.62	木棺2.10×0.56-0.40	朽重，仰身直肢，头向东，面上	灰陶罐1	
FⅡM11	93°	M8→△	红色花土	岩坑深1.20	2.80×1.40-1.60	木棺2.00×0.60-0.30	朽重，葬式不明	陶壶1	
FⅡM12	90°		黄褐花土	岩坑深1.15	3.85×1.45-（2.65~2.80）	木椁3.30×0.85-0.50；木棺?×0.65-0.50	朽重，葬式不明，头向不明	灰陶罐1	
FⅡM13	90°		灰褐花土	岩坑深1.60	4.00×2.00-（1.79~2.59）	木椁3.40×1.05-?；木棺2.40×0.70-?；头箱0.85×0.70-?	朽重，葬式不明，头向不明	陶瓮1，灰陶罐1，铜镜1	
FⅡM14	95°		灰褐花土	岩坑深0.64	3.60×1.80-（0.96~1.28）				

附表三　赵家庄墓地 FⅢ 墓葬统计表

墓号	墓向	打破关系	填土	形制	墓穴（米）	葬具（米）	葬式	随葬品	备注
FⅢM1	92°		灰褐花土	竖穴土坑	2.90 × 1.50 －（0.28 ~ 0.36）	木棺 1.90 × 0.60 － 0.20	不明	灰陶罐 1	
FⅢM2	93°		灰褐花土	竖穴土坑	3.60 × 1.60 －（0.60 ~ 0.84）	木棺 2.40 × 0.80 － 0.27	不明	灰陶罐 1、陶瓮 1	
FⅢM3	92°	△→封土	灰褐花土	竖穴土坑	3.10 × 1.60 －（0.24 ~ 0.57）	木棺 2.15 × 0.70 －（0.14 ~ 0.37）	朽重，仰身直肢，头向东		
FⅢM4	95°		灰褐花土	竖穴土坑	3.20 × 1.65 －（0.29 ~ 0.61）	木棺 2.04 × 0.81 －（0.24 ~ 0.51）；器物箱 0.80 × 0.54 － 0.19	不明	灰陶罐 2、铜镜 1、印章 1	
FⅢM5	90°	△→封土	灰褐花土	竖穴土坑	3.50 × 1.70 －（1.98 ~ 2.15）	木棺 2.28 × 0.90 － ?；器物箱 0.90 × 0.75 － ?	不明	灰陶罐 2、铜镜 1、漆器 1	漆器未取
FⅢM6	93°	△→封土	灰褐花土	竖穴土坑	3.50 × 1.70 － 0.24	木棺 2.20 × 0.65 － ?	不明		

附表四　赵家庄墓地 FV 墓葬统计表

墓号	墓向	打破关系	填土	形制（米）	墓穴（米）	葬具（米）	葬式	随葬品	备注
FVM1	100°	△→4 期封土	黄褐花土		3.90 × 1.76 － 1.10	木棺 2.40 × 0.84 － 0.30；东生土台 1.72 × 0.70 － 0.90	朽重，葬式不明，头向东	陶壶 2、铜镜刷 1、漆器 2	漆器未取
FVM2	98°	△→4 期封土	黄褐花土	岩坑深 1.30	3.05 ×（2.10 ~ 2.28）－ 2.50	木棺 2.50 × 1.05 － 0.45；边箱 1.60 × 0.48 － 0.35	朽重，仰身直肢，头向东，面上	釉陶壶 7、铜钱 2 组，铁器 1、漆器 2	漆器未取
FVM3	89°	△→4 期封土	黄褐花土	岩坑深 0.35	3.30 × 1.48 － 2.20	木棺 2.15 × 0.75 － 0.25；头箱 0.75 × 0.50 － 0.25	朽，仰身直肢，头向东，面向南	釉陶壶 1	

续表

墓号	墓向	打破关系	填土	形制（米）	墓穴（米）	葬具（米）	葬式	随葬品	备注
FⅤM4	93°	△→2期封土	灰褐花土	岩坑深0.85	3.10×1.90－2.80	木棺2.10×0.70－0.30；壁龛0.55×0.35－0.43	朽重，葬式不明，头向东	陶壶2，石口琀1	棺朽，涂有红漆
FⅤM5	88°	△→2期封土	灰褐花土	岩坑深0.30	3.00×1.40－2.00	木棺2.10×0.65－0.25	朽重，葬式不明，头向东	铜鐩帽1，石口琀1	
FⅤM6	89°	△→M7	灰色花土	岩坑深0.60	3.40×2.65－2.40	木椁2.42×1.50－0.55；木棺2.15×1.05－？	朽重，葬式不明，头向东，面上	灰陶罐3，陶壶4，陶瓶1，铜钱1组，环首铜带钩1，刀1	墓口周围有坡状岩渣层
FⅤM7	92°	M6→△→M17	灰色花土	岩坑深0.50	3.60×1.68－2.30	木棺3.05×0.90－0.30	朽重，葬式不明，头向东	釉陶壶4，铜镜1，铜钱3，漆盒铜足3，铺首2，漆器1	可能有头箱，漆器未取
FⅤM8	92°	△→M9，M26，4期封土	黄色花土	岩坑深1.1米	4.10×2.10－2.95	木椁2.90×1.40－1.30；木棺2.70×1.00－0.35；东生土台2.00×0.50－1.30	朽重，葬式不明，头向东	釉陶瓶1，釉陶壶3，漆器1	漆器未取
FⅤM9	93°	M8→△→4期封土	黄褐花土	岩坑深0.15	2.65×1.15－1.90	木棺2.25×0.75－0.30	朽重，葬式不明，头向东，面上	铜钱6组，漆器2	漆器未取
FⅤM10	92°	△→2期封土	黄褐花土	岩坑深0.35	2.90×1.30－1.85	木棺2.30×0.70－0.25	朽重，葬式不明，头向东，面上	陶壶4，铜镜1，铜镜架1，铜钱1，口琀1，耳塞2，鼻塞2，漆盒拉环1	漆器未取
FⅤM11	98°	△→2期封土	灰褐粗沙花土	岩坑深0.35	2.75×1.20－1.00	木棺2.30×0.70－0.25	朽重，仰身直肢，头向东，面北		
FⅤM12	88°	△→M23，3期封土	黄褐花土	岩坑深0.55	3.50×1.80－1.23	木棺2.20×0.80－0.35；头箱0.80×0.60－0.65	朽重，葬式不明，头向东，面向不明	灰陶罐3，陶壶1	

续表

墓号	墓向	打破关系	填土	形制（米）	墓穴（米）	葬具（米）	葬式	随葬品	备注
FVM13	96°	△→3期封土	黄褐花土	岩坑深0.20	3.40×1.40-0.45	木棺2.65×0.70-？	朽重，葬式不明，头向、面向不明	灰陶罐1、陶壶2、漆器1	漆器未取
FVM14	96°	△→3期封土	黄褐花土	岩坑深0.26	2.80×1.20-1.00	木棺2.40×0.90-0.10	朽重，葬式不明，头向东，面向上	陶壶2	残存1层封土
FVM15	96°		黄褐花土	岩坑深0.20~0.50	2.90×1.10-0.70	木棺1.90×0.70-0.10；头箱0.70×0.52-0.30	朽重，葬式不明，头向东，面向上	铜钱2组、铁器1、漆盒1	漆器未取
FVM16	95°		黄色花土	岩坑深0.55	3.00×1.60-（0.85~1.30）	木棺2.35×0.85-0.40	骨架无存，葬式不明，头向不明	陶壶2	残存3层封土
FVM17	94°	M7→△→2期封土	灰褐花土	岩坑深0.35	2.58×1.22-0.70	木棺2.10×0.73-0.25	朽重，仰身直肢，头向东，面向上		残存2层封土
FVM18	94°		黄褐花土	岩坑深0.60	3.00×1.22-1.60	木棺2.06×0.67-0.40；头箱0.95×0.55-0.40	骨架无存，葬式	陶壶5、铜镜1、铜镜刷1、铜环2、铜帽1、印章1、漆盒1	漆器未取
FVM19	94°	△→3期封土	黄褐花土	岩坑深0.65	3.40×1.30-0.85	木棺2.15×0.70-0.40；头箱0.75×0.55-0.40	朽重，葬式不明，头向东，面向上	釉陶壶2	
FVM20	94°	△→3期封土	黄褐花土	岩坑深0.15	2.70×1.12-0.75	木棺2.25×0.65-0.20	朽重，仰身直肢，头向东，面上	铜环2、铜钱5组（13枚）	棺上部有白石灰
FVM21	98°	△→3期封土	黄褐花土	岩坑深0.20	2.30×1.10-0.32	木棺1.60×0.68-（0.08~0.14）	朽重，葬式不明，头向东，面上	釉陶壶2	
FVM22	91°	△→4期封土	灰色花土	岩坑深0.10	1.80（残）×1.00-0.70	木棺1.50（残）×0.60-0.15	朽重，葬式不明，头向东，面向上	铜钱3、铁镜架1、骨簪1	
FVM23	94°	M12→△→3期封土	黄灰褐花土	岩坑深1.00	4.30×2.00-1.85	木椁4.00×1.50-0.40；木棺2.50×0.80-0.40；头箱0.90×0.70-0.65	朽重，葬式不明，头向东，面向上	釉陶壶2、铜拉环1、铜镜16、鎏金铜镜刷1、漆盒1	漆器未取；岩石二层台

续表

墓号	墓向	打破关系	填土	形制（米）	墓穴（米）	葬具（米）	葬式	随葬品	备注
FVM24	93°	△→4期封土	黄色花土	竖穴土坑砖椁	2.80×1.13-1.70	砖椁2.45×0.70-0.55；木棺残存漆皮	不明		
FVM25	92°	△→4期封土	黄褐花土	竖穴土坑砖椁	3.30×1.80-2.00	木椁2.95×1.50-？；木棺2.10×0.90-0.60	朽重，葬式不明，头向东，面向上	釉陶壶4，口琀1，耳塞2，鼻塞2	
FVM26	91°	M8→△→4期封土	黄色花土	岩坑深0.70	2.90×1.35-2.76	木棺2.10×0.75-0.25，壁龛0.75×0.60-0.40	朽重，葬式不明，头向东，面向上	陶壶4，铜镜1，铜镜刷1，印章1，铜钱2，铜环1，铁镜架1，漆器3	漆器未取
FVM27	274°		灰色花土	竖穴土坑砖椁	3.30×1.50-0.81	弧壁砖椁3.00×（1.20~1.44）-0.46	不明	铜钱2	铜钱出于扰土中
FVM28	273°		灰色花土	竖穴土坑砖椁	3.00×1.60-0.50	砖椁被扰乱	不明	铜钱1	铜钱出于扰土中
FVM29	272°		灰色花土	竖穴土坑砖椁	3.20×1.86-（0.40~0.85）	弧壁砖椁3.05×（1.50~1.70）-0.42	不明		
FVM30	271°		灰褐花土	竖穴土坑砖椁	2.50×1.30-0.43	砖椁1.77×1.10-0.40	不明		
FVM31	276°		灰色花土	竖穴土坑砖椁	3.20×1.82-0.45	弧壁砖椁2.00×1.74-0.20	不明		
FVM32	96°		黄褐花土	竖穴土坑砖椁	墓圹遭破坏	弧壁砖椁1.60×1.30-0.14	朽重，仰身直肢，头向东，面向不明	铜钱1组	

附表五　赵家庄墓地 FVI墓葬统计表

墓号	墓向	打破关系	填土	形制	墓穴（米）	葬具（米）	葬式	随葬品	备注
FVIM1	6°	打破基岩0.75米	黄褐花土	长方形岩坑	2.90×1.20-1.35	木棺2.30×0.80-0.40	朽重，葬式不明，头向北，面向不明		

续表

墓号	墓向	打破关系	填土	形制	墓穴（米）	葬具（米）	葬式	随葬品	备注
FVIM2	16°	打破基岩 2.10米	上层黄褐花土，下层碎石子土	长方形岩坑	3.80×1.55－3.20	木棺 2.10×0.85－0.60；头箱 0.95×0.50－0.60	朽重，葬式不明，头向北	灰陶罐1，铜镜1，漆器3	漆器未取
FVIM3	3°	打破基岩 2.10米	黄褐花土	长方形岩坑	4.00×2.20－2.80	木棺 2.50×1.10－0.60；头箱 1.10×0.60－0.60	朽重，葬式不明，头向北	灰陶罐3，铜镜1，束发器1，木梳2，木笄1，漆盒1	漆器未取
FVIM4	12°	打破基岩 0.65米	黄褐花土	长方形岩坑	3.80×1.90－2.90	木棺 2.60×1.04－0.35；头箱 1.20×0.52－0.35	朽重，葬式不明，头向北	灰陶罐3，铜钵1，铜镜1，熏炉底座1	
FVIM5	12°	打破基岩 0.15米	黄褐花土	长方形岩坑	3.10×1.50－1.05	木棺 2.10×0.70－0.10；头箱 0.70×0.70－0.15	朽重，葬式不明，头向北	釉陶壶2	
FVIM6	10°	打破基岩 0.50米	黄褐花土	长方形岩坑	3.30×（1.20～1.40）－1.15	木棺 2.30×0.70－0.15；头箱 1.05×0.55－0.15	朽重，葬式不明，头向北	釉陶壶2	
FVIK1	14°	打破基岩 0.40米	黄褐花土，白淤土	长方形岩坑	4.00×1.60－1.00；底长3.10				端壁斜内收

附表六　赵家庄墓地 FVII墓葬统计表

墓号	墓向	打破关系	填土	形制	墓穴（米）	葬具（米）	葬式	随葬品	备注
FVIIM1	98°	打破基岩 1.05米	灰褐花土	竖穴土坑（岩坑）	3.40×1.40－（1.42～1.52）	木棺 2.10×0.81－0.42；头箱 0.73×0.65－？	朽重，葬式不明，头向东	灰陶罐2，铜镜1	

附表七　赵家庄墓地 FVIII墓葬统计表

墓号	墓向	打破关系	填土	形制	墓穴（米）	葬具（米）	葬式	随葬品	备注
FVIIIM1	93°	打破基岩 0.86米	灰褐花土	竖穴土坑（岩坑）	2.80×1.60－1.40	木棺 2.00×0.70－0.20	朽重，葬式不明，头向东	陶壶1，铜镜1，漆盒1	漆器未取
FVIIIM2	95°	打破基岩 1.55米	黄褐花土	竖穴土坑（岩坑）	4.20×2.10－2.90	木棺 2.20×1.00－0.80	朽重，葬式不明，头向东	灰陶罐3	

贰　青岛市黄岛区安子沟汉代墓地

山东省文物考古研究院、青岛市黄岛区博物馆

　　安子沟汉代墓地位于青岛市黄岛区珠海街道办事处安子沟村西约300米的低丘上，现保存较好的封土堆有三处（图一；彩版一三，1）。为配合青岛—连云港铁路施工建设，2015年7～9月，由山东省文物考古研究院（原山东省文物考古研究所）与黄岛区博物馆联合对其中一处封土堆进行了发掘（彩版一三，2），发现并清理封土下及打破封土的墓葬9座，出土陶器、铜器等随葬品74件（组）。

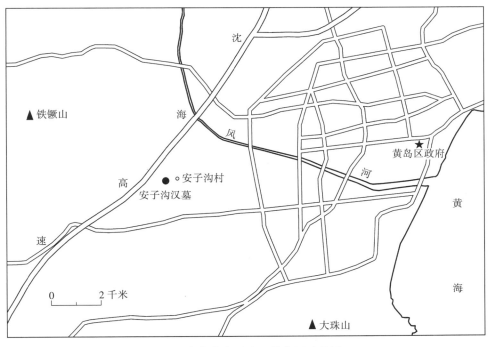

图一　青岛市安子沟汉墓位置示意图

一　封土

　　本次发掘的封土堆位于低丘顶部偏东南，现存高约3米，平面略呈椭圆形，直径35～40米。发掘区域地层堆积简单：封土上覆盖一层砂质表土，墓坑均打破山体基岩。本次发掘采用探方法，根据封土堆形状，保留横向隔梁1道，纵向隔梁3道，将发掘区域划分为8个探方（T1～T8），平

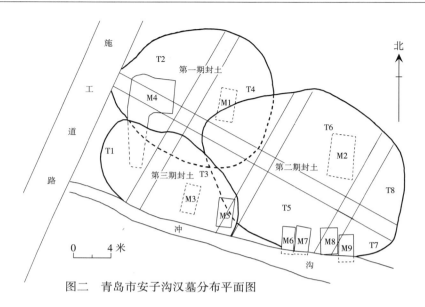

图二　青岛市安子沟汉墓分布平面图

剖面相结合，以期比较全面、准确地把握封土堆结构及墓葬相对年代关系。

通过发掘我们了解到：现存封土主要分为三期（图二）。

第一期封土位于西北部，呈圆丘状，最高处2.8米，夯层厚10～20厘米，夯筑质量较高，第一期封土下发现墓葬一座（M1）。

第二期封土位于第一期的东南部，平面范围较第一期大，但高度较低，顶部略平缓，其下发现墓葬一座（M2）。

第三期封土位于第一期的南部，其下发现墓葬一座（M3）。

另外有1座墓葬打破第一期封土且被第三期封土叠压（M4），4座墓葬打破第二期封土（M6～M9），1座墓葬打破第三期封土（M5）。

三期封土堆积均为黄褐色沙土、红褐色黏土和粗砂混合夯筑而成，第一期及第二期封土下有黄褐色和红褐色黏土铺就的垫土层，M1和M2均打破垫土层，二者墓口上均有呈丘状堆积的粗砂层，砂层最厚处达0.8米。由剖面可以观察到，第二期和第三期封土依附于第一期封土夯筑，并对第一期封土进行了局部挖掘（图三）。

二　墓葬分述

本次发掘的9座墓葬均为岩坑竖穴砖椁墓，椁内皆有木棺。其中M4东椁室砖椁内有保存较好的木椁。多数墓葬椁顶铺砖，M8填土含大量碎瓦片。M5、M6、M7和M8四座墓葬未见随葬陶器。有随葬陶器的墓葬皆有器物箱，除M4西椁室器物箱位于棺西侧外，其余皆位于椁内北端。随葬陶器放置于器物箱中，铜镜、铜钱等多放置于棺内。以下分别介绍。

（一）M1

1. 墓葬形制

位于发掘区中部偏北，开口于第一期封土下，打破封土下的垫土层及基岩（图四；彩版一四，

树坑　　　　表

盗洞　　　盗洞

第一期封土

第二期封土　　M4 东椁　M4 西椁　　M4 西椁

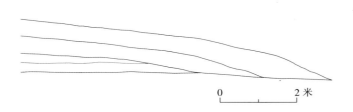

0　　　　2 米

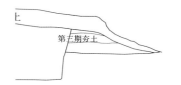

土

第三期夯土

　　标本 M1：5，器形较小。卷沿，方唇，束颈，圆肩，鼓腹，平底。腹中部以下饰四周不连续戳印纹。口径 8、腹径 14、底径 7.2、高 13.6 厘米（图五，1）。

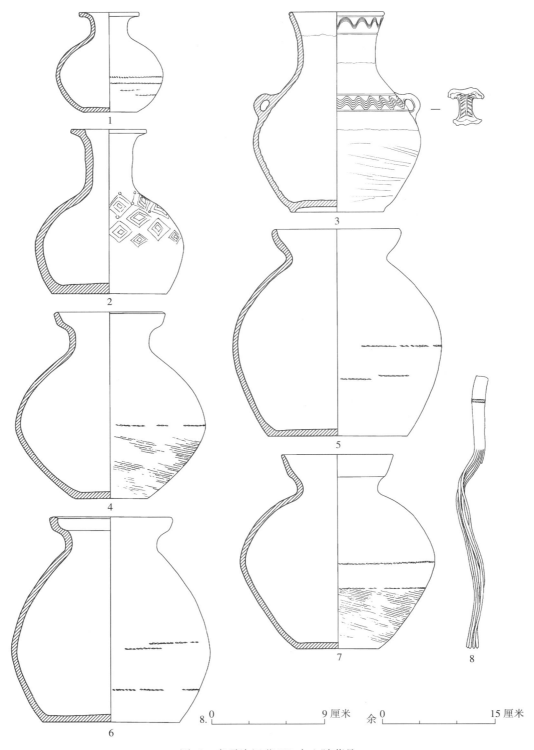

图五　安子沟汉墓 M1 出土随葬品

1、2. 灰陶壶 M1：5、6　3. 釉陶壶 M1：8　4～7. 灰陶罐 M1：2～4、7　8. 角擿 M1：1

标本 M1：6，微侈口，方唇，细长颈，溜肩，鼓腹，大平底。肩及上腹部刻划不规则菱形、圆圈组合图案。口径 10、腹径 19.6、底径 15.2、高 22.6 厘米（图五，2）。

釉陶壶　1 件。

标本 M1：8，红胎，黄绿釉，口内部及上腹部施釉。微侈口，方唇，溜肩，微鼓腹，矮圈足，双桥形耳。口部及肩部分别饰两周凹弦纹夹水波纹的组合图案，耳面饰叶脉纹。口径 12.6、腹径 22.4、底径 12.4、高 27.4 厘米（图五，3；彩版一五，1）。

灰陶罐　4 件。泥质。

标本 M1：2，微盘口，方唇，溜肩，鼓腹，小平底。腹中部饰一周不连续戳印纹，腹下部饰横向斜绳纹，局部绳纹抹去。口径 14.8、腹径 25.2、底径 10、高 25.8 厘米（图五，4）。

标本 M1：3，侈口，圆唇，束颈，圆肩，鼓腹，大平底。腹中部以下饰两周不连续戳印纹。口径 16.8、腹径 27.8、底径 18.4、高 28.6 厘米（图五，5）。

标本 M1：4，盘口，方唇，束颈，溜肩，鼓腹，大平底。腹中部以下饰三周不连续戳印纹。口径 16.4、腹径 26.4、底径 18.4、高 27.8 厘米（图五，6）。

标本 M1：7，微盘口，圆唇，束颈，圆肩，鼓腹，小平底。腹中部以下饰两周戳印纹，腹下部饰横向斜绳纹，绳纹局部抹去。口径 14.8、腹径 26、底径 10.8、高 26.4 厘米（图五，7）。

角擿　1 件。

标本 M1：1，牛角质。长方形条状，一端为薄片，另一端分为七齿，一齿残失，扭曲变形严重。通长 22.8、宽 1.1、厚 0.2 厘米（图五，8）。

（二）M2

1. 墓葬形制

位于发掘区东部偏北，开口于第二期封土下，打破封土下的垫土层及基岩（图六；彩版一四，2）。墓圹平面呈梯形，墓壁微斜收，墓底较平。口部长 5.70～5.90、宽 3.20、深 3.80 米。墓向 12°。填土经夯打。

墓内四周有二层台，台上铺砖。墓室分为北部器物箱和南部椁室两部分，椁室东、西、南三面砌砖，北面向器物箱开通，砖椁变形严重，东、西两面受挤压向中间坍塌。器物箱东、西、北三面二层台不砌砖。砖椁内有木椁、木棺各一具，腐朽、变形严重。木椁残长 2.60、残宽 1.24 米，棺残长 2.14、宽 0.96 米。人骨已完全腐朽。棺内放置铜镜、铜带钩、铜印章、铁剑、黛板、铜钱等。另有陶器 8 件及铜弩机 1 件，放置于北部器物箱内。

2. 随葬品

17 件（组），其中陶器 8 件，铜器 8 件（组），铜格铁剑 1 件。

灰陶罐　8 件。泥质，完整及修复 6 件。

标本 M2：5，侈口，方唇，唇上有凹槽，束颈，溜肩，鼓腹，小平底。腹中部以下饰三周不连续戳印纹。口径 13.6、腹径 23.8、底径 10、高 24.4 厘米（图七，1）。

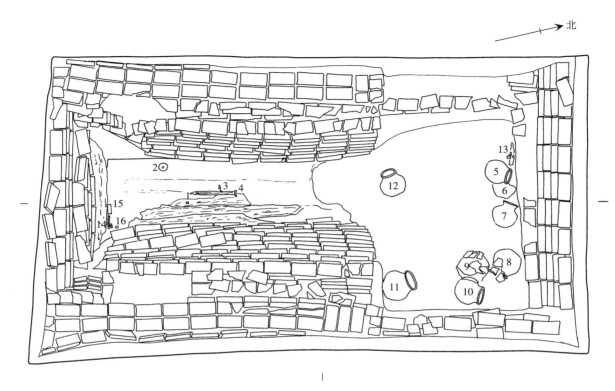

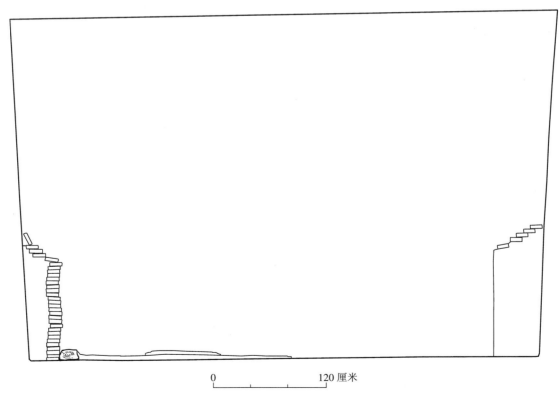

图六　安子沟汉墓 M2 平、剖面图

1、16. 铜印章　2. 铜镜　3. 铜带钩　4. 铜格铁剑　5~12. 灰陶罐　13. 铜弩机　14. 铜钱　15. 铜黛板

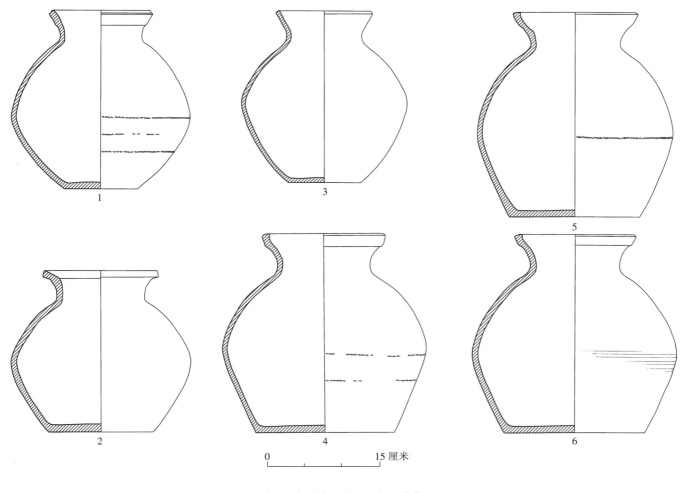

图七　安子沟汉墓 M2 出土随葬品
1~6. 灰陶罐 M2：5~10

　　标本 M2：6，侈口，折沿，方唇，束颈，溜肩，鼓腹，大平底。口径 15.2、腹径 24、底径 14、高 22.2 厘米（图七，2）。

　　标本 M2：7，侈口，方唇，束颈，溜肩，鼓腹，平底。口径 12.8、腹径 22、底径 10、高 23.4 厘米（图七，3）。

　　标本 M2：8，微盘口，方唇，束颈，圆肩，腹微鼓，大平底。腹下部饰两周不连续戳印纹。口径 16.4、腹径 27.2、底径 18.8、高 27.4 厘米（图七，4）。

　　标本 M2：9，微盘口，方唇，束颈，溜肩，鼓腹，大平底。腹中部饰一周戳印纹。口径 16.8、腹径 26、底径 19.2、高 28 厘米（图七，5）。

　　标本 M2：10，微盘口，方唇，束颈，溜肩，鼓腹，大平底。口径 16、腹径 27.2、底径 18.8、高 27.4 厘米（图七，6）。

　　铜镜　1 枚。

　　标本 M2：2，昭明连弧铭带镜。圆纽，圆纽座，座外一周凸圈带，圈带内外饰简单圆圈弧线

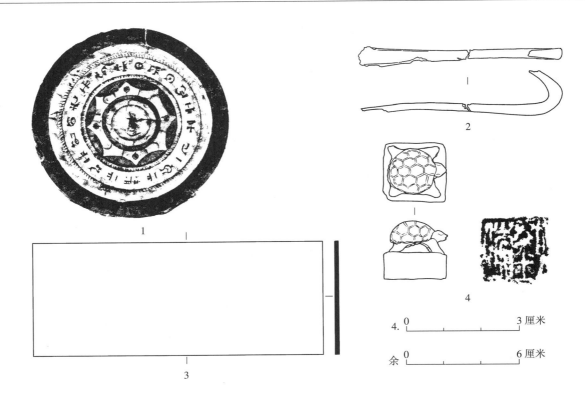

图八　安子沟汉墓 M2 出土随葬品
1. 铜镜 M2：2　2. 铜带钩 M2：3　3. 铜黛板 M2：15　4. 铜印章 M2：1

纹饰，其外为内向八连弧纹，连弧纹外为两周短斜线圈带，圈带之间饰铭文："内而清而以而昭明光而象夫日而月心而不泄一"，平素缘。直径10.3、厚0.5厘米（图八，1）。

铜弩机　1件。

标本 M2：13，位于器物箱西北角，保留木柄痕迹，锈蚀严重。

铜带钩　1枚。

标本 M2：3，瘦长琵琶形，素面，两段均残并断裂。残长10.7、残宽1.1厘米（图八，2）。

铜黛板　1件。

标本 M2：15，长方形，保存完整。长15.4、宽6.2、厚0.2厘米（图八，3）。

铜印章　2枚。

标本 M2：1，方形，龟纽，印面阴刻"刘偁（伦）"铭文。边长1.7、高1.6厘米（图八，4；彩版一五，2）。

标本 M2：16，出土于棺内东南角，锈蚀严重，形制及铭文无法辨别。

铜钱　1组。

标本 M2：14，位于棺内东南角，锈蚀黏结严重。

铜格铁剑　1柄。

标本 M2：4，位于棺内中部，残断且锈蚀严重。

（三）M3

1. 墓葬形制

位于发掘区南部偏西，开口于第三期封土下，打破封土下的垫土层及基岩（图九；彩版一四）。平面呈长方形，长 4.00、宽 2.20、深 3.60 米。墓向 15°。填土分上下两部分，上部为经夯打的浅黄褐色粉沙土，下部为黄色粗砂。

墓室四周以两圈砖错缝平砌出砖椁，推测原有木质椁盖板，其顶铺砖，现已坍塌。椁内南部置一棺，压扁变形，部分棺木及棺底横向枕木保存较好，枕木共 11 根，粗细不均。棺长 2.38 米，由于整体被压扁，原宽度不详。棺内发现铜镜 1 枚、带钩 1 枚。北部设器物箱，放置陶器 4 件。人骨完全腐朽，棺内北端见少量人发，推测头向北。

2. 随葬品

6 件，其中陶器 4 件，铜镜、角带钩各 1 件。

釉陶壶　3 件。

标本 M3：4，红胎，黄绿釉，口内及上腹部施釉。喇叭口，尖唇，细颈，圆肩，圆鼓腹，平底微凹，双桥形耳。颈部饰细密水波纹，上腹部饰两周凹弦纹，下腹饰瓦棱纹，耳面饰叶脉纹。口径 10.4、腹径 16.6、底径 9.6、高 20.6 厘米（图一〇，1）。

标本 M3：5，红胎，黄绿釉，口内及上腹部施釉。侈口，圆唇，圆肩，微鼓腹，矮圈足，双桥形耳。口部饰两周凹弦纹夹水波纹，颈部饰细密水波纹，上腹部饰两组凹弦纹，下腹有轮制痕迹，耳面饰叶脉纹。口径 12.8、腹径 20.6、底径 10.4、高 26.8 厘米（图一〇，2）。

标本 M3：6，红胎，黄绿釉，口内及上腹部施釉。喇叭口，微卷沿，圆唇，粗短颈，圆肩，鼓腹，圈足，双桥形耳。颈部饰凹弦纹及水波纹组合图案，上腹部饰两周凹弦纹，下腹部轮制痕迹明显，耳面饰叶脉纹。口径 13.2、腹径 23、底径 12、高 26.4 厘米（图一〇，3）。

釉陶瓿　1 件。

标本 M3：3，红胎，腹部以上施浅绿釉，以下施褐色釉，口至肩部脱釉严重。小口，折沿，尖唇，圆肩，球状腹，下腹斜收，平底，双附耳。上腹饰三组凹凸弦纹，近口部饰两周抽象飞鸟组合图案，附耳兽面形，耳上部有横向 S 形贴塑。口径 11.8、腹径 35.2、底径 17.6、高 32.4 厘米（图一一，1；彩版一五，3）。

铜镜　1 枚。

标本 M3：1，四乳四虺纹镜。圆纽，圆纽座，座外有四组回旋条纹及一周凸弦纹，两组细短斜线圈带内装饰四乳丁与四虺构成的图案，四乳带圆座，四虺呈横 S 形，虺身内外侧各有一简化鸟纹，宽素面缘，镜面光亮。直径 10.6、缘厚 0.5 厘米（图一一，2；彩版一五，5）。

角带钩　1 件。

标本 M3：2，钩头龙首状，背面有圆形纽，呈中间略宽的圆角长条状，保存完好。长 7.1、宽 0.7 厘米（图一一，3；彩版一五，4）。

图九　安子沟汉墓 M3 平、剖面图

1. 铜镜　2. 角带钩　3. 釉陶瓿　4~6. 釉陶壶

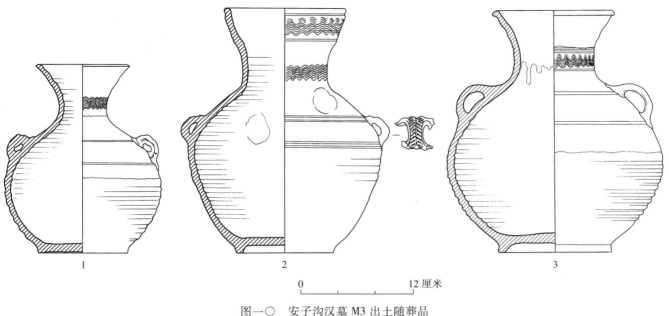

图一〇　安子沟汉墓 M3 出土随葬品

1～3. 釉陶壶 M3∶4～6

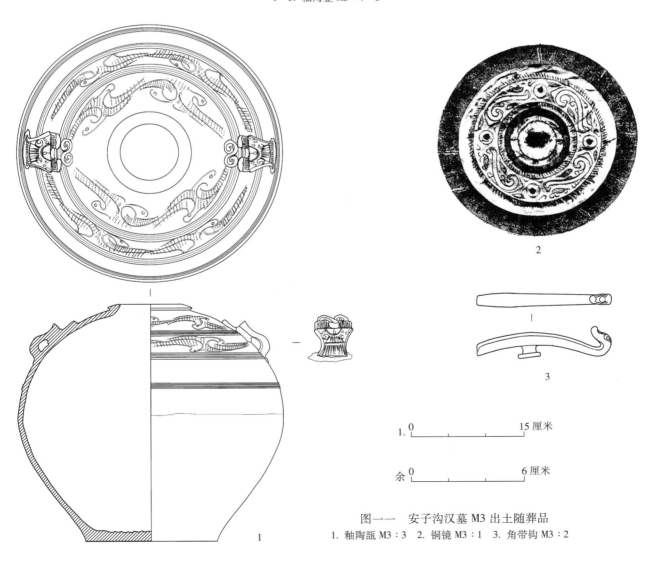

图一一　安子沟汉墓 M3 出土随葬品

1. 釉陶瓿 M3∶3　2. 铜镜 M3∶1　3. 角带钩 M3∶2

（四）M4

1. 墓葬形制

位于发掘区西北部地势最高处，打破第一期封土及基岩，被第三期封土叠压（图一二；彩版一六，1、2）。西椁室打破东椁室，为祔葬墓。墓室东西长 5.70、南北宽 4.30 米。墓向 190°。

东椁室埋葬较早，砖椁内构建木椁，长 3.60、宽 2.32 米，其内东南部有木棺一具，长 2.50、宽 1.10 米。棺、椁木材尚未完全腐朽。椁内北侧设置器物箱，西侧空间未发现任何器物。随葬陶器 10 件、铜镜 1 枚，均放置于器物箱内。棺内发现铜印章、铜带钩、铜盒、铜剑格、琉璃剑璏各 1 件。西椁室打破东椁室，南端带有梯形长斜坡墓道。墓道长 7.30、宽 1.50～1.90 米。椁内西、北两面留二层台，贴二层台砌出砖椁，借用东椁室西壁为东壁，砖椁内东部有一棺，长 2.04、宽 0.78 米。西部为器物箱，长 2.14、宽 0.64 米。器物箱内放置陶器 4 件，棺内放置铜镜 1 枚、角擿 1 件。人骨均已完全腐朽，由西椁室棺内角擿置于北端推测头向北。

2. 随葬品

东椁室出土随葬品 16 件，其中陶器 10 件，铜器 5 件，琉璃剑璏 1 件。

釉陶壶　4 件。

标本 M4：10，深红褐胎，浅黄绿釉，口内及肩部、上腹部施釉，脱釉严重。微侈口，圆唇，高领，束颈，广肩，鼓腹，平底，双桥形耳，耳附衔环。口及颈部饰凹弦纹与水波纹组合，肩部饰两组凹弦纹，耳面中间饰一道凹槽。口径 10.2、腹径 23.6、底径 12.4、高 29 厘米（图一三，1）。

标本 M4：13，浅红褐胎，浅黄绿釉，口内及肩部施釉，脱釉严重。微侈口，圆唇，高领，束颈，圆肩，球腹，圈足，双桥形耳。口、颈及肩部饰凹弦纹与水波纹组合，耳面中间饰一道凹槽。口径 12、腹径 21.5、底径 11、高 27.4 厘米（图一三，2）。

标本 M4：20，浅红褐胎，淡黄釉，口内及肩部施釉，脱釉严重。微盘口，圆唇，高领，束颈，广肩，鼓腹，矮圈足，双桥形耳，耳附衔环。颈部饰凹弦纹与水波纹，肩部饰两周凹弦纹，耳上饰横 S 贴塑，耳面饰叶脉纹。口径 7.6、腹径 17、底径 11.6、高 20.2 厘米（图一三，3）。

标本 M4：21，深红褐胎，黄绿釉，口内、颈部、肩部及上腹部施釉。盘口，方唇，高领，束颈，广肩，球腹，圈足，双桥形耳，耳附衔环。口部、颈部、肩部及腹部饰多组弦纹与水波纹，肩部三组弦纹间饰有鸟、犬、鹿和野猪等动物图案，耳上装饰兽面铺首，耳面饰叶脉纹。口径 16.8、腹径 44.8、底径 21、高 50.6 厘米（图一四；彩版一七，1、2）。

灰陶罐　4 件。泥质陶，修复 3 件。

标本 M4：11，口微敛，方唇，束颈，溜肩，鼓腹，大平底。口径 15.6、腹径 26、底径 18、高 25 厘米（图一三，4）。

标本 M4：12，盘口，圆唇，束颈，溜肩，鼓腹，大平底。腹部饰四周不连续戳印纹。口径

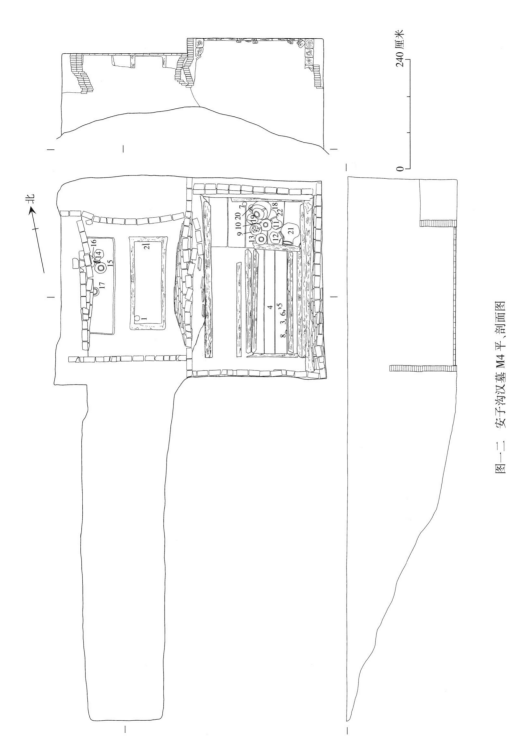

图一二　安子沟汉墓 M4 平、剖面图

1、7. 铜镜　2. 角镞　3. 铜印章　4. 铜带钩　5. 铜剑鞘　6. 琉璃剑璏　8. 铜盒　9、11、12、19. 灰陶罐
10、13～17、20、21. 釉陶壶　18、22. 釉陶瓿

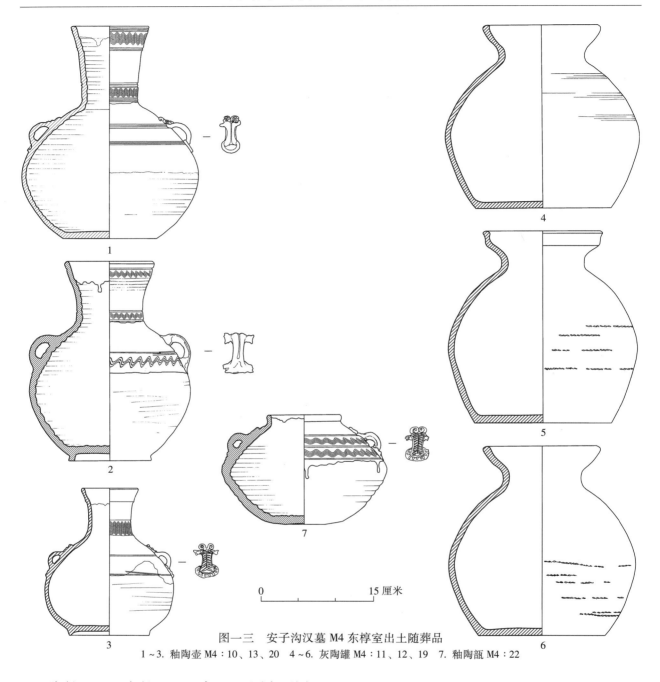

图一三　安子沟汉墓 M4 东椁室出土随葬品

1~3. 釉陶壶 M4：10、13、20　4~6. 灰陶罐 M4：11、12、19　7. 釉陶瓿 M4：22

16、腹径 24.2、底径 18.4、高 26.4 厘米（图一三，5）。

标本 M4：19，侈口，方唇，束颈，溜肩，鼓腹，大平底。腹中部以下饰六周不连续戳印纹。口径 15.6、腹径 25、底径 17、高 26 厘米（图一三，6）。

釉陶瓿　2 件。

标本 M4：18，红褐胎，黄绿釉，口沿至腹部施釉，脱釉严重。微敛口，平折沿，尖唇，圆肩，球腹，平底，双耳衔环。口沿以下至腹部饰多组凹凸弦纹，夹有两周水波纹，另外近口沿处绘有两周动物图案：上面一组由鸟、犬、鹿和野猪等构成，下面一组以组合菱形纹分为六区，其中四区分别绘有鸟、鹿、树木等形象，耳上贴塑兽面铺首，耳面饰兽首，衔环绞丝状。口径 12.6、

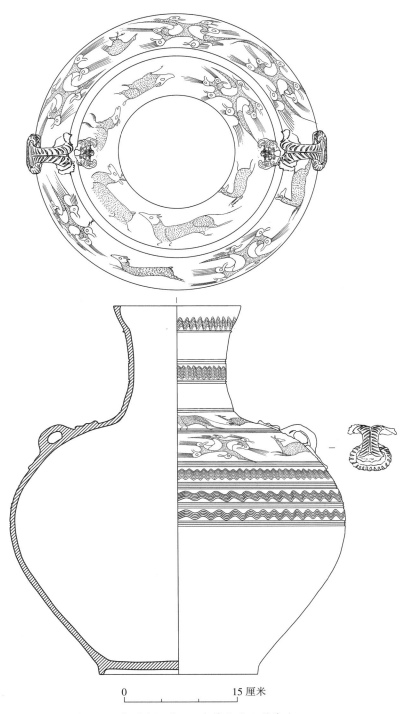

图一四　安子沟汉墓 M4 东椁室出土釉陶壶 M4：21

腹径44.4、底径19.2、高43厘米（图一五；彩版一七，3、4）。

　　标本 M4：22，红胎，黄绿釉，除底面外，外壁通体施釉，釉不均匀。直口，口部变形严重，圆唇，广肩，鼓腹，底微内凹，双桥形耳，耳附衔环。腹以上饰三周凹弦纹夹两周水波纹，下腹轮制痕迹明显，耳上饰卷云形贴塑，耳面饰叶脉纹。口径9.6、腹径22.8、底径11、高15.2厘米（图一三，7；彩版一八，1）。

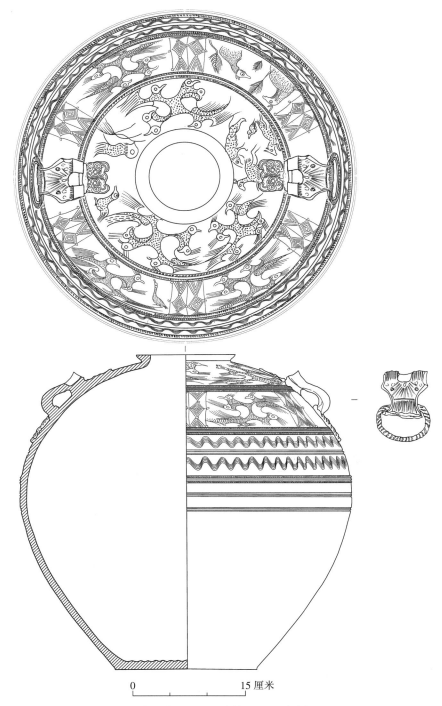

图一五　安子沟汉墓 M4 东椁室出土釉陶瓿 M4：18

铜镜　1 枚。

标本 M4：7，昭明重圈铭文镜。圆纽，连珠纹纽座。装饰铭文两圈，以凸棱及细短斜线圈带间隔，内圈铭文为："内清以昭明光日月心忽而愿杨忠然雍塞泄"，外圈铭文为："内清以昭明光而质不辉象乎以象日月心而夫愿杨忠然雍塞泄"，素缘，局部残缺。直径 15.1、缘厚 0.5 厘米（图一六，1；彩版一八，2）。

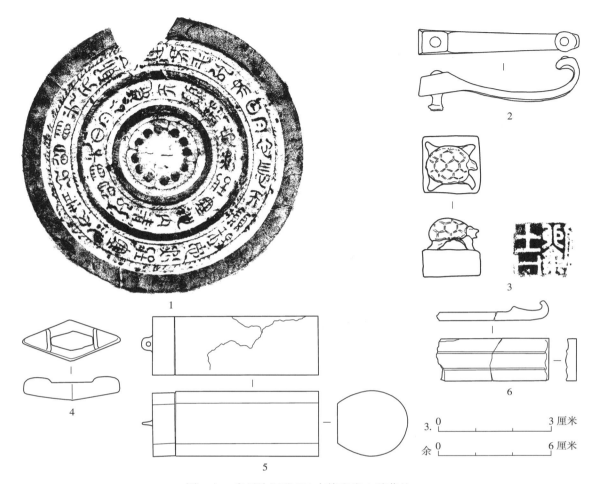

图一六 安子沟汉墓 M4 东椁室出土随葬品

1. 铜镜 M4：7 2. 铜带钩 M4：4 3. 铜印章 M4：3 4. 铜剑格 M4：5 5. 铜盒 M4：8 6. 琉璃剑璏 M4：6

铜带钩 1件。

标本 M4：4，瘦长梯形，一端呈覆斗状，上饰乳丁，另一端钩头呈圆饼状，亦饰乳丁，背面圆纽略残。长8.7、宽1.4厘米（图一六，2；彩版一八，3）。

铜印章 1枚。

标本 M4：3，方形，龟纽，印面阴刻"刘吉"。边长1.6、高1.7厘米（图一六，3）。

铜剑格 1件。

标本 M4：5，截面呈菱形，中有孔，素面。长5.2、宽2.2、高1.3厘米（图一六，4；彩版一八，4）。

铜盒 1件。

标本 M4：8，一面为平面的细高圆筒状，平底，带盖，盖上有一穿孔扁平纽，质地轻薄，碎裂残缺。直径3.7、通高9.4、壁厚0.1厘米（图一六，5）。

琉璃剑璏 1件。

标本 M4：6，浅蓝色，长方形，正面饰两道凹槽，背面一端钩状，断裂残缺。残长6、宽2.3、厚 0.5 厘米（图一六，6）。

西椁室随葬品共 6 件，其中釉陶壶 4 件，铜镜 1 枚，角擿 1 件。

釉陶壶　4 件。

标本 M4：14，深红褐胎，淡黄釉，口内及肩部施釉，脱釉严重。盘口，方唇，高领，束颈，溜肩，圆腹，矮圈足，双桥形耳。口部及肩部各饰两组凹弦纹，颈部饰凹弦纹与竖线分隔的水波纹，下腹部饰瓦棱纹，耳面饰凹十字及叶脉纹。口径 12、腹径 21.2、底径 12.9、高 29 厘米（图一七，1）。

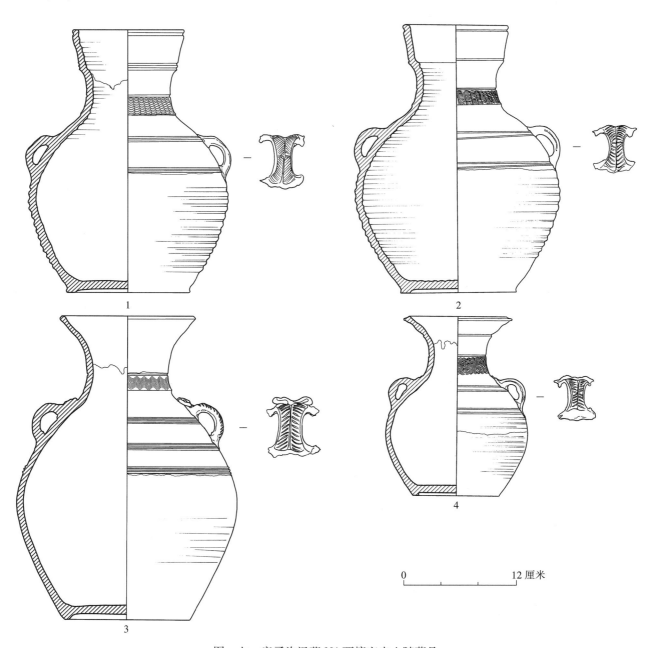

0　　　　　　　　　　　　12 厘米

图一七　安子沟汉墓 M4 西椁室出土随葬品

1～4. 釉陶壶 M4：14～17

标本 M4：15，深红褐胎，淡黄釉，口内及肩部施釉，脱釉严重。盘口，方唇，高领，束颈，溜肩，圆腹，矮圈足，双桥形耳。口部及肩部各饰两组凹弦纹，颈部饰凹弦纹与竖线分隔的水波纹，下腹部饰瓦棱纹，耳面饰凹十字及叶脉纹。口径 11.2、腹径 21.8、底径 12.4、高 29.6 厘米（图一七，2）。

标本 M4：16，红褐胎，黄绿釉，除圈足外通体施釉。喇叭口，圆唇，束颈，溜肩，圆腹，圈足，双桥形耳。颈部饰凹弦纹与水波纹，肩部饰三组凹弦纹，耳上饰横 S 形贴塑，耳面饰叶脉纹。口径 14.6、腹径 23.4、底径 13.4、高 33.2 厘米（图一七，3）。

标本 M4：17，浅红褐胎，淡黄绿釉，口内及肩部施釉。喇叭状子母口，尖唇，束颈，圆肩，球腹，矮圈足，双桥形耳。口下部及肩部饰凹弦纹，颈部饰凹弦纹与水波纹，耳面饰叶脉纹。口径 11.6、腹径 15、底径 9.2、高 19.6 厘米（图一七，4）。

铜镜 1 枚。

标本 M4：1，四乳四兽纹镜。圆纽，圆纽座。座外有四组回旋条纹及一周凸弦纹，两组细短斜线圈带内饰四乳丁与四兽构成的图案，四乳带圆座，四兽呈奔跑状，宽素面缘，镜面光滑。直径 10.9、缘厚 0.6 厘米（图一八，1）。

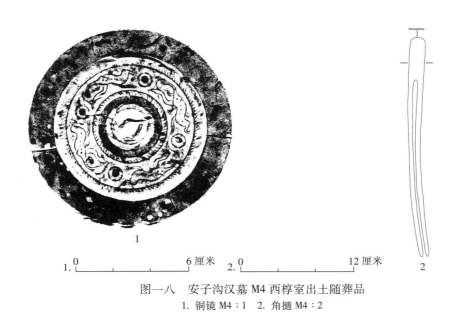

图一八 安子沟汉墓 M4 西椁室出土随葬品
1. 铜镜 M4：1 2. 角摘 M4：2

角摘 1 件。

标本 M4：2，角质。圆首长条形，一端分为两齿，齿宽扁而首尖，保存完整。通长 24、宽 1.7、厚 0.15 厘米（图一八，2）。

（五）M5

1. 墓葬形制

位于发掘区南部，其东为 M6，西为 M3，封土已不存，开口于表土层下，打破第三期封土及

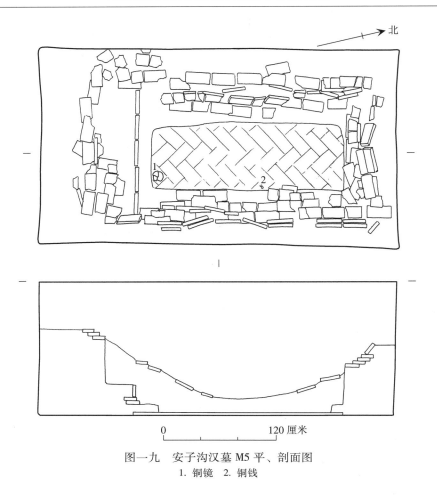

图一九　安子沟汉墓 M5 平、剖面图
1. 铜镜　2. 铜钱

基岩（图一九；彩版一九，1）。墓圹平面呈长方形，直壁，平底。长 3.85、宽 2.10、深 1.50 米。墓向 12°。

墓内四周有二层台，二层台填土为深黄褐色粗砂土，台上平铺 1～4 层砖作为砖椁。椁内一棺，仅余灰痕。棺痕长 2.04、宽 0.74 米。南二层台与棺之间有一低台，台壁铺平砖两层，贴立砖一层。推测原有木质椁板，椁板上铺砖，均塌落。墓底以人字形错缝铺砖。未见人骨。棺内东侧出土"五铢"铜钱 2 枚，东南角出土残碎铜镜 1 枚。

2. 随葬品

铜镜　1 枚。

标本 M5：1，连弧云雷纹镜。圆纽，圆座。内圈饰内向八分连弧纹，外圈饰由圆涡纹及两两相对三角纹构成的云雷纹，其外饰短斜线圈带，宽素面缘，碎裂残缺。直径 10.9、缘厚 0.5 厘米（图二〇，1）。

铜钱　2 枚。

标本 M5：2，基本相同。圆形方穿，正背面均有周郭，正面穿上下有郭，背面穿四周有郭，钱文"五"字中间两笔弯曲，"铢"字"金"字头近镞形，"朱"字头方折。直径 2.5、穿径 1 厘米（图二〇，2、3）。

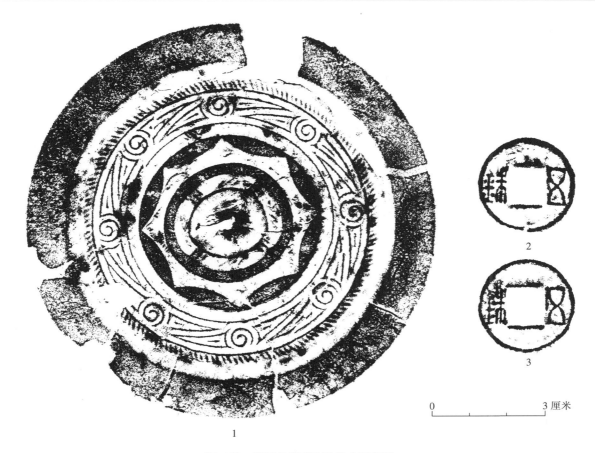

图二〇　安子沟汉墓 M5 出土随葬品

1. 铜镜 M5 : 1　　2、3. 铜钱 M5 : 2

（六）M6

墓葬形制

位于发掘区东南部，东为 M7，封土已不存，打破第二期封土及山体基岩，南部被山体冲沟打破（图二一；彩版一九，2）。墓圹平面呈长方形，直壁，平底。长 3.46、宽 1.60、深 1.86 米。墓向 12°。

墓内四周有二层台，台上平铺一圈或两圈砖作为砖椁，台高 0.70 ~ 0.80 米。推测原有木质椁板，板上人字形错缝铺砖，已塌陷。椁内一棺，已朽，仅余灰痕，长 2.10、宽 0.68 ~ 0.70 米。墓底人字形错缝铺砖。未见人骨。棺内北端出土锈蚀铜钱 2 枚。

（七）M7

1. 墓葬形制

位于发掘区东南部，与 M6 并排，封土已不存，打破第二期封土及山体基岩，南部被冲沟打破（图二二；彩版一九，3）。墓圹平面呈长方形，东、南直壁，北壁斜收，西壁受挤压内弧，墓底较平。墓口长 3.60、宽 2.00、最深处 2.10 米。墓向 12°。

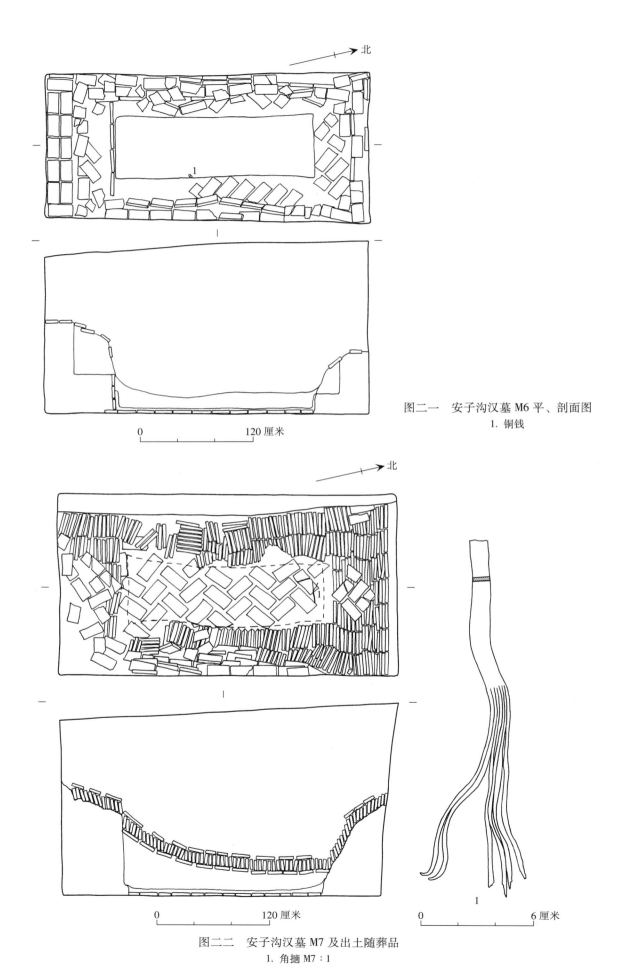

图二一　安子沟汉墓 M6 平、剖面图
1. 铜钱

图二二　安子沟汉墓 M7 及出土随葬品
1. 角摘 M7∶1

墓内南、北有二层台，东、西紧贴墓壁以单砖错缝平铺砌出砖椁，推测原有木质椁板，椁顶铺砖三层，为两层平砖夹一层立砖。椁内一棺，已塌陷变形，仅存朽痕，长2.10、宽0.70米。墓底人字形错缝铺砖。未见人骨。棺内北端出土角摘一件。

2. 随葬品

角摘 1件。

标本M7：1，牛角质。长方形条状，一端为薄片，另一端分为七齿，一齿残失，扭曲变形严重。通长19.8、宽1.2、厚0.2厘米（图二二，1）。

（八）M8

1. 墓葬形制

位于发掘区东南部，东侧为M9，与之并列，封土已不存，打破第二期封土及山体基岩，南部被冲沟打破（图二三）。墓圹平面大致呈长方形，四边均微内弧，北部两角伸出，墓壁近直，南北壁各有两个浅龛，墓底较平。长3.40、宽2.10~2.30、深1.50米。墓向3°。

南壁两龛均宽0.40、深0.30米，北壁两龛均宽0.40、深0.10米。未见砖椁，墓内一棺，仅存朽痕，长2.10、宽0.56米。填土中掺杂大量碎瓦片，多饰绳纹及瓦棱纹，墓底亦铺一层碎瓦片。未见人骨。棺内北端发现石黛板1件，锈蚀残断铜钱1组枚。

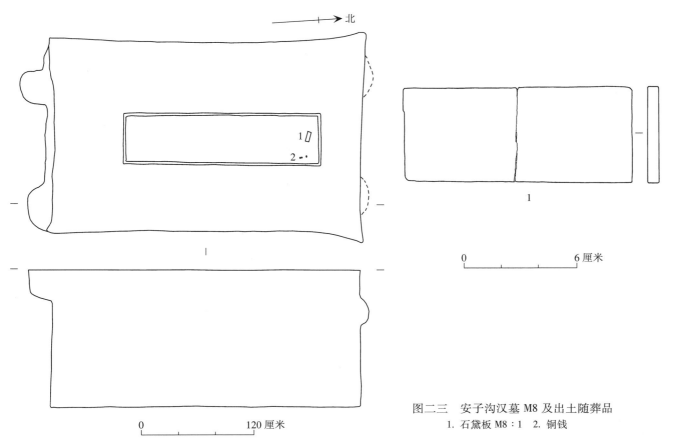

图二三 安子沟汉墓 M8 及出土随葬品
1. 石黛板 M8：1 2. 铜钱

2. 随葬品

铜钱　1组，可辨识者均为"五铢"（彩版二〇，1）。

石黛板　1件。

标本 M8：1，砂岩质。长方形，基本完整，断为两段。长 12.2、宽 5.2、厚 0.6 厘米（图二三，1；彩版二〇，2）。

（九）M9

1. 墓葬形制

位于发掘区东南部，西为 M8 与之并列。封土不存，打破第二期封土及山体基岩，南部被冲沟打破（图二四）。墓圹平面呈长方形，南、北、东壁为直壁，西壁受挤压倾斜内收，墓底较平。长 3.50、宽 2.00、深 2.60 米。墓向 5°。

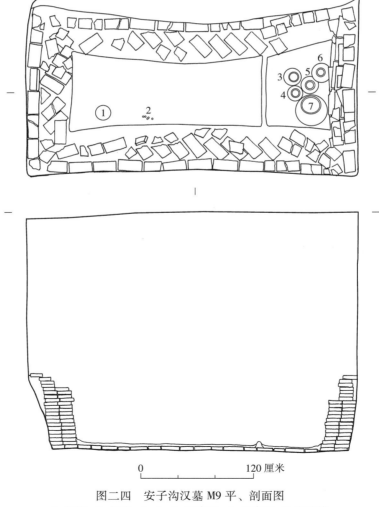

图二四　安子沟汉墓 M9 平、剖面图

1. 铜镜　2. 铜钱　3、4、6. 釉陶壶　5. 红陶瓿　7. 灰陶罐

　　紧贴墓壁以两圈单砖砌出砖椁，现存21层砖，东侧椁壁保存较好，西、南、北三面有坍塌现象。推测原有木质椁盖板，椁顶人字形错缝平铺砖三层，已坍塌。椁内一棺，位于椁室南部，受挤压变形且仅余朽痕，长2.12、最宽处0.90米。椁内北部为器物箱，亦受挤压变形，长0.78～1.00、宽0.70米。未见人骨。器物箱内发现5件随葬陶器，棺内东南角发现铜镜1枚，东南部发现锈蚀铜钱数枚。

　　2. 随葬品

　　共7件（组），其中陶器5件，铜镜1枚，铜钱1组。

　　釉陶壶　3件。

　　标本M9：3，红褐胎，黄绿釉，口内及肩部施釉，施釉不均有鼓包。喇叭口，圆唇，高领，束颈，圆肩，球腹，平底，双桥形耳。颈部饰水波纹一周，肩部饰凹弦纹两组，下腹部饰瓦棱纹，耳面饰叶脉纹。口径9.6、腹径15.6、底径7.6、高19.6厘米（图二五，1）。

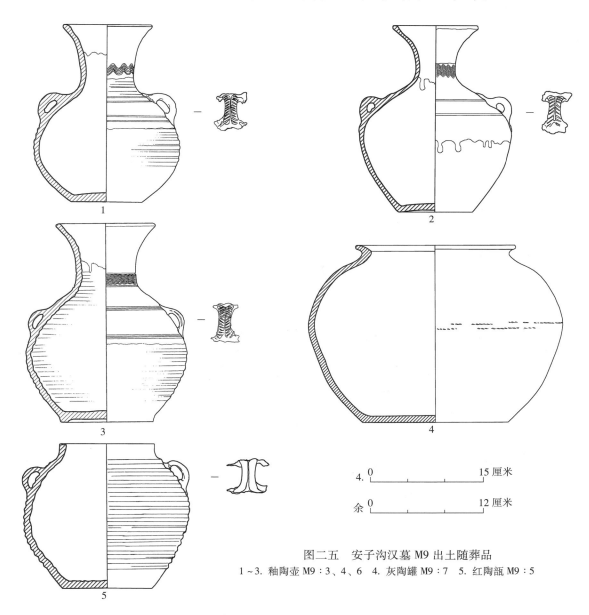

图二五　安子沟汉墓M9出土随葬品

1～3. 釉陶壶 M9：3、4、6　4. 灰陶罐 M9：7　5. 红陶瓿 M9：5

　　标本 M9：4，浅红褐胎，黄绿釉，口内及颈下至腹部施釉。喇叭口，圆唇，高领，细束颈，广肩，圆腹略斜直，平底微内凹，双桥形耳。颈部饰细密水波纹，肩部饰凹弦纹两周，耳面饰叶脉纹。口径9.2、腹径16.2、底径8、高20.6厘米（图二五，2；彩版二〇，3）。

　　标本 M9：6，红褐胎，酱绿釉，口内及肩部施釉。喇叭口，圆唇，高领，束颈，圆肩，球腹，矮圈足底，双桥形耳。颈部饰凹弦纹与水波纹，肩部饰凹弦纹两组，下腹部饰瓦棱纹，耳面饰十字分割的叶脉纹。口径10.8、腹径17.2、底径10、高21.6厘米（图二五，3）。

　　灰陶罐　1件。

　　标本 M9：7，泥质。侈口，卷沿，圆唇，广肩，鼓腹，大平底。腹部饰不连续戳印纹两周。口径21.4、腹径34.1、底径19.6、高24.2厘米（图二五，4；彩版二〇，4）。

　　红陶瓿　1件。

　　标本 M9：5，泥质。直口微敛，方唇，唇上有凹槽，圆肩，球腹，平底，双桥形耳。筒体饰瓦棱纹，耳面饰竖向凹槽一道。口径10、腹径17.6、底径9.6、高15.8厘米（图二五，5）。

　　铜镜　1枚。

　　标本 M9：1，四乳四虺纹镜。圆纽，连珠纹纽座。座外饰一周凸弦纹及两组细短斜线圈带，主要纹饰为四乳丁与四虺构成的图案，四乳带圆座，四虺呈横S形，虺身外侧分别伸出龙首、凤首、虎首等，内侧饰飞鸟、走兽，宽素面缘，镜面光滑，碎裂。直径16.3、缘厚0.5厘米（图二六，1；彩版二〇，5）。

　　铜钱　钱文可辨者2枚。

　　标本 M9：2-1，"五铢"。正背面均有周郭，正面穿无郭，背面穿四周有郭，钱文"五"字中

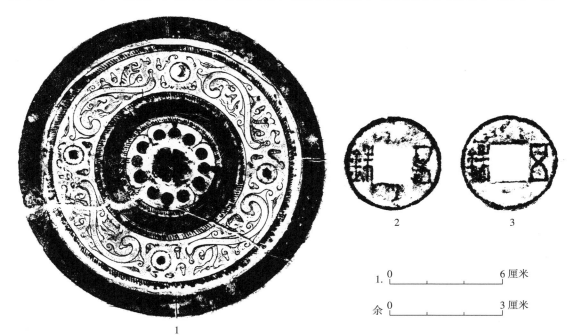

图二六　安子沟汉墓 M9 出土随葬品
1. 铜镜 M9：1　2、3. 五铢 M9：2-1、-2

间两笔弯曲，"铢"字"金"字头三角形，"朱"字头方折。直径 2.5、穿径 1 厘米（图二六，2）。

标本 M9∶2-2，"五铢"。正背面均有周郭，正面穿上有郭，背面穿四周有郭，钱文"五"字中间两笔弯曲，"铢"字"金"字头呈镞形，"朱"字头方折。直径 2.5、穿径 1 厘米（图二六，3）。

三 墓葬年代

本次发掘中通过对封土剖面的观察，基本明确了这批墓葬的相对年代关系：M1 最早，M2、M4 晚于 M1 且早于 M3，M6～M9 晚于 M2，M5 晚于 M3。M5～M9 五座墓葬封土已不存，无法通过层位关系精确判断其相对年代。

这批墓葬中出土铜钱均为"五铢"，观察钱文清晰者，"五"字中间两竖弯曲弧度较大，"铢"字方头，时代应为西汉武帝后期至新莽之前。M2、M9 的四乳四虺镜、M4 的四乳四兽镜、M2、M4 的昭明镜、M5 的连弧云雷纹镜在临淄、曲阜、滕州等地有同类器物发现，流行年代推断为西汉中晚期[1]。随葬陶器中，泥质灰陶与釉陶器总体数量相当。泥质灰陶器中以侈口或盘口大平底、盘口小平底罐为主，不见鼎、盒、壶等，亦不见模型明器。罐腹部多饰戳印纹，盘口小平底罐口外侈，腹鼓，下腹内收并饰横向斜绳纹，形态近于济宁潘庙 M54∶7 和 M6A∶4[2]，亦为西汉中晚期特征[3]。釉陶器以壶为主，口部多喇叭状，亦有微侈口及微盘口者；主要纹饰为水波纹，以短促型和舒缓型为主，耳面多饰叶脉纹，器形较大的釉陶壶和釉陶瓿，其上饰有多首连体鸟纹，以上皆是西汉中晚期至西汉晚期的特征[4]。综合以上可推断，这批墓葬的年代为西汉中晚期。

四 结语

本次发掘的 9 座墓葬分布集中，墓向基本一致，年代相近，应属一处家族墓地。M1～M4 四座墓葬年代较早，规模较大，规格较高，随葬品相对丰富，应是辈分较长、地位尊贵的家族成员。由于人骨均已完全腐朽，无法准确得知墓主性别，但根据随葬品情况可做推测：M2、M4 东椁随葬铜印章、铁剑或剑饰，墓主可能为男性；而 M1、M4 西椁出土角摘，墓主为女性的可能性较大。M4 位于整个墓地最高处，东椁室棺椁齐全，随葬品最为丰富，墓主应在家族中有独特的地位；另外，M4 打破 M1 的封土，且观察第一期封土的平面范围可发现 M1 偏居东侧，西侧的大片空间预留出来并被 M4 使用，说明 M4 东椁室与 M1 的墓主可能也有紧密的关系。M6 与 M7、M8 与 M9 分别并排紧靠，应为并穴合葬墓，墓主可能为夫妻关系。

以往发掘的鲁东南地区西汉墓葬以木椁墓为主，且墩式封土墓发现较多，如胶州赵家庄[5]、

〔1〕 山东省文物考古研究所：《鉴耀齐鲁——山东省文物考古研究所出土铜镜研究》，文物出版社，2009 年，第 91～94 页。
〔2〕 国家文物局考古领队培训班：《山东济宁郊区潘庙汉代墓地》，《文物》1991 年第 12 期。
〔3〕 郑同修、杨爱国：《山东汉代墓葬出土陶器的初步研究》，《考古学报》2003 年第 3 期。
〔4〕 胡继根：《试论汉代的高温釉陶》，《浙江省文物考古研究所学刊》第九辑，科学出版社，2009 年。
〔5〕 山东省文物考古研究所、青岛市文物局、胶州市博物馆：《胶州市赵家庄汉代墓地》，《中国考古学年鉴·2006》，文物出版社，2007 年。

日照海曲[1]等处。本次发掘的墓葬绝大多数为砖椁墓，形制接近于济南、淄博、潍坊等鲁北地区的西汉中小型墓葬[2]。多数墓葬砖椁并不完善，有的紧贴二层台砌砖一周，有的象征性地于二层台上铺设一两层砖，类似现象在黄岛海青廒上墓地[3]等也有发现；M4 东椁室砖椁内置木椁木棺并设头箱、边箱的做法和莱西岱墅 M1[4]近似。墓葬位于小山顶部，挖出墓圹前仅铺一到两层垫土，区别于多数墩式封土墓先做出较高土墩，于土墩上挖出墓圹的做法。

墓葬所在地区西汉时期属琅琊郡。秦置琅琊郡，西汉因之，今山东东南部广大地区属其管辖。墓葬所在的安子沟及周边王家楼、土山屯等处分布着数量众多的汉代墓葬，说明附近可能存在较大规模的汉代居址。墓地西北方向约 3 千米处有祝家庄遗址，通过调查、发掘，发现大量汉代遗存，可能存在汉代城址[5]，安子沟汉墓以及周围墓群可能与该遗址有关。

出土较多釉陶器是鲁东南地区汉代墓葬的重要特征。这批墓葬随葬的釉陶器与长江下游一带西汉墓葬中的同类器物形制基本一致，应该是通过贸易得来的，从而反映出汉代这一地区同南方有频繁的贸易往来和文化交流。

本次发掘及整理工作参加人员有吕凯、王春云、张敬伟、翁建红、李祖敏、于法霖、毛文山、郝志国、郭长波等。出土器物由张敬伟、毛文山修复；彩版由王春云、吕凯拍摄；线图由吕凯绘制；拓片由郭长波、郝志国完成。

执笔：吕凯、王春云、翁建红、李祖敏、于法霖。

[1] 山东省文物考古研究所：《山东日照海曲西汉墓（M106）发掘简报》，《文物》2001 年第 1 期。

[2] 郑同修、杨爱国：《山东汉代墓葬形制初论》，《华夏考古》1996 年第 4 期。

[3] 青岛市文物保护考古研究所：《胶南海青廒上村西汉墓发掘报告》，《青岛考古（一）》，科学出版社，2011 年。

[4] 烟台地区文物管理组、莱西县博物馆：《山东莱西县岱墅西汉木椁墓》，《文物》1980 年第 12 期。

[5] 青岛市文物保护考古研究所、黄岛区博物馆：《黄岛区祝家庄遗址发掘简报》，《青岛考古（二）》，科学出版社，2015 年。

叁 青岛市黄岛区河头汉代墓地

山东省文物考古研究院、青岛市文化与旅游局、青岛市黄岛区博物馆

墓地位于黄岛区（原胶南市）张家楼镇河头村西约 200 米（图一）。为配合同（江）—三（亚）高速公路建设工程，山东省文物考古研究院（原山东省文物考古研究所）与青岛市文化与旅游局（原青岛市文物局）、青岛市黄岛区博物馆（原胶南市博物馆）联合，于 2002 年 3 月底至 4 月进行了发掘，共发掘墓葬 3 座，车坑 1 座。

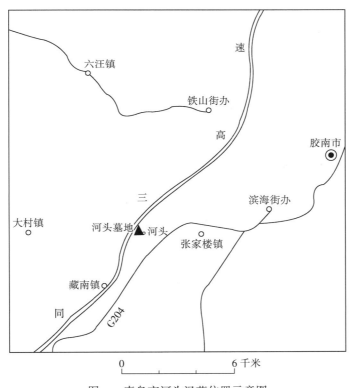

图一 青岛市河头汉墓位置示意图

参加此次发掘工作的有李曰训、宋爱华、林玉海、纪忠良、张子晓、石念吉、孙亮慎等。现将这次发掘的主要收获报告如下。

一 封土

发掘前墓葬尚存较大的封土，封土残存平面略呈椭圆形，南北长 31、东西宽 26、残高 3 米

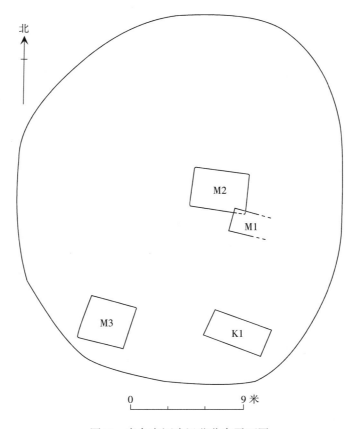

图二　青岛市河头汉墓分布平面图

余。封土为夯筑而成，夯层厚薄不均，夯窝圆形平底（彩版二一，1）。

封土之下共发现墓葬 3 座（M1~M3）及车坑 1 座（K1），根据墓葬封土清理情况判断，3 座墓葬之间存在早晚关系，其中 M3 最早，从层位关系上车坑应附属于该墓葬。M2 次之，被 M1 打破。M1 最晚，部分被破坏（图二）。

二　墓葬分述

（一）M1

1. 墓葬形制

位于封土中部偏东，为长方形竖穴土坑木椁墓葬，方向 281°（图三；彩版二一，2）。墓圹残长 1.95、残宽约 1.96 米。墓葬上部被现代水渠破坏，仅残存椁室底部部分。

葬具为一椁双棺，腐朽严重。木椁从残存情况判断，应呈"井"字形，残长 1.85、宽 1.98、残高 0.15 米。木椁内置双棺，均呈长方匣状。其南侧木棺残长 1.27、宽 0.62 米；北侧木棺残长 1.27、宽 0.75、残高 0.15 米。南棺内人骨腐朽，可辨头向西。棺内随葬品有铜钱、铜带钩等。北侧木棺内人骨朽成粉末，随葬品只有铜镜一件。随葬陶器 3 件，置于西侧棺椁之间。

2. 随葬品

随葬品有陶器和铜镜、铜带钩、铜钱。陶器仅施釉硬陶壶3件，形制近同。

釉硬陶壶 3件。

标本M1：2，器表通体施红褐色陶衣，口、颈及上腹部施青黄釉，脱落严重。喇叭形口，窄平沿，尖唇，颈部残缺，斜肩，上腹外鼓，下腹斜收，矮圈足。肩部两侧有对称的桥形耳，耳面饰叶脉纹，口部下饰数周水波纹，肩及上腹部饰数周凸弦纹。口径12.0、腹径22.8、底径13.6、通高28.4厘米（图四，1）。

标本M1：3，器表通体施红褐色陶衣，口、颈及上腹部施青黄釉，大多脱落。喇叭形口，圆唇，短颈，肩微鼓，鼓腹，椭圆腹，矮圈足。肩部两侧有对称的桥形耳，耳面饰叶脉纹，颈上部饰数周水波纹，肩及上腹部饰数周凸弦纹，下腹部及腹部内壁均饰瓦棱纹。口径12.7、腹径22.7、底径10.4、通高29.2厘米（图四，2；彩版二二，1）。

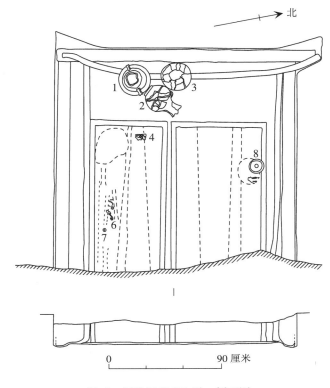

图三 河头汉墓M1平、剖面图
1~3. 釉陶壶 4. 铜镜刷 5、7. 铜钱 6. 铜带钩 8. 铜镜

标本M1：1，仅残存肩以下部分，形制与标本M1：2基本相同。腹径23.6、圈足径11.8、残高21.2厘米（图四，3）。

铜镜 1枚。

标本M1：8，星云纹镜，锈蚀严重。圆形，连峰式纽，圆纽座。座外共有三周放射纹带，其内侧两周放射纹带之间为内向十六连弧纹，外侧两周放射纹带之间分列四个乳丁，乳丁之间为星云纹带。边为内向十六连弧纹缘。直径18.6厘米（图四，4；彩版二二，2）。

铜带钩 1件。

标本M1：6，锈蚀较严重，形制为兽首琵琶状，背部近末端有一圆纽。残长7.5、宽1.3厘米（图四，5）。

铜钱 7枚。

均为"五铢"钱，大体相同。"五"字中间相交两笔较直，"铢"字"金"字头呈镞形，"朱"字头方折。钱径2.5厘米（图四，6）。

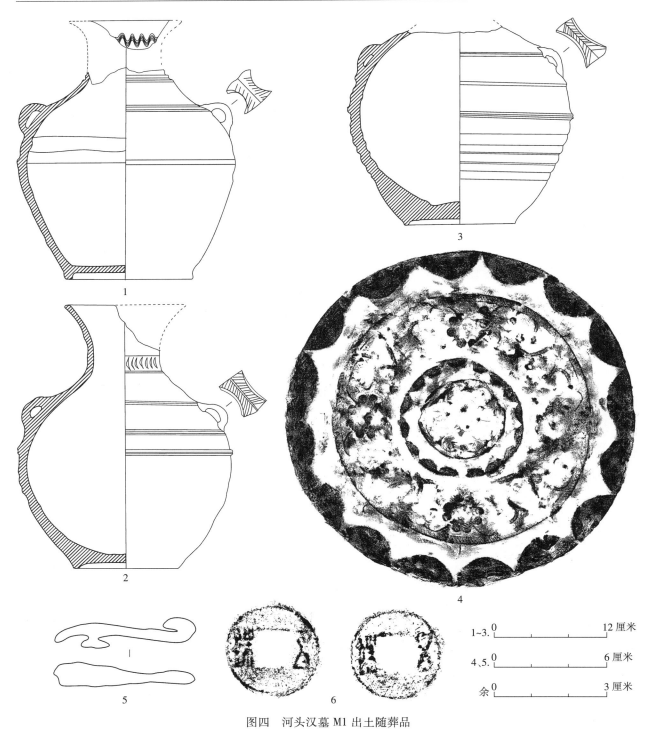

图四　河头汉墓 M1 出土随葬品

1~3. 釉陶壶 M1：2、3、1　4. 铜镜 M1：8　5. 铜带钩 M1：6　6. 五铢 M1：5

（二）M2

1. 墓葬形制

位于 M1 西侧，为长方形竖穴土坑砖椁墓葬，方向 277°（图五；彩版二三，1）。墓圹长 4.40、宽 3.18、深 2.02 米。墓葬填土为灰褐土，掺杂黄黏土块和粗砂。

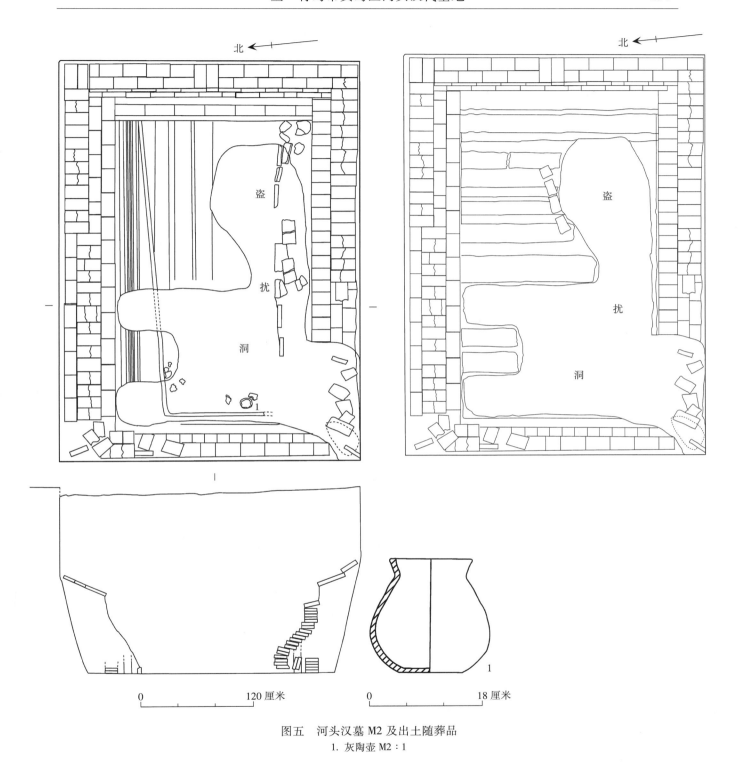

图五 河头汉墓 M2 及出土随葬品
1. 灰陶壶 M2：1

　　砖椁四周为单砖平砌，其外为熟土台，至顶部则以砖平铺至墓圹边缘。砖椁长 3.60、宽 2.00、高 1.20 米。由于该墓葬被盗扰，木椁破坏严重。但顶部的盖板结构基本清晰，为一层木板平铺，木板之间缝隙较大。从残迹看，木椁长约 3.48、宽约 1.90、残高 0.20 米。内置木棺一具，仅存残迹。随葬品仅有破损陶壶 1 件，置于西侧棺椁之间。

2. 随葬品

灰陶壶　1 件。

标本 M2：1，敞口，平沿，束颈，溜肩，鼓腹下垂，平底。口径 13.2、腹径 19、底径 10.8、高 18.8 厘米（图五，1）。

（三）M3

1. 墓葬形制

位于封土下西南角，为长方形竖穴土坑木椁墓葬，方向 286°（图六～八；彩版二三，2）。墓葬上部发现一盗洞，但未进入墓室，因此该墓结构保存基本完整。墓圹口小底大，口长 3.88、宽 2.37 米；底长 3.98、宽 2.50～2.60 米；深 4.30 米。墓葬填土为灰褐色黄黏土，夹杂粗砂。填土经夯打，夯层厚约 25 厘米，夯窝圆形平底，直径 5 厘米，夯窝深 6～20 厘米。

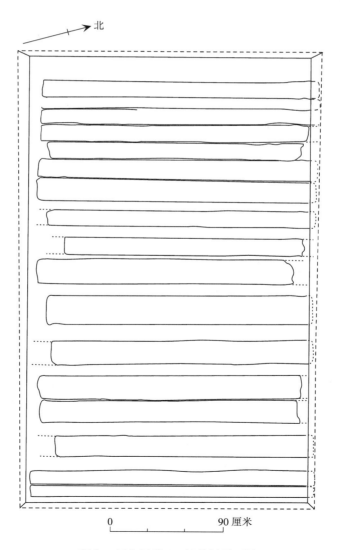

图六　河头汉墓 M3 椁盖板平面图

图七　河头汉墓 M3 平面图

1. 玉剑格（残）　　2、13、17、19、37、38. 漆盒　3～6、39、42. 铜镜刷　7、15. 镜架　8、11、14. 铜镜　9. 漆奁
10. 铁削　12. 竹签　16. 铜钱　18. 铜构件　20、22. 灰陶罐　21、23～25. 灰陶壶　26～36. 乐器构件　40. 铜铺首
41、43. 漆器箱　44. 铜交箍　45. 七弦琴　46. 铜弦穿（已朽，未采集）

　　葬具为一棺一椁。木椁长方形，长 3.24、宽 1.80、高 0.70 米。椁盖板一层，以木板平铺，木板之间有较大的缝隙。椁底板也是用一层木板平铺而成，木板之间也有较大缝隙。木棺一具，置于椁内南侧。为长方形，长 2.43、宽 1.05、残高 0.10 米。木棺原髹红漆，棺内残留较多的漆皮。棺内人骨腐朽，仅存头骨残迹，可辨头向西。棺内随葬有两件漆质器物箱已腐朽。箱内放置铜镜 2 枚及铁质镜架、铜镜刷等物；另一箱内放置木质梳篦 2 件。其他随葬品还有陶器、漆盒等，放置于棺椁之间的北侧和西侧。

2. 随葬品

　　墓葬出土随葬品较为丰富，计有陶器、铜器、玉器、漆木器等，共 29 件。陶器 6 件，均为泥

图八　河头汉墓 M3 椁底板平面图

质灰陶，器形有壶、罐两类。铜器 19 件。器形有镜、刷、瑟柄等。铁器 4 件，但锈蚀严重，残碎。其中可辨有铁削 1 件，镜架 2 件，均出于 M3。残铁镢 1 件，出自 M3 盗洞。

灰陶壶　4 件。分两型。

A 型　2 件。高圈足壶。直口略外侈，斜平沿，方唇，颈较长，溜肩，球形腹，高喇叭状圈足。素面。

标本 M3∶24，口径 13.6、腹径 23.6、圈足径 12.6、高 36.1 厘米（图九，1；彩版二二，3）。

标本 M3∶21，形制与标本 M3∶24 近同，略小。口径 11.8、腹径 20.9、圈足径 12.4、高 31.8 厘米（彩版二二，4）。

B 型　2 件。大圈足盖壶。直口微侈，方唇，矮领较粗，瘦长腹，大喇叭状圈足。有浅覆盘形器盖，盖顶较平，盖面有一周凸弦纹和两周凹弦纹，盖顶有一蘑菇状捉手。

标本 M3∶23，略显瘦高，圈足较矮。素面。口径 14.6、腹径 26.6、圈足径 16、通高 44 厘米

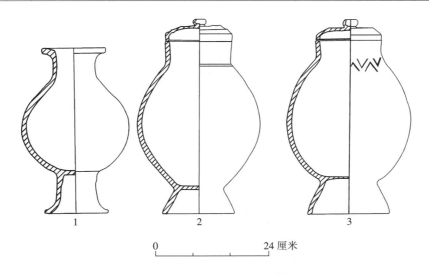

图九　河头汉墓 M3 出土随葬品
1 ~ 3. 灰陶壶 M3：24、23、25

（图九，2；彩版二四，1）。

标本 M3：25，略显肥硕，圈足较高肩上部有一周三角纹红色彩绘。口径 14.6、腹径 26.4、圈足径 17.4、通高 44 厘米（图九，3；彩版二四，2）。

灰陶罐　2 件。形制相似，均有盖。

标本 M3：20，直口微侈，卷斜沿，方唇，短颈，肩部微鼓，鼓腹，下腹斜收，平底微凹。腹中部饰两周戳印纹，下腹部饰纵绳纹，近底部饰横绳纹。盖为覆盘形，盖顶中央为内凹圆饼形捉手。口径 21.6、腹径 37.6、底径 13、通高 43.2 厘米（图一〇，1；彩版二四，3）。

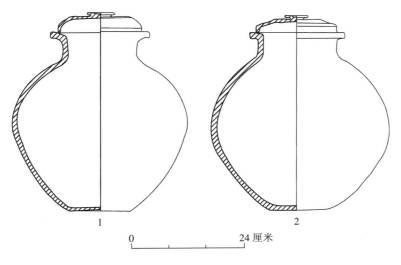

图一〇　河头汉墓 M3 出土随葬品
1、2. 灰陶罐 M3：20、22

标本 M3：22，直口，折沿，方唇，短颈，肩部微鼓，鼓腹，下腹斜收，平底。腹中部饰两周戳印纹，下腹部饰纵绳纹，近底部饰横绳纹。盖为覆盘形，盖顶中央为内凹圆饼形捉手。口径

19.6、腹径37.6、底径12.6、通高42.4厘米（图一〇，2；彩版二四，4）。

玉剑格　1件。

标本M3：1，残。灰黄色，形制呈菱形。残长4.2、体宽0.8厘米。

瑟轸　4件。形制、大小基本相同。

标本M3：31，顶端呈圆形，下部为方锥形，顶部下端中间有穿丝弦的凹槽，凹槽上残留有缠绕瑟弦的痕迹。顶径1.2、长2.7厘米（图一一，1；彩版二四，5左2）。

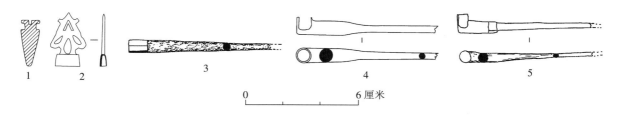

图一一　河头汉墓M3出土随葬品
1. 瑟轸 M3：31　2. 铜构件 M3：18　3～5. 铜镜刷 M3：39、6、42

瑟柄　4件。形制、大小相同，锈蚀严重，表面残存鎏金。

标本M3：27，顶饰高浮雕变形龙纹，龙首居中。柄柄较短，为方形圆角筒状，表面有丝弦缠绕痕迹，内残存方形木柱。顶径4.6、柄边长1.5、通高3.3厘米（彩版二四，6左2）。

铜镜　3枚。全部锈蚀、酥碎严重。

标本M3：8，草叶纹镜。圆形，圆纽，四叶形纽座。其外为双方栏，方栏内为铭文带，其铭文为"日有熹，宜酒食，长富贵，乐毋事"。方栏外分列四个乳丁，乳丁两侧各分列草叶纹。边为十六内向连弧纹。直径17.2厘米。

标本M3：14，星云纹镜。器形稍小，圆形，连峰纽，圆纽座。座外有放射纹及星云纹带，边为内向连弧纹。直径约7.4厘米。

标本M3：11，昭明镜。圆形，圆纽，圆纽座。座外饰一周内向八连弧纹，其外为两周放射纹带，放射纹带之间有一周铭文："内而（清）而以而（昭）而（明）而（光）而夫（而）"等铭文。较宽厚素平缘。直径约10厘米。

铜镜刷　5件。分三型。

A型　2件。形如烟嘴，口部呈筒形，柄呈圆柱形。

标本M3：39，内残留有刷毛痕迹。尾部残缺。刷头直径0.7、残长7.6厘米（图一一，3）。

B型　1件。

标本M3：6，残，烟斗形。口部呈筒形，柄呈圆柱形。刷头直径0.7、残长7.5厘米（图一一，4）。

C型　2件。

标本M3：42，烟斗形，木质柄。刷头直径0.5、残长7厘米，木柄残长5厘米（图一一，5）。

铜构件　1件。

标本 M3∶18，发现于腐朽的漆盒内，与铜镜放置一起。上为镂空树状形，下为长方梯形。长3、宽 1.2～1.9 厘米（图一一，2）。

铜钱　1 枚。

标本 M3∶16，"五铢"，"五"字中间相交两笔较直，"铢"字的"金"字头呈镞形，"朱"字头方折。钱径 2.5 厘米。

漆木器　均出自 M3，腐朽严重仅存痕迹，可辨器形有奁、盒、箱等物。

（四）车坑

1 座，编号 K1。

1. 车坑形制

位于封土东南角，M3 的东侧。车坑呈长方形竖穴形制，底部深入岩层，直壁平底，方向 291°（图一二、一三；彩版二五，1、2）。坑口东西长 5.07、南北宽 2.33～2.40、深 1.40 米。坑内填土上部为黄褐色黏土夹杂粗砂，下部为黄黏土及碎石块。

坑口之下 30 厘米深处南、北、东三侧留有二层台，台面宽 0.16～0.32 米。二层台高度各不同，其中南壁二层台东部高 0.30、西部高 0.50 米；北壁二层台高 0.70 米。车坑顶部覆盖一层木板，已腐朽成灰，从清理情况看，盖板共由 17 块木板呈南北向排列，每块木板残存板灰宽 12～25 厘米，厚 1～2 厘米。盖板之下的南北两侧各有一条宽约 10 厘米的东西向枕木痕迹。南壁二层台上也有东西向模板痕迹。坑的南北两壁各立有四根木柱，木柱已腐朽向坑内倒塌，仅存灰痕，残长 0.50～0.90、宽约 0.18 米。柱洞方形，深浅不一，深距坑底 5～14 厘米。

2. 随葬品

坑内随葬木车两辆，均已散落、腐朽成灰，可辨有车辕、车舆等构件及马衔、马镳等铜质车马器。

其他铜器还有铺首、铜箍、衔镳等车马明器，均残碎严重。

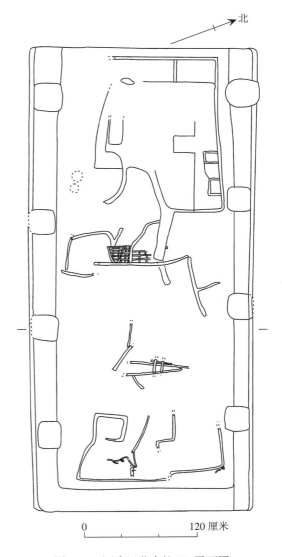

图一二　河头汉墓车坑 K1 平面图

三　结语

河头发现的三座墓葬及一座车坑埋葬于同一座封土之下，从发掘情况和墓葬之间存在打破关系来看，原本并非是一座封土，应与相邻的丁家皂户墓地相同，从早晚叠压关系与随葬器物得知，M3 竖穴岩坑墓与其陪葬坑时代最早，根据该墓出土的随葬器物判断，其时代应属西汉中期。从墓葬封土的打破关系观察，M2 的时代次之，M1 的时代最晚，但从墓葬形制特点及出土器物来看，两座墓葬的年代约属西汉中期偏晚阶段。

胶南河头墓地三座墓葬共同存在于同一个封土中的埋葬习俗，与近年发掘的日照海曲汉代墓地[1]、邻近的丁家皂户墓地[2]情况大体相同，体现出山东东南沿海一带特有的埋葬习俗，这种埋葬形式以往多被看成为"土墩墓"，郑同修先生提出了此类汉代墓葬为"墩式封土墓"的命名[3]，它不但使我们对青岛胶南一带土墩封土大墓的形制特点有了新的认识，而且今后对鲁东南地区大批土墩封土大墓的探讨与研究提供了第一手实物资料。

本次发掘人员有李日训、宋爱华、林玉海、纪忠良、张子晓、石念吉、孙亮慎等。

执笔：李日训、许姗。

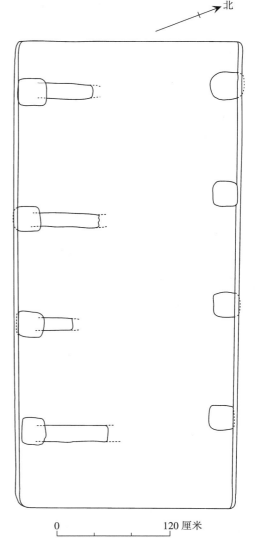

北

0　　　　　　　120 厘米

图一三　河头汉墓车坑 K1 柱洞分布平面图

〔1〕　郑同修、何德亮、崔圣宽：《山东日照海曲 2 号墩式封土墓》，《考古》2014 年第 1 期。

〔2〕　山东省文物考古研究院：《青岛市黄岛区丁家皂户汉代墓地》，见本书。

〔3〕　郑同修：《山东沿海地区汉代墩式封土墓有关问题探讨》，《秦汉土墩墓考古发现与研究——秦汉土墩墓国际学术研讨会论文集》，文物出版社，2013 年。

肆 青岛市黄岛区丁家皂户汉代墓地

山东省文物考古研究院、青岛市文化与旅游局、青岛市黄岛区博物馆

墓地位于黄岛区（原胶南市）张家楼镇丁家皂户村西约 400 米（图一）。为配合同（江）—三（亚）高速公路建设工程，山东省文物考古研究院（原山东省文物考古研究所）与青岛市文化与旅游局（原青岛市文物局）、青岛市黄岛区博物馆（原胶南市博物馆）联合，于 2002 年 4 月进行了发掘，共发掘墓葬 4 座。

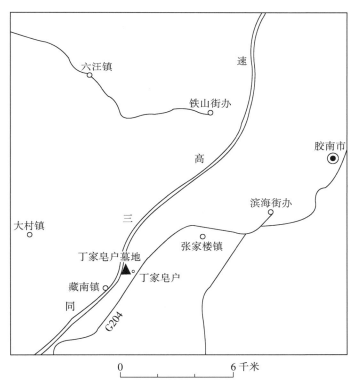

图一 青岛市丁家皂户汉墓位置示意图

参加此次发掘工作的有李曰训、宋爱华、林玉海、纪忠良、张子晓、石念吉、孙亮慎等。现将这次发掘的主要收获报告如下。

一 封土

墓地坐落在低矮丘陵之上，在发掘之前，墓葬尚存有封土，残高 2～3 米。封土平面略呈椭圆

形，东西约 90、南北约 76.5 米。封土夯筑而成，但夯筑质量一般。封土之下发现墓葬四座。发掘证实，四座墓葬原各有自己的封土，这些墓葬封土存在打破关系，并连成一体，造成看似一个大封土的情况。

四座墓葬中，M4 为年代最早的一座，M1、M3 的封土分别叠压 M4 封土的一部分，年代最晚的 M2，封土又叠压 M1、M3 封土的一部分。每座墓葬的封土平面基本呈圆形，上部为工程施工破坏，但四座墓葬先后建筑的顺序十分清晰。值得注意的是，每座墓葬并非在各自封土的中央，都是偏于墓地所在小丘陵的中心部位（图二）。

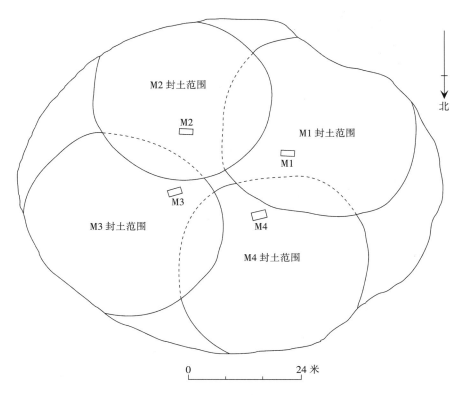

图二　青岛市丁家皂户汉墓分布平面图

二　墓葬分述

（一）M1

1. 墓葬形制

封土略呈椭圆形，东西长 50、南北宽约 42、残高 0.90 米（图三；彩版二六，1）。墓葬位置偏封土西南部，长方形竖穴土坑形制，墓底部深入岩层成岩坑墓。墓圹直壁平底，长 3.10、宽 1.40、深 0.90 厘米。方向 89°。墓内填土为黄褐土夹粗砂粒。

葬具一棺，已腐朽仅存灰痕。棺长方形，长 2.24、宽 0.70 米。人骨彻底腐朽，可辨头向东。棺内随葬品仅铁环首刀 1 件，腐朽严重。棺外东侧随葬施釉硬陶壶 3 件及漆盒 1 件，漆盒

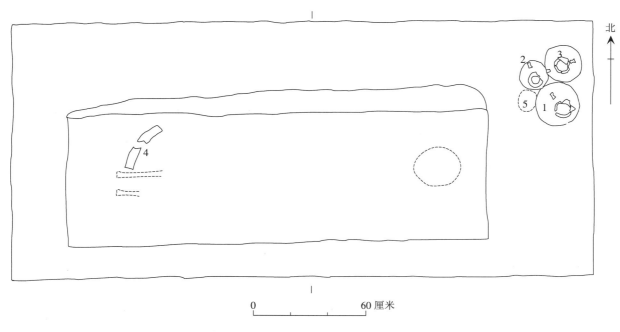

图三　丁家皂户汉墓 M1 平面图
1~3. 釉陶壶　4. 残铁器　5. 漆盒

腐朽成灰。

2. 随葬品

共 5 件，其中釉硬陶壶 3 件，铁环首刀、漆盒各 1 件。

釉硬陶壶　3 件。

标本 M1：1，浅灰色胎，表面红褐色，颈及上腹部器表施青黄釉。喇叭口，圆唇，细颈，斜肩，肩部有两个对称的桥形耳。耳上方饰横 "S" 形泥条装饰，耳面上饰叶脉纹。腹瘦长，矮圈足。颈部有一周凹弦纹，其下饰以水波纹带，肩及上腹部饰三组弦纹，腹部内外壁饰瓦棱纹。口径 15、腹径 26、底径 12、高 35.3 厘米（图四，1；彩版二七，1）。

标本 M1：2，浅灰色胎，表面红褐色，颈及上腹部器表施青黄釉。口部残缺，颈较粗较短，略内束，肩部有两个对称的桥形耳，腹较肥硕，矮圈足。耳上方饰泥条卷云纹装饰，耳面上饰叶脉纹，颈部有一周凹弦纹，其下饰以水波纹带，肩及上腹部饰三组弦纹，腹部内外壁饰瓦棱纹。腹径 23.6、底径 12、残高 25.6 厘米（图四，2）。

标本 M1：3，浅灰色胎，表面红褐色，颈及上腹部器表施青黄釉。喇叭口，圆唇，长颈内束，斜肩，肩部有两个对称的桥形耳，瘦长腹，矮圈足。耳面上饰叶脉纹，颈部有两周凹弦纹，其间饰以水波纹带，腹部内外壁均饰瓦棱纹。口径 10、腹径 16、底径 9.4、高 22.2 厘米（图四，3；彩版二七，2）。

铁刀

锈蚀残碎严重，漆盒彻底腐朽仅存痕迹。

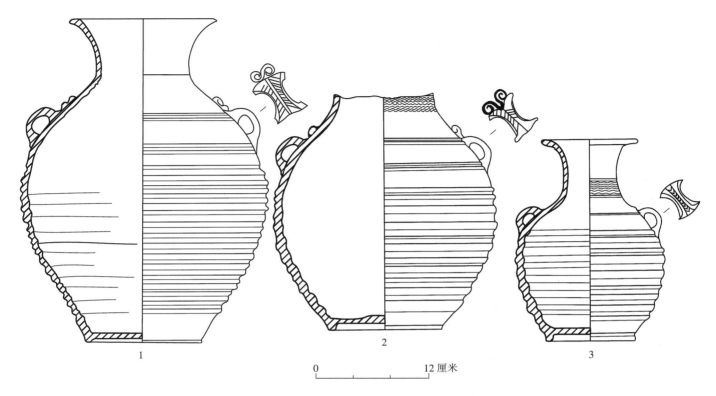

0   12 厘米

图四　丁家皂户汉墓 M1 出土随葬品

1～3. 釉陶壶 M1 : 1～3

（二）M2

1. 墓葬形制

封土略呈椭圆形（图五），东西 42、南北 39、残高 0.85 米。墓葬位置偏封土南部。长方形竖穴土坑形制，墓底部深入岩层成岩坑墓。墓圹长 3.00、宽 1.55、深 0.85 米。墓葬底部四周留有二层台，台宽 0.15、台高 0.25 米。方向 92°。墓内填土为黄褐土夹粗砂粒。

葬具为一棺一椁，均已腐朽仅存灰痕。椁长 2.60、宽 0.95 米；木棺长 2.00、宽 0.70 米。人骨腐朽严重，可辨为仰身直肢葬，头向东。墓葬头端棺椁之间随葬陶壶 3 件。

2. 随葬品

灰陶壶　3 件。泥质，素面。

标本 M2 : 1，侈口，平沿，束颈，鼓腹下垂，平底。口径 14.1、腹径 24.5、底径 17、高 24.5 厘米（图六，1；彩版二七，3）。

标本 M2 : 2，浅盘口，平沿，短颈内束，肩微鼓，鼓腹，大平底。口径 14.8、腹径 22.4、底径 11.2、高 21.8 厘米（图六，2）。

标本 M2 : 3，浅盘口，平沿，短颈内束，肩微鼓，鼓腹，大平底。口径 14.7、腹径 26.6、底径 18、高 27 厘米（图六，3；彩版二七，4）。

（三）M3

1. 墓葬形制

封土呈椭圆形，东西长44、南北宽36.4米，大部分被施工取除，仅存残底（图七；彩版二六，2）。墓葬位置偏封土东北部。长方形竖穴土坑形制，墓底部深入岩层成岩坑墓。墓圹长3.05、宽1.60、深0.80米。墓葬南北两侧及西侧底部留有二层台，台宽0.20、台高0.40米。方向88°。墓内填土为黄褐粉沙土夹粗砂粒。

葬具一棺，腐朽成灰。棺长2.25、宽0.80米。人骨腐朽严重，可辨头向东。在棺外东侧有一长方形木箱，也腐朽成灰。随葬品有铁刀1件，置于棺内；施釉硬陶壶、罐各1件，置于头箱之内。

2. 随葬品

施釉硬陶壶　1件。

标本M3∶1，陶胎浅灰色，表面红褐色，颈及上腹部器表施青黄釉，部分已脱落。喇叭口，圆唇，口部内侧有一周凹槽，颈较长内束，斜肩，肩部有两个对称的桥形耳，瘦长腹微鼓，矮圈足。耳面上饰叶脉纹，颈部有两周凹弦纹，其间饰以水波纹带，肩部饰弦纹，腹部饰瓦棱纹。口径10.5、腹径16.6、底径9、高21.9厘米（图八，1；彩版二七，5）。

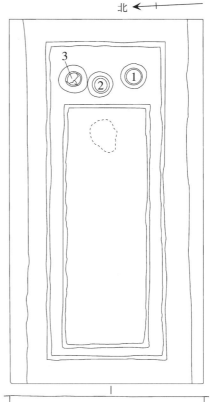

北 ←

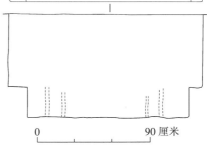

0 ——————— 90厘米

图五　丁家皂户汉墓 M2 平、剖面图
1～3. 灰陶壶

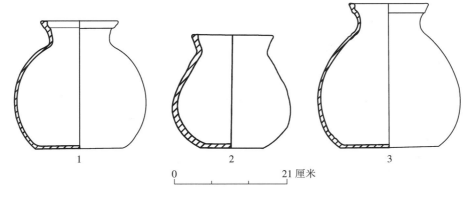

0 ——————— 21厘米

图六　丁家皂户汉墓 M2 出土随葬品
1～3. 灰陶壶 M2∶1～3

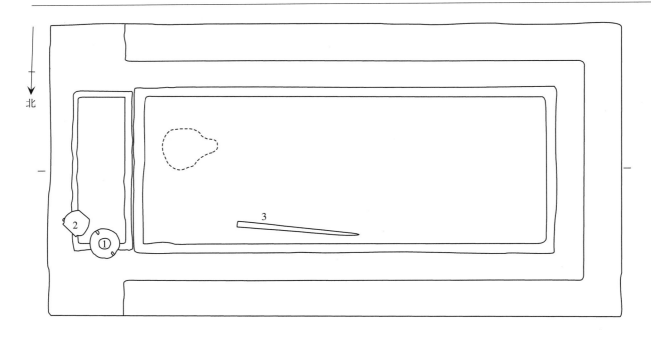

0 ————————— 60 厘米

图七　丁家皂户汉墓 M3 平、剖面图
1. 施釉硬陶壶　2. 施釉硬陶罐　3. 铁刀

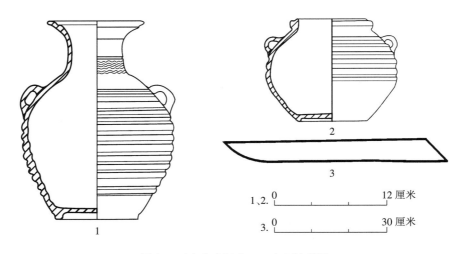

1、2. 0 ————————— 12 厘米

3. 0 ————————— 30 厘米

图八　丁家皂户汉墓 M3 出土随葬品
1. 施釉硬陶壶 M3：1　2. 施釉硬陶罐 M3：2　3. 铁刀 M3：3

施釉硬陶罐 1件。

标本 M3：2，陶胎浅灰色，器表施青黄釉，多已脱落。直口，窄平沿，沿面微凹，颈微内束，肩部有两个对称的桥形耳，圆鼓腹，平底内凹。上腹部饰瓦棱纹。口径9、腹径13.9、底径8、高11.4 厘米（图八，2；彩版二七，6）。

铁刀 1件。

标本 M3：3，环首扁圆形，单面刃，前锋尖利，刀背较厚。通长60厘米（图八，3）。

（四）M4

1. 墓葬形制

封土呈椭圆形，东西长47、南北宽约40米，大部分被施工取除，仅存残底（图九；彩版二六，3）。墓葬位置偏封土北部。长方形竖穴土坑形制，墓底部深入岩层成岩坑墓。墓圹口长3.80、宽2.00米；底长3.46、宽1.80、深1.75米。方向78°。墓内填土为灰褐花土夹粗砂粒，填土经夯打，夯层厚8~10厘米。

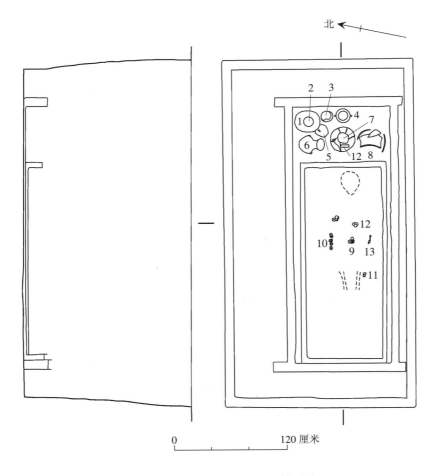

图九 丁家皂户汉墓 M4 平、剖面图

1. 施釉硬陶盆 2~7. 施釉硬陶壶 8. 印纹硬陶瓮 9~11. 铜钱 12. 玉剑璏 13. 铜带钩

葬具一棺一椁，腐朽成灰。椁长 2.90、宽 1.10、残高 0.25 米；棺长 1.95、宽 0.85、残高 0.20 米。人骨腐朽严重，可辨头向东。棺内随葬品有铜带钩 1 件及铜钱，陶器 8 件，置于头端棺椁之间。另有玉剑璏 1 件，置于陶罐之内。

2. 随葬品

有陶器 8 件，铜带钩、玉器各 1 件，另外出土铜钱 50 余枚。陶器有壶、瓮、盆三种，除瓮为印纹硬陶外，余皆为施釉硬陶。

施釉硬陶壶　6 件。

标本 M4：2，陶胎浅灰色，表面红褐色。喇叭口，圆唇，颈较长，内束明显，斜肩，腹瘦长，下腹明显内收，矮圈足，肩部有两个对称的桥形耳。颈部有一周凹弦纹，肩部饰三组凹弦纹，腹部饰瓦棱纹，耳上方饰横"S"形泥条装饰，耳面上饰叶脉纹。口径 9、腹径 19、底径 11.6、高 26 厘米（图一〇，1；彩版二八，1）。

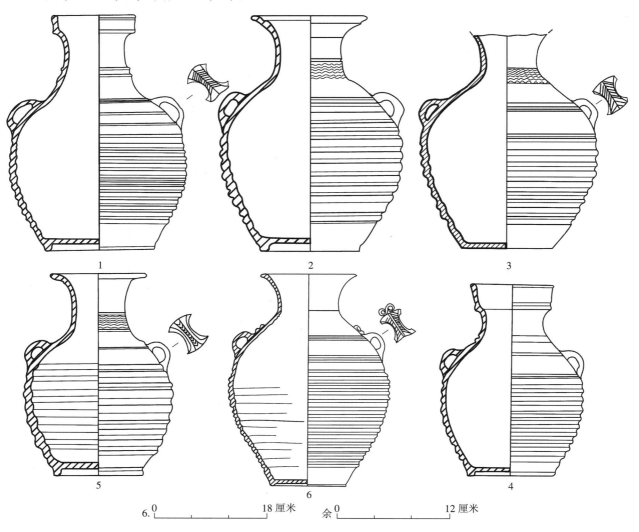

图一〇　丁家皂户汉墓 M4 出土随葬品
1～6. 施釉硬陶壶 M4：2～7

标本 M4：3，陶胎浅灰色，表面红褐色，颈及上腹部施淡黄釉。深盘口，圆唇，颈较长略内束，斜肩，肩部有两个对称的桥形耳，腹瘦长，平底。口上下部各有一组凹弦纹，颈、肩部饰三组凹弦纹，腹部饰瓦棱纹，耳面上饰叶脉纹。口径 12.2、腹径 19.6、底径 10、高 26 厘米（图一〇，2；彩版二八，2）。

标本 M4：4，陶胎浅灰色，表面红褐色，颈及上腹部器表施青釉。口部残，长颈内束，斜肩，瘦长腹，平底，肩部有两个对称的桥形耳。颈部有两周凹弦纹，其间饰以水波纹带，肩及上腹部各有一组弦纹，下腹部饰瓦棱纹，耳面上饰叶脉纹。腹径 19.2、底径 9.6、残高 23.6 厘米（图一〇，3）。

标本 M4：5，陶胎浅灰色，表面红褐色，颈及上腹部施青黄釉。深盘口，圆唇，颈较粗短，略内束，斜肩，腹微鼓，下腹略内收，矮圈足，肩部有两个对称的桥形耳。口下部有一组凹弦纹，颈、肩部饰三组凹弦纹，腹部饰瓦棱纹，耳面上饰叶脉纹。口径 8.8、腹径 15.6、圈足径 9.2、高 20.8 厘米（图一〇，4）。

标本 M4：6，陶胎浅灰色，表面红褐色，颈及上腹部施淡黄釉。深盘口，圆唇，颈较长略内束，肩微鼓，腹瘦长，下腹略内收，平底，肩部有两个对称的桥形耳。颈、肩部饰三组凹弦纹，腹部饰瓦棱纹，耳面上饰叶脉纹口下部有一组凹弦纹。口径 10.2、腹径 15.8、底径 9.8、高 22.1 厘米（图一〇，5）。

标本 M4：7，陶胎浅灰色，表面红褐色，颈及上腹部施青黄釉。浅盘口，圆唇，颈较细长，略内束，斜肩，腹微鼓，下腹略内收，矮圈足，肩部有两个对称的桥形耳。口上下部各有一组凹弦纹，颈、肩部饰三组凹弦纹，腹部饰瓦棱纹，耳面上饰叶脉纹。口径 15.2、腹径 26.8、圈足径 12、高 34.6 厘米（图一〇，6）。

施釉硬陶盆　1 件。

标本 M4：1，泥质浅灰陶，外表红褐色，器内壁施青黄釉。敞口，宽斜平沿，圆唇，折腹较深，矮圈足。口沿沿面上饰水波纹带，内底饰重环弦纹，器表上腹部饰 4 周凸弦纹。口径 32.8、底径 15、高 10.8 厘米（图一一，2；彩版二八，3）。

印纹硬陶瓮　1 件。

标本 M4：8，器形较大，上部呈灰色，近底部呈红褐色。侈口，窄斜沿，沿面内凹，束颈，溜肩，鼓腹，腹最大径在上腹部，下腹内收，小平底。器表通体压印竖绳纹，烧制火候较高，器表有 4 个大小不等的凸鼓气泡。口径 20.6、腹径 36.2、底径 16.7、高 31.2 厘米（图一一，1；彩版二八，4）。

玉剑璏　1 件。

标本 M4：12，牙白色玉质。长方形，背部有一长方形銎。正面阴刻长方形边框，边框内饰排列整齐的卷云纹。体长 8.0、宽 2.2、厚 1.4 厘米（图一二，1；彩版二八，5）。

铜带钩　1 件。

标本 M4：13，钩首蛇首状，钩身较细长，尾部呈心形环状，背部一圆纽。尾部宽 2.8、长 7.8

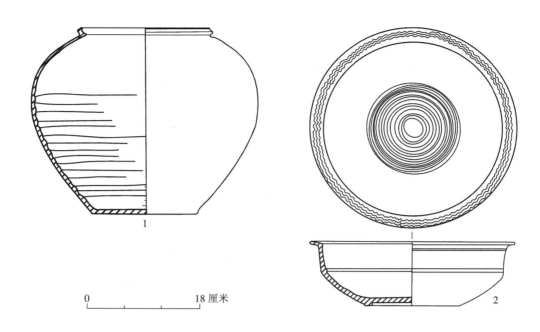

图一一　丁家皂户汉墓 M4 出土随葬品

1. 印纹硬陶瓮 M4：8　2. 施釉硬陶盆 M4：1

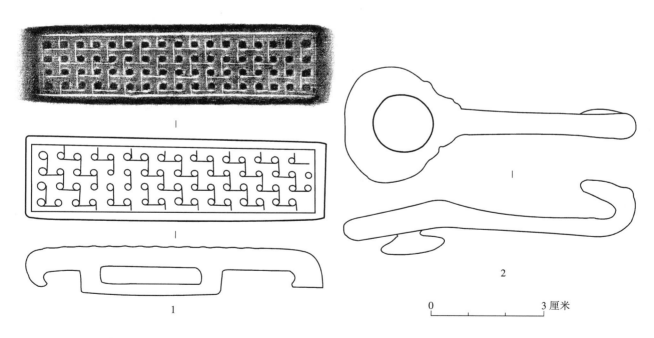

图一二　丁家皂户汉墓 M4 出土随葬品

1. 玉剑璲 M4：12　2. 铜带钩 M4：13

厘米（图一二，2；彩版二八，6）。

铜钱　52 枚。

均为"大泉五十"。多锈蚀严重。钱径 2.5～2.6、穿边长 0.9 厘米。

三　结语

丁家皂户四座墓葬均属于小型墓葬，但都有各自的封土，和每座墓葬的规模相较，封土显然较大。而每座墓葬所在位置又非在封土正中之下，均偏向于封土一侧，从布局上看似有意为向中间靠拢有关。墓葬封土相互叠压确定了四座墓葬之间的早晚关系，即，M4 年代最早，M1、M3 次之，M2 年代最晚。由 M4 出土铜钱全部为"大泉五十"推断，该墓葬的年代当属王莽时期。其余三座墓葬从打破关系晚于 M4，从墓葬结构和出土陶器特征来看，与近年来山东沿海地区同类型墓葬一致，年代约属东汉早期。

丁家皂户墓葬的发掘，进一步证实了山东东南沿海一带此类墓葬封土的形成过程。这类外观看起来像一座大封土的墓葬，实际上是由墓葬各自封土相连而形成的。有学者称之为"墩式封土墓"形制[1]。四座墓葬的主人埋葬于同一墓区，反映出他们之间可能具有近亲关系，也可能属于家族墓地。

玉剑璏出土于陶罐之中，这是较为少见的现象。

丁家皂户墓葬的发掘为研究本地区汉代考古学文化提供了较为重要的考古资料。

本次发掘人员有李日训、宋爱华、林玉海、纪忠良、张子晓、石念吉、孙亮慎等。

执笔：李日训、许姗。

---

［1］ 郑同修：《山东沿海地区汉代墩式封土墓有关问题探讨》，《秦汉土墩墓考古发现与研究——秦汉土墩墓国际学术讨论会论文集》，文物出版社，2013 年。

伍　沂南县宋家哨汉代墓地

山东省文物考古研究院、沂南县文物管理所

一　概况

　　墓地位于沂南县湖头镇宋家哨村南约 500 米，西距县城约 18 千米，距沂河约 12 千米（图一）。2001 年 12 月，为配合胶新铁路工程建设，山东省文物考古研究院（原山东省文物考古研究所）与沂南县文物管理所联合进行了发掘。墓地属鲁东南典型的堆筑形土墩墓葬，整个土墩略呈长方形，南北长约 23.6、东西宽 20 米，现存高约 2.6 米，顶部较为平缓，为黄褐色花土层层堆筑（图二；彩版二九，1）。

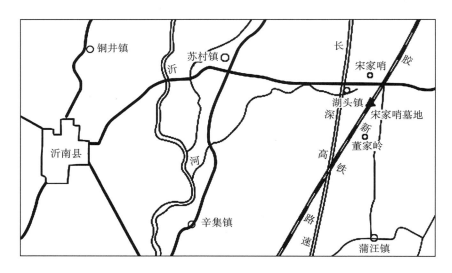

图一　沂南县宋家哨汉墓位置示意图

　　整个土墩下共有 5 座墓葬。从剖面来看，墓葬 M1、M2、M3、M4 皆为打破 M5 的封土而埋葬，M1、M4 最晚，M3 次之、M2、M5 最早（图三；彩版二九，2）。

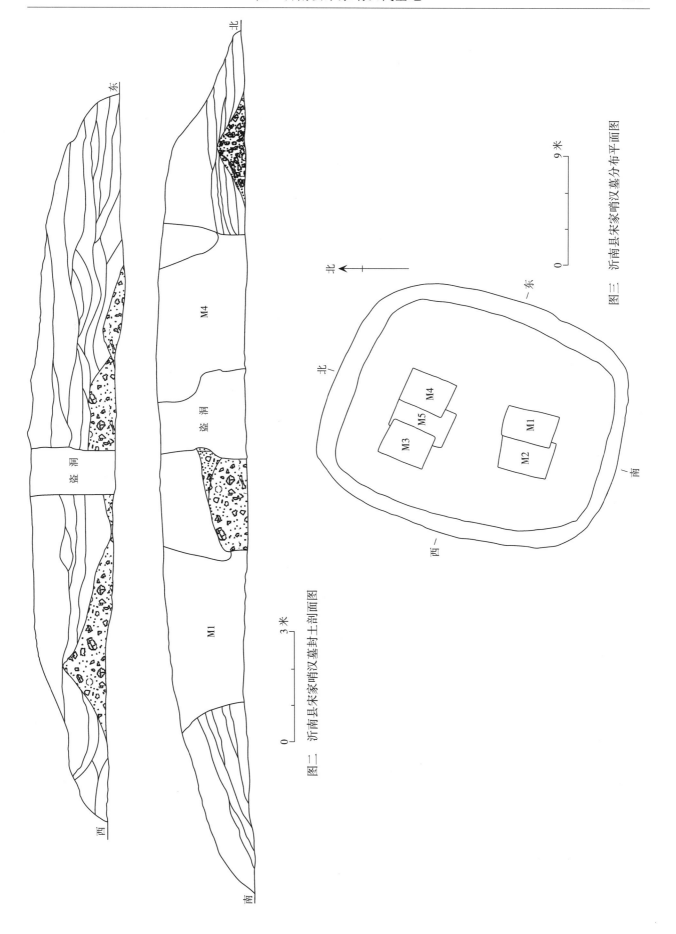

图二　沂南县宋家哨汉墓封土剖面图

图三　沂南县宋家哨汉墓分布平面图

二　墓葬分述

（一）M1

1. 墓葬形制

位于封土的东南部，为长方形土圹竖穴岩坑木椁墓，打破西侧的 M2，方向 10°（图四；彩版三〇，1）。墓坑开口于现存封土表土层下。墓口南北长 4.20、东西宽 2.50 米；墓底南北长 4.00、东西宽 2.20 米；深 4.90 米。墓坑东侧墓壁斜直，下部留有一岩石的二层台，宽 0.32、高 1.20 米。其他墓壁基本为直壁，平底。

木质葬具一棺一椁，均已腐朽仅存灰痕。椁呈长方形，长约 3.40、宽约 1.32、残高 0.62 米；棺也是长方形，长 2.12、宽约 0.82、残高 0.40 米。椁室南部有一脚箱，箱长 1.06、宽 0.90 米。棺内尸骨朽烂，头向北，葬式不清。共出土随葬品 6 件，铜镜 1 枚置于棺内东北角墓主头部左侧，其余 5 件陶罐置于器物箱内。

2. 随葬品

灰陶罐　5 件。均为夹砂陶。

标本 M1 : 2，侈口，卷沿，方唇下垂，弧鼓腹，平底。腹部有五周弦纹，下腹斜直内收。口径 18.7、腹径 34.3、底径 20.8、通高 30 厘米（图五，1；彩版三一，1）。

标本 M1 : 3，侈口，卷沿，方唇下垂，弧鼓腹，腹部最大径位于腹部中间偏上，下腹部近斜直略内凹，平底。上腹部有五周弦纹。口径 18、腹径 32.9、底径 19.4、通高 31.8 厘米（图五，2）。

标本 M1 : 4，侈口，卷沿，圆唇下垂，弧鼓腹，最大腹径位于腹中部，下腹部斜直，

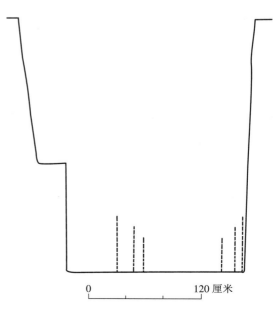

图四　宋家哨汉墓 M1 平、剖面图
1. 铜镜　2 ~ 6. 灰陶罐

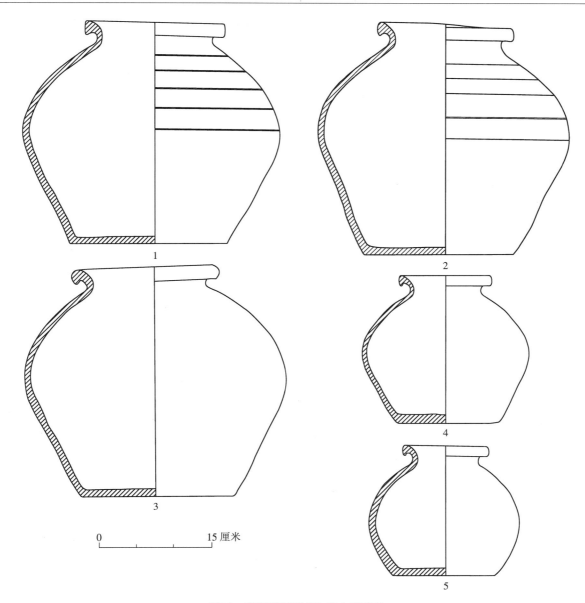

图五　宋家哨汉墓 M1 出土随葬品
1～5. 灰陶罐 M1：2～6

平底。口径 18.6、腹径 34.3、底径 20.2、通高 31.8 厘米（图五，3）。

标本 M1：5，侈口，卷沿，圆方唇下垂，溜肩，弧鼓腹，最大腹径位于腹中部，下腹斜直，平底。口径 12.3、腹径 21.8、底径 13.5、通高 20.4 厘米（图五，4）。

标本 M1：6，侈口，卷沿，圆唇下垂，溜肩弧鼓腹，最大径位于腹中部偏下，下腹弧，平底。口径 11.5、腹径 19.6、底径 13.6、通高 17.9 厘米（图五，5；彩版三一，2）。

铜镜　1 枚。

标本 M1：1，日光镜，锈蚀严重。圆纽，圆纽座。座外一周内向八连弧纹带，连弧纹间有简单的装饰，其外两圈短斜线纹，斜线纹之间有一周铭文带，铭文为"见日之光，天下大明"，字间有"の、而"符号间隔，窄素沿。直径 7.8 厘米。

（二）M2

1. 墓葬形制

位于封土堆的南部，被 M1 打破。开口于封土堆中，堆积层位不清（图六；彩版三〇，2）。为长方形土圹竖穴岩坑木椁墓，方向 13°。墓口长 4.38、宽 3.20 米；墓底长 4.00、宽 2.80、深 3.70 米。填土为黄褐色沙土，并夹杂较多的碎石块。

葬具一棺一椁，均已腐朽仅存灰痕。棺位于椁室内西部，南部有一脚箱。椁长 3.16、宽 1.56、高约 0.92 米；棺长 2.34、宽 0.82、残高 0.12 米。脚箱长 1.56、宽 0.60、深 0.92 米。棺内尸骨已朽烂，头向北，葬式不清。该墓随葬品较为丰富，有陶、铜、铁、玉、骨角器以及漆器等。分别放置在棺内、脚箱以及东侧棺椁之间。

2. 随葬品

陶器 5 件，分为灰陶和硬釉陶，器形有壶、鼎、樽、碗。

灰陶鼎　1 件。

标本 M2：15，残破较严重，夹砂陶。敛口，平沿，弧鼓腹，平底，三蹄形足。腹中部有一周凸棱，两对称附加錾耳，耳中部方形穿孔。口径 10.5、底径 15.0、通高 16.1 厘米（图七，1；彩版三一，3）。

灰陶樽　1 件。

标本 M2：14，夹砂陶。直口，平沿，尖唇，直腹，平底，三蹄状足。腹部有两周弦纹。弧顶盖，盖顶部有一锥状捉手。口径 19.5、底径 20、通高 16.4 厘米（图七，2）。标本 M2：11 器盖及为此樽盖。

灰陶碗　2 件。

标本 M2：7，夹砂陶。侈口，斜沿，方唇，腹部近斜直，平底。口径 10.3、底径 4.8、通高 4.5 厘米（图七，3）。

标本 M2：9，夹砂陶。侈口，宽斜沿，方唇，弧腹，平底。口径 10.9、底径 4.4、通高 5.1 厘米（图七，4）。

硬釉陶壶　1 件。

标本 M2：6，口沿以下至上腹部施酱紫色釉，釉厚处泛青色，口沿内壁也施釉。并有滴釉现象。侈口，圆唇，束颈，弧鼓腹，腹部最大径位于腹中部，假圈足，平底。口沿下分布戳印纹及四周水波纹，颈部施六周水波纹，上腹部上部有两组五周弦纹，并有两个相对应附加的芭蕉叶形纽，纽上部附加"卷云"泥条，形如"羊"角。口径 10.7、最大腹径 19.2、底径 11.3、通高 22.5 厘米（图七，5；彩版三一，4）。

玉印章　1 枚。

标本 M2：1，正方形，桥形纽，中间有一小穿孔，覆斗形纽座。印文阴刻"张循印"三字。边长 2、纽座高 0.4、通高 1.5 厘米（彩版三二，1、2）。

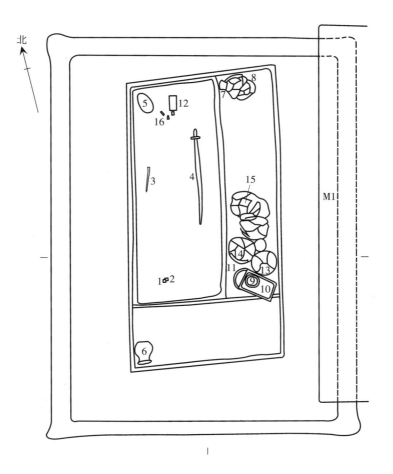

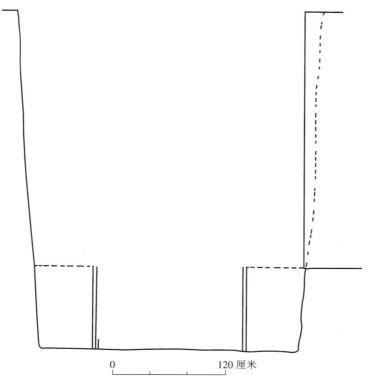

图六　宋家哨汉墓 M2 平、剖面图

1. 玉印章　2. 铜印章　3. 铁削　4. 铁剑　5. 漆器（残）　6. 硬釉陶壶　7、9. 灰陶碗　8. 陶器（残）
10. 方盘（残）　11. 陶器盖　12. 石黛板及研磨器　13. 灰陶罐　14. 灰陶樽　15. 灰陶鼎　16. 石塞

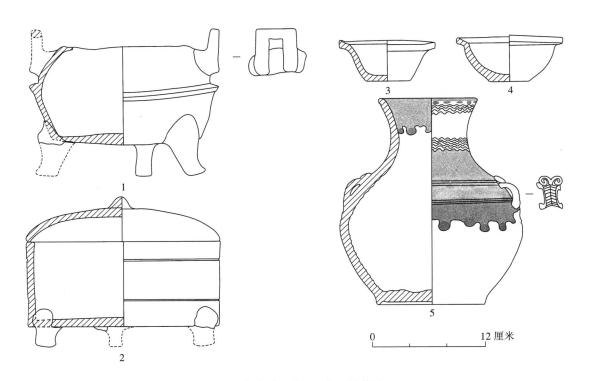

图七　宋家哨汉墓 M2 出土随葬品

1. 灰陶鼎 M2：15　2. 灰陶樽 M2：14　3、4. 灰陶碗 M2：7、9　5. 硬釉陶壶 M2：6

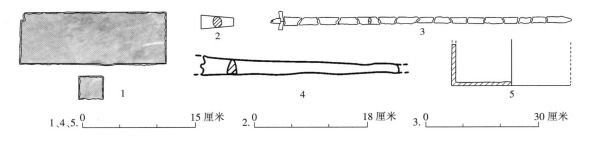

图八　宋家哨汉墓 M2 出土随葬品

1. 石黛板及研磨器 M2：12　2. 石塞 M2：16　3. 铁剑 M2：4　4. 铁削 M2：3　5. 漆盒 M2：5

石黛板及石研磨器　1 件。

标本 M2：12，石黛板长方形，长 15.7、宽 6、厚 0.17 厘米。石研磨器方形，边长 2.7、厚 0.17 厘米。两器物边缘均压剥加工而成。黛板表面残留有红色颜料（图八，1；彩版三二，3）。

石塞　3 件。

应分别为耳、鼻塞，2 个完整，1 个残，形制一致，圆柱状，一端直径大于另一端。

标本 M2：16，长 1.7、外端直径 0.8、近端直径 0.45 厘米（图八，2；彩版三二，4）。

铜印章　1 枚。

标本 M2：2，正方形，龟纽，龟纽背上有七个圆孔镶嵌宝石。龟仰首立足，印文为阴文"廉妾"。印边长 2、通高 1.75 厘米（彩版三二，5、6）。

铁剑　1件。

标本 M2：4，残，青铜格，剑身残断。剑身残长约80、宽约2.4厘米（图八，3）。

铁削　1件。

标本 M2：3，仅残存一段，单面刃。残长21、背厚约1.0厘米（图八，4）。

漆盒　1件。

标本 M2：5，残碎，盒盖已经残碎，夹贮胎。盒身表面有彩绘图案，但漫漶不清。残高4.6、底径12.4厘米（图八，5）。

（三）M3

1. 墓葬形制

位于封土的西北部，打破 M5。为长方形土圹岩坑木椁墓，方向20°（图九；彩版三三，1、2）。墓葬开口层位不清，墓口长3.70、宽2.80米；墓底长3.50、宽2.30、深3.40米，壁面稍有坡度，西壁坡度最大。在墓坑西南角西、南两壁上挖有相对应的脚窝。脚窝呈梯形，上口宽8~12、下口宽20~26、高20、深12~14厘米。墓葬填土黄褐花土夹砂较多。

葬具为一棺一椁，腐朽严重，还残留少部分椁棺板痕。椁长3.00、宽1.70、高0.94米；椁板厚约6厘米。棺长2.20、宽0.80、残高0.34米，棺板厚约4厘米。棺内尸骨已朽烂，葬式不清，头向北。随葬品较为丰富，陶器大多放置于棺南侧棺椁之间，另有部分遗物放置在棺内。

2. 随葬品

随葬品有陶、铜、玉、漆器等种类。陶器10件，均为夹砂灰陶，器形有壶、钫、盘、盆、甑等。铜器9件，器类有镜、带钩、琴足等。漆器绝大多数已朽烂不堪，能看出形制者有漆盒、漆耳杯。玉、石器共2件。

灰陶甑　1件。

标本 M3：19，夹砂陶。侈口，圆唇，斜直腹内收，平底，底部有六个圆形穿孔。口径17.2、底径5.2、通高8.5厘米（图一〇，1）。

灰陶壶　5件。按形制分三型。

A 型　1件。

标本 M3：11，器形较大，圈足。口微侈，卷沿，叠方唇，颈近直，弧鼓腹，圜底，圈足。上腹部一周泥条附加堆纹及两对称铺首衔环，下腹部一周泥条附加堆纹。口径18.4、腹径33.2、圈足径16.9、通高44.2厘米（图一〇，2）。

B 型　2件。器形较小，假圈足。

标本 M3：12，口微侈，卷沿，叠方唇，长颈微缩，弧鼓腹，假圈足，平底。颈下部一周凸棱，上腹部两对称附加衔环铺首。圆形子口盖，顶部带有一锥形捉手。口径12.2、腹径23.2、底径12.8、通高30.5厘米（图一〇，3；彩版三四，1）。

标本 M3：13，侈口，卷沿，圆唇，颈较短微缩，弧鼓腹，假圈足，平底。下腹部有两周断续

图九　宋家哨汉墓 M3 平、剖面图

1. 玉壶　2、3、26. 铜镜　4、6、9. 漆盒　5. 漆耳杯　7. 石球　8、10. 铜带钩　11～13、15、20. 灰陶壶　14、18. 灰陶钫
16. 灰陶器盖　17. 灰陶盆　19. 灰陶甑　21. 陶片　22～25. 青铜案（琴）足　27～29. 漆木器

的戳印纹。口径 10.7、腹径 20.8、底径 12、通高 23.1 厘米（图一〇，4）。

　　C 型　2 件。器形小，圈足。

　　标本 M3：15，略残。侈口，斜沿，尖唇，束颈。弧鼓腹，圜底，圈足。口径 6.6、腹径 12.4、足径 6.8、通高 14.4 厘米（图一〇，5）。

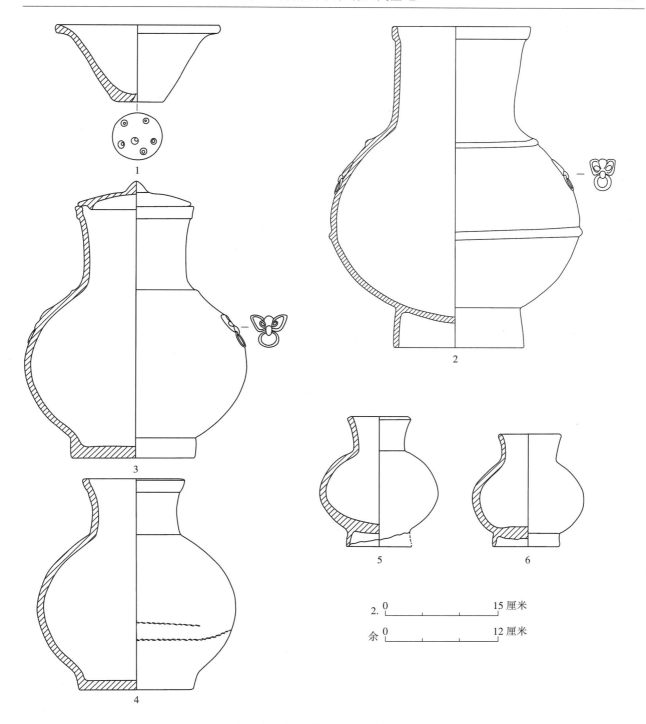

图一〇　宋家哨汉墓 M3 出土随葬品

1. 灰陶甑 M3：19　2 ~ 6. 灰陶壶 M3：11 ~ 13、15、20

标本 M3：20，侈口，卷沿，尖唇，束颈，弧鼓腹，圜底，圈足。口径 6.5、腹径 11.6、足径 6.9、通高 12.5 厘米（图一〇，6）。

灰陶钫　2 件，1 件残碎。

标本 M3：14，方口微侈，卷沿，叠方唇，钫体四面溜肩弧腹内收，其中两面肩部附加衔环铺

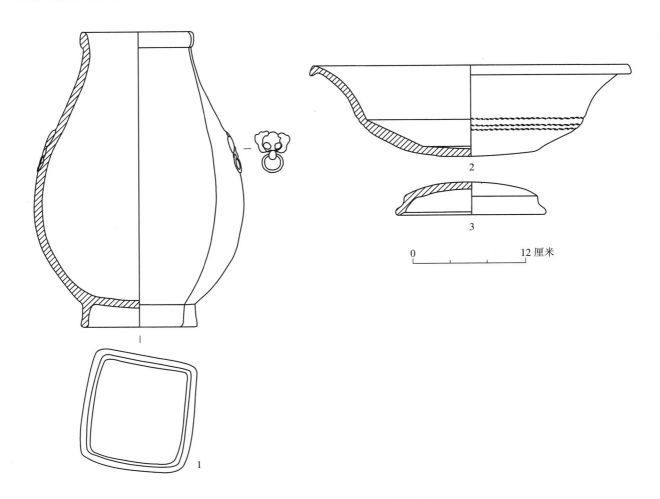

图一一　宋家哨汉墓 M3 出土随葬品

1. 灰陶钫 M3：14　2. 灰陶盆 M3：17　3. 灰陶器盖 M3：16

首，圜底，方形圈足。方口边长 11.4、宽 10.4 厘米；方形圈足长 12.6、宽 11.6、通高 32.5 厘米

（图一一，1；彩版三四，3）。

　　灰陶盆　1件。

　　标本 M3：17，侈口，折沿下垂，圆唇，折腹，上腹内弧，下部弧腹，圜底近平。折腹处两周

粗绳纹，一周断续浅绳纹。口径 33.8、底径 12.3、通高 10 厘米（图一一，2；彩版三四，2）。

　　灰陶器盖　1件。

　　标本 M3：16，夹砂陶。侈口，折沿，圆唇，盖顶弧面近口部下折内收。口径 15.8、通高 3.6

厘米（图一一，3）。

　　玉壶　1件。

　　标本 M3：1，岫岩玉质。平沿，圆唇，沿下有两个对称的穿孔，孔径 0.43 厘米；弧鼓腹，上、

下腹部分布浅浮雕两组"虎食牛"图案。虎两前爪扑抓住牛的屁股，张开大口撕咬，虎后半身因

用力撕咬而侧翻朝上；牛前腿跪地蜷曲，痛苦挣扎状，整体图案形象逼真。壶盖青铜质，壁厚 0.4

厘米。盖顶中部隆起，上部系一银环，环径 1.69 厘米；盖顶凹槽内镶嵌一玉璧，璧面近弧平，直径 3.8、好径 1.95 厘米。底座圈足，中间中空部分塞有一短玉塞，圈足底部饰卷云纹，上部边缘有一小圆孔与下腹底部一小穿孔相对应。口径 4.3、腹径 7.9、壁厚 0.75、座高 1.4、圈足径 1.4、通高 8 厘米（图一二，1；彩版三四，4）。

石球　1 件。

标本 M3：7，石灰岩质。扁圆形。长径 1.85、短颈 1.3 厘米（图一二，2；彩版三四，5）。

青铜案（琴）足　4 件，皆处罐、灶残碎陶片内。整体形制一致。

标本 M3：22－1，整体形如马腿。顶部圆柱形子口插头，足身近椭圆形截面，蹄状足。通高 9.4 厘米（图一二，3；彩版三四，6 左 1）。

标本 M3：23－2~4 形制与此相同（图一二，3；彩版三四，6 左 2~4）。

铜镜　3 枚。

标本 M3：2，草叶纹镜，稍残。圆形，圆纽，四叶纹纽座。座外两重方格，方格间布列篆书九字"长贵富，乐毋事，日有憙，宜酒食"，方格四角有两对称三角形回纹组成的正方形。在外围四方两两对称分布的二叠草叶纹，并有叶及有苞花枝纹间隔；四乳丁纹上挑一叶；周缘为内向十六连弧纹。整个镜背构图庄重规整华美。直径 18.2 厘米（彩版三五，1）。

标本 M3：3，草叶纹镜。圆形，圆纽，四叶纹纽座。座外一个细线组成的浅方格和一个大方格，两方格间每边各篆书两字，连续为"见日之光，天下大明"八字。方格内四角为方形图案，四角外伸出对瓣一苞花枝纹，四乳丁两侧各一对称单层草叶纹，周缘为内向十六连弧纹。直径 6.8 厘米（彩版三五，2）。

标本 M3：26，放置在朽烂的漆盒内，残且锈蚀严重。圆形，连峰纽。纽座外两圈短斜线纹，斜线纹之间为铭文带"家常富贵"，字间以圆圈纹间隔。最外为内向十六连弧纹缘。直径 7.7 厘米（彩版三六，1）。

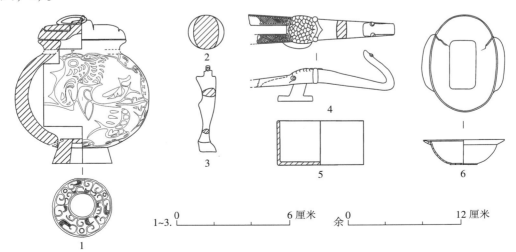

图一二　宋家哨汉墓 M3 出土随葬品

1. 玉壶 M3：1　2. 石球 M3：7　3. 青铜案（琴）足 M3：22－1　4. 铜带钩 M3：8　5. 漆盒 M3：4　6. 漆耳杯 M3：5

铜带钩　2件。

标本 M3：8，钩首蛇形，表面有两眼；钩身较长，断面为长方形；纽位于钩身的尾部，圆形；尾部稍残，前段表面图案丰富，兽面，鳞状纹，尾部中间向后一方形凹槽把尾部分成上下两部分，各饰成组的交错斜线纹。通长 7.6、钩纽直径 0.9 厘米（图一二，4；彩版三六，2）。

标本 M3：10，仅残存尾部，仅存带钩纽部。圆纽（彩版三六，3）。

漆盒　3件，均残。

标本 M3：4，盒盖已残碎，夹贮胎。表面绛紫色漆衣，纹饰漫漶不清。残高 4.8、直径 8.8 厘米（图一二，5）。

漆耳杯　3件，其中 2件残。

标本 M3：5，夹贮胎。杯侈口椭圆形，卷沿，圆唇，弧腹，平底。两侧有附加耳。口长径 10.6、短径 7.1 厘米，底长径 5.8、宽 2.8 厘米，通高 2.7 厘米（图一二，6）。

（四）M4

1. 墓葬形制

位于封土的东北部，打破 M5。长方形土圹岩坑木椁墓，方向 20°（图一三）。墓葬开口于现存土墩表土层下，墓口长 3.90、宽 2.90～3.00 米；墓底距开口深 6.70 米，壁面稍有坡度。墓葬填土黄褐花土夹砂较多，棺椁上有厚约 0.30 米厚的青膏泥。

葬具一棺一椁，朽烂严重，还残留部分椁、棺板痕迹。椁长 3.04、宽 1.84、椁板厚约 0.04、残高 0.80 米；棺长 2.42、宽 0.84、棺板厚 0.04、残高 0.30 米。棺内尸骨已朽烂无存，头像北，葬式不清。该墓早年被盗掘，残存随葬品较少。棺椁之间的东侧残存有陶器碎片，绝大多数不能复原。棺内残存铜镜刷、玉口琀及漆木器残片等。

2. 随葬品

残存随葬品有陶器、铜器和玉器。陶器有罐 2件，玉器仅有玉口琀 1件。

灰陶罐　2件。

标本 M4：3，夹砂陶。侈口，卷沿，圆唇略下垂，溜肩弧鼓腹。下腹近斜直内收，平底。口径 14.9、腹径 24.8、底径 16、通高 24.1 厘米（图一四，1）。

标本 M4：4，残碎，不可复原。

玉口琀　1件。

标本 M4：2，青玉质。整体为简化的蝉形，蝉背两面坡形，中间有横切的凹三角，尾部横向斜切脊背，腹面前端弧面内收并有两道竖向的浅凹槽。通长 4.5、厚 0.8 厘米（图一四，2；彩版三六，4）。

铜镜刷　1件。

标本 M4：1，残断。镜刷柄圆柱形，刷头端已残。残长约 6 厘米（图一四，3）。

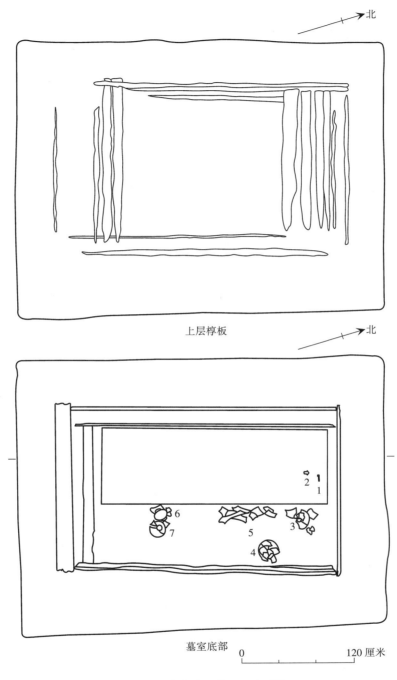

图一三　宋家哨汉墓 M4 平面图

1. 铜镜刷　2. 玉口玲　3、4. 灰陶罐　5、7. 陶片　6. 陶耳杯

（五）M5

1. 墓葬形制

　　位于封土北部中间，东、西两侧被 M4、M3 分别打破。长方形土坑岩穴木椁墓，方向 20°（图一五～一七；彩版三七、三八）。墓口开口于原汉代地表。墓口长 4.70、宽 3.10、墓底深 4.60 米。壁面稍有坡度，墓坑内填土为灰褐花土。棺椁上部有厚约近 40 厘米的青膏泥。在北壁西端有

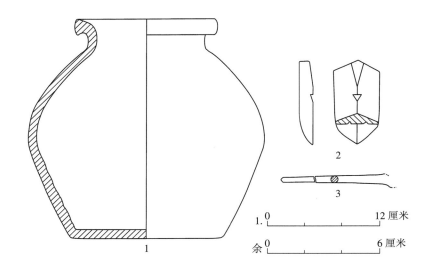

图一四　宋家哨汉墓 M4 出土随葬品

1. 灰陶罐 M4：3　2. 玉口琀 M4：2　3. 铜镜刷 M4：1

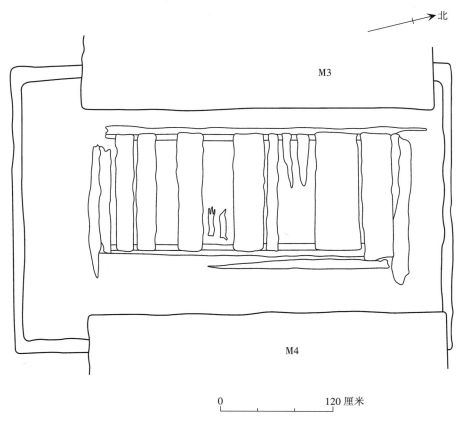

图一五　宋家哨汉墓 M5 上层盖板平面图

梯形脚窝，脚窝上口宽 10～16、下口宽 26～30、进深 14 厘米。

　　葬具一棺一椁，朽烂较为严重，还残留部分椁、棺板。椁上部两层盖板，第一层已腐烂，第二层椁板分别镶嵌于东、西两侧椁板的卡槽内。椁底板 15 块。椁长 3.60、宽 1.56、深约 1.10、

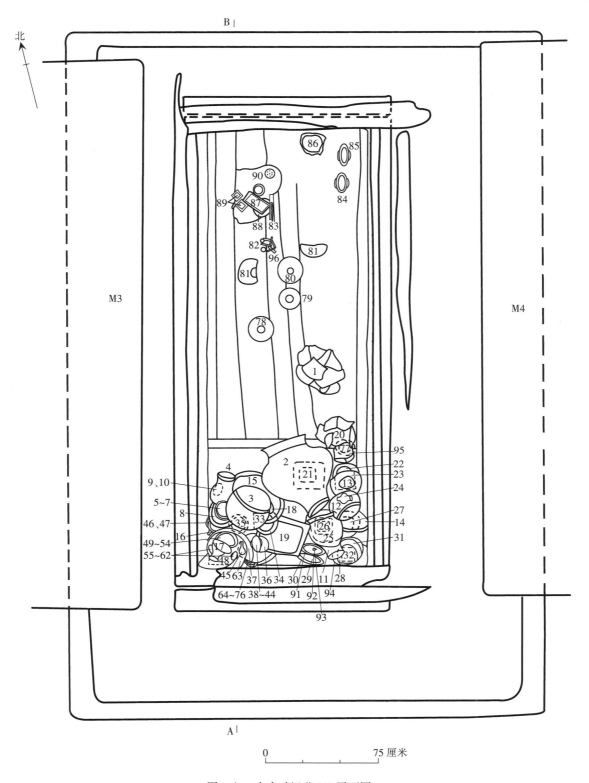

图一六　宋家哨汉墓 M5 平面图

1、4、20、21、32. 灰陶钫　2、11、27. 灰陶壶　3、12、37. 灰陶鼎　5~7、9、10、15、49~54、92. 灰陶盘　8、29、30. 灰陶盆　13. 灰陶甑　14、18、35、46、47、77、94、95. 灰陶器盖　16、17. 灰陶灯　19. 灰陶案　22. 灰陶罐　23. 灰陶灶　24. 灰陶熏炉　25、31、48、63. 灰陶樽　26. 灰陶匜　28、34、36、91. 灰陶盒　33. 灰陶方炉　38~44、55~62、64~76. 灰陶耳杯　45、93. 灰陶勺　78~81、88. 玉璧　82. 玉串饰　83、96. 角擿　84~86. 漆耳杯　87. 镜刷盒　89. 梳盒　90. 漆奁盒

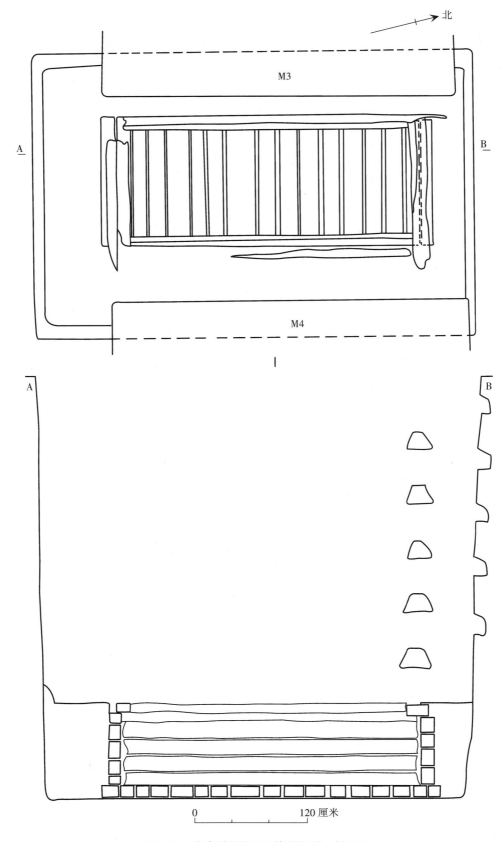

北

M3

A

B

M4

A

B

0　　　　　　　　120 厘米

图一七　宋家哨汉墓 M5 椁底板平、剖面图

椁底板灰厚约0.18米。棺长约2.20、宽1.06、残高0.10米。在棺椁之间南部构成一个器物箱。棺内尸骨已朽烂无存，头向北，葬式不清。该墓随葬品丰富，陶器数量较多，主要放置在椁南部脚箱以及东侧棺椁之间。另有玉、漆木器等则放置在棺内。

2. **随葬品**

陶器76件。均为夹砂灰陶，器形有鼎、樽、钫、壶、罐、耳杯、盆、盘、盒、瓿、熏炉、灶、炉等。玉器6件（套）。有玉璧、串饰，串饰由玛瑙管、玛瑙珠等14件组成。

灰陶鼎　3件。

标本M5：12，子母口，卷沿，圆唇，沿下一周凸棱，弧鼓腹，上腹部两对称贴附的鋬耳（已残），平底，三蹄状足，足跟内收。腹部中间一周附加泥条凸棱，下腹部两周篦点戳印纹。口径16.6、底径19.2、高20厘米（图一八，1）。

标本M5：3，子母口，卷沿，圆唇，沿下一周凸棱，折腹，折腹上贴附两对称鋬耳，鋬耳中间一方形穿孔，下腹部弧腹近直，且有三周断续的篦点戳印纹，平底，三蹄状足，足根略内收。弧顶盖（标本M5：18），圆唇。口径22.8、底径24.5、通高33厘米（图一八，2）。

标本M5：37，子母口，卷沿，圆唇，沿下一周凸棱，折腹，折腹上贴附两对称鋬耳，一耳稍残，鋬耳中间一方形穿孔。下腹斜直内收，饰有四周篦点戳印纹。平底，三蹄形足，足跟略内收。弧顶盖，上部三组六个圆形穿孔，应原有三组捉手。口径17.2、底径20、盖径19.8、通高25.5

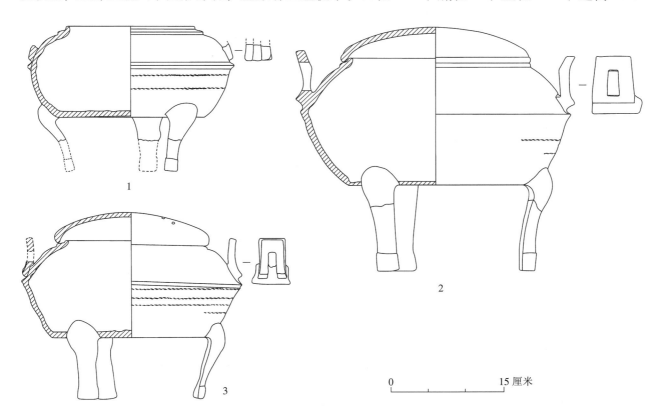

0　　　　　　　　15厘米

图一八　宋家哨汉墓 M5 出土随葬品
1～3. 灰陶鼎 M5：12、3、37

厘米（图一八，3；彩版三六，5）。

灰陶甑　1件。

标本 M5：13，侈口，斜折沿，圆唇略下垂，斜直腹内收，平底，圆形底部 7 孔，孔径 0.6～0.9 厘米。口径 16～16.7、底径 5.5、通高 8.8～9.4 厘米（图一九，1）。

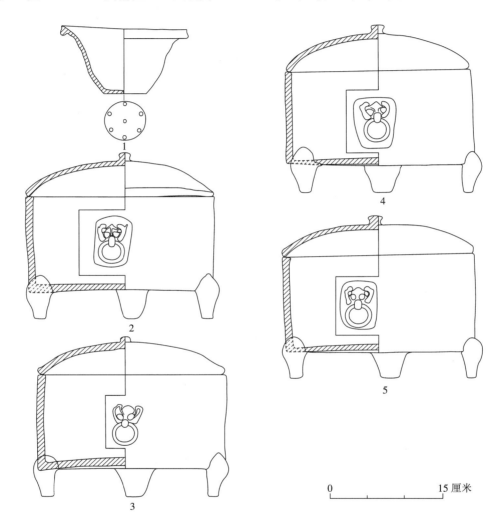

图一九　宋家哨汉墓 M5 出土随葬品
1. 灰陶甑 M5：13　2～5. 灰陶樽 M5：25、31、48、63

灰陶樽　4件。

标本 M5：25，直口，平沿，尖唇，直腹，直腹中部附加两对称的衔环铺首，三简化蹄状足，平底。弧顶盖顶部附加圆柱形捉手。口径 24.5、底径 24、通高 22.7 厘米（图一九，2）。

标本 M5：31，直口，平沿，尖唇，直腹，直腹中部附加两对称衔环铺首，三简化蹄状足，平底。弧顶盖顶部附加圆柱形捉手。口径 24.6、底径 24、通高 22.2 厘米（图一九，3）。

标本 M5：48，直口，平沿，尖唇，直腹，直腹中部附加两对称衔环铺首，三简化蹄状足，平底。弧顶盖顶部附加圆柱形捉手。口径 24.2、底径 24.8、通高 22.9 厘米（图一九，4）。

标本 M5：63，直口，平沿，尖唇，直腹，直腹中部两对称模印的衔环铺首，三简化蹄状足，平底。弧顶盖顶部附加一圆纽形捉手。口径 24.9、底径 24.5、通高 22.4 厘米（图一九，5；彩版三九，1）。

灰陶壶　4 件。

标本 M5：2，侈口，平沿微斜，圆唇，束颈较长，弧鼓腹，圜底，高圈足。上腹部贴附两对称衔环铺首，下腹部上部饰两周断续的绳纹，下部是斜向交错绳纹。口径 17.5、腹径 35.4、圈足径 20.4、通高 43.2 厘米（图二〇，1；彩版三六，6）。

标本 M5：11，侈口，平沿，尖唇，短颈微缩，溜肩，弧腹，下腹近斜直，平底，圈足。口径 12.2、腹径 23.3、圈足径 16.2、通高 28.4 厘米（图二〇，2）。

标本 M5：27，口微侈，平沿，尖唇，短颈微缩，溜肩，弧腹，平底，圈足。上腹部三道弦纹，下腹弧腹近斜直。口径 11.8、腹径 21.6、圈足径 14.2、通高 25.5 厘米（图二〇，3）。

灰陶罐　1 件。

标本 M5：22，敛口，卷沿，圆唇，弧鼓腹，圜底。口径 8.4、通高 10 厘米（图二〇，4）。

灰陶钫　5 件，其中 1 件残碎。

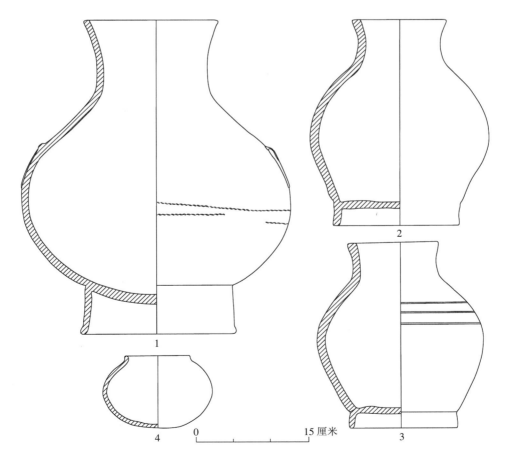

图二〇　宋家哨汉墓 M5 出土随葬品

1~3. 灰陶壶 M5：2、11、27　4. 灰陶罐 M5：22

标本 M5∶4，近方口，平沿，尖唇，直颈，钫体四面溜肩弧腹，下腹近斜直内收，其中两面肩部附加衔环铺首，下腹部施两周断续的绳纹，平底，方形矮圈足。平顶钫盖中部有一方锥形提手。方口边长 8.6、方形圈足边长 11.0、通高 29.0 厘米（图二一，1）。

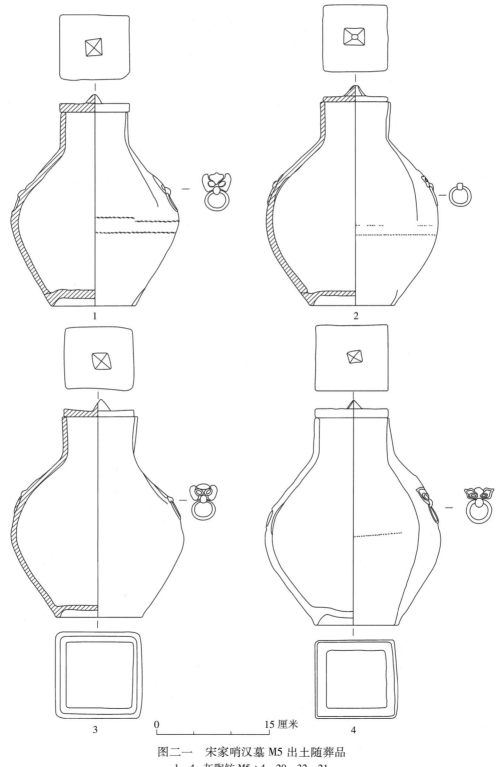

图二一　宋家哨汉墓 M5 出土随葬品
1~4. 灰陶钫 M5∶4、20、32、21

标本 M5：20，方口，平沿，圆唇，直颈，钫体四面溜肩弧鼓腹，其中两面肩部附加衔环铺首，下腹部饰两周断续的绳纹，平底，方形矮圈足。平顶钫盖中部有一方锥形捉手。方口边长9.3、腹宽22.5、方形圈足边长10.9、通高30.1厘米（图二一，2）。

标本 M5：32，近方口，平沿，圆唇，直颈微缩，钫体四面溜肩弧鼓腹，其中两侧面肩部附加衔环铺首，平底，方形矮圈足。平顶钫盖中部有一方锥形捉手。方口边长9.4、方形圈足边长11.8、腹边宽22.6、通高29.9厘米（图二一，3）。

标本 M5：21，近方口，平沿，圆唇，颈近直，钫体四面溜肩弧鼓腹，其中两侧面肩部附加衔环铺首，圜底近平，方形矮圈足。腹中部施一周断续的绳纹。平顶盖中部贴塑方锥形捉手。方口边长8.9、方形圈足边长10.9、通高30.8厘米（图二一，4；彩版三九，2）。

灰陶盒（钵）　4件。

标本 M5：28，子母口，平沿，尖唇，弧腹内收，矮圈足，圜底近平。口径17.9、圈足径7.1、通高10.0厘米（图二二，1；彩版三九，3）。

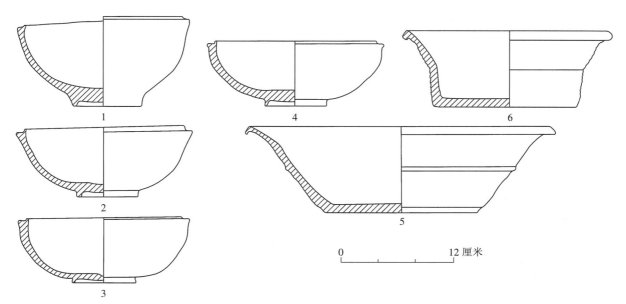

图二二　宋家哨汉墓 M5 出土随葬品
1～4. 灰陶盒（钵）M5：28、34、36、91　5、6. 灰陶盆 M5：8、30

标本 M5：34，子母口，平沿，尖唇，弧腹内收，圜底近平，矮圈足。口径16.7、底径6.4、通高7.9厘米（图二二，2）。

标本 M5：36，子母口，平沿，尖唇，弧腹，圜底近平，矮圈足。口径8.5、圈足径6.6、通高7.2厘米（图二二，3）。

标本 M5：91，子母口，平沿，圆唇，弧腹，圜底近平，矮圈足。口径18.5、底径6.5、通高7.3厘米（图二二，4）。

灰陶盆　3件。根据形制分两型。

A型　浅腹盆，1件。

标本 M5：8，侈口，斜折沿，圆唇略下垂，斜直腹，平底。腹部中间一周凸棱。口径 31.5、底径 16、通高 9.5 厘米（图二二，5；彩版三九，4）。

B 型　深腹盆，2 件。

标本 M5：29，侈口，斜折沿，圆唇略下垂，上腹略斜折内收，下腹近直腹，平底。口径 21.9、底径 15.4、通高 9 厘米（图二二，6）。

标本 M5：30，侈口，斜折沿，圆唇略下垂，上腹斜折内收，下腹近直，平底。口径 22、底径 15、通高 8.5 厘米。

灰陶盘　12 件。根据形制分 A、B 两型。

A 型　2 件，腹较浅，素面。

标本 M5：7，侈口，斜折沿，圆唇，折腹，圜底。盘内底部一周弦纹。口径 19.7、通高 3.8 厘米（图二三，1）。

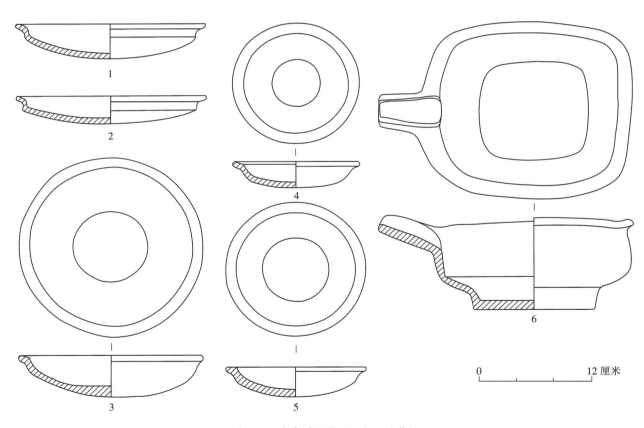

图二三　宋家哨汉墓 M5 出土随葬品
1～5. 灰陶盘 M5：7、10、5、49、51　6. 灰陶匜 M5：26

标本 M5：10，侈口，斜折沿，圆唇，折腹，圜底。盘内底部一周弦纹。口径 19.7、通高 3 厘米（图二三，2）。

B 型　10 件。腹较深，形制相近。

标本 M5：5，侈口，斜折沿，圆唇，弧腹，圜底。口沿、盘内上部及底部施黑色彩绘。口径

19.8、通高 4.5 厘米（图二三，3）。

标本 M5∶49，侈口，斜折沿，圆唇，弧腹，圜底近平。盘内上部及底部施黑色彩绘。口径 13.3、通高 2.9 厘米（图二三，4）。

标本 M5∶51，侈口，斜折沿近平，圆唇，弧腹，圜底。盘内上部及底部施黑色彩绘。口径 14.7、通高 3.3 厘米（图二三，5）。

灰陶匜　1 件。

标本 M5∶26，圆角方形口微敛，卷沿，圆唇，口一侧有流，上腹近直，下腹部弧腹内收，平底，假圈足。口径 19.7～22、底径 12.6 厘米，流长 7、宽 3.5～4.1 厘米，通高 10.4 厘米（图二三，6；彩版三九，5）。

灰陶耳杯　依据大小分三型。

A 型　大型耳杯。4 件。为标本 M5∶55、56、58、65。

标本 M5∶55，稍残，素面。椭圆形口，卷沿，圆唇，弧腹近斜直，圆角长方形平底，两附加月牙形耳。口长径 16.4、短径 13.1、底长径 8.2、短径 4.7、通高 4.4 厘米（图二四，1）。

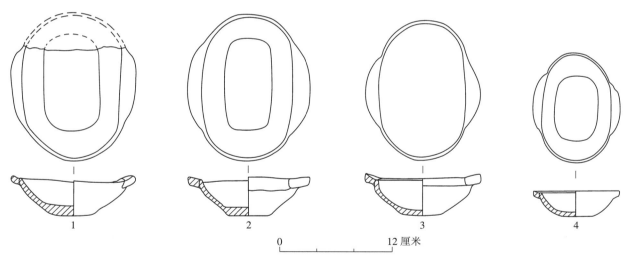

图二四　沂南县宋家哨汉墓 M5 出土随葬品
1～4. 灰陶耳杯 M5∶55、65、69、61

标本 M5∶65，椭圆形口，卷沿，圆唇，弧腹近斜直，圆角长方形平底。两对称附加月牙形耳，耳及杯口沿外侧皆施黑色彩绘。口长径 16.3、短径 9.5、底长径 8、短径 4.2、通高 4.2 厘米（图二四，2；彩版三九，6）。

标本 M5∶56、58 与上相同。

B 型　中型耳杯。14 件，形制大小相近。为标本 M5∶57、59、64、66～76。

标本 M5∶69，椭圆形口，卷沿，圆唇，弧腹近斜直，平底。两附加月牙形耳，耳及杯口沿外侧皆施黑色彩绘。口长径 15.6、短径 9.1、底长径 6.8、短径 4.3、通高 4.5 厘米（图二四，3）。

C 型　小型耳杯。9 件，个别残，形制相近，个别素面。为标本 M∶38～43、60～62。

标本 M5：61，椭圆形口，卷沿，圆唇，弧腹近斜直。两对称附加月牙形板耳，耳、杯口沿表面及耳杯底皆施黑色彩绘。口长径 12.2、短径 7.2、底长径 7.2、短径 3.4、通高 3.4 厘米（图二四，4）。

灰陶灯　2 件。

标本 M5：16，灯盘直口微侈，卷沿，直腹，喇叭形圈足座。盘口径 13.9、圈足径 7.6、通高 10.4 厘米（图二五，1）。

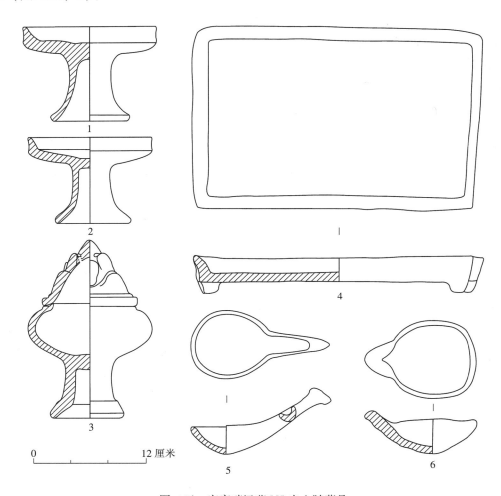

图二五　宋家哨汉墓 M5 出土随葬品
1、2. 灰陶灯 M5：16、17　3. 灰陶熏炉 M5：24　4. 灰陶案 M5：19　5、6. 灰陶勺 M5：45、93

标本 M5：17，夹砂陶。灯盘直口微侈，直腹，喇叭形圈足座。盘口径 13～13.3、圈足径 7.8、通高 9.6 厘米（图二五，2；彩版四〇，1）。

灰陶熏炉　1 件。

标本 M5：24，炉子母口，平沿，弧鼓腹，喇叭形圈足座。连峰状盖。口径 7.9、腹径 13、通高 19.6 厘米（图二五，3；彩版四〇，2）。

灰陶案　1 件。

标本 M5：19，案身整体方形。口微侈，圆唇，直腹微斜内收，平底，四柱状足。口长 29～

30.3、宽19.3、案板深1.8、通高4.2厘米（图二五，4）。

灰陶勺　2件。

标本M5：45，勺口整体近椭圆形。圆唇，勺身弧腹圜底。一侧伸出勺把，把端若下垂。勺内及外侧部分施黑色彩绘，勺口3～3.9、深2.3、把长7厘米（图二五，5）。

标本M5：93，夹砂陶。勺身近圆形，侈口，圆唇，弧腹近直，圜底，一侧捏出简易把。口径11.8、勺深2.9、通高4.6厘米（图二五，6；彩版四〇，3）。

灰陶灶　1件。

标本M5：23，整体圆形。斜折面圆形灶台，敛口承托器皿。一侧灶体方形火门上有门檐，与灶门相对一侧出圆形烟筒。灶体直腹，平底。口径13.8、肩颈22、底径20.4、火门高3.8～4.1、宽4.5～5、通高10厘米（图二六，1；彩版四〇，4）。

灰陶方炉　1件。

标本M5：33，整体圆角方形炉身，近直口，圆唇，直腹，平底，炉下有四柱状足。方形炉身长22.5、宽14.4、深2.5～3、通高5.8～6.9厘米（图二六，2；彩版四〇，5）。

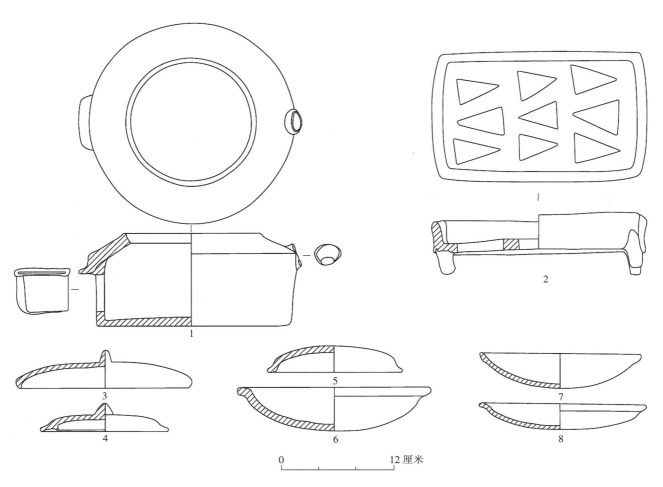

图二六　宋家哨汉墓 M5 出土随葬品

1. 灰陶灶 M5：23　2. 灰陶方炉 M5：33　3～8. 灰陶器盖 M5：14、95、94、35、46、47

灰陶器盖　8件，个别残。

标本 M5∶14，弧顶近平，盖口微敛，圆唇，顶部中间一圆锥状捉手。口径 17.6、通高 4.2 厘米（图二六，3）。

标本 M5∶95，弧顶近平，盖口为子母口，顶部中间一圆锥状捉手。盖口径 13.4、通高 3.1 厘米（图二六，4）。

标本 M5∶94，弧顶盖，盖口卷沿圆唇，口上部有一周不很明显的折痕。口径 14.1、通高 2.9 厘米（图二六，5）。

标本 M5∶35，弧顶盖，盖口卷沿，圆唇。口径 20.0、通高 4.8 厘米（图二六，6）。

标本 M5∶46，弧顶盖，盖口卷沿，圆唇。口径 16.8、通高 3.8 厘米（图二六，7）。

标本 M5∶47，弧顶盖，盖口卷沿，圆唇。口径 17.4、通高 2.8 厘米（图二六，8）。

玉璧　5件。

标本 M5∶78，墨绿色，通体磨光。内外缘各刻划弦纹一周，璧面饰蒲纹，其上又阴刻谷纹。璧直径 17.5、好径 4.6、厚 0.42 厘米（图二七，1；彩版四一，1）。

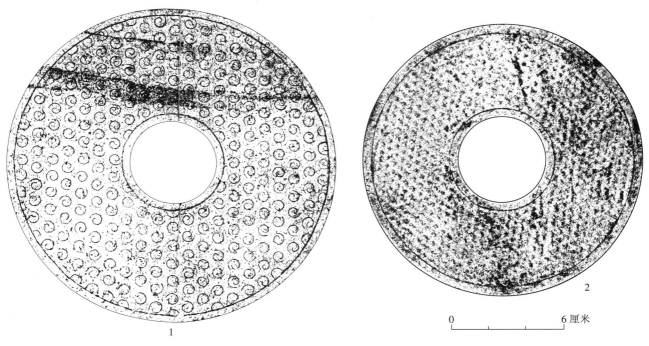

图二七　宋家哨汉墓 M5 出土随葬品
1、2. 玉璧 M5∶78、79

标本 M5∶79，青色，沁色较重，通体磨光。内外缘各刻划一周弦纹，璧面通体饰蒲纹，蒲纹形如六角锥形的蜂窝状。璧直径 14.9、好径 4.7、厚 0.25～0.42 厘米（图二七，2；彩版四一，2）。

标本 M5∶80，青色，沁色较重。璧面分内外两区，内区为蒲纹，外区为凤鸟纹，内外区之间以两周弦纹相隔，弦纹间有斜向短弧线相连。外区三组凤鸟纹，凤鸟作回首状，曲体卷尾，身体弯折处有爪部。璧直径 16.7、好径 1.95、厚 0.35～0.45 厘米（图二八，1；彩版四一，3）。

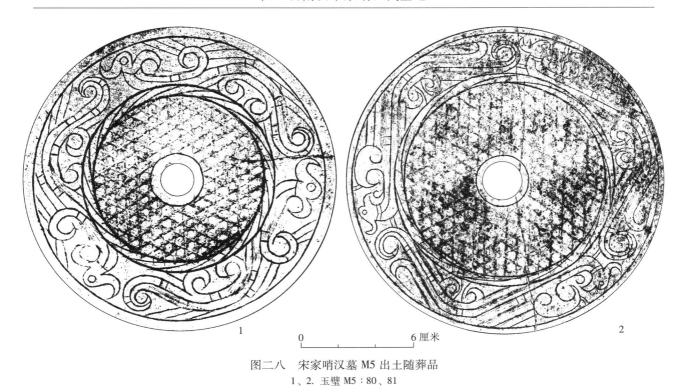

图二八　宋家哨汉墓 M5 出土随葬品
1、2. 玉璧 M5：80、81

　　标本 M5：81，青色，沁色严重。璧面分内外两区，内区为蒲纹，外区为凤鸟纹，内外区之间以两周弦纹相隔，两周弦纹间有数道斜向弦弧纹，外区刻划三组凤鸟纹，凤鸟作回首状，曲体卷尾，身体弯折处有爪部。璧直径 16.9、好径 2.1、厚 0.26～0.34 厘米（图二八，2；彩版四一，4）。

　　标本 M5：88，绛紫色，沁色较重，通体磨光。内外缘各刻划一周弦纹，璧面饰蒲纹，其上又阴刻谷纹。璧直径 14、好径 3.9、厚 0.34～0.42 厘米（图二九，1；彩版四一，5）。

　　玉串饰　1 件。

　　标本 M5：82，由玛瑙、白玉等组成的成组挂饰，各个组成构件有板状、圆柱状、管状、珠及坠件等 14 件构成。

　　玛瑙管　1 件。

　　标本 M5：82-1，琥珀色，管状，管孔两端对钻。直径 0.61、长 4.4、管壁厚 0.15 厘米。

　　玛瑙珠　2 件。

　　标本 M5：82-2，琥珀色，圆珠状，上下两端近弧平，中间钻孔，孔两端有剥痕。珠直径 1.15、孔径 0.3、高 0.85 厘米。

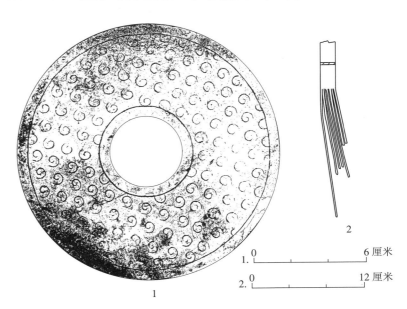

图二九　宋家哨汉墓 M5 出土随葬品
1. 玉璧 M5：88　2. 角摘 M5：83

标本 M5：82 - 3，琥珀色，圆珠状，中间钻孔，孔两端旋磨微凹。珠直径 1.16、孔径 0.3、高 0.8 厘米。

板状玉饰　6 件（彩版四一，6）。分三型。

A 型　2 件。板状，两端宽，中间略窄。

标本 M5：82 - 4，白色，沁色较重。长 5、厚 0.28、两端宽 0.55、中间宽 0.4 厘米。玉板中间一侧面有一锥形凹槽，横向两穿孔，孔间距 1.7、孔径 0.09 ~ 0.16 厘米。

标本 M5：82 - 5，白色，残断，一端较宽。残长 2.35、端部宽 0.39、中间宽 0.29 厘米。玉板中间横向残留一孔，孔径 0.09 厘米。

B 型　2 件。板状，两端同宽并皆有一凹槽，白色，沁色较重。

标本 M5：82 - 6，板两端各有一深约 0.11 厘米的凹槽。板长 4.95、宽 0.4、厚 0.3 厘米，板中间横向两穿孔，孔间距 1.7 厘米。在板孔处各有两周刻划纹及三角纹（彩版四一，6 左 1）。

标本 M5：82 - 7，板两端各有一浅凹槽，凹槽处板身两端各有两周弦纹。板中间横向两穿孔，孔间距 1.65、孔径 0.08 厘米。板长 5.2、宽 0.39、厚 0.24 厘米。

C 型　2 件。板状，白色。

标本 M5：82 - 8，板两端各有一边呈弧形，中间横向各有一穿孔，孔间距 1.65、孔径 0.06 厘米，两空间一侧面有两条凹痕。板长 4.9、宽 0.34、厚 0.22 厘米。

标本 M5：82 - 9，残断，形制同上，中间两孔间距 1.65 厘米。板残长 4.12、宽 0.39、厚 0.21 厘米（彩版四一，6 右 1）。

圆柱状玉饰　4 件，白色，柱径各不相同，柱中间各有两钻孔。

标本 M5：82 - 10，圆柱形，直径较粗，柱身中间两穿孔。孔间距 1.7、孔径 0.09 厘米。柱长 5、直径 0.42 厘米（彩版四一，6 右 2）。

标本 M5：82 - 11，柱身残，还残留一孔。柱残长 3.3、直径 0.32 厘米。

标本 M5：82 - 12，圆柱直径较细，柱身中间两穿孔。孔间距 1.64、孔径 0.09 厘米。柱长 5.2、直径 0.31 厘米（彩版四一，6 左 3）。

标本 M5：82 - 13，柱直径较细，柱身中间两穿孔。孔间距 1.62、孔径 0.06 厘米。柱长 5.2、直径 0.29 厘米。

玉坠饰　1 件。

标本 M5：82 - 14，浅灰色，圆锥形，坠上端一横向穿孔，孔径 0.13 厘米。通长 1.52、坠上端直径 0.4 厘米。

角摘　2 件。皆残碎。

标本 M5：83，簪柄板状。长 5、宽 1.6、厚 0.17 厘米。簪身七根圆柱状的发簪，残断不一。通长 19 厘米（图二九，2）。

标本 M5：96，残存上部，长方形薄板状，通体表面磨制。长 6.5、宽 1.62、厚 0.17 厘米。

三　结语

　　宋家哨发掘的 5 座墓葬埋葬在同一个土堆之中，这种埋葬习俗，近年来在山东东南沿海一带多有发现。如日照海曲汉代墓地即为这种情况[1]，有学者将这种埋葬方式的墓葬定名为"墩式封土墓"[2]。从五座墓葬发掘和封土清理情况来看，M5 是时代最早的一座，开口于原汉代地表，该封土堆的初步形成即因此墓。墓葬所在地最早为一低丘，墓坑下挖深度直至挖破岩层，形成了岩坑竖穴的墓葬形制，挖出的岩石碎片就放置在墓葬坑口四周，无疑碎石片堆积的地面即为当时的地表。墓内填土系用其他地方的较纯净土回填，并未将挖出的碎石回填于墓内。这种现象在本报告集中的其他墓地也多有发现。同时，M5 又是出土随葬品最丰富的一座墓葬，反映出该墓葬在这批墓葬中的重要地位。M3、M4 分别打破 M5 的封土，M2、M1 再次打破此前形成的封土堆进行埋葬。由层位关系即确定了这五座墓葬的早晚顺序，即为 M1→M2→M4→M3→M5。M1 最晚，M5 最早。

　　从墓葬形制和出土随葬品的组合和器物形制判断，五座墓葬皆属于汉代。年代最早的 M5，陶器数量较多，文中描述的呈子母口形状的钵也很可能即为盒。如此，则该墓陶器的基本组合为鼎、盒、壶、盘、匜组合。依照过去的研究，这种组合方式在鲁东南地区主要为西汉早中期[3]。但该墓陶器中又出现了陶灶等模型明器。因此推测该墓葬的年代约为西汉中期。年代最晚的 M1，出土西汉晚期流行的日光镜，陶罐也明显为西汉晚期的特征。因此该墓葬年代为西汉晚期。其余三座墓葬的年代即当在西汉中晚期之间，仅它们之间埋葬年代略有早晚之别。

　　该墓地的发掘为研究鲁东南地区汉代墓葬埋葬习俗提供了重要实物资料。

　　本次发掘领队孙波。绘图许姗、崔圣宽、周曾军；拓片李胜利；摄影李顺华。
　　执笔：崔圣宽、孙波、吕宜乐。

---

〔1〕　郑同修、何德亮、崔圣宽：《山东日照海曲 2 号墩式封土墓》，《考古》2014 年第 1 期。
〔2〕　郑同修：《山东沿海地区汉代墩式封土墓有关问题探讨》，《秦汉土墩墓考古发现与研究——秦汉土墩墓国际学术研讨会论文集》，文物出版社，2013 年。
〔3〕　郑同修、杨爱国：《山东汉代墓葬出土陶器的初步研究》，《考古学报》2003 年第 3 期。

附表　沂南宋家哨汉代墓地登记表

墓号	墓葬形制	填土	墓向	墓室（米）	棺椁（米）	墓主	壁龛及器物箱（米）	随葬品	备注
M1	长方形土坑岩穴木椁墓	黄褐土夹砂石	10°	墓口 4.20 × 2.50；墓底 4.00 × (2.20 – 4.90)	一椁一棺，外椁 3.40 × (1.32 – 0.62)；棺 2.12 × (0.82 – 0.40)	骨骼已朽，头向北	脚箱 长 1.06，宽 0.90	棺内：1 铜镜（头左侧）；边箱内：2 灰陶罐、3 灰陶罐、4 灰陶罐、5 灰陶罐、6 灰陶罐	
M2	长方形土坑岩穴木椁墓	黄褐土夹砂石	13°	墓口 4.38 × 3.20；墓底 4.00 × (2.80 – 3.70)	一椁一棺，椁长 3.16，宽 0.92，残高 2.34，宽 0.82，残高 0.12	骨骼已朽，头向北	脚箱长 1.56，宽 0.60，深 0.92	棺内：1 玉印、2 铜印、3 漆盒、4 铁剑、5 铁削（残）、12 石黛板及研磨器、16 耳塞（2个）；箱内：6 硬釉陶壶、7 陶碗、东侧棺：8 陶器、9 陶碗、椁之间：8 方盘（残）、10 方盘、11 陶器盖、13 灰陶罐陶片、14 陶樽、15 陶鼎	
M3	长方形土坑岩穴木椁墓	黄褐土夹砂石	20°	墓口 3.70 × 2.80；墓底 3.50 × (2.30 – 3.40)	一椁一棺，椁长 3.00，宽 0.94，板厚 0.06，残高 2.20，宽 0.80，板厚 0.04，残高 0.34	骨骼已朽，头向北		棺内：1 玉壶、2 铜镜、3 铜镜、4 漆盒（残）、5 漆盒、6 漆盒、耳杯 3 件（残）、7 石球、8 铜带钩、9 漆器（残）、10 铜带钩、26 铜镜、27 漆器（残）；棺椁之间：11 陶壶、12 陶壶、13 陶壶、14 陶钫、15 陶壶、16 陶器盖、17 陶壶、18 陶钫（残）、19 陶盆、20 青铜壶、21 陶片、22～25 青铜案（琴）足、28 漆木器（朽烂）、29 漆器（朽烂）	

续表

墓号	墓葬形制	填土	墓向	墓室（米）	棺椁（米）	墓主	壁龛及器物箱（米）	随葬品	备注
M4	长方形土坑岩穴木椁墓	黄褐土夹砂	20°	墓口长3.90，宽2.90~3.00，深6.70	一椁一棺，椁长3.04，宽0.80；棺长2.42，宽0.84，残高0.30	骨骼已朽，头向北		棺内：1铜镜刷、2玉口琀；棺椁之间：3灰陶罐、4灰陶罐（残）、5陶片、6耳杯（残）、7陶片	
M5	长方形土坑岩穴木椁墓	灰褐花土	20°	墓口4.70×(3.10-4.60)	一椁一棺，椁长3.60，宽1.56，残高1.10、板灰厚0.18；棺长2.20，宽1.06，残高0.10	骨骼已朽，头向北	脚箱	1陶钫、2陶壶、3陶鼎、4陶钫、5~7陶盘、8陶盆、9~10陶盘、11陶壶、12陶鼎、13陶甑、14器盖、15陶盘、16陶灯、17陶豆、18陶器盖、19方案、20陶钫、21陶钫、22陶罐、23陶灶、24熏炉、25陶樽、26陶匜、27陶壶、28陶盆、29陶盆、30陶盆、31陶钫、32陶钫、33陶方炉、34陶盒、35陶器盖、36陶盆、37盖鼎、38~44陶耳杯（鼎内）、45陶勺（37鼎内）、46~47陶器盖、48陶樽、49~54陶盘、55~62陶耳杯（48内）、63陶樽、64~76陶耳杯、77器盖、78玉璧、79玉璧、80玉璧、81玉璧、82串饰、83骨角镝、84~86漆耳杯（残）、87铜镜刷盒（残）、88玉璧、89刷（残）、90漆奁盒、91陶盒、92盘、93陶勺、94陶盒、95器盖、96角镝	脚窝在墓穴西北角，平面呈梯形，脚窝，上口宽10~16，下口宽26~30，进深14厘米

陆　沂南县宋家官庄汉代墓地

山东省文物考古研究院、临沂市文物考古队、沂南县博物馆

　　墓地位于沂南县大庄镇宋家官庄村东约 1000 米的丘陵之上，当地俗称"长虹岭"，西距镇驻地约 8 千米。墓地原有高大的封土堆，由于早年平整土地和历年水土流失，现仅高出周围地面不足 2 米。西约 800 米有一条南北流向的小河，南紧靠日照—兰考高速公路（图一）。2010 年 3 月，为配合青（州）—临（沭）高速公路工程建设，山东省文物考古研究院（原山东省文物考古研究所）和临沂市文物考古队、沂南县文物管理所联合对该墓地进行了抢救性发掘，共发掘墓葬16 座。

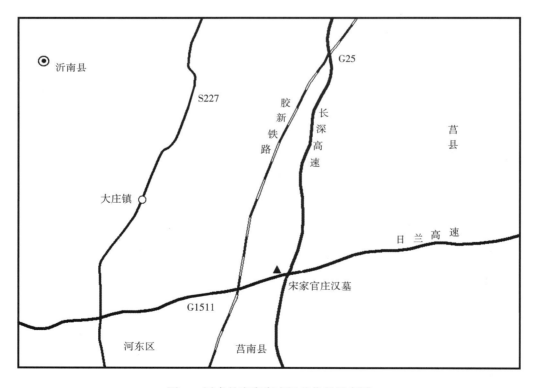

图一　沂南县宋家官庄汉墓位置示意图

　　参加本次发掘的主要业务人员有张子晓、高本同、吕宜乐、刘本才、石念吉、李玉梁等。现将本次发掘收获报告如下。

一　概况

墓地之上的小土包在发掘前已被工程部门推平，因此墓葬封土大小不明，所有墓葬墓口已全部暴露，开口层位不明。发掘的 16 座墓葬均为长方形竖穴土坑墓，南北向，方向多在 1°～17°（图二；彩版四二）。

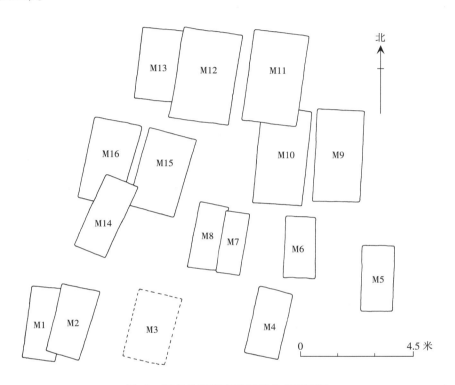

图二　沂南县宋家官庄汉墓分布平面图

墓内填土大多为黄褐色沙土夹杂黄黏土块、灰白色细淤土、黄沙土块、大量风化岩和石英块等，紧密且黏硬。个别墓室棺底部铺一薄层灰膏泥，有的撒有朱砂。

墓葬大小不一，深浅不同，东西并列分布，南北 4 排，其中 11 座墓葬间有相互打破关系，东侧墓葬打破西侧墓葬者达 3 组。墓葬较大的一般长 3.40～4.00、宽 1.90～2.40 米；小者长 2.60～3.00、宽 1.00～1.60 米。墓葬残存最深的近 3、最浅的仅存 0.20 米。有的墓葬呈口大底小，部分墓室底部四周有生土二层台，个别墓壁凿有梯形脚窝。

16 座墓葬中，除 1 座遭破坏外，其余墓内均有木质葬具。其中单棺墓葬 9 座，一棺一椁者 6 座。葬具均朽烂成灰，痕迹清晰可辨。

墓内均葬一人，头向北。骨骼保存较差，大多朽烂无痕，有的则模糊不清，隐约可辨其形，有些仅存牙齿，葬式不明。

随葬品放置有一定规律，一般陶器放置在棺外南端、边箱、南端棺椁之间或一侧，个别放置在棺椁间的北半部或棺内。少部分墓室南端有脚箱，方形或长方形，朽烂成灰，内置陶器或漆器。铜镜、铜钱、铁剑、石环、漆器、口琀、塞等一般在棺内墓主人头部或周周。

　　随葬品的种类有陶器、铁器、铜器、石器、漆器等。陶器主要为罐、壶；铜器有铜镜、铜镜刷、铜钱；铁器主要有铁镜架、铁剑、铁削；石器有石环、鼻塞、耳塞、蝉形口琀、石黛板、石研磨器；漆器有漆耳杯等。此外，在铜镜和铜钱、铁削上发现有丝织品腐朽的痕迹，有的钱孔内残存细绳索迹象。

二　墓葬分述

（一）M1

1. 墓葬形制

　　近长方形竖穴土坑墓，直壁，近平底，被 M2 打破。墓向9°（图三）。墓口长3.00、北端残宽1.15、南端宽1.32、残深0.20～0.27米。墓内填土为黄褐色沙土夹杂黄黏土块、黄沙土块、大量风化岩和石英块等，较黏硬。

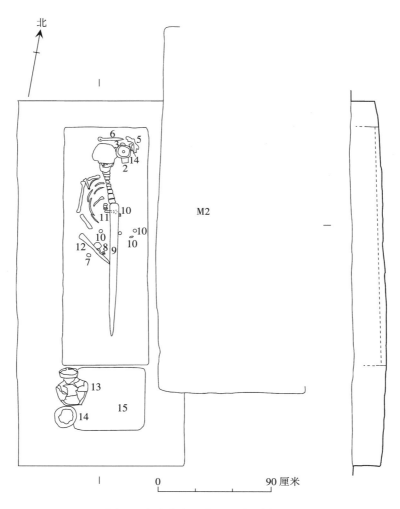

图三　宋家官庄汉墓 M1 平、剖面图

1. 铜镜　2. 石黛板　3. 石研磨器　4. 铜镜刷　5. 铁镜架　6、12. 铁削　7. 铜环　8、11. 铜带钩
9. 铁剑　10. 铜钱　13、14. 灰陶罐　15. 木箱

葬具为单棺，已朽，长 1.96、宽 0.68、残高 0.08 米，底部有厚约 0.05 米灰色淤泥。单人葬，人骨已朽，但可辨上身为仰身，下身朽烂无痕，头向北，面向上。棺内随葬品有铜镜、铜镜刷、铜环、铜钱、铁剑、镜架、铁削、石黛板、石研磨器等。棺外南端有一方形木箱，朽烂成灰，边长约 50 厘米，内有少量红色漆皮和陶罐 2 件。

2. 随葬品

有陶器、铜器、铁器、石器等。铜器有铜镜、刷、环、带钩及铜钱。铁器 4 件，有剑、削、镜架。石器 2 件。

灰陶罐　2 件。

标本 M1：13，仅存口沿与底部，泥质。高盘口内敛，盘口内壁一周凹槽，圆唇，束颈。平底。口径 13.4、底径 13.8 厘米（图四，1）。

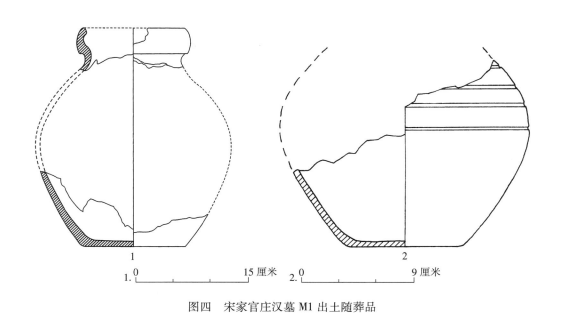

图四　宋家官庄汉墓 M1 出土随葬品
1、2. 灰陶罐 M1：13、14

标本 M1：14，仅残存下半部，泥质深灰陶。腹最大径居中，上腹部饰 4 周凹弦纹。腹径 19、底径 9、残高 14.4 厘米（图四，2）。

石黛板　1 件。

标本 M1：2，砂岩质。扁薄长方形板，板面平整，截面呈倒梯形，正面光滑，残留白衣、黑色和褚红色物质。长 11.6、宽 4.6、厚 0.5 厘米（图五，1）。

石研磨器　1 件。

标本 M1：3，砂岩质。圆饼形纽，正方形研体，研面平整，残留有黑、白、红三色物质。研体边长 3.2、厚 1.3 厘米（图五，2）。

铜镜　1 枚。

标本 M1：1，昭明镜。圆形，圆纽，圆纽座。纽座外有四组直线纹间四组回旋纹及一周凸弦

纹。凸弦纹外一圈内向八连弧纹，连弧间有内凸
线相连，凸弦纹与内凸线间有四组三条短直线。
再向外有两周细短斜线纹圈带，其间为铭文"内
而清而以昭而明，光而象□日之月，而心忽而不
泄"，宽素缘。镜面直径 10.8、缘厚 0.5 厘米，重
244.75 克（图六，1；彩版四四，1）。

铜镜刷　1 件。

标本 M1：4，残。烟斗状，圆筒形斗，椭圆
形柄。残长 2.1、斗直径 0.7、深约 1.1 厘米（图
六，2）。

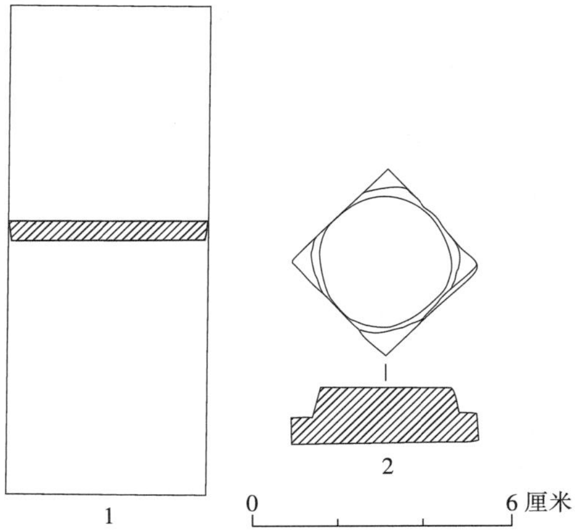

铜带钩　2 件。

标本 M1：11，琵琶形，整体细长，似兽首形
钩，尾端宽扁，圆形纽位于尾部中间。通长 8.0 厘米（图六，3）。

标本 M1：8，弯钩状，器形较小，横截面呈圆柱形，似兽首形钩，尾部呈圆形，圆形纽位于
尾部中间。通长 3.6 厘米（图六，4）。

铜环　1 件。

标本 M1：7，圆形，较细，横截面呈扁圆。直径 2.1、壁厚 0.1 厘米（图六，5）。

铜钱　4 枚，均为"五铢"。

标本 M1：10，"五"字交笔弯曲，上下两横较长，与交笔相接处近直角，"朱"字头上端近方
折，"金"字头呈等腰三角形。钱径 2.6、穿径 1.1 厘米（图六，6）。

铁镜架　1 件。

标本 M1：5，锈蚀严重，仅存残块。

铁剑　1 件。

标本 M1：9，锈蚀严重，残断数段。剑柄呈长条形，截面为扁圆形。剑身双面刃，截面为菱
形。有铜质剑格，保存较好。剑外有鞘，与剑身锈蚀一体，外有丝织品包裹。柄长 17、身长 93、
通长 110 厘米（图七，1）。

铁削　2 件。锈蚀严重，残断数截。

标本 M1：12，环首，直背，单面刃，截面呈倒锐角等腰三角形，环首部分缺失。外有腐
烂的削鞘痕迹，裹有丝织品。残长 30.8、削身后端宽 2.6、前端宽约 1.6、环首宽 5.2 厘米
（图七，2）。

标本 M1：6，残长 20、身宽 0.6 厘米。椭圆形环，径 2.3～2.65 厘米（图七，3）。

木箱　1 件。

标本 M1：15，已腐朽成灰。较大，可辨为方形。边长约 0.5 米。

图五　宋家官庄汉墓 M1 出土随葬品
1. 石黛板 M1：2　2. 石研磨器 M1：3

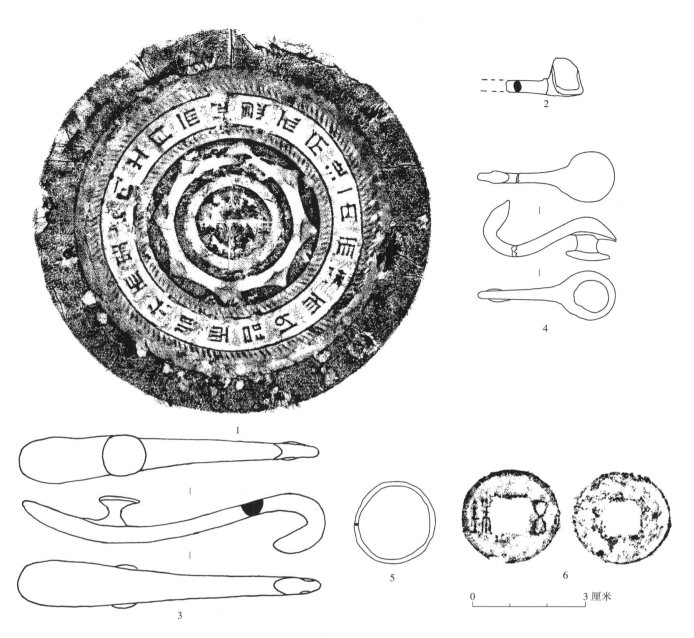

图六　宋家官庄汉墓 M1 出土随葬品

1. 铜镜 M1∶1　2. 铜镜刷 M1∶4　3、4. 铜带钩 M1∶11、8　5. 铜环 M1∶7　6. 五铢 M1∶10

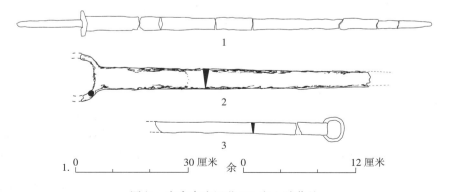

图七　宋家官庄汉墓 M1 出土随葬品

1. 铁剑 M1∶9　2、3. 铁削 M1∶12、6

（二）M2

1. 墓葬形制

长方形竖穴土坑墓，口大底小，斜壁平底，打破 M1。墓向 17°（图八；彩版四三，1）。墓口长 3.0、北端宽 1.56、南端宽 1.26、墓底长 2.80、宽 1.18～1.06、残深 1.24 米。墓内填土为黄褐色沙土夹杂黄黏土块、黄沙土块、灰白色细淤土及大量风化岩、石英块等。

葬具为一棺，腐烂成灰，斜置于墓室底部北端，长 2.00、宽 0.64、残高 0.18 米，底部有厚约 8 厘米的灰色细淤泥。单人葬，人骨已朽无痕，北端仅存 2 枚牙齿，头向北。随葬品有铜镜、铜镜刷、铁镜架，置于头骨左上角。陶壶 2 件、漆器 1 件，置于棺外西南角。

2. 随葬品

有陶器、铜器、铁器等。陶器有灰陶壶 2 件。铁器仅有镜架 1 件。

灰陶壶　2 件。

标本 M2：4，红褐色胎，夹砂陶。盘口外侈，方唇，束颈，溜肩，圆腹。口径 11.4、腹径 19、底径 12、高 22 厘米（图九，1；彩版四四，3）。

标本 M2：5，红褐色胎，夹砂陶。盘口较浅，尖唇，束颈，溜肩，圆腹。口径 11.6、腹径 19、底径 13、高 21.2 厘米（图九，2；彩版四四，4）。

铜镜　1 枚。

标本 M2：1，四乳四神镜，镜面微鼓。圆形，圆纽，圆纽座。纽座外有四组直线纹间四组回旋纹及一周凸弦纹。两组细短斜线纹圈带内为主纹。主纹是四乳与四神相互环绕。四乳带圆座，座边有卷叶纹，素宽缘。直径 10.1、缘厚 0.3 厘米，重 163 克（图九，3；彩版四四，2）。

铜镜刷　1 件。

标本 M2：2，已残碎。

铁镜架　1 件。

标本 M2：3，已锈蚀，残碎严重。

漆器　1 件。

标本 M2：6，仅存痕迹，似为漆圆盒，未提取。

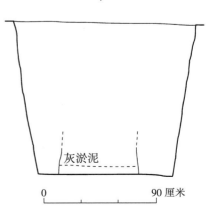

图八　宋家官庄汉墓 M2 平、剖面图
1. 铜镜　2. 铜镜刷　3. 铁镜架　4、5. 灰陶壶　6. 漆器

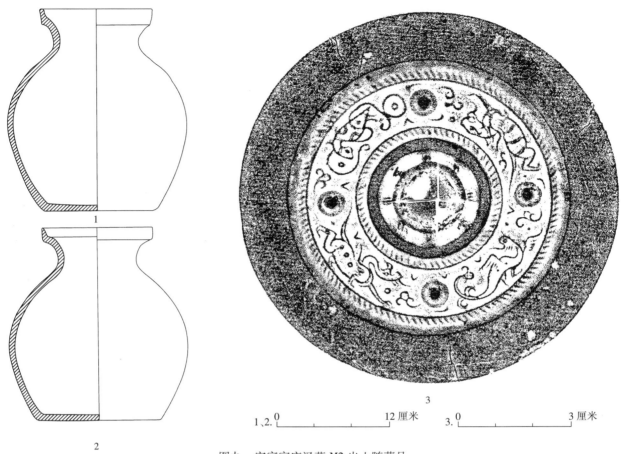

图九　宋家官庄汉墓 M2 出土随葬品
1、2. 灰陶壶 M2：4、5　3. 铜镜 M2：1

（三）M4

1. 墓葬形制

长方形竖穴土坑墓，口大底小，斜壁平底。墓向 11°（图一〇）。墓口长 2.80、宽 1.40、残深 1.36 米。墓底长 2.60、宽 1.20 米。墓内填土为黄褐色沙土夹杂黄黏土块、黄沙土块、灰白色细淤土及大量风化岩、石英块等。

葬具为单棺，腐烂成灰白色，长 2.20、宽 0.72、残高 0.34 米。人骨已朽无痕。随葬陶罐 2 件，置于棺外南端。

2. 随葬品

灰陶罐　2 件。

标本 M4：1，泥质深灰陶（夹少量粗砂粒），器表剥落严重。侈口，卷沿，圆唇，束颈，鼓腹，腹最大径居中，大平底。口径 12.2、腹径 22.2、底径 14、高 18.4 厘米（图一一，1）。

标本 M4：2，泥质深灰陶（夹少量粗砂粒），器表剥落严重。侈口，卷沿，圆唇，束颈，鼓腹，腹最大径居中，大平底。口径 11.8、腹径 20、底径 13.4、高 19.2 厘米（图一一，2；彩版四五，1）。

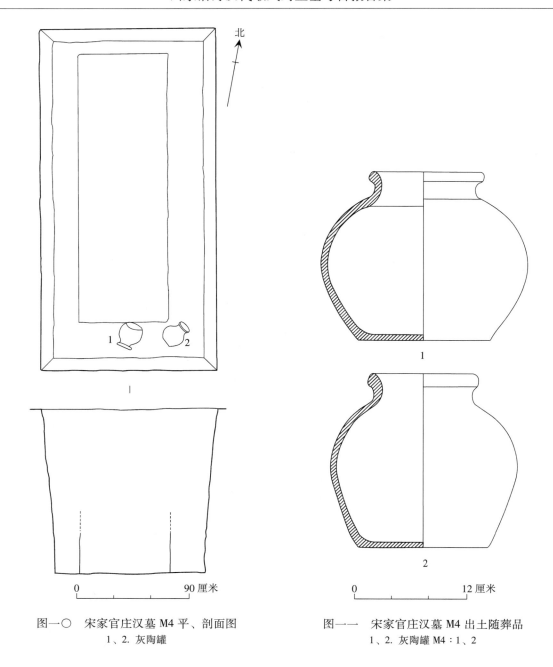

图一〇　宋家官庄汉墓 M4 平、剖面图
1、2. 灰陶罐

图一一　宋家官庄汉墓 M4 出土随葬品
1、2. 灰陶罐 M4：1、2

（四）M5

1. 墓葬形制

长方形竖穴土坑墓，直壁，底不甚平整，墓向 1°（图一二）。墓口长 2.76、宽 1.24、残深 0.90 米。墓底长 2.63、宽 0.99 米。墓室底部四周有生土二层台，南北台宽 0.05～0.08、东西两侧台宽 0.12～0.15 米，台高 0.60 米。墓内填土为黄褐色沙土夹杂黄黏土块、黄沙土块、灰白色细淤土及大量风化岩、石英块等。

单木棺置于墓室底部偏北、东侧，已朽成灰，但迹象明显。棺长 1.98、宽 0.62、残高 0.20 米。骨骼腐朽较甚，仅北端头骨可辨，头向北，面向上。棺外南端随葬陶罐 3 件。

图一二　宋家官庄汉墓 M5 平、剖面图
1~3. 灰陶罐

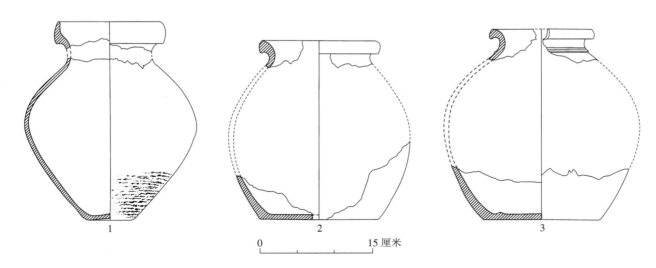

图一三　宋家官庄汉墓 M5 出土随葬品
1~3. 灰陶罐 M5：1~3

2. 随葬品

灰陶罐　3 件。

标本 M5：1，泥质陶，颈部以上残。高盘口微敛，卷沿，尖唇，束颈，斜肩，弧鼓腹，最大径位于腹中部，小平底内凹。腹下部饰横向绳纹。口径 13.6、腹径 23、底径 6.2、残高 22 厘米（图一三，1）。

标本 M5：2，夹砂陶，残甚，仅存口沿和底部。侈口，卷沿，圆唇，束颈，大平底。灰黑色表层剥落较甚，有轮制痕迹。口径 16、底径 16 厘米（图一三，2）。

标本 M5：3，夹砂陶，残甚，仅存口沿和底部。侈口，卷沿，圆唇，束颈，大平底。灰黑色表层剥落较甚，有轮制痕迹。口径 14、底径 15.6 厘米（图一三，3）。

（五）M6

1. 墓葬形制

长方形竖穴土坑墓，直壁平底，墓向 2°（图一四）。墓口长 2.60、北端宽 1.20、南端宽 1.30、残深 0.60 米。填土为黄褐色沙质土夹杂黄黏土块、大量石英块或颗粒、风化岩石块、较多灰白色细淤土等，结构硬。

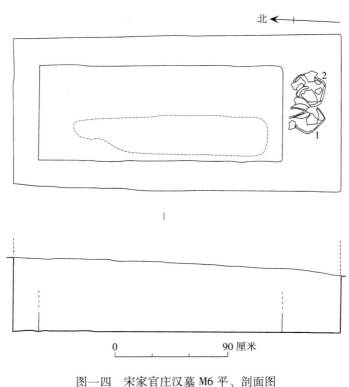

图一四　宋家官庄汉墓 M6 平、剖面图
1、2. 灰陶罐

单棺在墓室底部略偏北，已朽成灰，长 1.94、宽 0.80、残高 0.16 米，棺内西半部有黑色朽木和细淤土。人骨已朽，隐约可见棺内西侧人骨迹象，头向北。棺外南端随葬 2 件陶罐。

2. 随葬品

灰陶罐 2件。

标本 M6：1，夹砂陶，残。侈口，卷沿，圆唇，束颈，大平底。灰黑色表层剥落较甚，有轮制痕迹。口径 14、底径 15.6 厘米（图一五，1）。

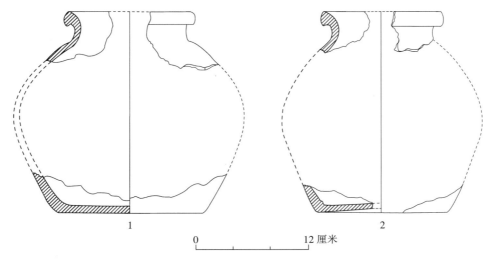

图一五 宋家官庄汉墓 M6 出土随葬品
1、2. 灰陶罐 M6：1、2

标本 M6：2，夹砂陶，残。侈口，卷沿，圆唇，束颈，大平底。灰黑色表层剥落较甚，有轮制痕迹。平底略内凹。口径 13 厘米（图一五，2）。

（六）M7

1. 墓葬形制

长方形竖穴土坑墓，直壁平底，墓向 9°，打破 M8（图一六）。墓口长 2.65、宽 0.94、深 0.73 米。填土为黄褐色沙质土夹杂黄黏土块、大量石英块或颗粒、风化岩石块、较多灰白色细淤土等，结构较硬。

图一六 宋家官庄汉墓 M7 平、剖面图
1. 铜钱 2~4. 灰陶罐

单棺在墓室底部略偏西北，已朽成灰。长2.04、宽0.60、残高0.30米。人骨腐朽较甚，仅辨其头骨，头向北，面向上。棺内随葬铜钱4枚（锈蚀严重），棺外南端随葬陶罐3件。

2. 随葬品

灰陶罐　3件。均泥质黑皮陶，灰胎，夹少量砂。

标本M7：2，高盘口微敛，卷沿，尖唇，束颈，圆肩，弧腹，最大径位于腹中部，底残。腹下部饰横向绳纹。口径13.2、腹径22、高29厘米（图一七，1；彩版四五，2）。

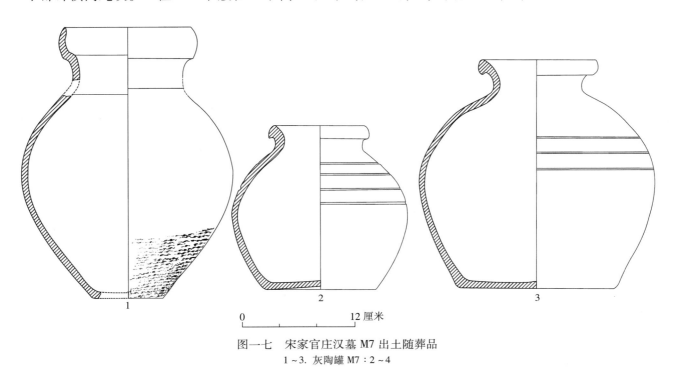

0　　　　　　　　12厘米

图一七　宋家官庄汉墓M7出土随葬品
1～3. 灰陶罐M7：2～4

标本M7：3，侈口，卷沿，沿下微内勾，圆唇，短束颈，鼓腹，腹最大径居中，平底内凹。腹上部饰四周窄浅凹弦纹，器表有轮制痕迹。口径10.6、腹径18.8、底径11.4、高18厘米（图一七，2；彩版四五，3）。

标本M7：4，侈口，卷沿，沿下内勾，圆唇，束颈较高，鼓腹，腹最大径居中，大平底。深灰色表皮剥蚀严重，腹上部有三周窄浅凹弦纹。口径12.8、腹径25、底径17、高25厘米（图一七，3；彩版四五，4）。

铜钱　约4枚。

标本M7：1，破碎严重，依稀可辨为"五铢"钱，"五"字交笔弯曲。

（七）M8

1. 墓葬形制

长方形竖穴土坑墓，直壁平底，墓向8°，被M7打破（图一八）。墓口长2.53、宽1.05、残深0.10米。填土为黄褐色沙质土夹杂黄黏土块、大量石英块或颗粒、风化岩石块、较多灰白色细

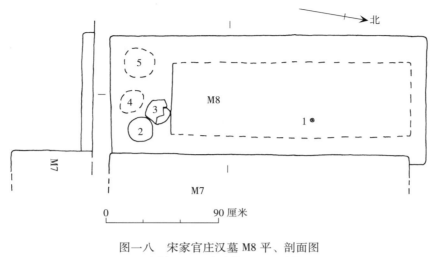

图一八　宋家官庄汉墓 M8 平、剖面图
1. 铜钱　2、3. 灰陶罐　4、5. 漆器

淤土等，结构较硬。

木棺腐朽严重，长 2.10、宽 0.68、残高 0.03 米。人骨腐朽无痕，头向不明。棺内随葬铜钱约 3 枚，锈蚀严重。棺外南端随葬陶壶 2、漆器 2 件，漆器仅存痕迹。

2. 随葬品

灰陶罐　2 件。

标本 M8：2，夹砂陶。仅存底部，平底。底径 11 厘米。

标本 M8：3，夹砂陶。残碎严重，仅存腹片。

铜钱　约 3 枚。

标本 M8：1，破碎严重，依稀可辨为"五铢"钱。孔径 1.1 厘米。

漆器　2 件。

仅存痕迹，无法提取。

（八）M9

1. 墓葬形制

长方形竖穴土坑墓，直壁平底，墓向 2°（图一九）。墓口长 3.80、宽 1.90、深 1.10 米。填土为黄褐色沙质土夹杂黄黏土块、大量石英块或颗粒、风化岩石块、较多灰白色细淤土等，结构较硬。

葬具为一棺一椁，均腐朽成灰。棺长 2.10、宽 0.76、保存高度 0.06 米。椁长 2.68、宽 1.56、保存高度 0.66 米。人骨腐朽无痕，头向不明。棺内随葬铜钱 8 枚（锈蚀严重）。南端棺椁间放置盘口壶 1、陶罐 2 件，东端棺椁间南部置陶壶 1 件。

2. 随葬品

灰陶壶　2 件。

标本 M9：2，夹细砂，器体粗矮。盘口外侈，方唇内斜，束颈、鼓腹略扁，腹最大径居中，平底。器表层剥落较甚。口径 14.5、腹径 30.4、底径 17.6、高 28.6 厘米（图二○，1）。

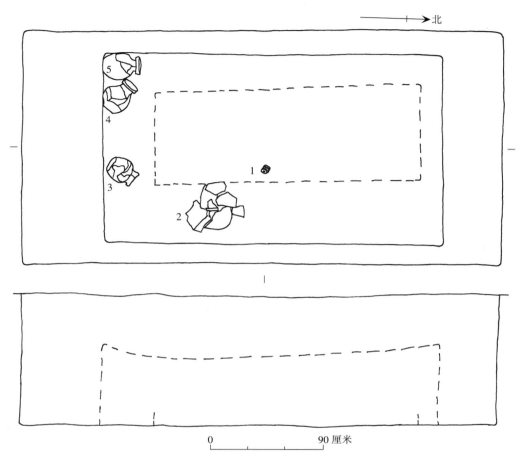

图一九　宋家官庄汉墓 M9 平、剖面图
1. 铜钱　2、3. 灰陶壶　4、5. 灰陶罐

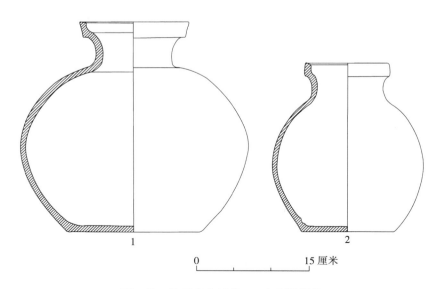

图二〇　宋家官庄汉墓 M9 出土随葬品
1、2. 灰陶壶 M9：2、3

标本 M9：3，夹细砂，器体较瘦高。盘口微敛，方唇内斜，束短颈，圆腹，平底。口径 11.2、腹径 20、底径 12、高 23 厘米（图二〇，2）。

灰陶罐　2 件。

标本 M9：4，夹细砂，仅存部分口沿、器底和腹片。盘口微内敛，圆唇，平底。

标本 M9：5，夹细砂，仅存部分口沿和底部。盘口内敛，圆唇，平底。

铜钱　约 8 枚。

标本 M9：1，锈蚀严重，可辨为"五铢"。钱径 2.6、孔径 1.0 厘米。

（九）M10

1. 墓葬形制

长方形竖穴土坑墓，直壁，平底，墓向 6°，被 M11 打破（图二一）。墓口长 3.94、宽 2.00、深 2.00 米。墓底长 3.45、宽 1.32 米。墓室底部四周有生土二层台，南北台宽 0.20 ~ 0.30、东西台宽 0.30、高 1.10 米。墓内填土为黄褐色沙土夹杂黄黏土块、黄沙土块、灰白色细淤土及大量风化岩、石英块等。

葬具为一棺一椁，椁长 3.02、宽 0.93、现存高度 0.60 米。棺长 2.16、宽 0.60、残高 0.20 米，棺底有厚约 3 厘米的细淤土。人骨已腐朽无痕。棺内西侧随葬 1 串铜钱，南端棺椁间放置陶壶 2、罐 2 件。墓葬填土中有"大泉五十"铜钱。

2. 随葬品

灰陶壶　2 件。

标本 M10：1，泥质陶，个体较大，器表灰皮剥落严重，饰白陶衣。盘口略外侈，方唇，细长颈内束，溜肩，腹略显瘦长，平底内凹。肩部饰三周浅凹弦纹。口径 12.6、腹径 22、底径 13.2、高 27.6 厘米（图二二，1；彩版四六，1）。

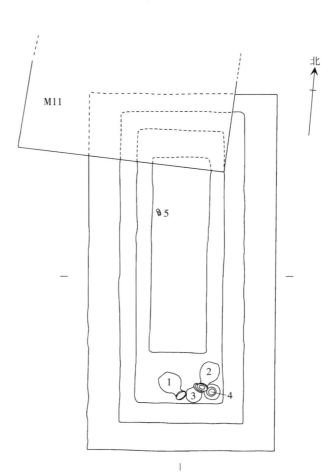

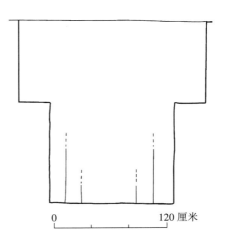

图二一　宋家官庄汉墓 M10 平、剖面图
1、2. 灰陶壶　3、4. 灰陶罐　5. 铜钱

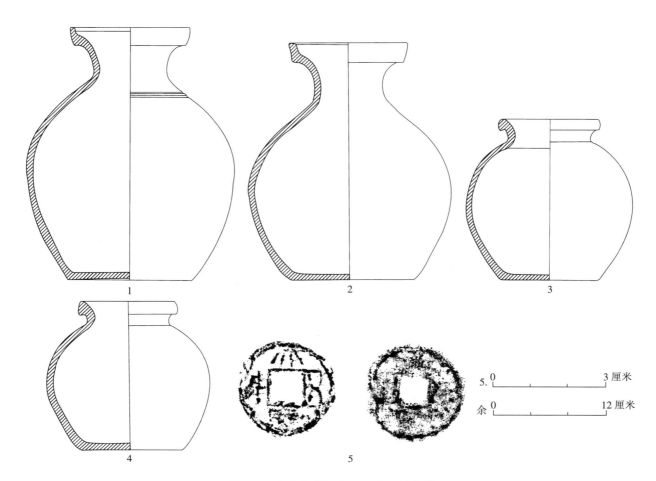

图二二　宋家官庄汉墓 M10 出土随葬品
1、2. 灰陶壶 M10：1、2　3、4. 灰陶罐 M10：3、4　5. 铜钱 M10：5

标本 M10：2，泥质陶，个体较大，器表灰皮剥落较甚，饰白陶衣。盘口外侈，方唇内斜，细长颈内束，溜肩，鼓腹，平底。口径 12.6、腹径 21.6、底径 13、高 26 厘米（图二二，2；彩版四六，2）。

灰陶罐　2 件。

标本 M10：3，泥质深灰皮陶，褐色胎，夹少量粗砂粒。素面，器表剥落严重。侈口，卷沿，圆唇，短束颈，圆鼓腹，下腹略内收，平底。口径 10.8、腹径 17.8、底径 10.4、高 17.6 厘米（图二二，3；彩版四六，3）。

标本 M10：4，泥质深灰皮陶，褐色胎，夹少量粗砂粒。素面，器表剥落严重。侈口，卷沿，方唇，短束颈，圆鼓腹，下腹略内收，平底。口径 10.4、腹径 17.4、底径 11、高 16.4 厘米（图二二，4；彩版四六，4）。

铜钱　约 17 枚。

标本 M10：5，锈蚀严重，可辨为"五铢"，"五"交笔略直。钱径 2.6、孔径 1.0 厘米。

标本 M10：01，"大泉五十"，8 枚，置于墓葬填土中。锈蚀严重，多破碎。钱径 2.7、穿径

0.9 厘米（图二二，5）。

（一〇）M11

1. 墓葬形制

长方形竖穴土坑墓，口大底小，斜直壁，平底，墓向5°，打破M10（图二三；彩版四三，2）。墓上口长3.78、宽2.20、深2.80 米；墓底长3.44、宽1.90~2.00 米。东西两侧墓壁中部略内凸，北壁和南壁下半部均有两个梯形脚窝，底宽0.32、高0.32、深0.18 米。墓葬填土与其他墓不同，为灰褐色细沙土夹杂灰褐和黄褐色沙土块、灰白色土块，少量风化岩和石英块、石英颗粒，较疏松。

图二三　宋家官庄汉墓 M11 平、剖面图
1. 灰陶罐　2. 灰陶壶　3. 漆器

　　葬具为一棺一椁，已朽成灰，椁长 2.38、宽 1.12、高 0.70 米，椁盖板长约 2.58、宽约 1.30 米。棺长 2.14、宽 0.66、高 0.10 米。人骨腐朽无痕，头向不明。椁外南端放置一脚箱，东西向，长 1.04、宽 0.52 米。随葬陶壶、陶罐、漆器，均置于脚箱内。

　　2. 随葬品

　　灰陶罐　1 件。

　　标本 M11：1，夹砂陶。侈口，卷沿，圆唇，束颈，鼓腹，大平底。灰黑色表层剥落较甚，有轮制痕迹。口径 18.6、腹径 31.2、底径 20、高 27.2 厘米（图二四，1；彩版四七，1）。

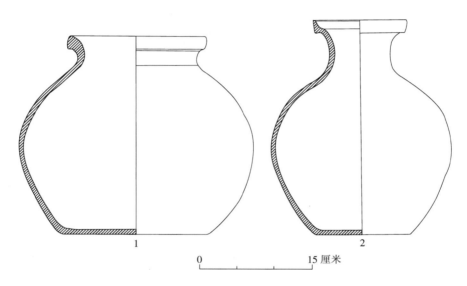

图二四　宋家官庄汉墓 M11 出土随葬品
1. 灰陶罐 M11：1　2. 灰陶壶 M11：2

　　灰陶壶　1 件。

　　标本 M11：2，夹细砂陶。盘口外敞，尖唇，长颈内束，肩微鼓，圆鼓腹略瘦长，平底。口径 12.4、腹径 24、底径 12.4、高 29.4 厘米（图二四，2；彩版四七，2）。

　　漆器　1 件。

　　标本 M11：3，仅存痕迹。

（一一）M12

　　1. 墓葬形制

　　长方形竖穴土坑墓，直壁，平底，墓向 7°（图二五）。墓口长 3.80、宽 2.40、残深 1.10 米。墓内填土为黄褐色沙土夹杂黄黏土块、黄沙土块、灰白色细淤土及大量风化岩、石英块等。

　　葬具为一棺一椁，已腐朽成灰。椁长 3.12、宽 1.80～1.90、现存高度 0.74 米；棺偏置于椁室的东北部，长 2.00、宽 0.70、残高 0.14 米。人骨腐朽较甚，仅存 1 枚牙齿和部分上、下肢骨和盆骨尚可分辨。头向北。头骨周围随葬耳塞、鼻塞、蝉形石口琀、石环、漆盒（仅存形状，未提取），棺内南半部有铜钱，陶罐 2 件则放于墓室西北部棺椁之间。

2. 随葬品

灰陶罐　2 件。

标本 M12：7，夹砂陶。直口，平折沿内斜，沿下内勾，方唇，束颈较高，鼓腹，下腹部残。肩部饰两周细凹弦纹，腹上部有轮制痕迹。口径 16、腹径 36、残高 31.4 厘米（图二六，1）。

标本 M12：8，夹砂陶，残碎不可复原。侈口，平沿内斜，圆唇，束颈（图二六，2）。

石环　2 件。

标本 M12：4 - 1，残，白色。上面磨制光滑，单面钻孔，制作精致，素面。直径 3.55、孔径 1.35、厚 0.2 厘米（图二七，1）。

标本 M12：4 - 2，残。白色。上面磨制光滑，单面钻孔，制作精致，素面。直径 3.6、孔径 1.35、厚 0.2 厘米（图二七，2）。

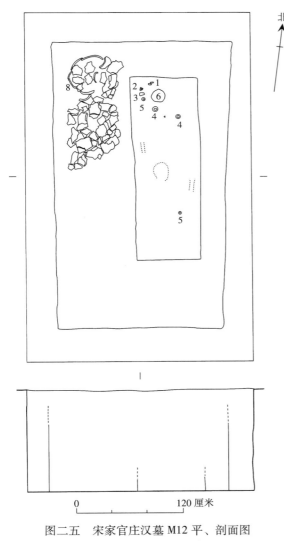

图二五　宋家官庄汉墓 M12 平、剖面图
1. 石耳塞　2. 石鼻塞　3. 石口琀　4. 石环
5. 铜钱　6. 漆器　7、8. 灰陶罐

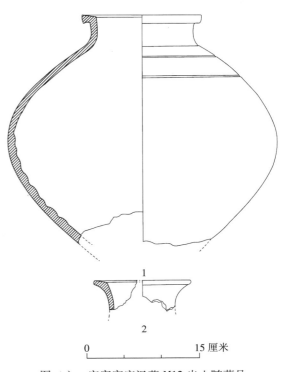

图二六　宋家官庄汉墓 M12 出土随葬品
1、2. 灰陶罐 M12：7、8

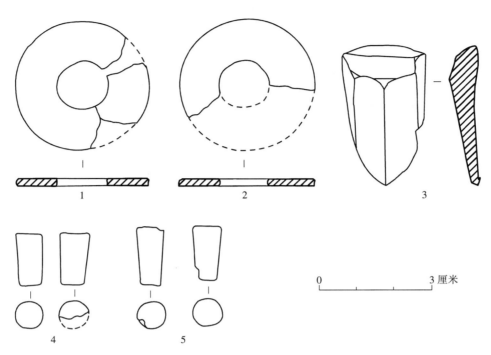

图二七　宋家官庄汉墓 M12 出土随葬品

1、2. 石环 M12∶4-1、-2　3. 石口玲 M12∶3　4. 石耳塞 M12∶1-1、-2　5. 石鼻塞 M12∶2-1、-2

石口玲　1件。

标本 M12∶3，白色。质地较硬，蝉形，背面内凹，正面突起，中间有脊，通体磨光。长3.8、最宽2.2、厚0.8厘米（图二七，3）。

石耳塞　2件。

标本 M12∶1-1，白色。短圆柱体，一端略细，截面呈圆形。长1.4、直径0.6～0.75厘米（图二七，4右）。

标本 M12∶1-2，白色。短圆柱体，一端略细，截面呈圆形。长1.4、直径0.6～0.7厘米（图二七，4左）。

石鼻塞　2件。

标本 M12∶2-1，白色。短圆柱体，一端略细，截面呈圆形。长1.6、直径0.5～0.7厘米（图二七，5左）。

标本 M12∶2-2，白色。短圆柱体，一端略细，截面呈圆形。长1.5、直径0.5～0.8厘米（图二七，5右）。

铜钱　3枚。

标本 M12∶5，锈蚀严重，可辨为"五铢"。钱径2.65、孔径1.0厘米。

漆盒　1件。

标本 M12∶6，仅存灰痕。

（一二）M13

1. 墓葬形制

长方形竖穴土坑墓，口大底小，斜直壁，平底，墓向5°，被M12打破（图二八）。墓上口长2.98、北端宽1.60、南端宽1.50、深1.00米；墓底长2.60、宽1.22米。墓内填土为黄褐色沙土夹杂黄黏土块、黄沙土块、灰白色细淤土及大量风化岩、石英块等。

葬具为一木棺，朽烂较甚，灰痕模糊，棺长1.90、宽0.74、残高0.04米。人骨腐朽无痕，头向不明。棺外南端放置陶罐2件。

2. 随葬品

灰陶罐　2件。

标本M13：1，泥质陶。侈口，卷沿，方唇，束短颈，鼓腹，大平底。口径11.6、腹径20.2、底径15.6、高18厘米（图二九，1；彩版四七，3）。

标本M13：2，泥质陶。侈口，卷沿，圆唇，束短颈，鼓腹，腹最大径居中，大平底。器表压光，腹部及肩部饰四道窄浅凹弦纹。口径15、腹径26.2、底径16、高24厘米（图二九，2；彩版四七，4）。

（一三）M14

1. 墓葬形制

长方形竖穴土坑墓，上部遭破坏较甚，仅存墓室底部，墓向24°，打破M15、M16（图三〇）。北端墓壁呈台阶状，南端为直壁，墓底在墓室中部自南而北呈斜坡状变深。墓口长3.20、宽1.34米，墓室北端残深0.50、南端残深0.05米。墓内填土为黄褐色沙土夹杂黄黏土块、黄沙土块、大量石英块等。

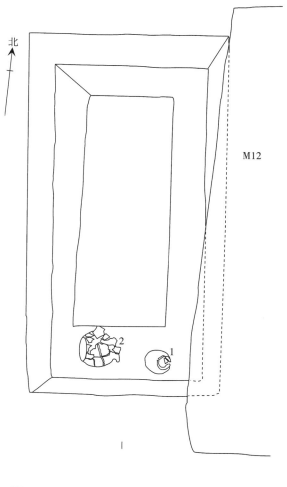

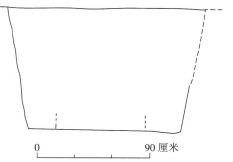

图二八　宋家官庄汉墓M13平、剖面图
1、2. 灰陶罐

葬具为一木棺，略斜置于墓室北半部，朽烂成灰，长2.24、宽0.64米。人骨腐朽较甚，棺内北部仅存头骨痕迹。头向北。棺内南端放置陶罐1件，棺外南端放置陶罐1、漆器1件。

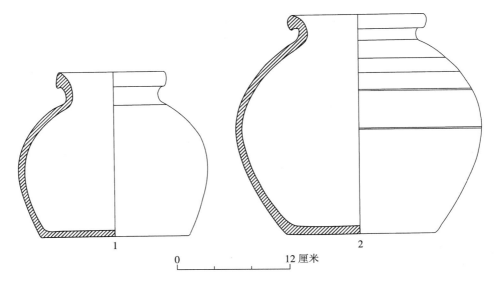

图二九　宋家官庄汉墓 M13 出土随葬品
1、2. 灰陶罐 M13：1、2

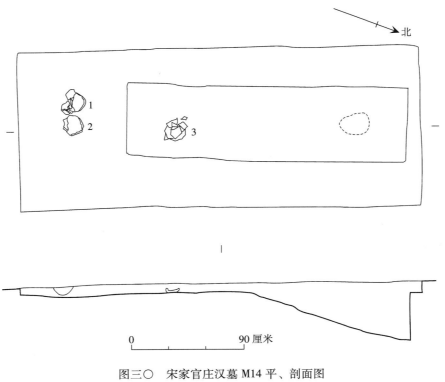

图三〇　宋家官庄汉墓 M14 平、剖面图
1、3. 灰陶罐　2. 漆器

2. 随葬品

灰陶罐　2 件。

标本 M14：1，泥质黑皮陶，仅存口沿及部分器底。盘口外侈，方唇，束颈，平底。口径 12 厘米。

标本 M14：3，夹细砂陶，仅存部分口沿和器底。盘口，平底。

漆器 1件。

标本 M14：2，仅存痕迹。

（一四）M15

1. 墓葬形制

长方形竖穴土坑墓，直壁，平底，墓向 14°，上部被 M14 打破（图三一）。墓口长 3.28、北宽 1.90、南宽 2.07、深 1.84 米。墓室底部北、东、南三面有生土二层台，分别宽 0.30、0.46、0.38、高 1.00 米。填土为黄褐色沙土夹杂黄黏土块、黄沙土块、灰白色细淤土及大量风化岩、石英块等。

葬具为一棺一椁，已朽成灰，椁长 2.52、宽 1.30、高 0.90 米；棺放置于椁内西半部，长 2.22、宽 0.60、残存高度 0.14 米，底部铺有朱砂。人骨腐朽无痕。棺内北半部随葬品有耳塞、鼻塞、蝉形石口琀、铜钱，东侧棺椁间放陶罐、陶壶、漆耳杯。

2. 随葬品

灰陶壶 1件。

标本 M15：6，夹细砂陶。盘口外敞，圆唇，细长颈内束，溜肩，圆鼓腹略显瘦长，平底。口径 12.6、腹径 24.8、底径 14.5、高 30.2 厘米（图三二，1；彩版四八，2）。

灰陶罐 1件。

标本 M15：5，泥质陶。高盘口微敛，卷沿，尖唇，束颈，圆肩，弧腹，下腹部略内曲，最大径位于腹中部，小平底内凹。颈下和肩部有一周凹弦纹，腹下部饰横向绳纹。口径 12.8、腹径 21.6、底径 7、高 26.5 厘米（图

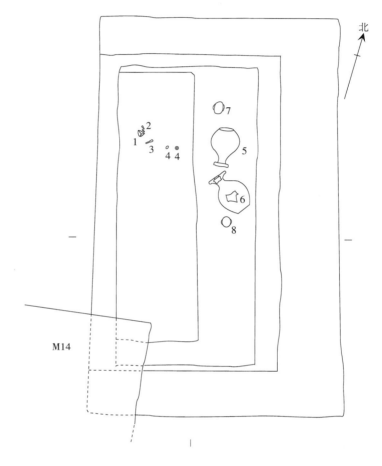

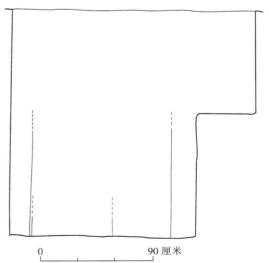

图三一 宋家官庄汉墓 M15 平、剖面图
1. 石口琀 2. 石鼻塞 3. 石耳塞 4. 铜钱
5. 灰陶罐 6. 灰陶壶 7、8. 漆耳杯

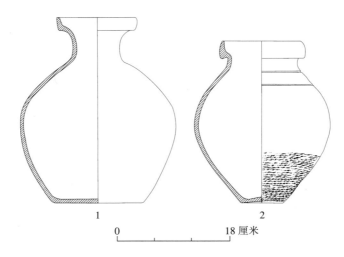

图三二　宋家官庄汉墓 M15 出土随葬品
1. 灰陶壶 M15：6　2. 灰陶罐 M15：5

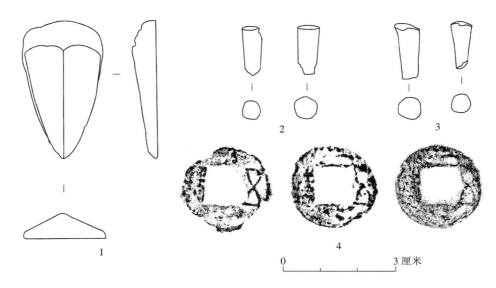

图三三　宋家官庄汉墓 M15 出土随葬品
1. 石口琀 M15：1　2. 石耳塞 M15：3-1、-2　3. 石鼻塞 M15：2-1、-2　4. 五铢 M15：4

三二，2；彩版四八，1）。

石口琀　1件。

标本 M15：1，整体瘦长。蝉形，尾部略尖，背面平整，正面突起，中间有脊，表面磨光剥落。长3.8、最宽2.2、最厚0.7厘米（图三三，1）。

石耳塞　2件。

标本 M15：3-1，短圆柱体，一端略细。长1.3、直径0.4~0.6厘米（图三三，2右）。

标本 M15：3-2，短圆柱体，一端略细。长1.3、直径0.4~0.5厘米（图三三，2左）。

石鼻塞　2件。

标本 M15：2-1，较细小，短圆柱体，一端略细，截面呈圆形。长1.5、直径0.4~0.6厘米

（图三三，3 左）。

标本 M15：2 - 2，短圆柱体，一端略细，截面呈圆形。长 1.3、直径 0.35~0.5 厘米（图三三，3 右）。

铜钱　7 枚。

标本 M15：4，锈蚀严重，可辨为"五铢"钱。钱径 2.5、孔径 0.9 厘米。

另外在墓葬填土中出土"五铢"钱 22 枚，锈蚀严重，窄郭，钱孔内有细绳索痕迹。钱径 2.4、孔径 1.0 厘米，"五"交笔弯曲，与上下两横相交处近直角，"朱"上端近方折；一种钱径 2.3、孔径 1.0 厘米，"五"交笔略弯，与上下两横相交处成锐角（图三三，4）。

漆耳杯　2 件。

标本 M15：7、8，仅存灰痕，未提取。

（一五）M16

1. 墓葬形制

近长方形竖穴土坑墓，口大底小，斜直壁，平底，墓向 12°，被 M14 打破（图三四）。墓上口长 3.40、北端宽 1.90、南端宽 1.66、深 1.70 米；墓底长 3.20、南端宽 1.52、北端宽 1.72 米。墓内填土为黄褐色沙土夹杂黄黏土块、黄沙土块、灰白色细淤土及大量风化岩、石英块等。

葬具为一椁一棺，朽烂成灰。椁长 2.82、宽 1.10、现存高 0.60 米，棺长 2.10、宽 0.62、残高 0.14 米。人骨腐朽无痕，头向不明。棺内中部随葬铜钱约 13 枚，南端棺椁间放置陶罐 2、漆器（仅存红、黑色漆皮，未收取）1 件。

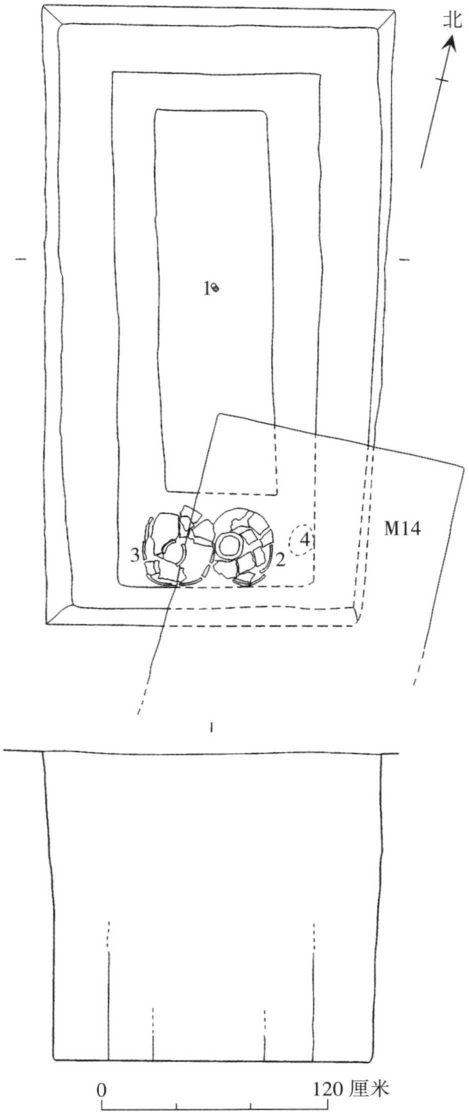

2. 随葬品

灰陶罐　2 件。

标本 M16：2，夹砂陶。口微侈，平沿，方唇，束颈较高，折肩，最大径在肩部，弧腹，平底。器表层剥落较甚，纹饰不清。口径 15、肩径 33.4、底径 13.4、高 34 厘米（图三五，1；彩版四八，3）。

标本 M16：3，夹砂陶。口微侈，平沿略内斜，方唇，束颈，鼓肩，鼓腹微折，最大腹径居中，平底。下腹部饰横向中绳纹。口径 14.2、腹径 34、底径 14.2、高 36 厘米（图三五，2；彩版四八，4）。

图三四　宋家官庄汉墓 M16 平、剖面图
1. 铜钱　2、3. 灰陶罐　4. 漆器

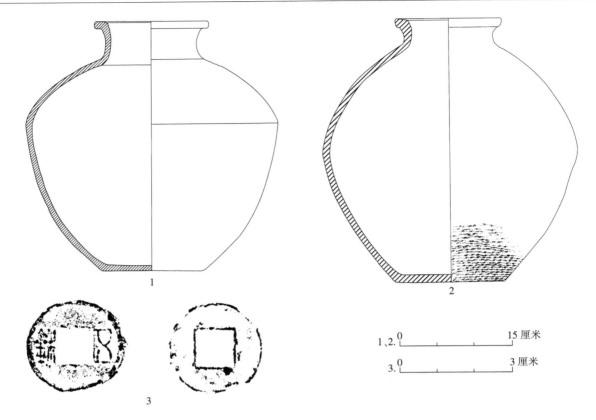

图三五　宋家官庄汉墓 M16 出土随葬品
1、2. 灰陶罐 M16∶2、3　3. 五铢 M16∶1

铜钱　13 枚。

标本 M16∶1，"五铢"钱，锈蚀较严重，有丝织品包裹痕迹。"五"交笔处略直，"朱"上端近方折，"金"头呈等腰三角形。钱径 2.5、孔径 1.0 厘米（图三五，3）。

漆器　1 件。

标本 M16∶4，仅存漆皮痕迹。

三　结语

宋家官庄墓地除一座墓葬（M3）被彻底破坏之外，实际清理墓葬 15 座。据了解，这些墓葬原处于同一个小土包之上，土包很可能就是墓葬的封土，即是说这批墓葬可能属于同一座封土中的墓葬，与邻近发掘的宋家哨墓地情况大体一致。但由于发掘之前墓地封土已被破坏，墓口全部暴露，每座墓葬的开口层位已不清楚。从墓葬残存情况来看，部分墓葬仅存墓底部分，较深的墓葬则打破岩石层成为岩坑墓，这种情况与山东地区东南沿海近年来发掘的如日照海曲、黄岛土山屯汉代墓地相同。从该墓地墓葬的平面布局来看，墓葬的分布有一定规律，并且存在打破关系。墓葬可分为南北四排，两两成组的现象较为普遍，反映该墓地墓葬的分布可能经过布局，墓主人之间也应有一定的关系。

关于墓葬的年代问题，因缺乏纪年资料，我们可从墓葬的排列、打破关系、出土随葬品的组合、器物特征来综合考虑。

墓葬打破关系有五组，即 M2 打破 M1，M7 打破 M8，M12 打破 M13，M14 打破 M15、M16，M11 打破 M10。其中 M10 填土中铜钱有"大泉五十"，可据此推断该墓为王莽时期的墓葬。M11 打破 M10，表明了它们之间的早晚关系，但两座墓葬出土陶壶形制基本一致，年代应相当。M9 与 M10 为两两成组关系，出土陶壶与 M10 接近，伴出铜钱为"五铢"钱。年代应相距不远。从陶壶形制观察，年代或略早于 M10，因此该墓葬年代约属西汉晚期。同一排的 M15、M16 两座墓葬，也是两两成组关系，出土铜钱为"剪轮五铢"，出土陶器中的陶罐、陶壶下腹部饰有绳纹，根据有关学者的研究，这类器物在山东地区为西汉晚期的常见器物[1]，与出土"剪轮五铢"的情况吻合。因此这两座墓葬年代应为西汉晚期。M14 打破 M15、M16，但出土陶器破碎严重，形制不明，时代应更晚一点。南部一排的四座墓葬，M1、M2 为一组，M3、M4 应为一组。M1、M2 出土铜镜都是西汉晚期流行的镜式，"五铢"钱有剪轮迹象，墓葬年代应属西汉晚期。同一排墓葬中的 M3 被彻底破坏，M4 出土陶器为本地区西汉晚期常见器形。因此这几座墓葬的年代也应属于西汉晚期。

南数第二排共五座墓葬，其中 M5、M6 为一组，M7、M8 为一组。M5、M6 出土陶器从残存情况看相同，M7、M8 出土陶器从残存情况看，也应大体一致。M7 出土下腹部饰绳纹的盘口罐又与 M5 出土同类器基本一致。M7、M8 出土铜钱均为"五铢"钱，惜破损锈蚀严重。因此，这四座墓葬连同前述同一排的 M14 的年代应较为接近，约属西汉晚期。

最北一排的三座墓葬，M11、M12 为一组，M13 被 M12 打破。M11 打破了王莽时期墓葬 M10，确定了它们的早晚关系。因此，这三座墓葬的年代也约属于王莽前后。

总的来看，该墓地墓葬排列有序，有可能属于一家族墓地。墓葬之间虽然存在打破关系，但时代差距并不大，大致都在西汉晚期到王莽时期，个别的可能会晚到东汉初年。

近年来，山东东南沿海地区发掘了一大批类似的汉代墓地，有学者提出了这类墓葬的埋葬形式可称为"墩式封土墓"的命名[2]。该墓地虽然封土被破坏，但从残存情况和墓葬的布局来看，也应属于这类墓葬。

参加发掘人员有张子晓、高本同、吕宜乐、刘本才、石念吉、李玉梁；器物修复有赖修亭、王可兴、闫启新、李玉梁、张子晓、刘志标等；绘图邢继春；清绘许姗；拓片袁中华；摄影吕宜乐、袁中华、英春天。

执笔：张子晓、吕宜乐、徐仰俊、袁中华、英春天。

〔1〕　郑同修、杨爱国：《山东汉代墓葬出土陶器的初步研究》，《考古学报》2003 年第 3 期。

〔2〕　郑同修：《山东沿海地区汉代墩式封土墓有关问题探讨》，《秦汉土墩墓考古发现与研究——秦汉土墩墓国际学术研讨会论文集》，文物出版社，2013 年。

柒　沂南县侯家宅汉代墓地

山东省文物考古研究院、沂南县文物管理所

　　墓地位于山东沂南县杨家坡镇侯家宅村西约 200 米处（图一）。为配合胶（州）—新（沂）高速铁路建设工程，2001 年 11 月下旬至 12 月中旬，山东省文物考古研究院（原山东省文物考古研究所）与沂南县文物管理所联合进行了考古发掘，共发掘汉代墓葬 21 座。

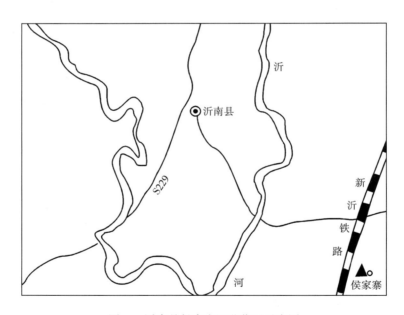

图一　沂南县侯家宅汉墓位置示意图

　　参加此次发掘工作的有李曰训、高本同、刘相文、常守帅、刘道田、齐炳学等。现将这次发掘收获报告如下。

一　封土

　　侯家宅汉代封土墓地发掘前，墓地上面尚残存有高约 1.5 米的封土堆，形如一土丘。封土堆筑而成，残存面积东西长 280、南北宽 250 米。从发掘情况来看，该封土堆原本并非为一个封土，而是由若干墓葬各自的封土经过长时间的蔓延连成一体，形成了目前一较大土丘。根据埋葬时间早晚的不同，各自的封土范围也不一样。

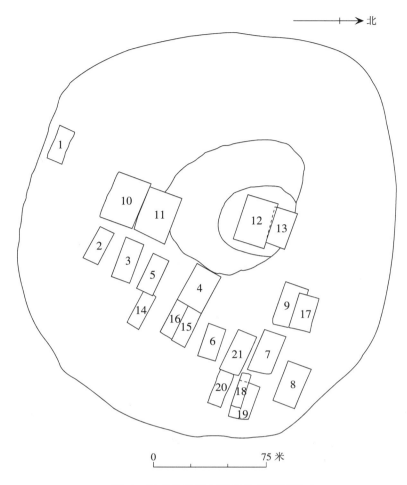

图二　沂南县侯家宅汉墓分布平面图

共发现小型墓葬 21 座，分布较为密集，方向基本一致，皆为东南—西北向，头向西北。约可划分为四排，但并不是很整齐。也有两两成组现象，部分墓葬之间存在叠压和打破关系（图二）。

二　墓葬分述

这次发掘的 21 座墓葬，主要为小型长方形竖穴土坑墓，部分墓葬深入岩石层成为岩坑墓，墓葬基本都有木质葬具，其中 15 座墓葬为一棺，6 座墓葬为一棺一椁，部分墓葬墓壁四周或墓葬底部有涂抹或铺垫白膏泥现象。除一座墓葬无随葬品外，其余墓葬都有少量的随葬品。人骨架大部分已腐朽，葬式明确的都为仰身直肢葬。

（一）M1

墓葬形制

位于墓地西南角，长方形竖穴土坑墓（图三）。墓口长 2.60、宽 1.07 米；墓底长 1.88、宽 0.92 米，深 3.20 米。方向 293°。墓室南北两侧有生土二层台，台宽 0.19 ~ 0.24、高 0.12 米。墓

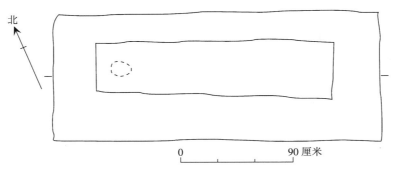

图三　侯家宅汉墓 M1 平面图

葬填土为黄褐色黏土，夹杂碎石子。

葬具为一棺，仅存灰痕。棺长 1.90、宽 0.42~0.46、残高 0.12 米。墓主人骨骼腐朽，仅存头骨痕迹，可辨头向西南。

无随葬品。

（二）M2

1. 墓葬形制

位于墓地南部（图四）。长方形竖穴土坑墓，直壁，平底。墓口长 2.40、宽 1.10、深 1.75 米。方向 305°。墓室填土为黄褐色黏沙土，并夹杂一些碎石块，经过夯打。

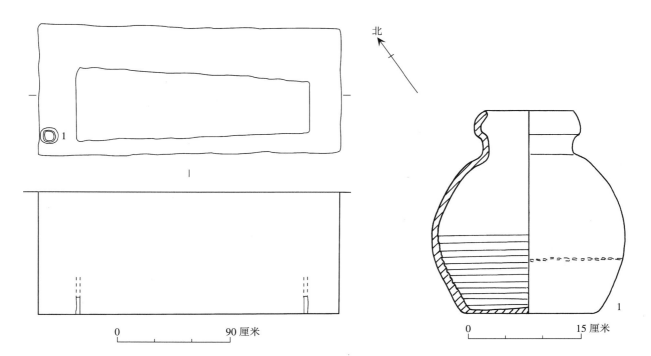

图四　侯家宅汉墓 M2 及出土随葬品
1. 灰陶壶 M2：1

墓室内置一木棺，仅存灰痕。棺长 1.88、宽 0.44～0.60、板灰残高 0.14 米。墓主人骨架已朽，葬式为仰身直肢葬。在木棺底部铺设一层白膏泥。在棺外的西南角，随葬有陶壶 1 件。

2. 随葬品

灰陶壶　1 件。

标本 M2：1，泥质陶。深盘口内敛，圆唇，束颈，溜肩，圆鼓腹，下腹内收，大平底。下腹部饰不甚明显的一周粗绳纹。口径 12、腹径 25.6、底径 18、高 27.2 厘米（图四，1；彩版四九，1）。

（三）M3

1. 墓葬形制

位于墓地南部（图五）。长方亚腰形竖穴土坑墓，直壁，平底。墓口长 2.80、宽 1.40、残深 0.30 米。方向为 295°。墓室填土为灰褐色五花土，经夯打。

葬具为一木棺，仅存灰痕。棺长 2.00、宽 0.60、板灰残高 0.10～0.15、厚 0.03～0.04 米。墓主人骨架保存较好，葬式为仰身直肢葬。墓主人腰部随葬铜带钩 1 件。在足部棺外，置一长方形木质脚箱，箱已腐朽仅存灰痕，长 72、宽 40 厘米。箱内放置陶罐 2 件。在头部棺底铺有 5～15 厘米厚的白膏泥。

2. 随葬品

有陶罐 2 件和铜带钩 1 件。

灰陶罐　2 件。

标本 M3：1，泥质陶。侈口，卷沿，圆唇，束颈，溜肩，鼓腹，下腹内收，大平底。口径 11.2、腹径 20.6、底径 12、高 20.5 厘米（图五，1）。

标本 M3：2，泥质陶。侈口，卷沿，方唇，束颈，溜肩，鼓腹，下腹内收，平底微凹。口径 11.8、腹径 20.4、底径 12、高 19.5 厘米（图五，2）。

铜带钩　1 件。

标本 M3：3，锈蚀残破严重，形制为琵琶形。残长 4.3、宽 1.6 厘米。

（四）M4

1. 墓葬形制

位于墓地南部（图六）。长方形竖穴土坑墓，直壁，平底。墓室长 2.45、宽 1.16、残深 1.26 米。方向为 290°。墓室填土为黄色黏沙土，并夹杂碎石子。

葬具为一棺，仅存灰痕。棺长 2.03、宽 0.66、板灰残高 0.09、板灰厚 0.03 米。墓主人骨架彻底腐朽，根据残痕可辨头向西，葬式不明。在墓主人头部随葬有铜钱 1 枚。头端棺外置有一木箱，仅存灰痕。箱长 100、宽 30 厘米。箱内放置陶罐 2 件。

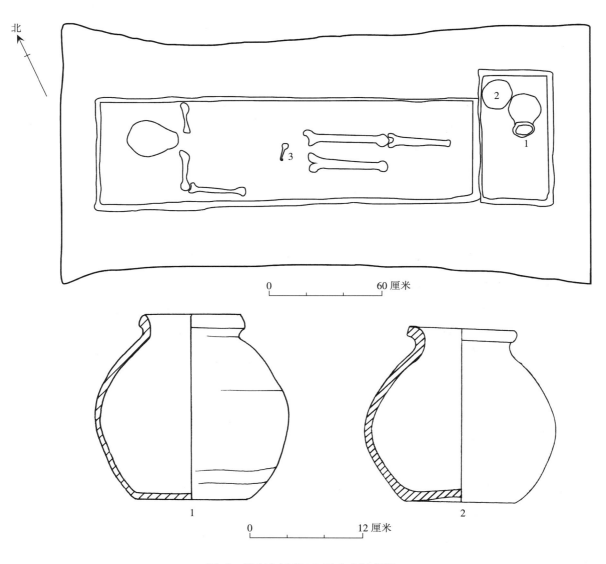

图五　侯家宅汉墓 M3 及出土随葬品
1、2. 灰陶罐 M3：1、2　3. 铜带钩 M3：3

2. 随葬品

灰陶罐　2 件。

标本 M4：1，泥质陶。浅盘口微敞，圆唇，束颈，肩微鼓，鼓腹，平底。口径 13.2、腹径 21.4、底径 12.8、高 23 厘米（图六，1）。

标本 M4：2，泥质陶。盘口内敛，方唇，颈内束较甚，肩微鼓，鼓腹，下腹内收，平底。口径 11.2、腹径 22.8、底径 14.4、高 24 厘米（图六，2）。

铜钱　1 枚。

残碎严重，可辨为"五铢"钱。

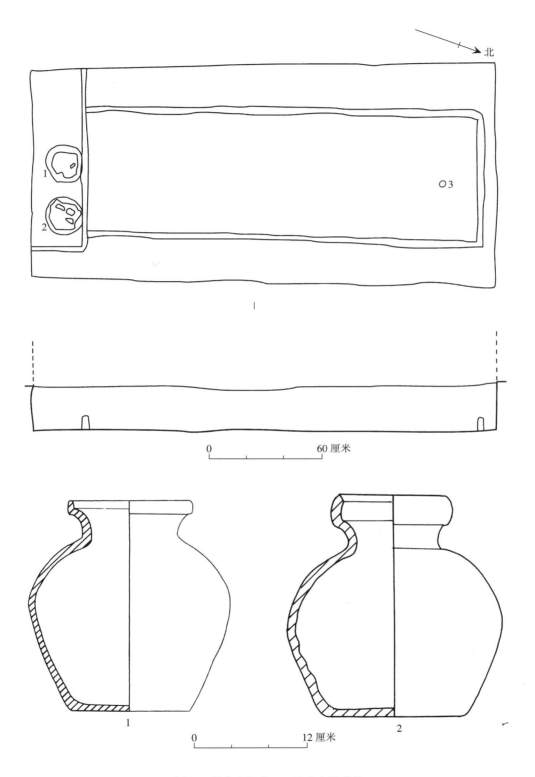

图六　侯家宅汉墓 M4 及出土随葬品

1、2. 灰陶罐 M4：1、2　3. 铜钱 M4：3

（五）M5

1. 墓葬形制

位于墓地东部，从总平面图看，打破 M14（原始记录未明确打破关系）（图七）。长方形土坑竖穴形制，墓葬下部深入岩石层成为岩坑墓，直壁，平底，墓壁修整十分规整。墓口略呈梯形，长 2.60、西端宽 1.30、东端宽 1.48、深 3.20 米。方向 295°。墓室下部南北两侧留有生土二层台，

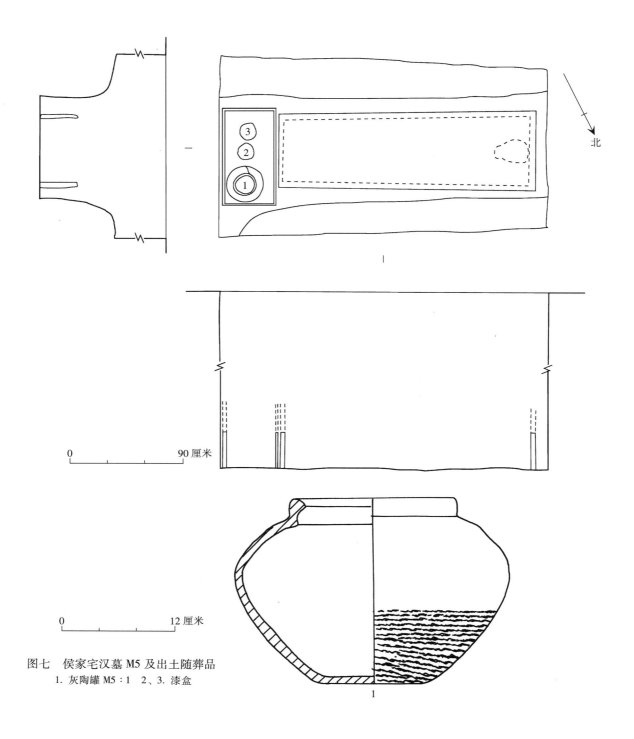

图七　侯家宅汉墓 M5 及出土随葬品
1. 灰陶罐 M5：1　2、3. 漆盒

南台宽 0.20~0.34、北台宽 0.26、高 0.60 米。墓室填土为夹砂红黏土。墓室的下部四壁，均涂抹一层厚 5~10 厘米的白膏泥。

葬具为一棺，腐朽成灰。棺长方形，长 2.02、宽 0.60~0.66、残高 0.30 米。墓主骨架已腐朽，可辨为仰身直肢葬。足端棺外置有一长方形器物箱，已腐朽。箱长 80、宽 44 厘米。内有陶罐 1 件，漆盒 2 件，漆盒已腐朽。

2. 随葬品

有灰陶罐 1 件，漆盒 2 件。

灰陶罐　1 件。

标本 M5：1，泥质陶。敛口，圆唇，短颈，扁鼓腹，下腹内收，小平底。下腹部及底部饰横绳纹。口径 17.2、腹径 29.2、底径 11、高 20.1 厘米（图七，1；彩版四九，2）。

漆盒　均已腐朽。

（六）M6

1. 墓葬形制

位于墓地中部偏北（图八）。长方形竖穴土坑墓形制，直壁，平底。墓口略呈梯形，长 2.62、西端宽 1.44、东端宽 1.34、深 3.20 米。方向 290°。墓室下部南北两侧留有生土二层台，南台宽 0.06~0.14、北台宽 0.10~0.24、高 0.68 米。墓室填土为黄褐色黏土，夹杂黄沙和碎石块，经夯打。

葬具为一棺，腐朽成灰。棺略呈长方形，长 2.32、宽 0.72~0.77、残高 0.30 米。棺四周封填白膏泥。墓主骨架已腐朽，可辨为仰身直肢葬。足端棺外置有一挡板与棺隔开，形成器物箱，内置有陶罐 2 件。

2. 随葬品

灰陶罐　2 件。

标本 M6：1，泥质陶。侈口，卷沿，圆唇，束颈，肩微鼓，腹微鼓，下腹内收，平底微凹。器内壁为瓦棱纹。口径 16、腹径 28.6、底径 18、高 26.5 厘米（图八，1）。

标本 M6：2，泥质陶。深盘口微内敛，圆唇，束颈，溜肩，下腹内收，小平底。下腹及底部饰斜向绳纹，腹中部饰两周戳印纹。口径 28、腹径 23、底径 8、高 28 厘米（图八，2）。

（七）M7

1. 墓葬形制

位于墓地东北部（图九）。长方形竖穴土坑墓形制，直壁，平底。墓口长 2.62、宽 1.48、深 1.20 米。方向 290°。墓室下部南北两侧留有生土二层台，南台宽 0.26、北台宽 0.30~0.44、高 0.70 米。墓室填土为黄褐色花土。

葬具为一棺，腐朽成灰。棺略呈长方形，长 2.04、宽 0.57、残高 0.20 米。墓主骨架已腐朽，

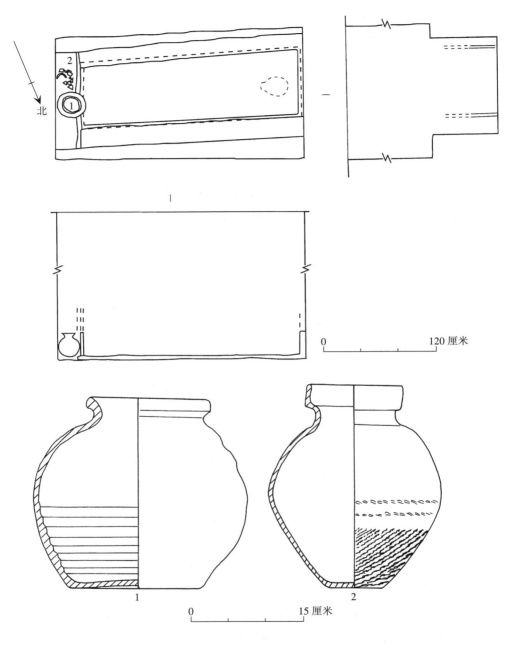

图八　侯家宅汉墓 M6 及出土随葬品
1、2. 灰陶罐 M6：1、2

可辨为仰身直肢葬。足端棺外置陶罐 2 件。

2. 随葬品

灰陶罐　2 件。其中 1 件残碎不可复原。

标本 M7：1，泥质陶。侈口，斜沿，尖唇，束颈，腹微鼓，下腹内收，平底微凹。口径 10、腹径 20、底径 12、高 19.2 厘米（图九，1）。

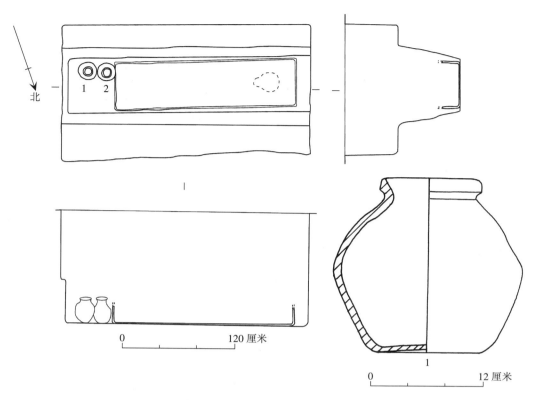

图九 侯家宅汉墓 M7 及出土随葬品
1、2. 灰陶罐 M7：1、2

（八）M8

1. 墓葬形制

位于墓地东北部（图一〇）。长方形竖穴土坑墓，墓圹不太规整，东壁内弧，西壁外弧。墓圹两端为直壁，两侧为口大底小的斜壁。方向 295°。墓室长 2.80、宽 1.50～1.70、深 1.60 米。墓室填土为黄褐花土，并夹杂碎石块，经夯打。墓圹两端底部留有生土二层台，台面最宽 0.20、高 0.20 米。

葬具为一棺，仅存灰痕。棺室长 1.78、宽 0.55～0.60、灰痕残高 0.2 厘米。墓主人骨架已腐朽，可辨为仰身直肢葬，头向北偏西。在足部棺外，置一长方形器物箱，也仅存灰痕，长 74、宽 56 厘米。脚箱内放置陶罐 2 件。

2. 随葬品

灰陶罐 2 件。

标本 M8：1，泥质陶。口微敞，方唇，短束颈，肩鼓腹，鼓腹，下腹内收，平底微内凹。口径 19.5、腹径 30.5、底径 18、高 26.5 厘米（图一〇，1）。

标本 M8：2，泥质陶。侈口，窄斜沿，方唇，束颈，溜肩，鼓腹，平底微内凹。腹部有数道不太明显的凹弦纹，腹中部有一周不明显的戳印纹。口径 18.8、腹径 30、底径 18、高 27 厘米（图一〇，2；彩版四九，3）。

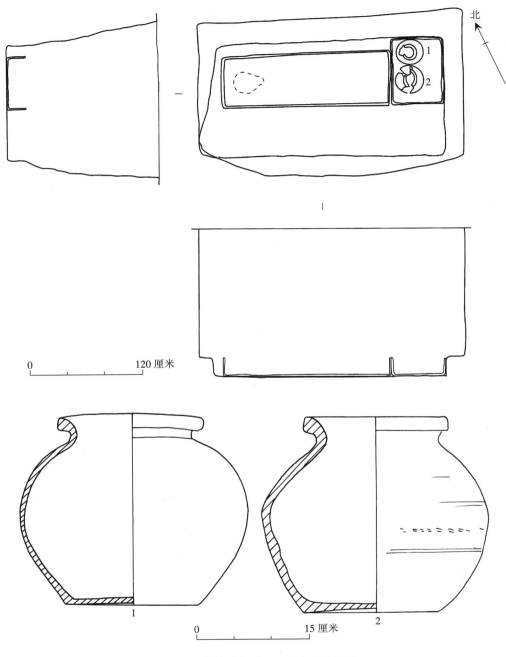

图一〇　侯家宅汉墓 M8 及出土随葬品
1、2. 灰陶罐 M8：1、2

（九）M9

1. 墓葬形制

位于墓地北部，被 M17 打破（图一一）。长方形竖穴土坑墓，方向为 285°。墓圹直壁平底，长 3.00、宽 1.30、深 1.10 米。墓室填土为黄褐五花土，夹杂碎石子。

葬具一棺一椁，均已腐朽。木椁呈"亚"字形，长 2.26、宽 0.72、残高 0.20 米。木棺呈长方形，长 1.90、宽 0.50、残高 0.06 米。墓主人骨架腐朽成粉末状，可辨葬式为仰身直肢，头向西北。在木椁外侧随葬陶罐 2 件。

2. 随葬品

灰陶罐　2 件。其中 1 件残碎不可复原。

标本 M9：1，泥质陶。侈口，卷沿，圆唇，短颈内束，鼓腹，下腹内收，平底。口径 13.2、底径 14.2、高 22 厘米（图一一，1）。

（一〇）M10

1. 墓葬形制

位于墓地西南部，打破 M11（图一二）。长方形竖穴土坑墓，墓葬底部深入岩石层成为岩坑墓，方向为 288°。墓室长 3.28、宽 2.22、深 2.46 米。墓室填土为黄褐色五花土，经夯打，中下部填白膏泥。墓室平面不甚规整，斜壁平底。

葬具为一棺一椁，椁呈"亚"字形，长 2.34、宽 1.38～1.55、残高 0.42 米。棺为长方形，长 2.15、宽 0.65～0.68、残高 0.40 米。木棺表层外施红漆，内壁施黑漆。墓主人骨架已朽，可辨葬式为仰身直肢葬，头向西北，面向上。在棺内头骨附近，随葬有玉环 2 件，在墓主人身旁，随葬有铁剑 1 件。棺椁之间随葬有陶罐 2 件。

2. 随葬品

有灰陶罐、玉环、铁剑。

灰陶罐　2 件，复原 1 件。

标本 M10：2，泥质陶。侈口，卷沿，方唇，束颈，溜肩，鼓腹，下腹内收，大平底，肩部饰五周凹弦纹。口径 14.8、腹径 24、底径 16、高 21.6 厘米（图一二，2；彩版四九，4）。

玉环　1 件。

标本 M10：3，黄白色玉质，玉质较差。外径 3.5、内径 1.5、厚 0.15 厘米（彩版五〇，1）。

铁剑　1 件。

标本 M10：4，形制呈长条形，剑身与剑柄部均有朽木痕迹，应为铁剑外层的木柄剑鞘。残长 83、宽 4、厚 1 厘米（图一二，4）。

（一一）M11

1. 墓葬形制

位于墓地西南部，被 M10 打破（图一三）。长方形竖穴土坑墓，墓葬底部深入岩石层成为岩坑墓，方向 295°。墓室平面呈不规整的长方形，直壁、底部高洼不平。墓室长 3.04～3.37、宽 2.24、深 2.02 米。墓室填土为黄褐花土，经夯打，底部有一层白膏泥。

葬具为一棺一椁，椁呈"亚"字形，长 2.30、宽 1.00～1.23、残高 0.30 米。棺呈长方形，外表施红漆，内里施黑漆。长 2.15、宽 0.50～0.60、残高 0.15 米。棺内墓主人人骨已腐朽，从残

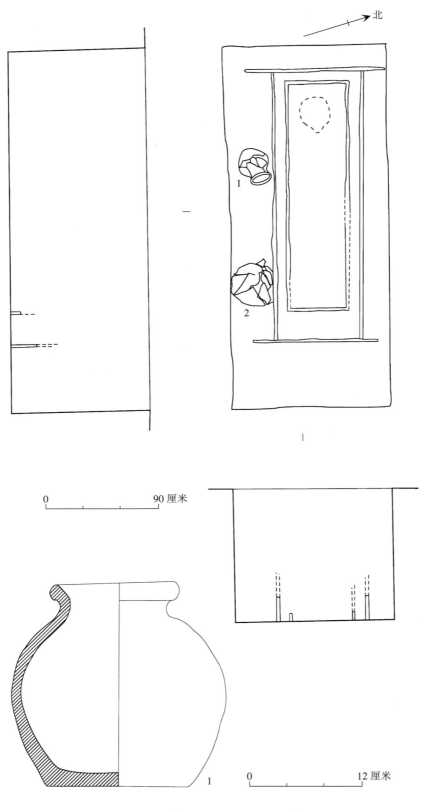

图一一　侯家宅汉墓 M9 及出土随葬品

1、2. 灰陶罐 M9：1、2

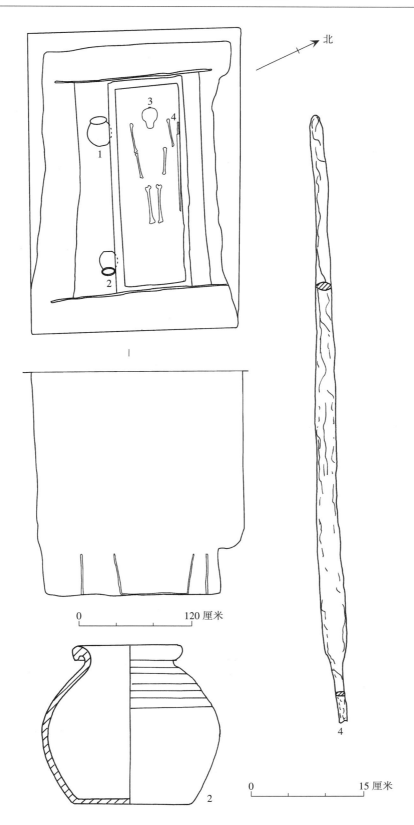

图一二　侯家宅汉墓 M10 及出土随葬品

1、2. 灰陶罐 M10：1、2　3. 玉环 M10：3　4. 铁剑 M10：4

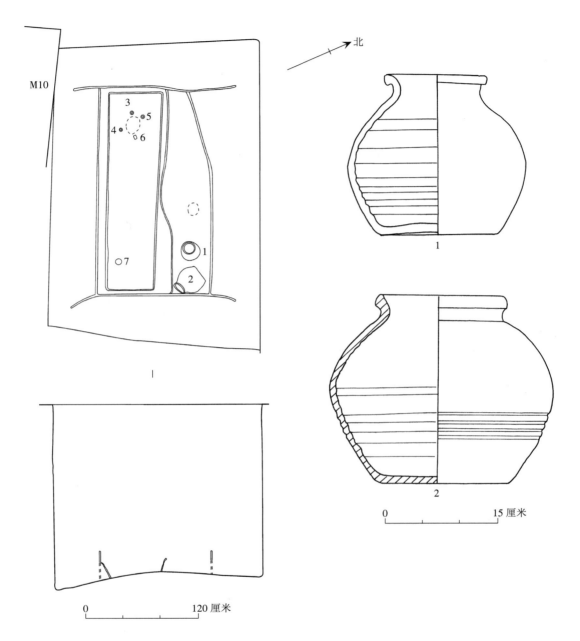

图一三　侯家宅汉墓 M11 及出土随葬品

1、2. 灰陶罐 M11：1、2　3～5. 石环 M11：3～5　6. 玉牌 M11：6　7. 铜镜 M11：7

存情况看，葬式应为仰身直肢葬，头向西北。在棺椁之间随葬陶罐 2 件、另有漆器残迹。棺内墓主人头部，随葬有石环 3 件、玉牌 1 件。在墓主人下肢部，随葬有铜镜 1 件。

2. 随葬品

有灰陶罐、玉牌、石环、铜镜共 7 件。

灰陶罐　2 件。

标本 M11：1，夹砂陶。侈口，卷沿，方唇，束颈，溜肩，鼓腹，下腹内收，平底微凸。口径

14、腹径 24、底径 15.6、高 22 厘米（图一三，1；彩版五〇，2）。

标本 M11：2，泥质陶。侈口，圆唇，束颈，广肩，鼓腹，下腹急内收，平底。下腹部饰四周凹弦纹，内壁有不明显的瓦楞纹。口径 16、腹径 30、底径 15.6、高 26 厘米（图一三，2；彩版五〇，3）。

玉牌　1 件。

标本 M11：6，出土时中间断裂，黄白色玉质。形制为长方形。长 4.8、宽 3.2、厚 0.3 厘米（彩版五〇，4）

石环　3 件。

均残碎。石环外径约在 3.2、内径 1.4、厚约 0.1 厘米。

铜镜　1 枚。

标本 M11：7，残碎锈蚀严重，从残存情况观察，似为西汉早期的小型蟠螭镜。

（一二）M12

1. 墓葬形制

位于墓地西北部，打破 M13（图一四）。长方形竖穴土坑墓，墓葬底部深入岩石层成为岩坑墓，方向 286°。墓室平面呈不规整的长方形，直壁，平底。墓室长 3.10、宽 2.10、深 2.71 米。墓室填土上部为黄褐土，下部灰褐花土，并掺有白膏泥，经夯打，夯窝直径为 6～12 厘米。墓壁两侧下部留有二层台，台面宽 0.32～0.45、高 0.88～0.91 米。

葬具为一棺一椁，椁呈"亚"字形，长 2.67、宽 1.00～1.05、残高 0.30 米。棺呈长方形，表面施黑漆，内施红漆。长 2.12、宽 0.67、残高 0.20 米。棺内墓主人骨架腐朽较严重，葬式为仰身直肢葬，头向西北。足端棺椁之间置有一木质器物箱，长 0.82、宽 0.25、残高 0.20 米，木板厚 1～1.5 厘米。其内随葬陶罐 2 件。

2. 随葬品

灰陶罐　2 件。

标本 M12：1，泥质陶。深盘口内凹，窄斜沿，尖唇，束颈较长，溜肩，鼓腹瘦长，下腹内收。腹中部饰两周戳印纹，下腹及底部饰绳纹。口径 12、腹径 23、底径 7.5、高 27 厘米（图一四，1；彩版五一，1）。

标本 M12：2，泥质陶。侈口，卷沿，方唇，束颈，斜肩，鼓腹下腹内收，大平底。口径 20、腹径 33.5、底径 24、高 27.2 厘米（图一四，2；彩版五一，2）。

（一三）M13

1. 墓葬形制

位于墓地西北部，南壁被 M12 打破（图一五）。长方形竖穴土坑墓，墓葬底部深入岩石层成为岩坑墓，方向 290°。墓室平面略呈长方形，直壁，平底。墓室长 2.60、宽 1.30～1.50、深 3.08

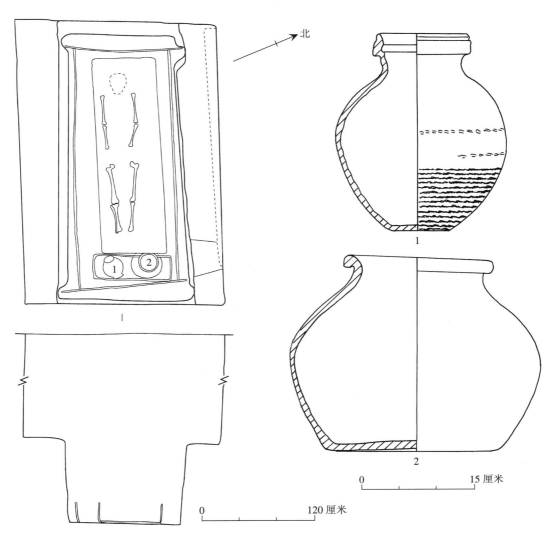

图一四　侯家宅汉墓 M12 及出土随葬品
1、2. 灰陶罐 M12：1、2

米。墓室填土上部为黄褐土，下部为灰褐花土，并掺有白膏泥，经夯打，夯窝直径为 6～11 厘米。墓壁两侧下部留有二层台，台面宽 0.20～0.30、高 0.70 米。

　　葬具为一棺一椁，椁略呈"亚"字形，长 2.17、宽 0.77～0.83、残高 0.30 米。棺呈长方形，表面施黑漆，内施红漆。长 1.90、宽 0.60、残高 0.30 米。棺内墓主人骨架已腐朽，葬式为仰身直肢葬，头向西北。足端棺椁之间随葬陶罐 1 件。

　　2. 随葬品

　　灰陶罐　1 件。

　　标本 M13：1，泥质陶。侈口，卷沿，圆唇，束颈，溜肩，鼓腹，下腹内收，平底。口径 16.5、腹径 31.2、底径 20、高 29 厘米（图一五，1；彩版五一，3）。

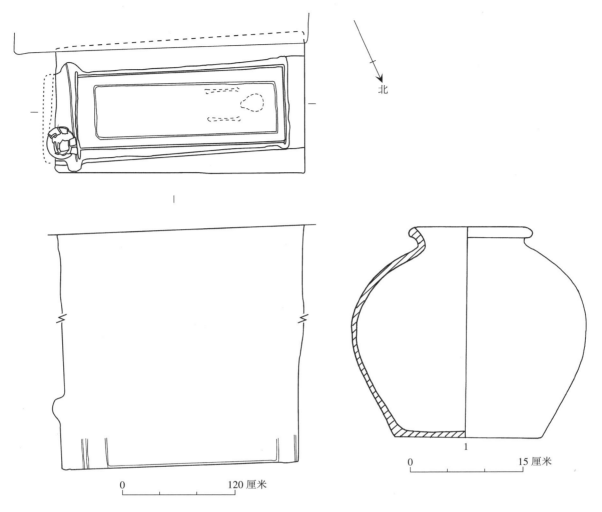

图一五　侯家宅汉墓 M13 及出土随葬品
1. 灰陶罐 M13：1

（一四）M14

1. 墓葬形制

位于墓葬区东南部（图一六）。长方形竖穴土坑墓，从总平面图看，被 M5 打破（原始记录未明确打破关系），方向为 300°。墓口长 2.60、宽 0.80～0.90、深 1.70 米。墓葬填土为黄沙土，夹杂石块。

葬具为一木棺，棺长 1.90、宽 0.59、残高 0.34 米。墓主人骨架腐朽严重，可辨为仰身直肢葬，头向西。在棺内墓主人头部，随葬有铜钱 1 枚，铁削 1 件。棺外足部随葬陶罐 2 件。

2. 随葬品

有灰陶罐、铜钱和铁削。

灰陶罐　2 件。

标本 M14：1，泥质陶。深盘口内敛，方唇，短直颈，肩微鼓，大平底。口径 12.0、腹径 23、

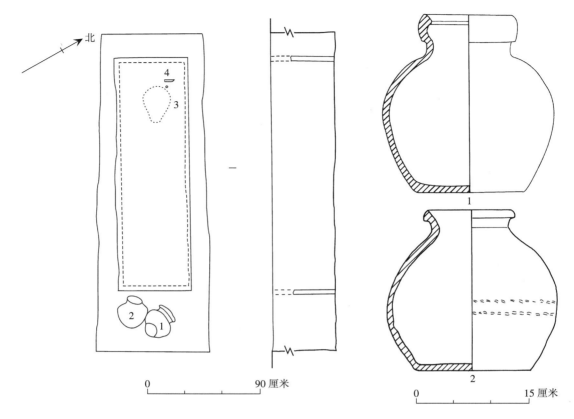

图一六　侯家宅汉墓 M14 及出土随葬品
1、2. 灰陶罐 M14∶1、2　3. 铜钱 M14∶3　4. 铁削 M14∶4

底径 14.8、高 24.2 厘米（图一六，1；彩版五一，4）。

标本 M14∶2，泥质陶。侈口，卷沿，圆唇，颈内束明显，溜肩，鼓腹，下腹内收，大平底，下腹部饰两周戳印纹。口径 10、腹部 22.8、底径 16、高 22 厘米（图一六，2）。

铜钱、铁削均腐朽严重，仅存残迹。

（一五）M15

1. 墓葬形制

位于墓葬区中部偏东（图一七）。长方形竖穴土坑墓，打破 M16，方向为 295°。墓室长 2.57、宽 1.06、深 0.90 米。墓室填土上部为黄褐五花土，下层为灰褐花土，经夯打。

葬具为一木棺，棺长 2.30、宽 0.64、残高 0.20 米。墓主人骨架腐朽严重，可辨葬式为仰身直肢葬，头向西。足端随葬有灰陶罐 1 件。

2. 随葬品

灰陶罐　1 件。

标本 M15∶1，泥质陶。深盘直口，窄平沿，颈明显内束，溜肩，鼓腹较瘦长，下腹内收，小平底。下腹及底部饰绳纹。口径 14.4、腹径 24、底径 6.5、高 27.2 厘米（图一七，1）。

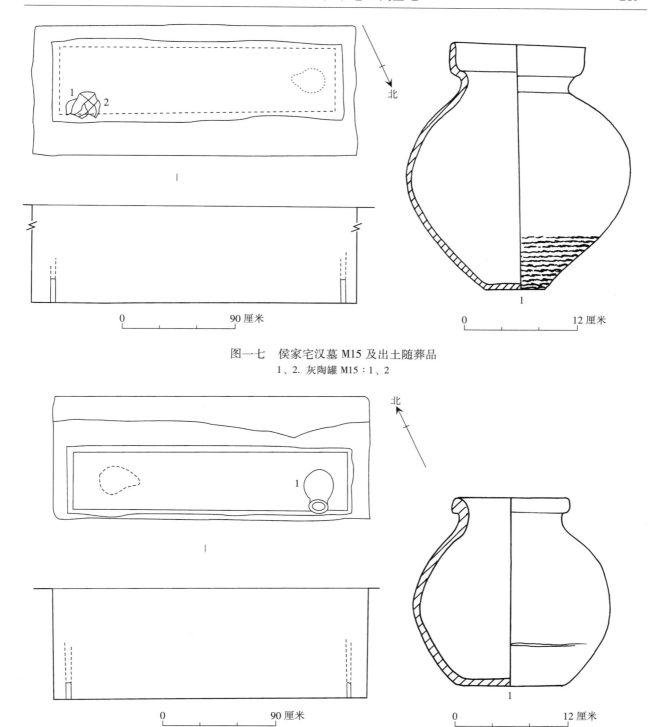

图一七　侯家宅汉墓 M15 及出土随葬品
1、2. 灰陶罐 M15：1、2

图一八　侯家宅汉墓 M16 及出土随葬品
1. 灰陶罐 M16：1

（一六）M16

1. 墓葬形制

位于墓葬区中部偏东（图一八）。长方形竖穴土坑墓，被 M15 打破，方向为 295°。墓室长

2.50、宽 1.02、深 0.90 米。墓室填土上层为黄褐五花土，下层为灰褐花土，经夯打。

葬具为一棺，棺长 2.26、宽 0.56、残高 0.12 米。墓主人骨架已朽，葬式为仰身直肢葬，头向西。在棺内足端随葬灰陶罐 1 件。

2. 随葬品

灰陶罐　1 件。

标本 M16：1，泥质陶。侈口，卷沿，圆唇，颈微束，溜肩，鼓腹，下腹内收，平底。口径 12.5、腹部 21、底径 12、高 20.5 厘米（图一八，1；彩版五二，1）。

（一七）M17

墓葬形制

位于墓地北部，打破 M9（图一九）。长方形竖穴土坑墓，方向为 285°。墓室长 3.00、宽 1.48、深 0.92 米。墓室填土为黄褐色五花土，并夹杂碎石块。墓室两侧下部，留有宽 0.16～0.40 米的生土二层台。

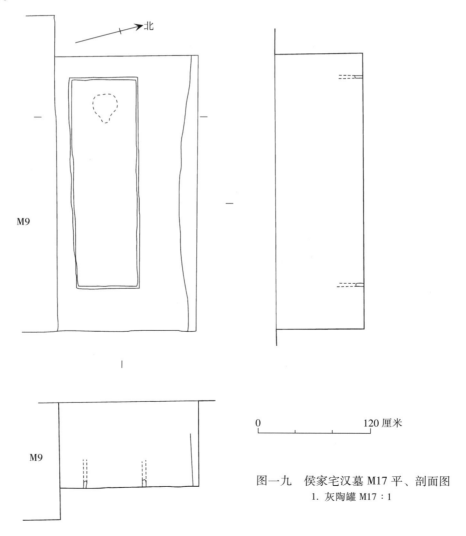

图一九　侯家宅汉墓 M17 平、剖面图
1. 灰陶罐 M17：1

葬具为一木棺，长 2.30、宽 0.75、残高 0.06 米。墓主人骨架已朽为粉末，可辨葬式为仰身直肢葬，头向西北。在木棺外侧的填土中，随葬有灰陶罐 1 件，残碎。

（一八）M18

墓葬形制

位于墓地东部（图二〇）。从总平面图看，打破 M19。长方形竖穴土坑墓，方向为 290°。墓室长 2.04、宽 0.52、深 0.47 米。墓室填土为黄褐色花土，并夹杂细沙。

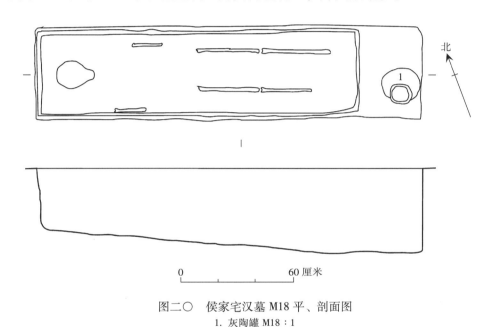

图二〇　侯家宅汉墓 M18 平、剖面图
1. 灰陶罐 M18：1

葬具为一木棺，长 1.70、宽 0.45、残高 0.08 米。墓主人骨架已朽为粉末，可辨葬式为仰身直肢葬，头向西。在木棺东侧，随葬有灰陶罐 1 件，已残碎。

（一九）M19

1. 墓葬形制

位于墓地东部（图二一）。被 M18 打破。长方形竖穴土坑墓，方向为 285°。墓室长 2.58、宽 1.40、残深 2.30 米。墓室填土为黄褐色花土，并夹杂碎石子。墓室下部南北两侧留有二层台，其中南侧二层台面宽 0.30～0.32、北侧二层台面宽 0.20～0.24、高 0.70 米。

葬具为一木棺，长 2.08、宽 0.66、残高 0.14 米。墓主人骨架已朽为粉末，葬式似为仰面曲背，可辨头向西。头部有随葬的铜钱、石球各 1 件。在足端棺外，有一木质器物箱，腐朽成灰，箱长 74、宽 40 厘米。内置有陶罐 3 件，已残碎。

2. 随葬品

灰褐陶罐　1 件。

标本 M19：3，夹砂陶。深盘口微内敛，圆唇，束颈，鼓腹，下腹内收明显，小平底。下腹及

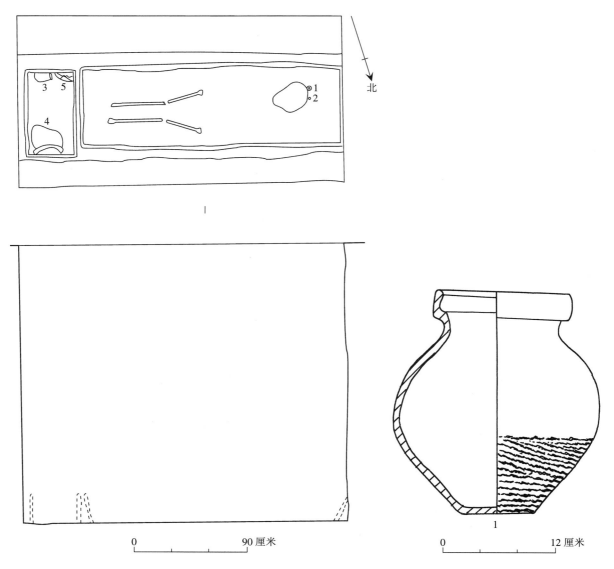

图二一　侯家宅汉墓 M19 及出土随葬品
1. 铜钱 M19：1　2. 石球 M19：2　3~5. 灰陶罐 M19：3~5

底部饰绳纹。口径 14.8、腹径 22.0、底径 8、高 24.4 厘米（图二一，1；彩版五二，2）。

（二〇）M20

1. 墓葬形制

位于墓地东部，被 M21 打破（图二二）。长方形竖穴土坑墓，方向为 295°。墓室长 2.58、宽 1.00、残深 0.92 米。墓室填土为黄褐色花土，并夹杂碎石子。墓室下部四周留有二层台，台面宽 0.14~0.30、高 0.30 米。

葬具为一木棺，长 2.08、宽 0.66、残高 0.14 米。墓主人骨架已朽为粉末，葬式为仰面曲背，头向西。在足端棺外，有一木质器物箱，腐朽成灰，箱长 62、宽 40 厘米。内置有陶壶 2 件。

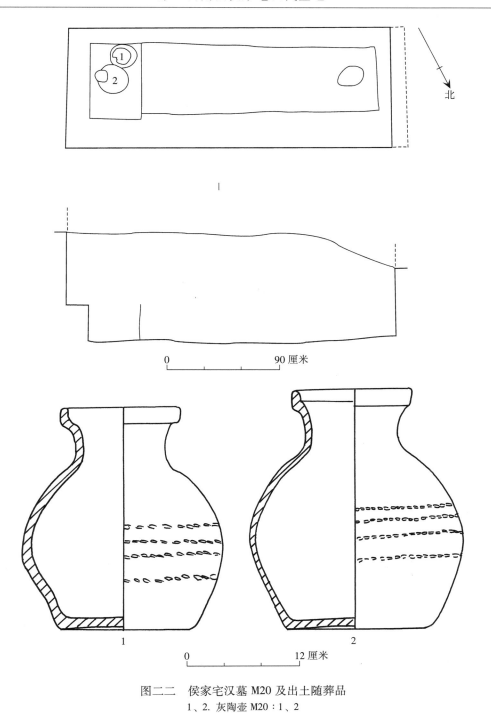

图二二 侯家宅汉墓 M20 及出土随葬品
1、2. 灰陶壶 M20∶1、2

2. 随葬品

灰陶壶 2件。

标本 M20∶1，泥质陶。浅盘口，圆唇，高直颈，溜肩，鼓腹，下腹内收，大平底微内凹。腹部饰四周戳印纹。口径12.8、腹径21.6、底径14.0、高24.4厘米（图二二，1；彩版五二，3）。

标本 M20∶2，泥质灰褐陶。浅盘口，圆唇，高直颈，溜肩，鼓腹，下腹缓内收，大平底微内凹。腹饰四周戳印纹。口径12.8、腹径21.6、底径14、高26.8厘米（图二二，2；彩版五二，4）。

（二一）M21

1. 墓葬形制

位于墓地东部，打破 M20（图二三）。长方形竖穴土坑墓，方向为 295°。墓室长 2.95、宽 1.40、深 1.54 米。墓室填土为黄褐色黏土，并夹杂碎石子。

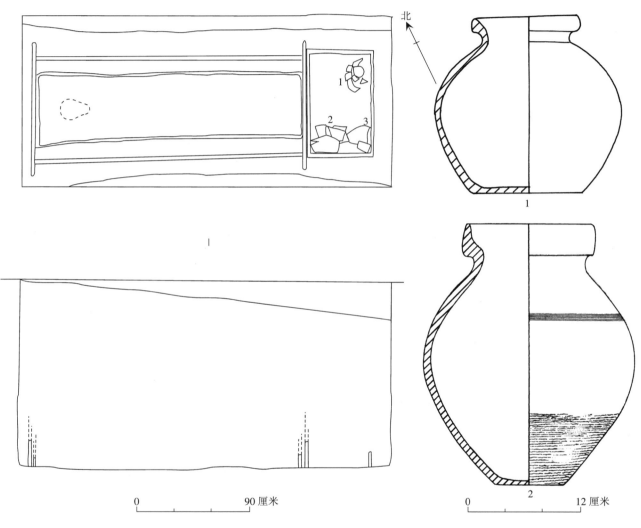

图二三　侯家宅汉墓 M21 及出土随葬品
1、2. 灰陶罐 M21：1、2

葬具为一棺一椁，椁呈"亚"字形，长 2.16、宽 1.10、残高 0.20 米。棺呈长方形，长 2.12、宽 0.60、残高 0.08 米。墓主人骨架腐朽严重，可辨葬式为仰身直肢葬，头向西。在足端椁外，置有一木质器物箱，长 80、宽 50、残高 20 厘米，内置陶罐 3 件。

2. 随葬品

灰陶罐　3 件，复原 2 件。

标本 M21：1，泥质陶。侈口，圆唇，束颈，溜肩，圆鼓腹，大平底。口径 11.5、腹径 20、底径 12、高 19.6 厘米（图二三，1）。

标本 M21：2，泥质陶。深盘口，尖唇，束颈，溜肩，瘦长腹微鼓，下腹内收，小平底。肩部有一组凹弦纹，下腹部及底部饰绳纹。口径 14.0、腹径 22.6、底径 7.2、高 28.8 厘米（图二三，2）。

三　结语

侯家宅汉代墓地发掘的 21 座墓葬均属于小型墓，所有墓葬埋葬于同一个土丘之中，但从发掘情况来看，该土丘原本并非为一个封土，而是由若干墓葬各自的封土经过长时间的蔓延连成一体，造成外观上形如同一个封土的假象。这种埋葬形式多见于山东东南沿海一带的汉代墓葬，与过去发掘的日照海曲墓地、胶州赵家庄墓地、黄岛区安子沟墓地、河头墓地、丁家皂户墓地[1]等情况大体一致，郑同修先生将这类埋葬形式定名为"墩式封土墓"[2]，侯家宅墓地也属于墩式封土墓的埋葬形式。

墓葬分布较为密集，方向基本一致，大约可划分为四排，虽然并不是很整齐，但也可看出墓葬经过一定的布局。也有两两成组的现象，部分墓葬之间存在叠压和打破关系。

墓葬出土随葬品中缺乏纪年资料，因此关于这批墓葬的年代，我们只能从墓葬形制和随葬品的特点做大致分析。在墓葬形制上，这些墓葬都属于汉代常见的土坑竖穴墓，随葬品组合简单，陶器多为陶罐、陶壶，出土少量铜镜、铜钱因锈蚀严重，已看不清其细部特征。从陶器形态来看，基本属于山东地区西汉中晚期汉墓常见的器形。因此，这批墓葬的年代也大体属于西汉中晚期。

从墓葬分布和发掘情况来看，M12、M13 是具有打破关系的一组墓葬，位于墓葬区的中心位置，最早的封土就是这两座墓葬的，因此在这批墓葬当中，属于年代最早的两座墓葬。从两座墓葬出土的几件陶罐来看，各不相同。对照过去有关学者对山东地区汉墓出土陶器研究的结果[3]，M12 出土的深盘口、瘦长腹，腹部施加戳印纹和绳纹的特征，应属于西汉中期偏晚阶段到西汉晚期。M13 打破 M12，只是表明它们在埋葬时间上存在早晚关系，但大的年代差距不大。M10 和 M11 也是两座具有打破关系的一组墓葬，其中 M11 打破了 M12 的残存封土，表明它们要晚于 M12。从出土陶罐形制来看，M10 和 M11 出土的陶罐形制基本相同，因此这两座墓葬年代应较为接近，大约属于西汉晚期。其余墓葬从出土陶器特征基本上也属于西汉晚期，虽有数组墓葬存在打破关系，但仅仅表明了它们之间的埋葬次序，年代上并没有太大的差距。

从墓葬分布密集和有意识布局情况分析，该墓地应属于一处典型的汉代家族封土墓地。

本次发掘人员有李日训、高本同、刘相文、常守帅、刘道田、齐炳学等。

执笔：李日训、许姗。

---

〔1〕　郑同修、何德亮、崔圣宽：《山东日照海曲 2 号墩式封土墓》，《考古》2014 年第 1 期。其他汉墓资料见本书。

〔2〕　郑同修：《山东沿海地区汉代墩式封土墓有关问题探讨》，《秦汉土墩墓考古发现与研究——秦汉土墩墓国际学术研讨会论文集》，文物出版社，2013 年。

〔3〕　郑同修、杨爱国：《山东汉代墓葬出土陶器的初步研究》，《考古学报》2003 年第 3 期。

捌　沂南县董家岭汉代墓地

山东省文物考古研究院、沂南县文物管理所

　　墓地位于山东省临沂市沂南县蒲汪镇董家岭村西约 0.5 千米，西距沂南县城约 20 千米，西距沂河约 12 千米（图一）。2001 年 12 月，为配合胶（州）—新（沂）铁路工程建设，山东省文物考古研究院（原山东省文物考古研究所）与沂南县文物管理所联合进行了发掘，共清理墓葬 5 座，出土一批随葬品，现将发掘情况报告如下。

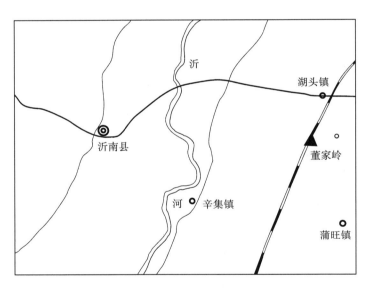

图一　沂南县董家岭汉墓位置示意图

一　概况

　　董家岭墓地坐落于村西一处丘陵高地上，墓葬原有较大封土堆，大部分已被破坏，现残存高0.40~0.50 米，平面略呈圆角长方形，东西长约 26、南北宽约 20.6 米，面积约 500 平方米。封土下有 5 座墓葬，开口距地表 1.20~1.30 米，由于山地脊薄，墓葬均打破砂性基岩。墓葬填土均呈黄褐色，其中 M2 填颗粒状的风化砂岩土，M4、M5 填黏土。除 M2 外，其余墓葬填土中均夹杂大量砂岩颗粒，M1、M3 并掺混有岩石块。M3、M4、M5 堆积由于经过加工，呈水平状，M1 堆积呈斜坡状。所有墓葬填土土质均较紧密坚硬，尤其是 M3~M5，填土均经过加工、夯打，且 M4、M5

填黏土，更显黏硬。但墓葬填土的夯窝与夯层都不甚明显。

墓葬方向均呈西北—东南向，分布有一定的规律，大体可分为呈品字形排列的三个区，区与区之间有一定的距离，各区内墓葬的排列也有一定的规律，这都可能与墓主之间的关系有关（图二）。

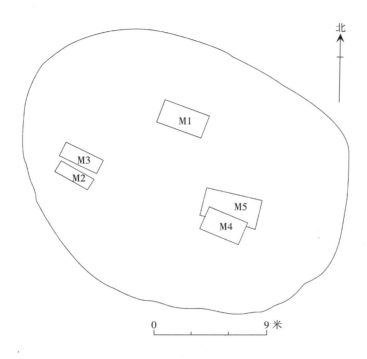

图二　沂南县董家岭汉墓分布平面图

葬具均为木质棺椁，已腐烂仅存灰痕。除 M3 为一木棺外，其余墓葬均为一棺一椁。棺内骨架均保存较差，多已朽烂。墓葬方向均为西北—东南向，墓主头向均朝东。

此次发掘，5 座墓葬中出土随葬品共 59 件，按质地分为陶、铜、铁、石、漆器五类。陶器器形仅有罐、壶两类，计 12 件。陶器陶质较差，均为夹砂陶，多是黑皮陶，表皮大部脱落，应是专为随葬而制作的明器。制作方法均为轮制。铜器有 38 件，有铜镜、刷柄、带钩和铜钱等。铁器有 3 件，器形仅剑和刀。石器只有 M3 出土的石研磨器和石黛板各 1 件。漆器有 4 件盒，均保存较差，仅残余漆皮，无法提取。

二　墓葬分述

此次发掘的 5 座墓葬，均为长方形土（岩）坑竖穴墓，除 M5 为斜壁内收外，其余墓葬均直壁、平底。墓葬清理情况如下。

（一）M1

1. 墓葬形制

平面呈长方形，直壁，平底（图三；彩版五三，1）。打破基岩。方向 109°。长 3.65、宽

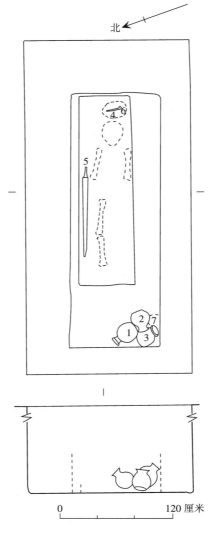

图三　董家岭汉墓 M1 平、剖面图
1 ~ 3. 灰陶壶　4. 铜镜刷柄　5. 铁刀　6、7. 漆盒

1.75、深 0.96 米。填土为黄褐色，夹杂大量砂岩块、颗粒，堆积呈斜坡状，土质紧密，较硬。

　　木质葬具为一椁一棺，均腐朽成黑灰。椁长 2.75、宽 0.94 ~ 0.96、残高约 0.45 米，棺位于椁内东北部，长 2.05、宽 0.54 ~ 0.60、残高约 0.10 米。棺内 1 具骨架，保存较差，头向东，面向上，仰身直肢，右臂向外伸直，手掌似握铁刀身。出土随葬品 7 件，其中 3 件陶壶和 1 件漆盒放置于棺外椁内西南角，铜镜刷柄放入漆盒内，置于墓主头部东侧，铁刀置于墓主右下身侧，2 件漆盒均已腐朽，无法提取。

　　2. 随葬品

　　灰陶壶　3 件。

　　标本 M1∶1，夹砂陶，表皮多脱落。盘口，方唇，束颈，上腹微鼓，下腹斜直，平底。腹中部一周不连续的指甲按压纹。口径 11.4、底径 13.8、高 26 厘米（图四，1；彩版五四，1）。

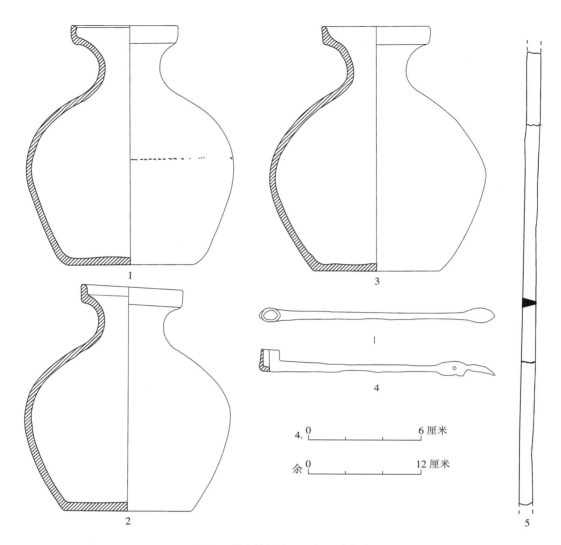

图四 董家岭汉墓 M1 出土随葬品
1~3. 灰陶壶 M1：1~3 4. 铜镜刷柄 M1：4 5. 铁刀 M1：5

标本 M1：2，夹砂黑皮陶，表皮多脱落，内为灰陶。盘口，圆唇，束颈，上腹微鼓，下腹斜直，平底。口径 10.8、底径 13.7、高 25 厘米（图四，2；彩版五四，2）。

标本 M1：3，夹砂陶。盘口，圆唇，束颈，鼓腹，平底。口径 11.4、底径 13.4、高 26.8 厘米（图四，3；彩版五四，3）。

铜镜刷 1 件。

标本 M1：4，锈蚀、残碎严重。烟斗状，椭圆筒状斗，圆柱形柄，柄端翘起，有穿孔。长 12.5 厘米（图四，4）。

铁刀 1 件。

标本 M1：5，锈蚀严重，残断，仅存刀身。直背直刃。残长 48 厘米（图四，5）。

（二）M2

1. 墓葬形制

平面呈长方形，直壁，平底（图五；彩版五三，2）。打破基岩。方向115°。长2.65、宽1.30、深0.30～0.36米。填土为风化的黄褐色砂岩土，呈颗粒状，土质紧密，较硬。

葬具为一木棺，已腐朽成黑灰。棺位于墓内中部偏东，长2.06、宽0.60、残高0.12～0.16米。棺内1具骨架，保存较差，头向东，仰身直肢。出土随葬品5件，其中3件陶罐放置于棺外西北角，铜镜放入漆盒内，置于棺内墓主头部东北。漆盒已腐朽，无法提取。

2. 随葬品

陶罐　3件。

标本M2：2，夹砂黑皮陶，表皮多脱落，内为灰陶。盘口，圆唇，束颈，鼓腹，平底为内凹。腹中部有上下抹压痕。下腹部和底部饰拍印横粗绳纹。内壁下部较厚。器形略有变形，从此可以看出，器物为轮制，由口部、上腹部、下腹部及底三部分拼接而成。口径12.8、底径6.6、高27.6厘米（图六，1；彩版五四，4）。

标本M2：3，夹砂灰陶，表皮脱落严重。侈口，卷沿，方唇，束颈，鼓腹，平底。口径10.6、底径10.8、高17.8厘米（图六，2；彩版五四，5）。

标本M2：4，夹粗砂黄褐陶。侈口，卷沿，圆唇，束颈，鼓腹，平底。上腹部5周凹弦纹，腹中部一周指甲按压纹，由于表皮脱落，部分纹饰不清晰。口径10、底径10、高17厘米（图六，

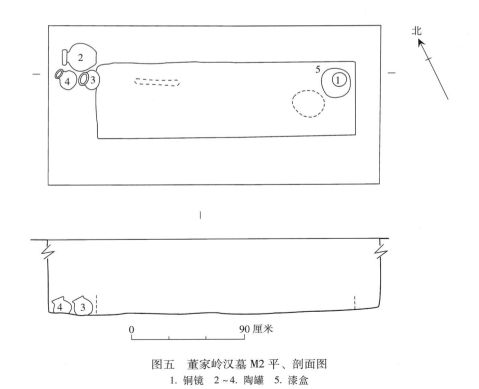

图五　董家岭汉墓M2平、剖面图
1. 铜镜　2～4. 陶罐　5. 漆盒

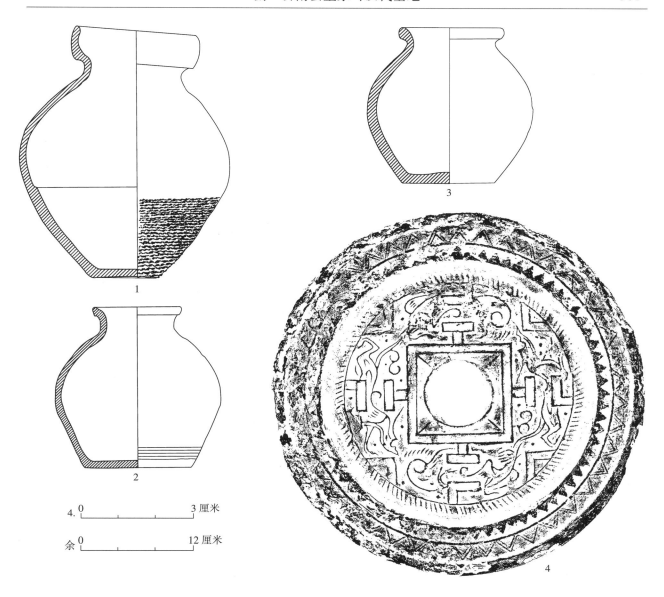

图六　董家岭汉墓 M2 出土随葬品
1～3. 陶罐 M2：2～4　4. 铜镜 M2：1

3；彩版五四，6）。

铜镜　1 枚。

标本 M2：1，昭明连弧铭带镜。锈蚀略严重。圆纽，圆纽座。座外一周内向十二连弧纹带，再外两圈短斜线之间装饰铭文，宽素缘。铭文为"内清以昭光象夫日月"。直径 10、边厚 0.5 厘米（图六，4；彩版五五，1）。

（三）M3

1. 墓葬形制

平面呈长方形，直壁，平底（图七；彩版五三，3）。打破基岩。方向 112°。长 3.10、宽

1. 15、深 1. 32 米。填土为黄褐色，夹杂大量粗砂岩块、颗粒，堆积呈水平状，土质较硬，经过加工，夯窝与夯层不明显。

葬具为一木棺，位于墓内东部，已腐朽成黑灰，长 2. 10、宽 0. 62、残高约 0. 12 米。棺内 1 具骨架，保存较差，头向东，面向上，仰身，四肢略曲，左臂弯曲，手掌伸至左侧铁剑处。出土随葬品 25 件，其中铜镜、铜镜刷、石研磨器、石黛板放入漆盒内，置于棺内东南角，墓主头部东南，铜带钩、1 串 16 枚 "大泉五十" 铜钱、铁刀放置于墓主右腰部，铁剑置于墓主左身侧。漆盒已腐朽，无法提取。

2. 随葬品

石黛板　1 件。

标本 M3：4，褐色砂岩。平面呈长方形。长 12. 1、宽 5. 1、厚 0. 6 厘米（图八，1；彩版五五，2）。

石研磨器　1 件。

标本 M3：3，褐色砂岩。底座呈正方形，上部为圆形。边长与直径均为 3 厘米（图八，2；彩版五五，4）。

铜镜　1 枚。

标本 M3：1，龙凤博局镜。锈蚀略严重。圆纽，圆纽座。方格外博局纹有与方格四角相对的 V 纹及方格四边的 T 纹。四方分别有青龙、朱雀相对称。外一周条竖纹，宽缘上一周锯齿纹外一周双线波折纹。直径 10、边厚 0. 4 厘米（图八，4；彩版五五，3）。

铜镜刷　1 件。

标本 M3：2，锈蚀严重。形似烟斗状，圆筒状斗，圆柱形柄，柄端翘起，有穿孔。长 12. 3 厘米（图八，5）。

铜带钩　2 件。

标本 M3：5，残缺。体较短小。琴面形，背中部有一圆纽。残长 3. 1、腹宽 1. 3 厘米（图八，3）。

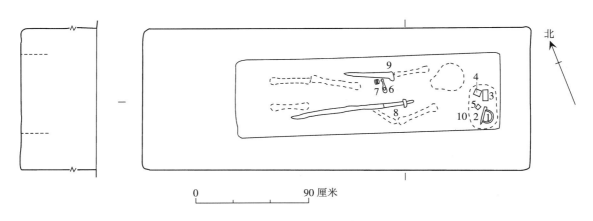

图七　董家岭汉墓 M3 平、剖面图
1. 铜镜　2. 铜镜刷　3. 石研磨器　4. 石黛板　5、6. 铜带钩　7. 铜钱　8. 铁剑　9. 铁刀　10. 漆盒

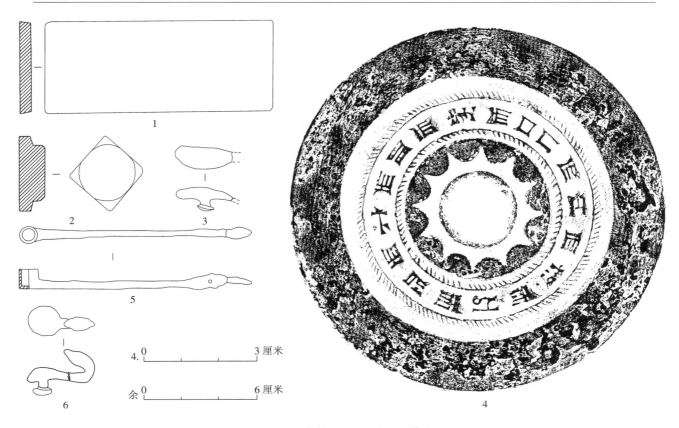

图八　董家岭汉墓 M3 出土随葬品

1. 石黛板 M3∶4　2. 石研磨器 M3∶3　3、6. 铜带钩 M3∶5、6　4. 铜镜 M3∶1　5. 铜镜刷 M3∶2

标本 M3∶6，残断，锈蚀较严重。体较短小。兽首，末端圆形，背部有一圆纽。体长 3.6、腹宽 1.6 厘米（图八，6）。

铜钱　16 枚。

标本 M3∶7，均为"大泉五十"。厚薄、轻重有差别。其中 6 枚钱形厚重，轮郭较深，10 枚钱形轻薄，轮郭较浅。

标本 M3∶7-1，直径 2.7、厚 0.2、穿边长 0.8~0.9 厘米（图九，1）。

标本 M3∶7-2，直径 2.7、厚 0.2、穿边长 0.8~0.9 厘米（图九，2）。

铁剑　1 件。

标本 M3∶8，锈蚀严重，残断。茎大部残，外包有木把。玉格，细长剑身残断，略起脊，尖首残。有木鞘痕。残长 92、格宽 5 厘米（图九，3）。

铁刀　1 件。

标本 M3∶9，锈蚀严重，残断。椭圆形首，直背直刃，铁鞘外包有布。长 35.4 厘米（图九，4）。

（四）M4

1. 墓葬形制

平面呈长方形，直壁，底不平，西部略高（图一〇；彩版五六，1）。打破基岩，方向 110°。

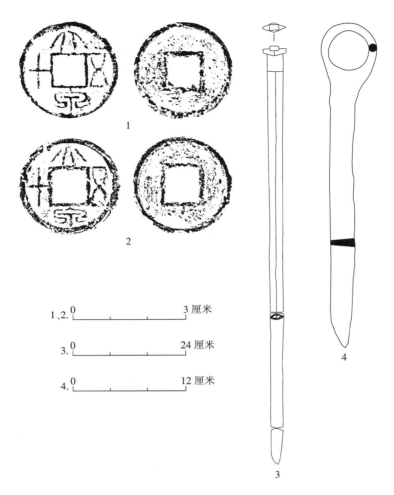

图九　董家岭汉墓 M3 出土随葬品
1、2. 大泉五十 M3：7 - 1、-2　3. 铁剑 M3：8　4. 铁刀 M3：9

长 3.00、宽 1.65、深 1.88 ~ 1.90 米。填土为黄褐色黏土，夹杂大量粗砂岩颗粒，堆积呈水平状，土质较紧密，黏且坚硬，经夯打，夯窝与夯层不明显。

　　木质葬具为一椁一棺，均腐朽成黑灰。椁长 2.50 ~ 2.52、宽 0.92 ~ 1.20、残高约 0.50 米；棺位于椁内东南南部，长 1.90、宽 0.55 ~ 0.58、残高约 0.20 米。棺内 1 具骨架，保存较差，头向东，面向南，仰身，除右小臂放置于腹部外，余均直肢。出土随葬品，仅有 3 件陶罐，放置于棺外椁内西端。

　　2. 随葬品

　　陶罐　3 件。

　　标本 M4：1，夹砂黑皮陶，表皮多脱落，内为灰陶。侈口，卷沿，方唇，束颈，上腹微鼓，下腹斜直。平底。下腹近底部残存 5 周不连续的凹槽。口径 11.2、底径 13.2、高 21.2 厘米（图一一，1；彩版五七，1）。

　　标本 M4：2，夹砂黑皮陶，表皮多脱落，内为灰陶。侈口，卷沿，圆唇，束颈，上腹微鼓，下腹斜直。平底。腹中部一周凹弦纹。口径 10.8、底径 12.8、高 19.7 厘米（图一一，2）。

图一〇　董家岭汉墓 M4 平、剖面图
1~3. 陶罐

　　标本 M4：3，夹细砂浅灰陶，表皮多脱落。侈口，卷沿，方唇，束颈，上腹微鼓，下腹斜直。平底。腹下部一周不连续的指甲按压纹。口径 14.8、底径 16、高 24 厘米（图一一，3；彩版五七，2）。

（五）M5

1. 墓葬形制

　　平面呈长方形，斜壁内收，平底（图一二；彩版五六，2）。方向 100°。墓口长 4.30、宽 2.50米，深 2.20~2.26 米，墓底长 3.60、宽 1.74~1.86 米。填土为黄褐色黏土，夹杂大量粗砂岩颗粒，堆积呈水平状，土质较紧密，黏且坚硬，经过夯打，夯窝与夯层不明显。

　　木质葬具为一椁一棺，均腐朽成灰白色。椁长 3.00、宽 1.26~1.36、残高约 0.65 米，棺位于椁内东南部，长 2.25、宽 0.66、残高约 0.25 米。棺内 1 具骨架，保存极差，头向东，仰身直肢。出土随葬品 19 件，铜带钩、1 串 15 枚"五铢"铜钱放置于腰部，3 件陶壶放置于棺外椁内西端。

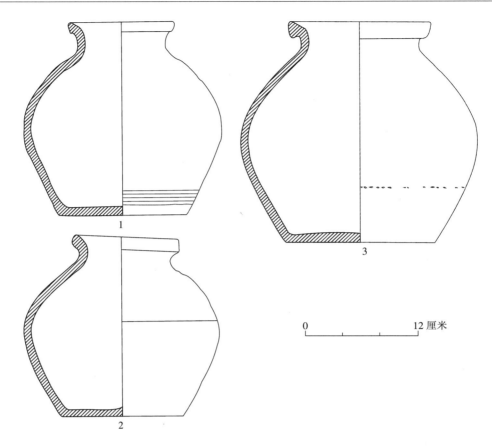

图一一　董家岭汉墓 M4 出土随葬品

1~3. 陶罐 M4：1~3

2. 随葬品

陶壶　3 件。

标本 M5：3，夹粗砂黑皮陶，表皮多脱落。盘口，方唇，高束颈，鼓腹，平底微内凹。口径 14.8、底径 15.6、高 31 厘米（图一三，1）。

标本 M5：4，夹砂灰陶，表皮多脱落。盘口，圆唇，高束颈，上腹微鼓，下腹斜直，底内凹。口径 14.6、底径 19.6、高 36.5 厘米（图一三，2；彩版五七，3）。

标本 M5：5，夹砂灰陶，表皮多脱落。盘口，圆唇，高束颈，鼓腹，平底。腹中部一周不连续的指甲按压纹。口径 14.4、底径 15、高 32 厘米（图一三，3；彩版五七，4）。

铜带钩　1 件。

标本 M5：2，锈蚀，残断。器身细长，兽首，琴面形，纽居中间。体长 11.2、腹宽 1.3 厘米（图一三，4）。

铜钱　15 枚。

均为“五铢”，分“五铢”和“磨郭五铢”两类。

“五铢”　5 枚。其中 2 枚有穿上横郭，1 枚有穿下半星。

标本 M5：1-1，“五”字交笔弯曲，“铢”字的“金”字头呈三角形，“朱”字头方折。穿上

图一二　董家岭汉墓 M5 平、剖面图
1. 铜钱　2. 铜带钩　3~5. 陶壶

有横郭。直径 2.6、厚 0.15、穿边长 0.9 厘米（图一三，5）。

标本 M5∶1-2，"五"字交笔弯曲，"铢"字的"金"字头呈三角形，"朱"字头方折。直径 2.6、厚 0.15、穿边长 0.9 厘米（图一三，6）。

标本 M5∶1-3，"五"字中间相交两笔较直，"铢"字的"金"字头呈镞形，"朱"字头方

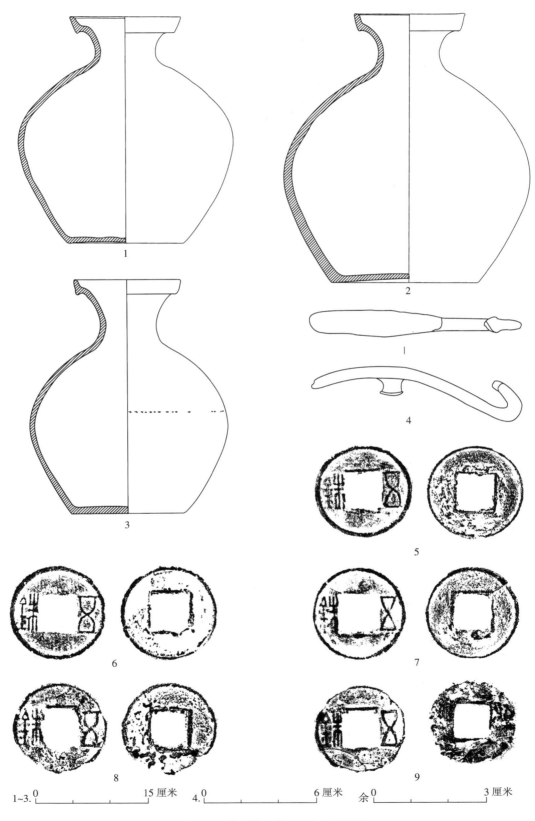

图一三　董家岭汉墓 M5 出土随葬品

1~3. 陶壶 M5：3~5　4. 铜带钩 M5：2　5~9. 五铢 M5：1-1~-5

折。穿下有半星。直径 2.5、厚 0.15、穿边长 0.9 厘米（图一三，7）。

"磨郭五铢" 10 枚。直径 2.3 ~ 2.5、穿边长 0.9 ~ 1.0 厘米。部分铜钱有穿上横郭。

标本 M5：1 - 4，"五"字中间相交两笔稍弯曲，"铢"字的"金"字头呈镞形，"朱"字头方折。穿上有横郭。直径 2.3、厚 0.8、穿边长 0.9 厘米（图一三，8）。

标本 M5：1 - 5，"五"字中间相交两笔弯曲，"铢"字的"金"字头呈三角形，"朱"字头方折。穿上有横郭。直径 2.5、厚 1 ~ 2、穿边长 0.9 厘米（图一三，9）。

三　结语

董家岭墓地清理的 5 座墓葬，从其分布看，墓葬有分组成片的现象，其中 M2、M3 两座墓葬并列，并有意识的错开。M4、M5 并列并有打破现象。这两组墓葬与 M1 呈品字形分布，这可能与墓主之间的关系有关。

5 座墓葬均为小型墓葬，出土陶器的有 4 座，M3 仅有铜镜和铜钱。出土的陶器仅有罐、壶两种，均为山东地区汉墓常见器物。其中 M1、M5 出土的陶壶形态十分接近，墓葬年代应相近。M2、M4 出土的陶罐也十分相近，因此年代也应近同。由 M4 打破 M5 的层位关系确定了它们之间的相对年代，即 M2、M4 的年代应早于 M1 和 M5。

M1、M5 所出 6 件陶壶，形态基本相似，其腹、底部与微山墓前村 M3[1]、嘉祥长直集墓地 M19、M361[2] 所出陶壶类似，唯口部不同。发掘者将墓前村 M3 的年代定为西汉中期，但其出有见于东汉早期的"五铢"铜钱，有学者认为其年代应为王莽至东汉初年[3]。嘉祥长直集墓地 M19，发掘者将其年代定为王莽时期，M361 定为东汉早期。又 M5 所出"五铢"钱，时代多较晚。由此，M1、M5 年代可定为王莽至东汉早期，约王莽至东汉光武帝时期。

M2 所出陶罐，与滕州顾庙墓地 M41[4]、兖州徐家营墓地 M133、M266[5] 出土同类器相似，顾庙墓地 M41 年代为新莽时期，徐家营墓地 M133、M266 年代为东汉早期。又与青州凤凰台 M105[6]、滕州东小宫墓地 M239[7] 出土同类器相近，凤凰台 M105 年代为东汉初期，东小宫墓地 M239 年代为东汉中晚期。M2、M4 年代接近，但 M4 打破 M5，时代应稍晚，约属东汉早期。M3 出土博局镜和 16 枚"大泉五十"铜钱，其年代约在王莽时期至东汉初期。

〔1〕　微山县文物管理所：《山东微山县墓前村西汉墓》，《考古》1995 年第 11 期。

〔2〕　山东省文物考古研究所、济宁市文物局、嘉祥县文物局：《嘉祥长直集墓地》，《鲁中南汉墓（上）》，文物出版社，2009 年，第 816 ~ 925 页。

〔3〕　郑同修、杨爱国：《山东汉代墓葬出土陶器的初步研究》，《考古学报》2003 年第 3 期。

〔4〕　山东省文物考古研究所、滕州市博物馆：《滕州顾庙墓地》，山东省文物考古研究所编著，《鲁中南汉墓（上）》，文物出版社，2009 年，第 336 ~ 340 页。

〔5〕　山东省文物考古研究所、济宁市文物局、兖州市博物馆：《兖州徐家营墓地》，《鲁中南汉墓（上）》，文物出版社，2009 年，第 409 ~ 586 页。

〔6〕　山东省文物考古研究所等：《青州凤凰台遗址发掘》，《海岱考古（第一辑）》，山东大学出版社，1989 年。

〔7〕　山东省文物考古研究所、滕州市博物馆：《滕州东小宫墓地》，《鲁中南汉墓（上）》，文物出版社，2009 年，第 195 ~ 335 页。

5座墓葬，墓葬形制基本相同，陶器时代特征明显，年代均集中于王莽时期到东汉早期，说明墓地延续的时代较短。墓地墓葬排列有一定的规律，分片成组埋葬的现象较为清楚，并同处于一个大封土堆下，推测可能是当时的一处小型家族墓地。

绘图党浩、周登军；清绘王站琴、许姗；拓片李胜利；摄影李顺华；铜器处理王凯。

执笔：党浩、吕宜乐。

玖　五莲县西楼汉代墓地

山东省文物考古研究院、五莲县博物馆

墓地位于五莲县高泽镇西楼村西南约 1500 米处丘陵的东坡，俗称"大墩子"，东南距县城约 5、北距墙夼水库约 5 千米，西邻一小型水库（图一）。地形属于低丘山地，墓区位于低丘中东部。墓地总面积约 1.5 万平方米，现仅存一个封土堆。2001 年 12 月，为配合胶新铁路工程建设，山东省文物考古研究院（原山东省文物考古研究所）与五莲县文物管理所联合对该墓地进行发掘。现将发掘情况报告如下。

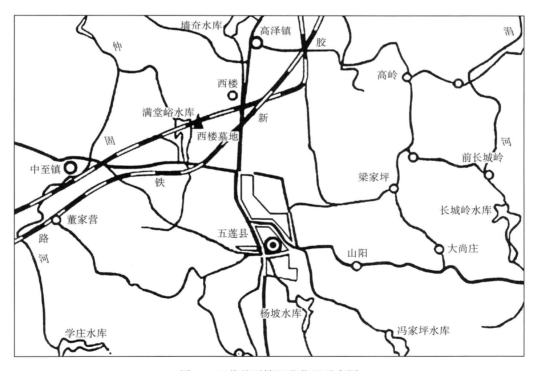

图一　五莲县西楼汉墓位置示意图

一　概况

在铁路工程占压地段内共清理墓葬 8 座。其中三座位于同一封土之下。其他 5 座分布于该封土西南部（图二）。

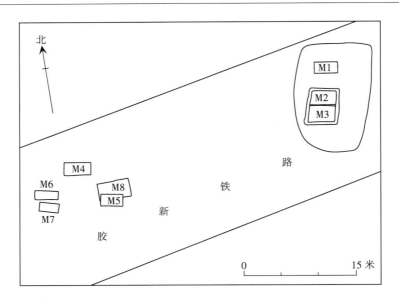

图二　五莲县西楼汉墓分布平面图

现存墓葬封土平面略呈椭圆形，南北长 14.8、东西宽 10.4、残高约 2 米。封土为堆筑而成，未经夯打。封土下埋葬三座墓葬，分别编号 M1、M2、M3。根据发掘情况判断，M3 开口于原地表，为时代最早的一座，并形成封土。M2 开口于现存封土的顶部，系在 M3 形成的封土上修墓，打破 M3。M1 又打破 M2、M3 的封土，时代最晚（图三；彩版五八，1、2）。

其余 5 座墓葬分布于该封土西南部，分别编号为 M4～M8。其中 M8 被 M5 打破。

墓葬皆为小型土坑竖穴木椁墓，大部分墓葬被破坏，随葬品较少。

墓葬头向基本一致，皆东向。葬具均为一棺一椁，均已腐朽成灰。

二　墓葬分述

（一）M1

1. 墓葬形制

位于现存封土堆的北部，打破 M2、M3 形成的封土堆（图四）。该墓为长方形竖穴岩坑木椁墓，墓向 98°。墓坑口东西长 3.10～3.20、南北宽 1.50、深 2.05～2.35 米，墓底西高东底呈倾斜。南壁挖有一壁龛，内置随葬陶器。

葬具为一棺一椁，木椁为长方形，长 2.20、宽 1.04、残高 0.20 米，板灰厚约 3 厘米。木棺也呈长方形，长 1.95、宽 0.78、残高 0.16 米，灰厚约 5 厘米。墓内人骨腐朽严重，可辨头向东，仰身直肢葬。随葬陶壶、陶罐各 1 件，置于南侧壁龛内。

2. 随葬品

仅有陶器 2 件。

灰陶壶　1 件。

标本 M1：1，泥质陶。侈口，平沿，尖唇，颈微缩。溜肩，弧鼓腹近扁，圈足，近平底。颈

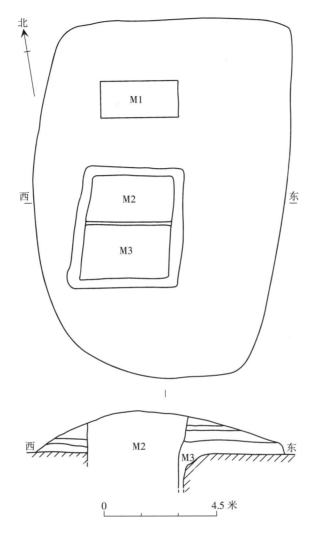

图三　五莲县西楼汉墓 M1～M3 平、剖面图

下部有一周红色彩绘条带，腹部有一周凸棱，其间绘黑白彩相间的卷云纹。圈足下部有一折棱。口径 11.4、腹径 20.2、圈足径 10、通高 23.4 厘米（图五，1）。

灰陶罐　1 件。

标本 M1∶2，泥质陶。近直口，卷沿，方唇，直颈。肩微鼓，鼓腹，下腹斜收，平底。最大腹径有一周断续的戳印纹；下腹部施横竖交错的细绳纹，漫漶不清。口径 16、腹径 35、底径 10、通高 34.5 厘米（图五，2）。

（二）M2

1. 墓葬形制

位于现存封土堆的中部，打破 M3 封土堆，与 M3 共用一个岩坑墓穴，属于同穴合葬墓（图六、七）。岩穴中间垒砌一条东西向的石墙把两墓隔开。墓葬为长方形竖穴岩坑墓。墓口东西长

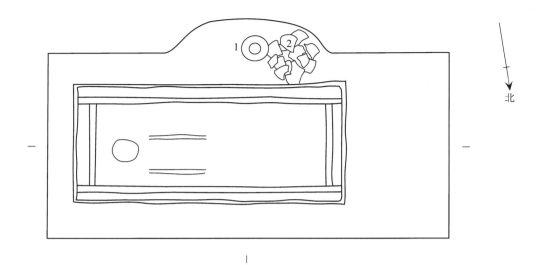

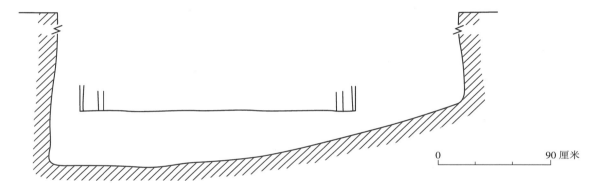

图四　西楼汉墓 M1 平、剖面图
1. 灰陶壶　2. 灰陶罐

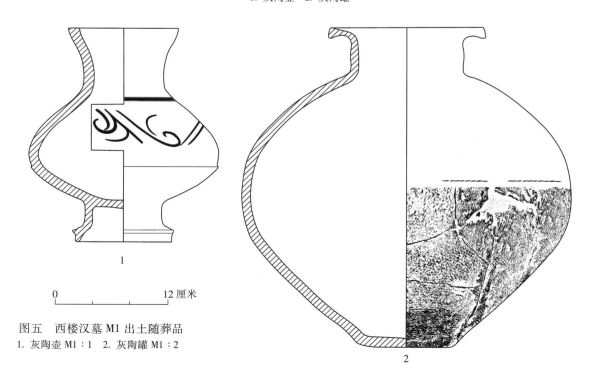

图五　西楼汉墓 M1 出土随葬品
1. 灰陶壶 M1:1　2. 灰陶罐 M1:2

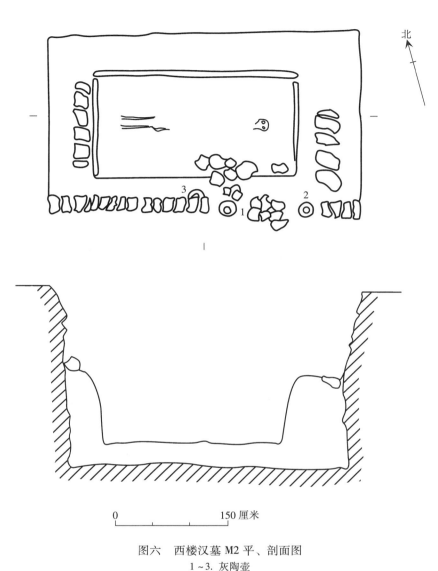

图六　西楼汉墓 M2 平、剖面图
1~3. 灰陶壶

4.15、宽 2.30 米；墓底东西长 3.15、宽 2.05、深约 4.50 米。方向 104°。

　　葬具为一棺，腐朽严重仅存灰痕。木棺长方形，东西长 2.70、南北宽 1.35、残高 0.40 米；板灰厚约 5 厘米。人骨腐朽严重，葬式不明，可辨头向东。随葬灰陶壶 3 件，置于棺外南侧。

　　2. 随葬品

　　灰陶壶　3 件，复原 2 件。

　　标本 M2：2，泥质陶。口微敛，斜折沿，尖唇，束颈，折腹，最大腹径位于腹部中间偏下，圈足，弧底近平。上、下腹部近斜直，折腹处一周横向抹痕。口径 10.6、最大腹径 19.2、圈足径 8.8、通高 22.2 厘米（图八，1）。

　　标本 M2：3，泥质陶。侈口，平沿，圆唇，束颈，折腹，最大腹径位于腹部中间偏下，圈足，圜底近平。上、下腹部弧腹近斜直，折腹处一周横向抹痕。口径 10.2、腹径 19.2、圈足径 8.8、通高 22.8 厘米（图八，2）。

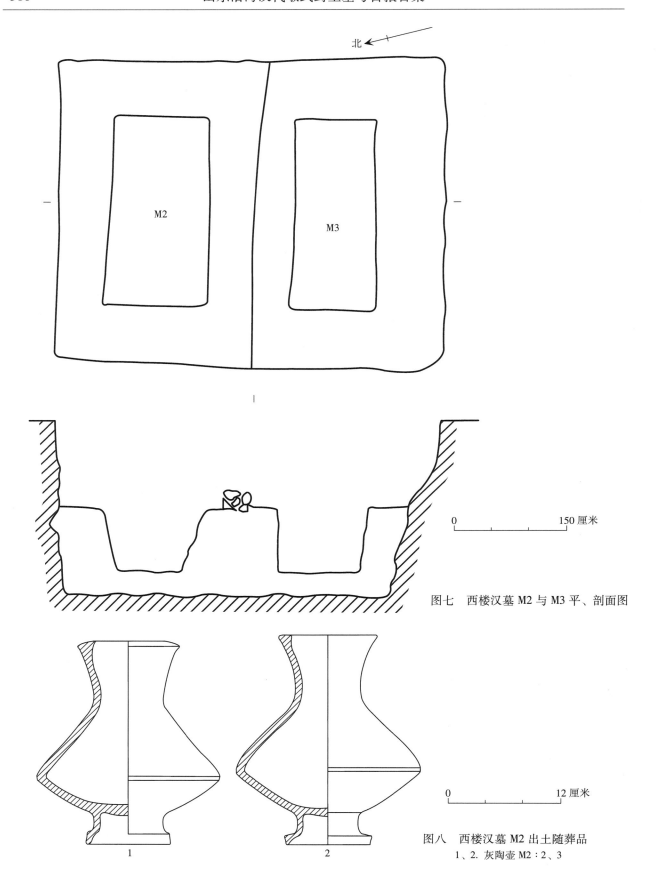

图七　西楼汉墓 M2 与 M3 平、剖面图

图八　西楼汉墓 M2 出土随葬品
1、2. 灰陶壶 M2：2、3

（三）M3

1. 墓葬形制

位于现存封土中部偏南，封土被 M1、M2 打破（图九）。墓葬开口于原地表，系直接在岩石上凿坑修墓，并堆筑封土，不经夯打。现存封土高约 2.00 米。墓葬为竖穴岩坑木椁墓。墓口东西长 4.20、南北宽 2.62 米；墓底东西长 3.43、南北宽 1.90、深约 2.00 米。

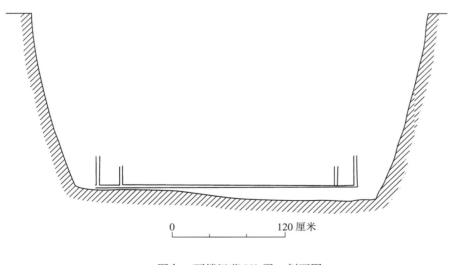

图九　西楼汉墓 M3 平、剖面图

1. 陶瓮

葬具为一棺一椁，皆腐朽仅存灰痕。木椁长方形，长 2.76、宽 0.96、残高 0.34 米；板灰厚约 4 厘米。棺也呈长方形，长 2.30、宽 0.74、残高 0.22 米；板灰厚约 4 厘米。人骨朽烂无存，头向及葬式不明。随葬陶瓮 1 件，置于棺椁上部。

2. 随葬品

陶瓮 1 件。

标本 M3：1，泥质灰黑陶。直口，卷沿，圆唇，沿内侧向口内翻。溜肩弧鼓腹，下部弧腹，最大腹径位于腹部中间偏上，小平底。上腹部有三周浅显的弦纹及一周断续的戳印纹。腹部中间一周弦纹及一周戳印纹。下腹部饰竖向、横向细绳纹。口径 26.8、腹径 42.2、底径 12、通高 32.1 厘米（图一〇）。

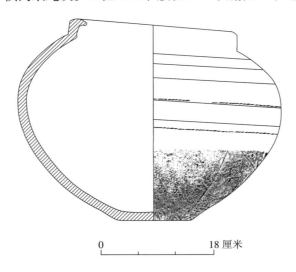

0　　　　　　　　18 厘米

图一〇　西楼汉墓 M3 出土陶瓮 M3：1

（四）M4

1. 墓葬形制

位于发掘区西部的中间，上部已遭破坏，封土及开口情况不清（图一一）。为竖穴岩坑木椁墓。墓向 102°。墓底东西长 3.44、宽 1.65、残深 0.30 米。墓葬填土为黄褐黏土夹杂碎石块等，经略微夯打。

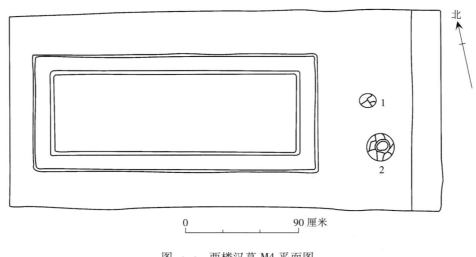

0　　　　　　　　90 厘米

图一一　西楼汉墓 M4 平面图
1、2. 灰陶罐

　　葬具为一棺一椁，均腐朽仅存灰痕。从残存的木质棺椁板痕看，椁长方形，东西长 2.35、南北宽 1.05、残高 0.20 米；棺东西长 2.15、南北宽 0.77、残高 0.20 米。人骨已朽烂无存，头向、葬式不明。随葬陶罐 2 件，置于东侧棺椁之间。

2. 随葬品

灰陶罐　2 件，复原 1 件。

标本 M4：2，泥质陶。近直口，卷沿，方唇，近直颈，溜肩弧腹。最大腹径位于腹部偏上。下腹部饰横竖相间的细绳纹。口径 16.2、腹径 32.7、底径 14、通高 32.5 厘米（图一二）。

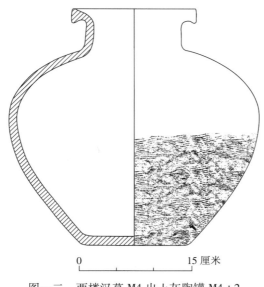

0　　　　　　　　　15 厘米

图一二　西楼汉墓 M4 出土灰陶罐 M4：2

（五）M5

墓葬形制

　　位于发掘区西部的中间偏南，打破 M8（图一三）。破坏严重，仅残余部分墓底部。该墓葬属于土坑竖穴木椁墓，墓底东西长 3.15、南北宽 1.75 米。方向 94°。

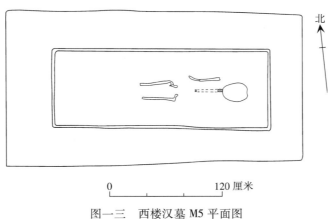

北

0　　　　　　　　　120 厘米

图一三　西楼汉墓 M5 平面图

葬具一棺，长 2.35、宽 0.90、残高 0.18 米，板灰厚约 3 厘米。人骨已朽，头向东，仰身直肢葬。无随葬品。

（六）M6

1. 墓葬形制

位于发掘区的西部北侧，上部已遭破坏，开口层位不清（图一四）。属于土坑竖穴木椁墓。墓底东西长 3.28、南北宽 1.65～1.80、残深 1.40 米。墓葬填土为黄褐色花土夹杂少量石块。

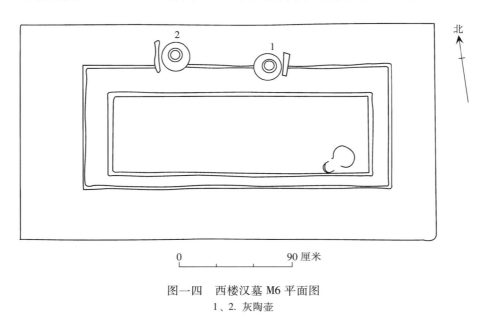

图一四　西楼汉墓 M6 平面图
1、2. 灰陶壶

木质棺椁葬具。椁东西长 2.45、宽 1.05、残高 0.30 米，板痕厚 2 厘米；棺东西长 2.10、南北宽 0.60、残高 0.30 米，板灰厚约 3 厘米。棺内人骨以朽烂无存，头向 98°，仰身直肢葬。在椁外北侧放置两个带盖的陶壶，分别用一个石板隔挡。

2. 随葬品

灰陶壶　2 件。

标本 M6：1，泥质陶。直口微侈，平沿，圆唇，直颈。溜肩弧鼓腹，下腹弧腹，圈足，圜底近平。上腹部有三周浅弦纹及两周刻三角连带纹；下腹部饰较浅横向细绳纹，圈足座有三周凹弦纹。口径 13、腹径 22.6、圈足径 11.4、通高 27.8 厘米。弧顶盖近平，泥质陶，圆形，盖顶部附加盘状捉手，盖表面饰三周浅弦纹夹两周刀刻的三角连带纹。盖直径 14.4、捉手径 6.6 厘米（图一五，1）。

标本 M6：2，泥质陶。口微侈，平沿微弧，圆唇，直颈微缩。溜肩弧鼓腹，下腹弧腹。上腹部有三周浅弦纹夹两周刻三角连带纹；下腹部饰较浅横向细绳纹。圈足，圈足座有三周凹弦纹，圜底近平。口径 12.8、腹径 23、圈足径 11.4、通高 27.7 厘米。弧顶盖近平，稍残，泥质灰陶，圆形，盖顶部附加圆盘状捉手，表面饰三周浅弦纹及两周刀刻三角连带纹。盖径 14.1、捉手径 6.8 厘米（图一五，2）。

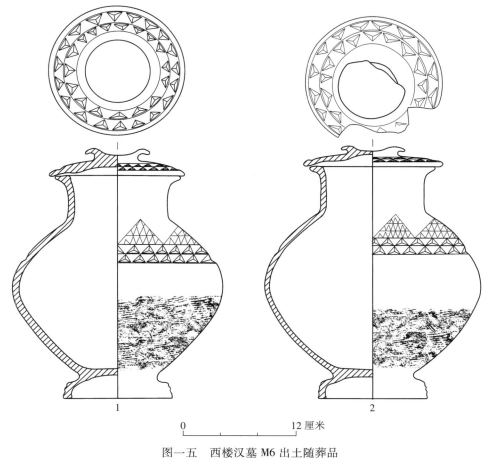

图一五　西楼汉墓 M6 出土随葬品
1、2. 灰陶壶 M6∶1、2

（七）M7

墓葬形制

位于发掘区的西部（图一六）。该墓葬破坏严重，仅残存墓葬底部，开口层位不清。墓底东西长 3.05、南北宽 1.88、残深 1.30 米。

墓葬形制为土坑岩穴木椁墓，木质棺椁葬具已朽呈灰痕。椁东西长 2.45、南北宽 0.93、残高 0.24 米；棺长 2.04、宽 0.69、残高 0.18 米。棺内人骨已朽，头向 94°，仰身直肢葬。无随葬品。

（八）M8

墓葬形制

位于发掘区西部偏东，被 M5 打破（图一七）。该墓破坏严重，仅存墓葬底部，墓底东西长 4.00、南北宽 2.08、残深 0.30 米。

该墓葬为长方形土坑岩穴木椁墓，墓向 96°，木质棺椁葬具已朽，仅存灰痕。椁遭破坏大小尺寸不清，棺东西残长 2.05、南北宽 0.72、残高 0.20 米。棺内人骨已朽烂无痕迹。头向葬式不清。随葬品仅有 2 件陶罐，均残碎不可复原。

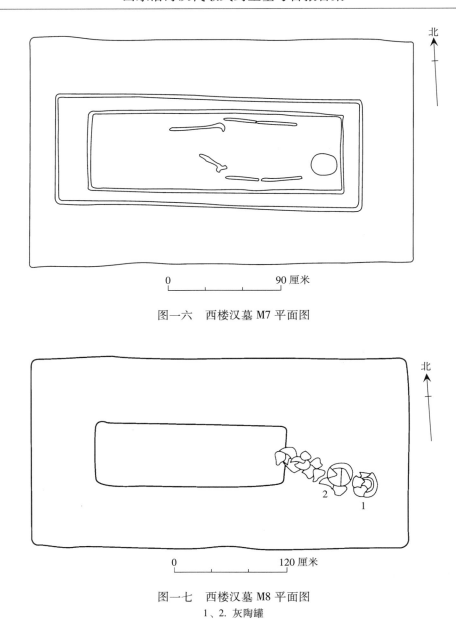

图一六　西楼汉墓 M7 平面图

图一七　西楼汉墓 M8 平面图
1、2. 灰陶罐

三　结语

　　这次发掘墓葬少，工程破坏严重，出土遗物极少。现存唯一一处没被破坏封土堆来看，其埋葬形制、土坑岩穴、木质棺椁结构等特点，同一封土堆下多座墓葬不同时间内埋葬的习俗，与胶南赵家庄墓地、沂南宋家哨、日照海曲墓地基本相同。墓葬除出土少量陶器之外，别无其他随葬品。而出土陶器也仅有罐、壶两种，从器物特征看，均为山东地区西汉墓葬出土陶器常见组合，根据有关学者研究[1]，约属于西汉中期。M1、M2、M3 虽然有打破关系，但三座墓葬中出土陶器

〔1〕　郑同修、杨爱国：《山东汉代墓葬出土陶器的初步研究》，《考古学报》2003 年第 3 期。

没有可比性，从形制看也都属于西汉中期，打破关系只是表明了它们之间埋葬的早晚关系，时间相隔并不太久。墓地的发掘对于研究鲁东南汉代埋葬制度仍具有重要价值。

　　本次发掘执行领队崔圣宽；参加人员有苏贤贞、技工刘道田；陶器修复周曾军；绘图崔圣宽、许姗。

　　执笔：崔圣宽、苏贤贞。

后　记

本书《山东沿海汉代墩式封土墓考古报告集》汇集了近年来从青岛到临沂、日照山东沿海一带发掘的汉代墓地资料，由九篇发掘报告组成。

本书的编写由郑同修主持，每篇报告由各发掘工地参加发掘的主要人员完成编写工作，田野照片由各发掘工地提供，器物照片由李顺华拍摄、线图由王占琴、许姗负责，部分线图由发掘者提供草图，文物保护和修复工作由山东省文物考古研究院文物保护和修复人员承担。初稿完成后，杨爱国、何德亮、郑同修分别对报告进行了修改，最后由郑同修统一通稿。

文物出版社编辑为报告的编写付出了辛苦劳动。

在此，对于以上各位同仁一并致谢！

本书作为山东地区沿海墩式封土墓考古报告集，力求全面、客观地报道发掘资料，是全体同仁共同努力的结果。因编者水平有限，书中错漏、谬误在所难免，敬请各位读者批评指正。

1. 赵家庄墓地远景

2. 赵家庄 F Ⅱ TG2 北壁剖面

彩版一 胶州市赵家庄汉代墓地

1. 赵家庄 F Ⅱ 探沟全景

2. 赵家庄 F Ⅴ 探沟全景

彩版二　胶州市赵家庄汉代墓地

1. 釉陶瓿 F Ⅰ M2：2

2. 釉陶瓿 F Ⅰ M2：2 局部

4. 釉陶壶 F Ⅰ M4：5 局部

3. 釉陶壶 F Ⅰ M4：5

5. 灰陶罐 F Ⅰ M5：9

彩版三　胶州市赵家庄 F Ⅰ 汉墓出土随葬品

1. 釉陶壶 F Ⅰ M5：1

2. 釉陶壶 F Ⅰ M5：1 局部

4. 釉陶壶 F Ⅰ M5：2 局部

3. 釉陶壶 F Ⅰ M5：2

5. 釉陶壶 F Ⅰ M5：2 局部

彩版四　胶州市赵家庄 F Ⅰ 汉墓出土随葬品

1. 铜镜 FⅠM6：7

2. 灰陶罐 FⅠM7：1

3. 铜镜 FⅠM8：3

4. 铜镜 FⅠM9：1

5. 灰陶罐 FⅠM11：1

6. 灰陶罐 FⅠM13：1上的刻划文字

彩版五　胶州市赵家庄 FⅠ 汉墓出土随葬品

1. 灰陶罐 F Ⅱ M1：2

2. 铜镜 F Ⅱ M1：5

3. 铜镜 F Ⅱ M4：2

4. 铜镜 F Ⅱ M4：3

彩版六　胶州市赵家庄 F Ⅱ 汉墓出土随葬品

1. 铜镜 FⅡM6：7

2. 灰陶罐 FⅡM7：1

3. 铜镜 FⅡM7：4

4. 铜镜 FⅡM8：8

彩版七　胶州市赵家庄 FⅡ 汉墓出土随葬品

1. 灰陶瓮 FⅢM2：1

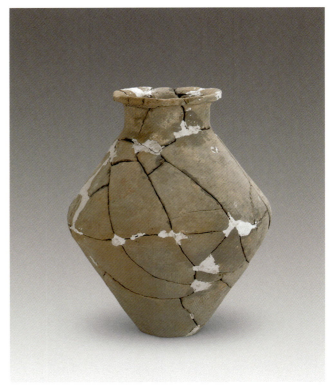

2. 灰陶罐 FⅢM4：2

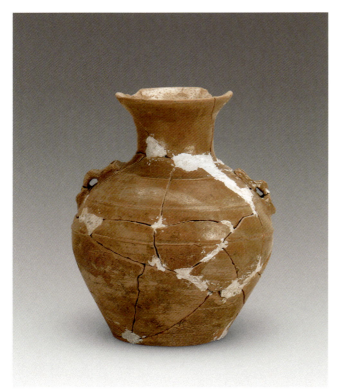

3. 釉陶壶 FⅤM2：4

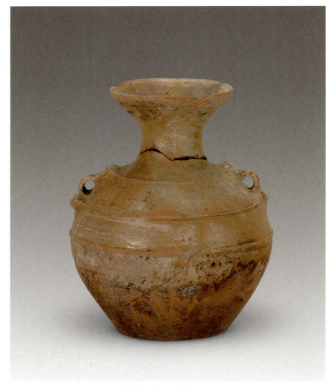

4. 釉陶壶 FⅤM2：5

彩版八　胶州市赵家庄FⅢ、FⅤ汉墓出土随葬品

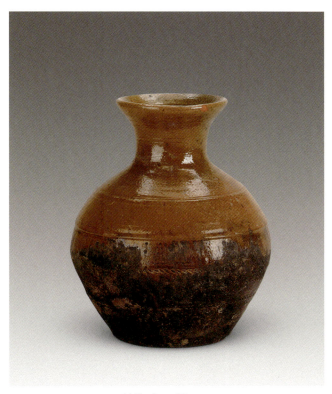

1. 釉陶壶 FⅤ M2：7

2. 灰陶壶 FⅤ M4：3

3. 灰陶壶 FⅤ M4：3

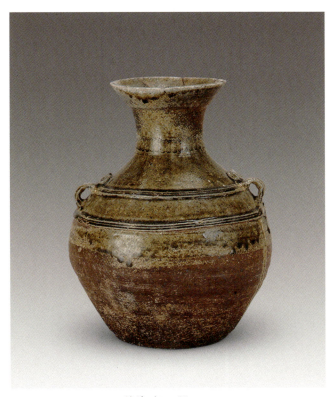

4. 釉陶壶 FⅤ M7：3

5. 釉陶壶 FⅤ M7：3

彩版九　胶州市赵家庄 FⅤ 汉墓出土随葬品

1. 铜镜 FⅤ M7：5

2. 釉陶壶 FⅤ M8：3

3. 釉陶瓿 FⅤ M8：1

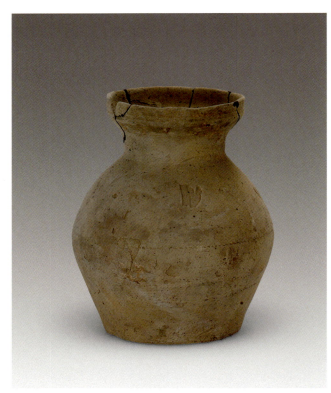

4. 灰陶壶 FⅤ M10：2

彩版一〇　胶州市赵家庄 FⅤ 汉墓出土随葬品

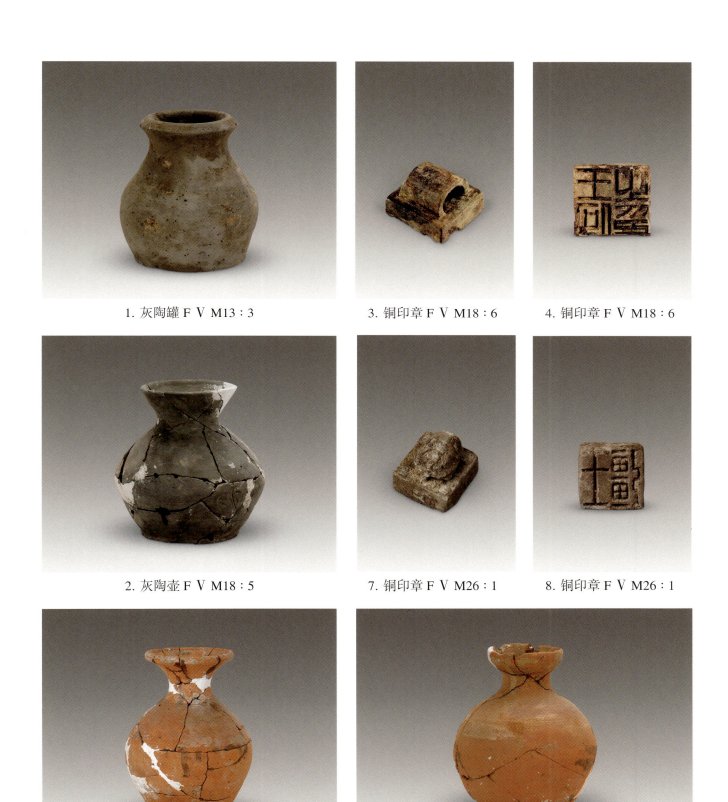

1. 灰陶罐 F Ⅴ M13:3

3. 铜印章 F Ⅴ M18:6

4. 铜印章 F Ⅴ M18:6

2. 灰陶壶 F Ⅴ M18:5

7. 铜印章 F Ⅴ M26:1

8. 铜印章 F Ⅴ M26:1

5. 釉陶壶 F Ⅴ M19:2

6. 釉陶壶 F Ⅴ M21:1

彩版一一　胶州市赵家庄 F Ⅴ 汉墓出土随葬品

1. 铜镜 F Ⅴ M26：3

2. 灰陶罐 F Ⅵ M4：1

3. 铜镜 F Ⅵ M4：5

4. 灰陶罐 F Ⅶ M1：2

5. 铜镜 F Ⅶ M1：1

6. 灰陶壶 F Ⅷ M1：1

彩版一二　胶州市赵家庄 F Ⅴ～ F Ⅷ汉墓出土随葬品

1. 青岛市安子沟汉代墓地全景（南—北）

2. 青岛市安子沟汉代墓地发掘现场

彩版一三　青岛市安子沟汉代墓地

1. M1

3. M3

2. M2

彩版一四　青岛市安子沟汉墓 M1 ～ M3

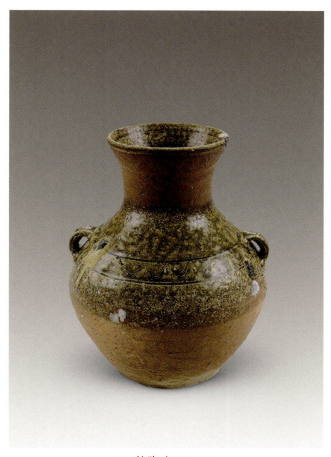

1. 釉陶壶 M1：8

3. 釉陶瓿 M3：3

2. 铜印章 M2：1

4. 角带钩 M3：2

5. 铜镜 M3：1

彩版一五　青岛市安子沟汉墓 M1 ～ M3 出土随葬品

1. M4

2. M4 东椁盖板

彩版一六　青岛市安子沟汉墓 M4

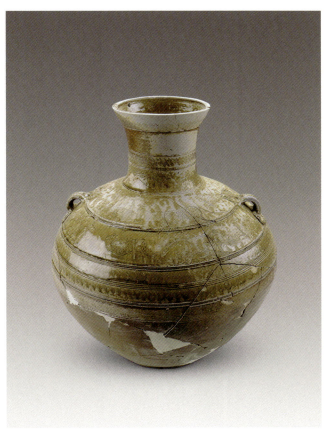

1. 釉陶壶 M4：21

2. 釉陶壶 M4：21 局部

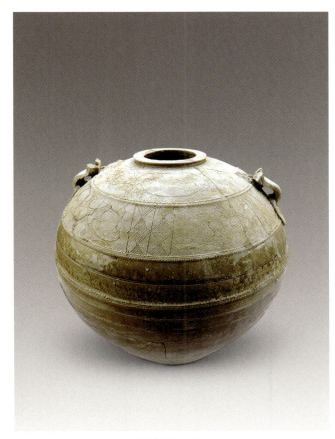

3. 釉陶瓿 M4：18

4. 釉陶瓿 M4：18 局部

彩版一七　青岛市安子沟汉墓 M4 出土随葬品

1. 釉陶瓿 M4∶22

2. 铜镜 M4∶7

3. 铜带钩 M4∶4

4. 铜剑格 M4∶5

彩版一八　青岛市安子沟汉墓 M4 出土随葬品

1. M5

2. M6

3. M7

彩版一九　青岛市安子沟汉墓 M5 ～ M7

1. 铜钱 M8：2

2. 石黛板 M8：1

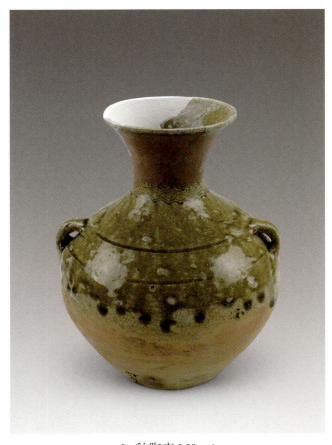

3. 釉陶壶 M9：4

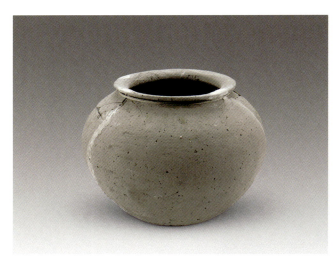

4. 灰陶罐 M9：7

5. 铜镜 M9：1

彩版二〇　青岛市安子沟汉墓 M8、M9 出土随葬品

1. 河头汉墓封土

2. M1

彩版二一　青岛市河头汉代墓地

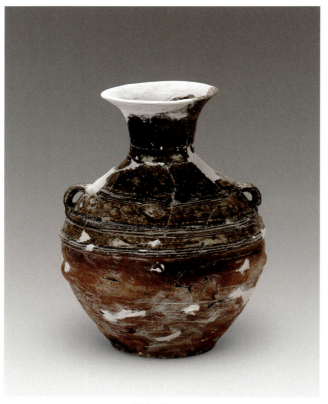

1. 釉陶壶 M1：3

2. 铜镜 M1：8

3. 灰陶壶 M3：24

4. 灰陶壶 M3：21

彩版二二　青岛市河头汉墓 M1、M3 出土随葬品

1. M2

2. M3

彩版二三　青岛市河头汉墓 M2、M3

1. 灰陶壶 M3：23

2. 灰陶壶 M3：25

3. 灰陶罐 M3：20

4. 灰陶罐 M3：22

5. 瑟轸 M3：30～33

6. 瑟枘 M3：26～29

彩版二四　青岛市河头汉墓 M3 出土随葬品

1. 车坑 K1

2. 车坑 K1

彩版二五　青岛市河头车坑 K1

1. M1

2. M3

3. M4

彩版二六 青岛市丁家皂户汉墓 M1、M3、M4

1. 釉硬陶壶 M1：1

2. 釉硬陶壶 M1：3

3. 灰陶壶 M2：1

4. 灰陶壶 M2：3

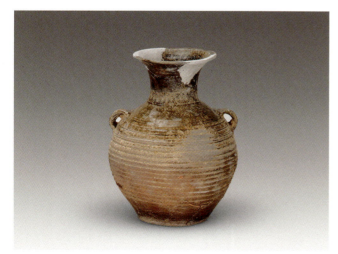

5. 施釉硬陶壶 M3：1

6. 施釉硬陶罐 M3：2

彩版二七　青岛市丁家皂户汉墓 M1 ～ M3 出土随葬品

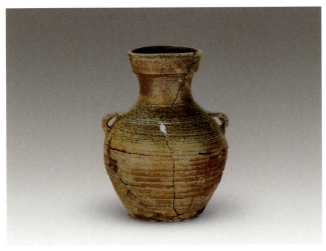

1. 施釉硬陶壶 M4：2

2. 施釉硬陶壶 M4：3

3. 施釉硬陶盘 M4：1

4. 印纹硬陶瓮 M4：8

5. 玉剑璏 M4：12

6. 铜带钩 M4：13

彩版二八 青岛市丁家皂户汉墓 M4 出土随葬品

1. 宋家哨汉代墓地封土

2. 沂南县宋家哨汉代墓地封土南北向剖面

彩版二九　沂南县宋家哨汉代墓地

1. M1

2. M2

彩版三〇　沂南县宋家哨汉墓 M1、M2

1. 灰陶罐 M1：2

2. 灰陶罐 M1：6

3. 灰陶鼎 M2：15

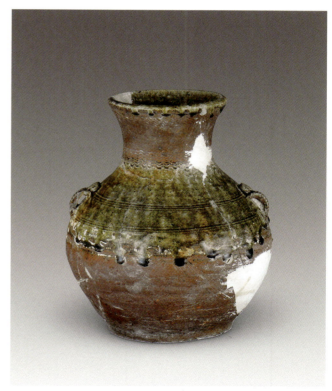

4. 釉陶壶 M2：6

彩版三一　沂南县宋家哨汉墓 M1、M2 出土随葬品

1. 玉印章 M2：1

2. 玉印章 M2：1

3. 石黛板 M2：12

4. 石塞 M2：16

5. 铜印章 M2：2

6. 铜印章 M2：2

彩版三二　沂南县宋家哨汉墓 M2 出土随葬品

1. M3

2. M3 局部

彩版三三　沂南县宋家哨汉墓 M3

1. 灰陶壶 M3：12

2. 灰陶盆 M3：17

3. 灰陶钫 M3：14

4. 玉壶 M3：1

5. 石球 M3：7

6. 青铜案足 M3：22～25

彩版三四　沂南县宋家哨汉墓 M3 出土随葬品

1. 铜镜 M3：2

2. 铜镜 M3：3

彩版三五　沂南县宋家哨汉墓 M3 出土随葬品

1. 铜镜 M3：26

2. 铜带钩 M3：8

3. 铜带钩 M3：10

4. 玉口琀 M4：2

5. 灰陶鼎 M5：37

6. 灰陶壶 M5：2

彩版三六　沂南县宋家哨汉墓 M3 ～ M5 出土随葬品

1. M5 椁盖板

2. M5 底板

彩版三七　沂南县宋家哨汉墓 M5

1. M5 椁内

2. M5 边箱局部

彩版三八　沂南县宋家哨汉墓 M5

1. 灰陶樽 M5：63

2. 灰陶钫 M5：21

3. 灰陶盒 M5：28

4. 灰陶盆 M5：8

5. 灰陶匜 M5：26

6. 灰陶耳杯 M5：65

彩版三九　沂南县宋家哨汉墓 M5 出土随葬品

1. 灰陶灯 M5：17

3. 灰陶勺 M5：93

4. 灰陶灶 M5：23

2. 灰陶熏炉 M5：24

5. 灰陶方炉 M5：33

彩版四〇　沂南县宋家哨汉墓 M5 出土随葬品

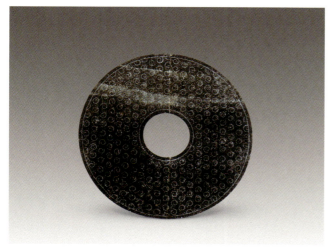

1. 玉璧 M5：78

2. 玉璧 M5：79

3. 玉璧 M5：80

4. 玉璧 M5：81

5. 玉璧 M5：88

6. 玉串饰 M5：82

彩版四一　沂南县宋家哨汉墓 M5 出土随葬品

彩版四二　沂南县宋家官庄汉代墓地

1. M2

2. M11

彩版四三　沂南县宋家官庄汉墓

1. 铜镜 M1:1

2. 铜镜 M2:1

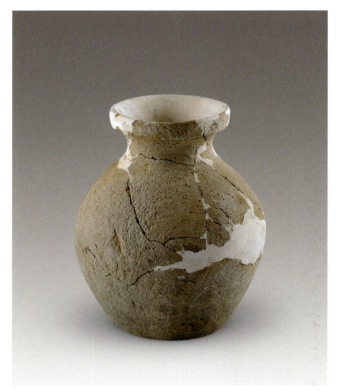

3. 陶壶 M2:4

4. 陶壶 M2:5

彩版四四　沂南县宋家官庄汉墓出土随葬品

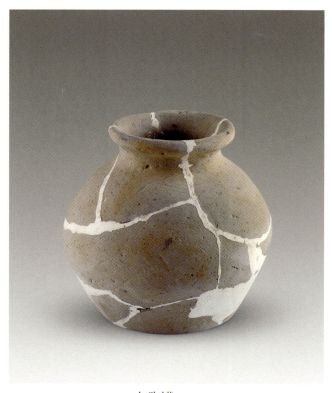

1. 灰陶罐 M4：2

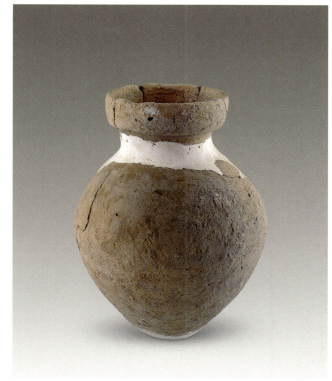

2. 灰陶罐 M7：2

3. 灰陶罐 M7：3

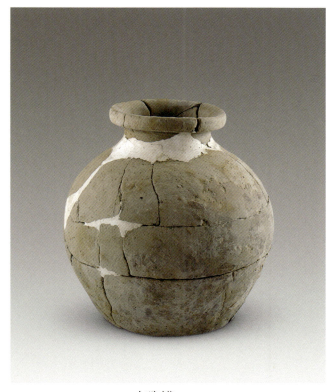

4. 灰陶罐 M7：4

彩版四五　沂南县宋家官庄汉墓出土随葬品

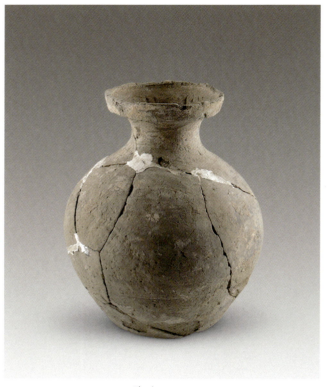

1. 陶壶 M10：1

2. 陶壶 M10：2

3.. 灰陶罐 M10：3

4. 灰陶罐 M10：4

彩版四六　沂南县宋家官庄汉墓出土随葬品

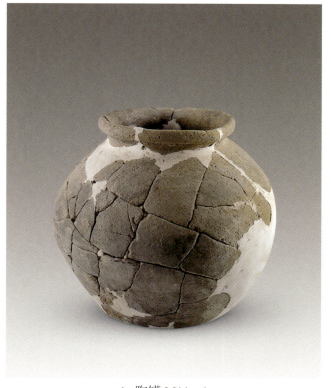

1. 陶罐 M11：1

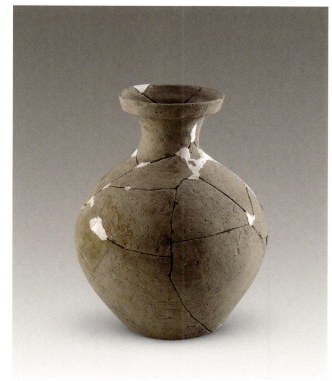

2. 陶壶 M11：2

3. 陶罐 M13：1

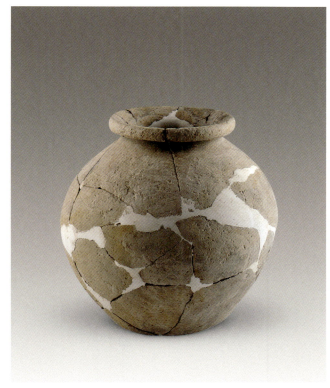

4. 陶罐 M13：2

彩版四七　沂南县宋家官庄汉墓出土随葬品

1. 灰陶罐 M15：5

2. 陶壶 M15：6

3. 灰陶罐 M16：2

4. 灰陶罐 M16：3

彩版四八　沂南县宋家官庄汉墓出土随葬品

1. 灰陶壶 M2：1

2. 灰陶罐 M5：1

3. 灰陶罐 M8：2

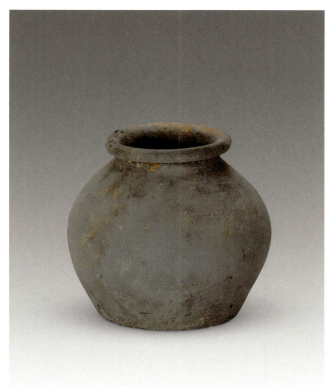

4. 灰陶罐 M10：2

彩版四九　　沂南县侯家宅汉墓出土随葬品

1. 玉璧 M10：3

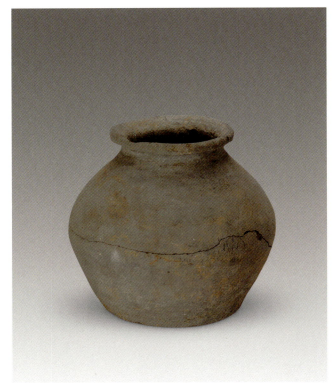

2. 灰陶罐 M11：1

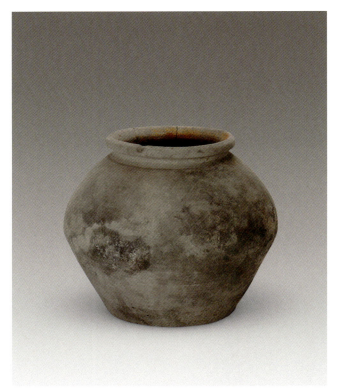

3. 灰陶罐 M11：2

4. 玉牌 M11：6

彩版五〇　沂南县侯家宅汉墓出土随葬品

1. 灰陶罐 M12：1

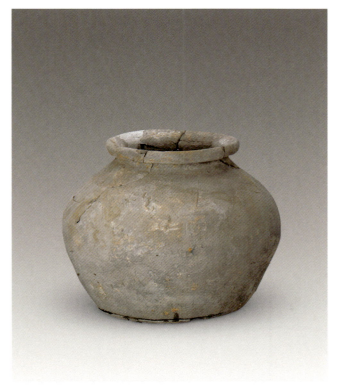

2. 灰陶罐 M12：2

3. 灰陶罐 M13：1

4. 灰陶罐 M14：1

彩版五一　沂南县侯家宅汉墓出土随葬品

1. 灰陶罐 M16：1

2. 灰褐陶罐 M19：3

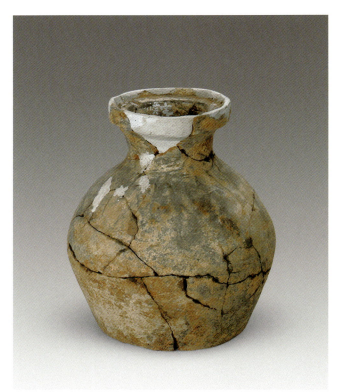

3. 灰陶壶 M20：1

4. 灰陶壶 M20：2

彩版五二　沂南县侯家宅汉墓出土随葬品

1. M1

3. M3

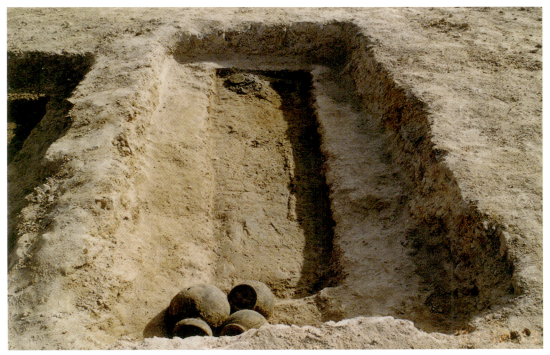

2. M2

彩版五三　沂南县董家岭汉墓 M1 ～ M3

1. 灰陶壶 M1：1

3. 灰陶壶 M1：2

3. 灰陶壶 M1：2

4. 陶罐 M2：2

5. 陶罐 M2：3

6. 陶罐 M2：4

彩版五四　沂南县董家岭汉墓 M1、M2 出土随葬品

1. 铜镜 M2：1

3. 石黛板 M3：4

4. 石研磨器 M3：3

2. 铜镜 M3：1

彩版五五　沂南县董家岭汉墓 M2、M3 出土随葬品

1. M4   2. M5

彩版五六　沂南县董家岭汉墓 M4、M5

1. 陶罐 M4：1

2. 陶罐 M4：3

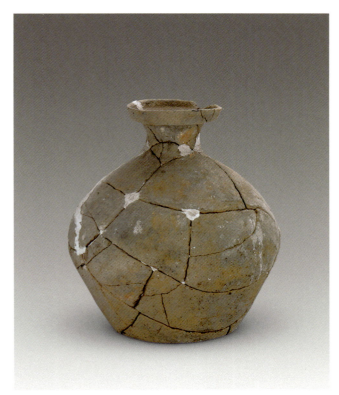

3. 陶壶 M5：4

4. 陶壶 M5：5

彩版五七　沂南县董家岭汉墓 M4、M5 出土随葬品

1. M1、M2、M3

2. M3、M2

彩版五八　五莲县西楼汉代墓地